Couvertures supérieure et inférieure manquantes

ÉTUDES
SUR
LE XVIᵉ SIÈCLE
EN FRANCE

OUVRAGES DU MÊME AUTEUR

PUBLIÉS DANS LA BIBLIOTHÈQUE CHARPENTIER

A 3 fr. 50 le volume.

La Psychologie sociale des nouveaux peuples............... 1 vol.
L'Antiquité.. 1 vol.
Le Moyen âge... 1 vol.
Voyages d'un critique à travers la vie et les livres. — L'AN-
　GLETERRE LITTÉRAIRE... 1 vol.
MÉMOIRES, tome Ier.. 1 vol.

SOUS PRESSE :

MÉMOIRES, tome II.

ŒUVRES
DE
PHILARÈTE CHASLES

ÉTUDES
SUR LE
SEIZIÈME SIÈCLE
EN FRANCE

PRÉCÉDÉES

D'UNE HISTOIRE DE LA LITTÉRATURE ET DE LA LANGUE FRANÇAISE

de 1470 à 1610

ET SUIVIES

d'une chronologie de l'Histoire littéraire et de l'Histoire des arts
de 1451 à 1610.

PARIS
G. CHARPENTIER, LIBRAIRE-ÉDITEUR
13, RUE DE GRENELLE-SAINT-GERMAIN, 13

1876

Ce volume renferme mes *Études* sur le xvie siècle en France, et particulièrement sur les variations de notre langue et de notre littérature entre les règnes de Charles VIII et de Henri IV. La turbulente fécondité de ces cent années attira dans le commencement du siècle actuel l'intérêt vif et la curiosité de tous les esprits qui aiment l'investigation philosophique et les souvenirs nationaux. Après M. Villemain, qui venait d'ouvrir le sillon avec tant d'éclat et de force, MM. Sainte-Beuve, Saint-Marc Girardin, Vitet, Ampère, Mérimée se laissèrent comme emporter d'un commun mouvement vers cette phase ardente et laborieuse, analogue à la nôtre sous plusieurs rapports. Pour moi je me rappellerai toujours avec bonheur l'année entière pendant laquelle, enfermé dans une petite maison isolée au milieu d'un vieux jardin, maison tout encombrée des volumes dépareillés de Marc de Lasphryse et du sieur Tabourot Desaccords, du savant Guy Coquille et de Grangier traducteur de Dante, je me perdis dans cet océan du xvi° siècle, — flots bouillonnants mêlés d'écume, — tumultueux mouvement de l'intelligence française agitée par les souvenirs romains, les guerres civiles, l'étude italienne et l'imitation grecque. L'Académie française, en jugeant cet essai digne de partager le prix avec l'œuvre de M. Saint-Marc Girardin (M. Sainte-Beuve, au lieu de concourir, avait publié dans le *Globe* son travail savant et exquis), reconnut la consciencieuse étude que j'avais poursuivie, à travers les périodes diverses de ce siècle orageux.

Deux années auparavant, obéissant aux mêmes idées et cédant au même attrait, j'avais écrit un Essai biographique, qui me semble aujourd'hui trop incomplet, sur De Thou l'historien, l'un des plus honnêtes et des plus lumineux esprits du xvi° siècle. Avec quelle inquiétude et quel souci, revenant d'un long voyage au Nord et tout imbu des œuvres récentes de Walter Scott et de lord Byron, je hasardai cette première tentative ! Avec quel respect et quelle crainte mon Essai fut déposé au pied du tribunal de l'Académie française, qui lui donna le prix, en partage avec le travail de l'un de ses plus ingénieux membres actuels, M. Patin!

J'imprime cette seconde Étude telle que je l'écrivis alors, — je ne crois pas devoir modifier ce que mes opinions de jeunesse avaient d'inexact, quant à Catherine de Médicis, princesse florentine, moins cruelle que fine, et embarrassée dans la trame de ses finesses, — ou à la Saint-Barthélemy, qu'il ne faut pas attribuer à quelques hommes, encore moins à Charles IX, mais au moyen âge lui-même, aux nouvelles terreurs et aux vieilles passions de la bourgeoisie.

Les chapitres suivants, consacrés à BRANTOME, ce raconteur ingénu et intarissable ; — à NOSTRADAMUS, le prophète de Sarlat ; — au terrible législateur religieux JEHAN CALVIN et au double rôle du LUTHÉRANISME et du CALVINISME ; — contiennent mes opinions fixées et mûries. J'ai rejeté dans un Appendice le résumé chronologique des mouvements intellectuels, travail indispensable, que la forme académique ne pouvait comporter.

Une grande partie de ce volume est consacrée aux recherches philologiques.

Les amateurs de notre belle langue, ceux qui cultivent encore le style comme un Art, me sauront gré d'avoir noté curieusement la naissance des mots et leurs transformations ; d'avoir réuni et groupé les vocables perdus depuis le xvie siècle, et signalé ceux qu'il serait facile de faire rentrer dans le domaine appauvri de la langue nationale.

PHILARÈTE CHASLES.

Institut, 2 janvier 1848.

NOUVEAU LIVRE

SUR LA TRANSMISSION

DES LIVRES ET DES MANUSCRITS

AVANT ET APRÈS L'INVENTION DE L'IMPRIMERIE

L'héritage des productions intellectuelles, la transmission non interrompue des conquêtes de l'humanité : voilà le grand mobile du progrès social. Comment s'est opérée cette transmission ?

Par quel prodige rien de nécessaire ne s'est-il perdu ? On le conçoit à peine. Les acquisitions de l'esprit humain ne sont immortelles que depuis trois siècles ; elles sont alors tombées sous une tutelle conservatrice et sublime, celle de la Presse. Mais, avant cette époque, quel miracle a protégé, au milieu des bouleversements des empires, parmi les guerres, les incendies, les désastres, malgré l'incurie de la multitude, le précieux dépôt des traditions savantes et historiques, les fruits du génie humain dans son premier déploiement, les annales des peuples, des industries et des arts ? Les monuments qui nous restent sont-ils authentiques ? Qui nous assure que de hardis imposteurs n'ont pas fabriqué toute l'histoire, toute la poésie, toutes les religions des anciens temps ; que le prétendu trésor de nos connaissances n'est pas une vaste illusion, un roman bibliographique dont on nous a bercés sans pudeur et qui a fait passer sous nos yeux déçus je ne sais quelle fantasmagorie de faux Tite-Live, de faux Virgile et de faux Homère, masques de théâtre empruntés par quelques moines laborieux qui, dans leurs loisirs cénobitiques, ont voulu se moquer de l'avenir?

La question est grave. Elle s'étend bien au delà du cercle littéraire; elle attaque tous nos intérêts de croyance, d'hérédité, d'existence sociale. Elle va beaucoup plus loin que l'on ne peut le penser d'abord. Tous les titres des maisons régnantes sont-ils sans valeur; les descendances des familles, sans certitude; les études admises comme indispensables dans l'Europe civilisée, deviendront-elles une moquerie? S'il est vrai que des apocryphes aient pu duper le monde si longtemps et usurper une autorité frauduleuse, les preuves de la religion chrétienne sont nulles; toutes les religions européennes croulent. A moins d'un critérium nécessaire pour apprécier la transmission sincère des manuscrits dans les âges anciens et l'âge des livres dans les temps nouveaux, on ne peut affirmer aucun fait, on renonce à toute certitude historique. Personne ne peut jurer que l'Homère dont nous faisons un objet de culte n'ait pas été quelque rustre de basse Normandie, né au douzième siècle, élevé dans un monastère et devenu abbé par l'élection de ses confrères. Un oisif du septième ou huitième siècle a peut-être écrit l'*Énéide :* toute la bibliothèque des classiques serait une mystification téméraire et heureuse. C'est ce que le jésuite Hardouin, homme d'esprit et d'audace, n'a pas craint de soutenir.

Pourquoi, en effet, l'antiquité n'aurait-elle pas eu ses faussaires comme les temps modernes? Chatterton a bien emprunté le costume de Rowley; Macpherson, celui d'Ossian; Ireland, celui de Shakspeare. Ireland, chargé de l'exécration de ses compatriotes, irrités d'un tel sacrilége envers leur Dieu, est mort dans un grenier. Chatterton, convaincu de fraude, s'est suicidé par désespoir. Macpherson, le plus impudent des trois, a été récompensé par de la fortune. Il a fondé une école, trompé les hommes de génie, métamorphosé un barde sauvage en imitateur de Milton, de Shakspeare, d'Young et de la Bible ; et précipité plus d'un demi-siècle dans l'admiration stupide d'une des plus complètes niaiseries qui aient déçu la critique. L'adresse de son charlatanisme et l'heureuse manipulation employée par lui assurèrent une vogue si complète au *pseudo-Ossian*, qu'un homme d'esprit en Italie, Césarotti ; un homme de génie en Allemagne, Gœthe ; un conquérant en France, Bonaparte, se prosternèrent devant l'idole. Quel sujet d'ironie intérieure ce devait être pour Macpherson! Il savait que tout ce style et toutes ces idées, empruntées à la rhétorique la plus redondante, à l'imitation biblique la plus ridicule, à un calque lointain d'Homère et des Scaldes, lui appartenaient exclusivement. Il savait de quoi se composaient les fragments barbares du véritable Ossian, fragments que l'on a retrouvés et publiés après lui. Là, dans ces fragments, au lieu du sublime de pacotille et des exclamations lancées aux nuages que Napoléon faisait semblant d'admirer, le véritable Ossian parle et respire. Il dit à saint Patrice : *Cher saint, vous êtes un grand âne!* Là, Fingal dérobe à Gaul, fils de Morven, un bifteck que ce dernier avait accommodé avec des ognons : larcin qui occasionne une grande querelle entre ces héros, et ne passe point sans accompagnement de formidables injures.

Si des fraudes aussi évidentes ont eu cours et succès dans les temps modernes, si quelques-uns des plus illustres critiques ont été trompés par un peu d'artifice et beaucoup d'audace, quelle difficulté ne trouvera-t-on pas à prouver l'authenticité des productions antiques, témoins de tant de catastrophes, prodiges de conservation, survivant aux empires et maintenant leur sainte jeunesse sur les débris des royaumes écroulés !

La *paléographie* d'une part, et d'une autre la *diplomatique*, deux sciences inconnues ou méprisées du public frivole, ont porté la lumière dans ces ténèbres. L'une éclaire la transmission des livres, révèle leurs époques d'apparition et de renaissance, et fixe la date de tous ces dépôts successifs où la pensée humaine s'est maintenue intacte. L'autre, plus difficile et plus abstruse, s'est appliquée à la connaissance des manuscrits, dont elle a fixé avec sagacité les dates précises et les auteurs probables. Cette dernière étude, dont les données reposent sur une foule d'investigations délicates, de résultats patiemment obtenus et de supputations habiles, est sortie tout armée de ces mêmes monastères, injustement dédaignés, et qui pendant le moyen âge ont couvert de leurs ombres protectrices les débris des antiques lumières. Le père Mabillon et le père Montfaucon, remarquables tous deux par leur érudition et par la lucidité de leur esprit ont donné sur la *paléographie* et la *diplomatique* des ouvrages admirables, que l'on pourra compléter et étendre sous beaucoup de rapports, mais qui ont posé les grandes bases, et qui resteront modèles. Dans ces derniers temps, un membre de la Société royale et de la Société des antiquaires de Londres, M. Thomas Astle, gardien des archives de cette capitale, a publié un excellent traité systématique sur l'origine de l'*écriture* et de l'*imprimerie*. Enfin, M. Isaac Taylor s'est principalement occupé des moyens de constater l'authenticité des manuscrits anciens et d'expliquer le miracle qui a sauvé tant de productions du génie humain. Tel est le sujet de sa remarquable *Histoire de la transmis-*

sion des livres anciens jusqu'aux temps modernes, et d'un second traité, beaucoup plus concis, mais non moins curieux, sur *la manière d'établir la certitude historique*.

Ainsi s'est avancée à travers les temps une science qui paraît d'abord chimérique et dont on avait à peine l'idée avant la fin du dix-septième siècle. En 1681, Mabillon, écrivant sa préface à Colbert, se vantait d'avoir créé l'étude à laquelle il se livrait, « étude qui avant lui n'avait d'autres règles et d'autres limites que celles dont chacun inventait le caprice arbitraire. » En 1708, Montfaucon publiait sa *Paléographie*, ouvrage qui, dit-il (dans son style naïf), doit captiver le lecteur, moins peut-être encore par l'utilité que par l'agrément et la nouveauté : *jucunditate et novitate !*

Avant d'arriver aux derniers résultats d'une science si nouvelle et qui a déjà cessé d'être hypothétique et conjecturale, rapportons brièvement au moyen de quels instruments matériels l'homme est parvenu d'abord à peindre sa pensée et à la fixer, puis à la rendre immobile et impérissable. Etudions la double histoire des manuscrits et des livres, les caractères et les variations de l'écriture et de la presse pendant les phases que l'une et l'autre ont traversées. Laissons en dehors d'une analyse tout européenne l'histoire des écritures symboliques, à l'usage des civilisations incomplètes. Jamais nation n'est parvenue à un développement social, grandiose et vrai, sans décomposer les sons qui forment les mots, sans transformer ces mêmes sons en caractère, sans recomposer la parole qui vole et fuit ('Επεα πτερόεντα), sans l'immobiliser à jamais sur une substance solide, au moyen de lettres juxtaposées : immense et incroyable travail. La peinture avec laquelle les Égyptiens, Mexicains, Chinois (1) suppléent à l'absence de l'écriture proprement dite, est

(1) Les signes graphiques des Chinois représentent autant d'idées, et chaque signe ou mot, modifié par tel ou tel trait acces-

une simplification, mais une simplification barbare et destructrice. Elle entrave les forces de la pensée et le progrès civilisateur. En prévenant les modifications de la langue, elle la fixe et la pétrifie à jamais ; elle produit une matérialisation intellectuelle qui pèse pour toujours sur un peuple. Il n'y a qu'une création dont l'esprit humain doive être fier : l'*alphabet* (1).

Sans lui, la société ne serait, comme en Chine, qu'une association de castors à deux pieds, plus ou moins industrieux. Sans lui, les hommes les plus sagaces et les plus habiles végéteraient dans une éternelle enfance. Le père des sociétés, le seul moteur de tout perfectionnement : c'est l'*alphabet*.

Les plus antiques vestiges qui nous restent de l'écriture sont ceux que leurs auteurs ont confiés à des matériaux solides, au fer, au marbre, à l'airain. La plupart des lois et des statuts ont été perpétués par des inscriptions de ce genre. L'incendie qui a dévoré le Capitole sous Vespasien détruisit plus de trois mille tables d'airain. Grecs, Orientaux, Septentrionaux, ont suivi le même usage. Quand Voltaire tourne en ridicule le verset du Pentateuque où se trouve l'ordre de graver les paroles de la loi sur la pierre, il fait preuve de son habituelle légèreté. Les rochers de l'Hindostan, de la Suède et du Danemark sont couverts d'inscriptions runiques et de caractères sanscrits. On employait aussi le bois à cet usage, dans les temps les plus

---

soire, revêt une nouvelle signification. Les Chinois se servent bien d'un pinceau pour écrire, mais leur écriture diffère de celle des Égyptiens.

(1) Les lettres de l'alphabet, dérivées de l'écriture hiéroglyphique ou picturale, peuvent être considérées comme des abstractions des signes correspondants de cette écriture, image elle-même des objets physiques ou des phénomènes de la nature, de même que les sons des langues primitives furent l'imitation ou la représentation des cris, des bruits, des murmures de la nature passive et de la nature vivante.

anciens. Le mot *codex*, consacré spécialement aux recueils de lois et de décisions judiciaires, n'a pas d'autre origine (1); huit cents ans avant l'ère chrétienne, Salomon recommandait à son fils de graver soigneusement les paroles paternelles sur *les tablettes de son cœur* (2). Les Romains se servaient de petits morceaux de bois polis et débités en plaques très-minces, qu'ils employèrent d'abord sans préparation, mais sur lesquels ils étendaient, vers les derniers temps, une couche de cire. Ils les nommaient ordinairement *pugillaires : vitelliens* quand il s'agissait *d'intrigues amoureuses* et *de billets doux* à inscrire. Ils connaissaient aussi les tablettes d'ivoire qu'ils disposaient par feuilles comme font les modernes, et sur lesquelles ils écrivaient avec des crayons de plomb. Lorsque nos dames, au bal, s'arment de tablettes semblables pour y tracer la liste de leurs danseurs, elles ne se doutent guère qu'elles portent à leur ceinture un lointain héritage des mœurs romaines. On disposait de la même manière de minces feuilles de plomb sur lesquelles on traçait les ca-

(1) Les fouilles pratiquées dans les ruines de Ninive et de Babylone par Botta, Rawlinson et autres, ont fait découvrir sur les murs des monuments non entièrement détruits une véritable impression plastique, analogue à celle du cachet ou sceau sur la cire. Seulement, la brique (argile) remplaçait la cire. Ce procédé était appliqué par les Étrusques sur leurs vases.

(2) Les Romains faisaient plus : ils apprenaient à lire aux enfants au moyen de caractères mobiles gravés. — Ils faisaient plus encore : — la chancellerie impériale, les chefs des grandes administrations publiques, faisaient usage de rouleaux gravés, empreints d'encre, à l'aide desquels ils obtenaient des *têtes de lettres*, des *formules courantes*, quelque chose d'analogue aux exploits des huissiers, partie imprimés, partie écrits.

L'imprimerie était réellement découverte au temps d'Auguste; mais, faute de papier à bon marché, on ne pouvait généraliser les procédés connus. Sans l'invention du papier de chiffe, Gutenberg n'eût pu rien faire; sans le papier fabriqué à la mécanique, papier de paille, de bois, etc., la grande presse quotidienne ne pourrait fonctionner.

Tout se tient. Sans le caoutchouc, pas de chassepot.

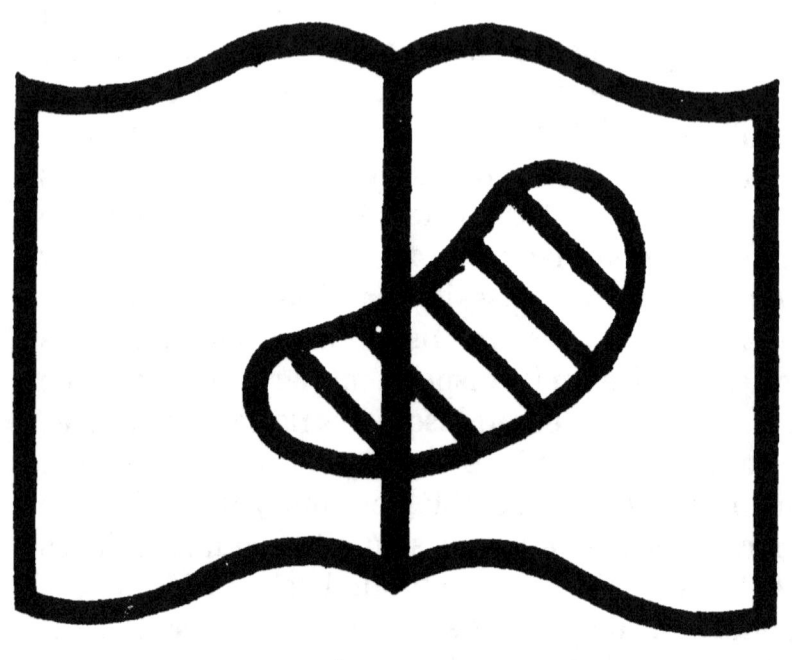

Illisibilité partielle

VALABLE POUR TOUT OU PARTIE DU DOCUMENT REPRODUIT

ractères avec un poinçon de métal. Montfaucon a vu l'un de ces petits livrets composés de papier de plomb (*charta plombea*, comme dit Suétone). Il avait huit feuillets, dont six seulement servaient à écrire ; le premier et le dernier tenaient lieu de couvertures.

De tous ces matériaux, aucun ne remonte à une antiquité plus reculée que la *peau de chèvre* ou *de veau*, que l'on tannait de manière à la rendre douce, flexible, durable. Teinte ordinairement en rouge ou en jaune, on en formait un *volume*, c'est-à-dire un *rouleau* (*volvendum*), en attachant bout à bout un assez grand nombre de peaux pour renfermer la matière du volume. Il couvrait quelquefois un espace de cent pieds. Les Orientaux et surtout les Hébreux pratiquèrent spécialement ce mode d'écriture qu'Hérodote attribue aux Soniens, Diodore de Sicile aux Persans et l'Exode aux Hébreux. Il est probable que l'autographe de la loi mosaïque fut tracé par son auteur sur des peaux ainsi préparées et teintes. Le voyageur Buchanan obtint des juifs nègres du Malabar (race curieuse et qui, selon Wotfins, a pour premiers auteurs quatre-vingts juifs échappés à la persécution de Titus) le plus curieux de tous les manuscrits du Pentateuque. Cet exemplaire, connu des savants sous le nom de *Malabarique* ou *Indien*, aujourd'hui déposé à Cambridge, se composait originairement d'un rouleau de quatre-vingt-dix pieds anglais. Le *Lévitique* et une partie du *Deutéronome* lui manquent ; et les trente-sept peaux de chèvre, teintes en rouge, dont il est formé, couvrent seulement quarante-huit pieds de long sur vingt-deux pouces de large. Les colonnes, au nombre de cent dix-sept, parfaitement claires et lisibles, mais sans points-voyelles, contiennent de quarante à cinquante lignes et ont quatre pouces de large. C'est un des plus antiques et des plus curieux manuscrits que possède le monde entier : l'étrange voyage que ce monument de la législation juive a fait de Jérusalem à la côte du Malabar, justifie le prix que les savants y attachent et le détail avec lequel nous en avons parlé. La bibliothèque de Vienne contient un manuscrit mexicain couvert d'hiéroglyphes inexplicables et inexpliqués : Fernand-Cortès l'envoya à Charles-Quint, son maître; tracé sur peau de chevreau et recouvert d'un enduit blanchâtre, il prouve, par sa ressemblance avec les manuscrits hébreux et orientaux de l'époque primitive, l'aptitude des hommes de tous les pays et de tous les temps à suivre les mêmes procédés dans la création des industries.

On doit placer en seconde ligne le *parchemin*, que les Romains nommaient *pergamena* (Pergame était le centre de ce commerce), et qu'ils appelaient aussi *membrana*. Le parchemin n'est pas abandonné par les modernes. Les premiers historiens grecs en rapportent l'usage à une époque très-reculée. L'écriture sur parchemin exige l'emploi d'une plume trempée dans une matière colorante. « Bonne méthode dit (Quinti-
« lien) pour ceux qui ont la vue faible. Mais quant aux
« autres, je leur conseille d'employer les tablettes de
« cire : les caractères y paraissent moins nettement
« sans doute, et fatiguent la vue ; mais l'élan de l'es-
« prit n'est pas brisé à chaque instant et interrompu
« par la nécessité de noircir sa plume : on n'inter-
« rompt pas de moment en moment le travail ardent
« de la pensée. » Ceux qui ignorent la difficulté immense de la composition originale, les obstacles qui s'opposent à la reproduction fidèle de l'idéal formé dans l'esprit, liront peut-être avec dédain la minutieuse recommandation du critique, ainsi que la note suivante de Goethe contenue dans ses mémoires. Cette note nous semble trop analogue au passage de Quintilien pour que nous ne la reproduisions pas. « Lorsque
« je sens l'inspiration naître, dit-il, je prends le crayon

« et je quitte la plume. La plume a des caprices ; elle
« bruit et crache sous la main qui la conduit. Le crayon
« rapide obéit sans résistance. »

La plupart des manuscrits antérieurs au sixième siècle sont sur parchemin et sur vélin, matériaux extrêmement durables. L'humidité, la chaleur, le laps du temps ne les anéantissent pas. Les Romains préféraient, en général, le parchemin le plus mince. S'agissait-il de manuscrits précieux ; on les teignait en pourpre, en bleu foncé, en violet. Souvent on mêlait à la teinture une liqueur extraite du bois de cèdre et destinée à conserver le manuscrit. Les titres en encre rouge appartenaient aux œuvres de luxe. Parmi les plus curieux manuscrits que possède la Grande-Bretagne, citons le *Codex Cottonianus* de la version grecque du Vieux Testament, écrit sur parchemin en lettres onciales. Aucun manuscrit de cette version ne peut se glorifier d'une antiquité plus reculée. Henri VIII le reçut de deux évêques grecs qui l'apportèrent de Philippes ; il passa ensuite des mains de la reine Élisabeth dans celles de sir John Fortescue, son maître de grec. On croit qu'il remonte à la fin du quatrième siècle ou au commencement du cinquième siècle ; la même date est attribuée à un autre manuscrit de la même bibliothèque, contenant une partie du Nouveau Testament, en grec, et écrit en caractères d'argent sur un fond de pourpre dont les siècles ont pâli l'incarnat.

S'est-on jamais servi, en guise de papier (comme le prétend Montfaucon), de peaux de poissons préparées ? Cette assertion nous semble au moins douteuse. Quant aux feuilles d'arbre, surtout à celles du palmier et du bananier parmi les Orientaux, rien de plus irrécusable. On employait surtout l'écorce intérieure de certains arbres (*liber*, Βίβλος), spécialement celle du tilleul. De là le mot *livre* (*liber*) et le mot *bible*, livre par excellence (Βίβλος).

Ces matériaux étaient fragiles. On leur préférait le parchemin et le vélin pour les ouvrages importants, ou les tablettes de bois enduites de cire colorée, pour la composition littéraire et les besoins ordinaires de la vie. Les écrits des anciens sont remplis d'allusions à ces tablettes sur lesquelles un *stylet* d'airain ou de fer (*stylus*) *labourait* les caractères qu'il s'agissait de former. L'une des extrémités de ce stylet (*graphius*, γραφειον) était aplatie de manière à détruire le sillon que l'on venait de creuser avec la pointe. Telle est l'origine du mot moderne *style* et celle du mot *effacer*. Les modernes effacent rarement, excepté dans les transcriptions très-soignées; ils se contentent de barbouiller d'encre l'écriture qu'ils veulent rendre illisible. Le *style* et les *tablettes* des anciens étaient des instruments dangereux. Lorsque les meurtriers de César l'entourèrent pour le frapper, il tenait ses tablettes à la main; pour se défendre, il se servit de son *stylet* d'airain, dont il perça le bras de Cassius. Les élèves d'un nommé Cassianus, maître de rhétorique, ne trouvant pas que leur précepteur fût complétement orthodoxe, l'assassinèrent à coups de plume ; malheureusement leurs plumes étaient d'airain. On fut obligé de défendre aux avocats plaidants d'apporter des *stylets* avec eux ; dans la véhémence de leurs débats, ils appelaient cette arme au secours de leur éloquence et se blessaient mutuellement. Enfin, on voit dans Plaute un écolier révolté contre son maître lui jeter à la tête son cahier, c'est-à-dire ses tablettes de bois et le mettre en fuite. Le bois et la pierre, même la cire sur laquelle on gravait les mots demandaient une *force incisive* que l'on ne pouvait attendre que du bois, du fer, de l'acier ou de l'ivoire. A mesure que l'on employa un papier plus doux, il fallut changer aussi la nature des plumes dont on se servait. Ce furent des morceaux de jonc, de canne, de bambou. Les pinceaux

réservés aux lettres initiales. Les plumes d'oie, de cygne et d'autres oiseaux datent du commencement du septième siècle. C'était, selon toute apparence, chose nouvelle qu'une plume pour Isidore de Séville, qui mourut en 636 ; aussi, nous apprend-il avec une gravité d'historien que « le bec d'une plume se fait en tail-
« lant en pointe sa plume, arrachée à une aile d'oi-
« seau, et en divisant cette pointe en deux parties. »

Les Egyptiens introduisirent dans l'empire romain et dans la Grèce le *papyrus* qui ne tarda pas à remplacer tous les autres matériaux et dont la consommation devint considérable : ce fut pendant longtemps une des principales branches de commerce de la Méditerranée. Le papyrus est une de ces productions naturelles que Dieu a douées de tant de propriétés merveilleuses, qu'elles semblent devoir suffire seules à la richesse de tout un peuple. La partie inférieure de la tige de cette plante aquatique servait à faire des vases, des coupes et des ustensiles de ménage. La partie supérieure formait la carène des barques ; on mangeait la pulpe intérieure ; on tissait et l'on tressait la partie fibreuse qui se changeait en paniers, en nattes, en cordes, en toile, en drap, en mèches de lampes, etc., etc.

Sur la tige, haute de dix coudées et qui avait un pied et demi de circonférence ou à peu près, on enlevait des feuilles minces que l'on plaçait transversalement sur une table, de manière à former une espèce de tissu auquel il ne manquait plus que la cohérence. Pour obtenir ce dernier résultat, on avait recours à l'eau du Nil qui, troublée et mêlée de limon, formait un gluten épais et comblait tous les interstices. Les bandes de papier, ainsi humectées et croisées les unes sur les autres, ne composaient bientôt plus qu'une seule masse agglutinée, dont les points de suture disparaissaient sous une forte pression. On coupait ensuite le papyrus, auquel on donnait diverses longueurs, depuis deux doigts jusqu'à deux pieds. Le meilleur et le plus grand papyrus se nommait *papyrus impérial*. La seconde espèce prenait le titre de *papyrus de Livie*. *Le papyrus sacerdotal,* le plus petit de tous, formait la troisième et dernière espèce. Pline prétend que les Égyptiens découvrirent ce procédé trois siècles avant le règne d'Alexandre : Varron n'en fait remonter l'emploi qu'à l'époque même de ce conquérant. Jusqu'au septième siècle, le papyrus fut d'un usage à peu près général : à cette époque, le parchemin le remplaça presque entièrement. Ce ne fut qu'au douzième siècle qu'il tomba tout à fait dans le discrédit. Un acte écrit sur le papyrus et daté du huitième siècle, est nécessairement faux, et l'on trouve très-peu de manuscrits de ce genre postérieurs au huitième siècle. Il paraît prouvé qu'en Angleterre et en Allemagne, on ne s'en est jamais servi, bien que nous employions, en Angleterre et en Allemagne, les mots *paper*, *papier*, qui dérivent évidemment de papyrus et les mots *charte*, *card*, dérivés de *charta,* mot latin qui désignait le papyrus. Nous passerons rapidement sur le papier que les Chinois fabriquent avec l'écorce de l'arbre nommé *hou-chi*, papier qu'ils n'emploient que pour les manuscrits qu'ils ne veulent pas conserver longtemps.

On s'accorde à regarder comme une invention orientale le papier de coton, nommé mal à propos *charta bombycina, papier de soie.* La *soie* n'est pas propre à fournir la pâte adhérente du papier. La découverte du papier coton remonte au neuvième siècle et peut-être plus haut : mais l'Europe occidentale n'en a fait usage qu'au dixième siècle, et cet usage n'est devenu général que vers le treizième. Une charte latine écrite sur papier coton, et datée du dixième siècle est suspecte de fausseté : au contraire, une charte grecque appartenant à la même époque, et écrite sur le même papier, est probablement authentique. On commença par se servir du coton brut pour fabriquer le papier : on en améliora beaucoup la qualité, tout en diminuant le prix, lorsqu'on substitua le vieux linge et les débris de tissus de coton au coton lui-même. C'est là le papier dont nous nous servons, plus commode, moins coûteux, sinon plus durable que toutes les matières dont nous venons de parler.

Il est facile de tirer de ces détails historiques plusieurs inductions relatives à l'âge et à l'authenticité des manuscrits. Un manuscrit hébraïque sur papyrus, un manuscrit oriental écrit avec le stylet des Romains, ne pourraient manquer de passer pour apocryphes. La nature de l'encre et sa couleur doivent entrer aussi en ligne de compte. Il est évident que l'encre des anciens valait mieux que la nôtre, et que leur recette ne ressemblait nullement à celle dont nous faisons usage. Pour la couleur, la beauté, la durée, il n'y a aucune comparaison à faire entre l'encre des manuscrits du cinquième au quatorzième siècle et celle dont on a fait usage du quinzième au dix-septième. A force d'expériences, les érudits paléographes acquièrent une sûreté extraordinaire de tact, qui leur permet de distinguer, sans jamais commettre d'erreur, l'encre des diverses époques. On employait des substances très-diverses pour se procurer des encres de toutes les couleurs, et quelques-unes qui s'appliquaient chaudes par le procédé encaustique. La suie, l'ivoire brûlé, le mercure, l'argent, l'or, les pierres, les pyrites, servaient à cet usage. L'encaustique sacrée était une encre pourpre dont les empereurs se servaient : dans les temps postérieurs, on imita fort bien cette encre, avec laquelle les copistes grecs écrivaient à la fin de leurs manuscrits leurs noms, l'année, le mois, le jour et l'heure où l'œuvre avait été terminée. On conserve un exemplaire des quatre évangiles, écrits en lettres d'or sur parchemin pourpre : c'est peut-être le plus splendide monument de l'art des copistes.

Tous les trente ans, ou à peu près, la forme des caractères employés, soit dans l'écriture, soit dans l'impression, change assez régulièrement : de là, une nouvelle et facile induction propre à déterminer l'âge des manuscrits. Depuis le deuxième siècle jusqu'au quinzième, on ne manque pas de médailles, de monnaies, de statues et de monuments qui contiennent des inscriptions : il est facile de les comparer aux manuscrits et de fixer ainsi l'âge de ces derniers. Avant le milieu du sixième siècle, on employait rarement les petits caractères ou minuscules. L'usage en fut adopté, dans certains cas, avant le huitième siècle ; il devint beaucoup plus général au neuvième ; et au dixième, ils remplacèrent entièrement les lettres capitales et onciales. Les plus anciens manuscrits sont, comme les inscriptions monumentales, en grandes capitales ou majuscules : c'était le caractère qu'on employait pour les documents importants, les titres, etc. On les retrouve aux époques les plus éloignées et jusqu'à la fin du cinquième siècle. Les petits caractères n'étaient usités que dans les correspondances privées.

Les lettres capitales *carrées*, qui se rencontrent souvent dans les inscriptions monumentales, caractérisent particulièrement les cachets et sceaux jusqu'au sixième et douzième siècles. Au treizième, on préféra les lettres capitales rondes. Les lettres *pointues*, formées de lignes anguleuses et obliques ; les lettres *cubiques* remarquables par leur longueur, et dont on s'est souvent servi comme d'initiales ; et les lettres *rustiques*, qui se distinguaient par leur irrégularité, se conservèrent jusqu'au dixième et onzième siècles dans leur forme originaire. Vers le milieu du cinquième siècle, les moines inventèrent les lettres *onciales* (altération du mot *initiale*), qui se distinguent par leur forme arrondie et par leur grandeur, et que l'on employa jusqu'au milieu du huitième siècle (1). Un manuscrit en lettres onciales est antérieur au onzième siècle ; et, sans ornement, il remonte à une antiquité bien plus reculée. Les demi-onciales, qui ressemblent un peu aux minuscules, commencent au sixième et s'arrêtent au neuvième siècle ; la singulière méthode d'écrire que les Grecs nommaient *boustrophédon*, et qui consistait, dans les temps les plus anciens, à écrire une première ligne de droite à gauche, et une seconde de gauche à droite, puis, dans des temps plus modernes, à renverser cet ordre, tomba en désuétude cinq cents ans avant Jésus-Christ.

Dans les anciens manuscrits grecs que nous possédons, tous les mots se suivent sans intervalle, sans ponctuation, sans esprit, sans accent. Eutholicus, évêque d'Afrique, inventa les accents en 458, selon Nichaelis et Wetstein : saint Jérôme, cent ans après, plaça le colom et le comma dans sa version latine des Écritures. Au neuvième siècle, on commença à employer le point d'interrogation grec (;). L'iota souscrit n'est d'aucune autorité ; la division des mots, des versets et des chapitres était arbitraire ; on ne doit attacher aucune importance aux accents ; la réclame au bas des pages date du douzième siècle. Après l'invention de l'imprimerie, les éditeurs placèrent des points, espacèrent les mots et distribuèrent les alinéa selon les caprices de leur imagination ou de leur savoir ; Robert Étienne, pendant un voyage qu'il fit à cheval, de Lyon à Paris, s'occupa de la division des versets de la Bible. On voit quelle est l'importance de ces détails : c'est d'après eux qu'il faut

---

(1) D'autres étymologistes, avec plus de raison, font dériver l'adjectif *onciales* du mot *uncia* (pouce, mesure), parce qu'il indique la grosseur de cette espèce de caractère.

apprécier les travaux immenses qui usèrent les talents des érudits aux quinzième et seizième siècles. Chacune des circonstances dont nous venons de parler peut servir à déterminer l'antiquité des manuscrits et le degré de confiance que l'on doit attacher aux éditions modernes.

Avant la chute de l'empire romain, on adopta généralement les caractères cursifs, qui se rapprochent assez de nos caractères *petits romains* et que l'on nommait *demi-onciales ;* ils servaient à la correspondance. Dès le neuvième siècle, la plupart des peuples d'Europe s'en emparèrent et ils subirent plusieurs changements de forme, qui servent à fixer les époques. L'alphabet grec donna naissance aux alphabets gaulois, gothique ancien, runique, sclavon, coptique, servien, russe, bulgare, arménien. L'alphabet romain donna naissance à ceux des Lombards, des Saxons, des Wisigoths, des Normands, des Écossais et des Irlandais. Il faut étudier les spécialités de tous ces caractères et les comparer à l'époque et aux peuples auxquels on les attribue pour s'assurer de l'authenticité des manuscrits.

Dans le cours des huitième et neuvième siècles, les copistes adoptèrent les abréviations employées par les secrétaires et tachygraphes romains. Pour ne pas interrompre les mouvements de la plume, un seul trait, un signe, indiquaient les mots qui se représentaient le plus souvent ; aussi, depuis le neuvième siècle, les manuscrits sont-ils pleins d'abréviations, de contractions, d'hiéroglyphes, qui en rendent la lecture fort pénible, et qui devinrent, avec le temps, encore plus compliqués et plus étranges. Les premiers imprimeurs adoptèrent quelques-unes de ces abréviations dont l'emploi a tant de fois embarrassé les lecteurs de l'évangile grec et qui n'avaient pas encore disparu à la fin du dix-huitième siècle.

On peut aussi tirer des inductions utiles des miniatures ou *illuminations* (comme l'on disait au moyen âge), dont on avait coutume d'orner les ouvrages précieux : c'est précisément ce qu'on nomme aujourd'hui *illustrations*, en France et en Angleterre. Les artistes chargés de cette espèce d'ornement se servaient du minium, dont la couleur rouge leur avait valu le nom de *miniatores* ou *illuminatores*. Il existe encore d'admirables monuments de cet art qui a conservé vivantes les traces des mœurs et des coutumes anciennes. Un manuscrit du huitième siècle qui se trouve au musée britannique est l'ouvrage de quatre grands théologiens : d'Eufrid, évêque de Durham, qui écrivit le texte ; d'Ethelwood, son successeur, qui *illustra* le volume ; de Wilfrid, ermite, qui se chargea de la reliure en or, en argent et en pierres précieuses ; et d'Alfred, qui ajouta les gloses. A ces jalons historiques, qui tous peuvent guider le connaisseur et déjouer l'imposture de l'imitation, joignons les *monogrammes*, les *sigles*, les *sigilles* et les *chiffres*, dont les variations jettent beaucoup de lumière sur la même étude. A une époque très-reculée, les souverains pontifes et les hommes puissants inventèrent les *monogrammes* ou caractères qui groupaient sur un petit espace toutes les lettres d'un nom. Les *sigles* ou signes littéraires sont des contractions syllabiques, soumises, non au caprice des tachygraphes, mais à un système régulier. Souvent une lettre représentait un mot : rien de plus fréquent dans la copie des actes judiciaires et dans la correspondance antique. Cicéron terminait ainsi l'une de ses épîtres : S. T. E. T. L. N. V., E. E. S. C. V., ce qui signifie : *Si tu et Tullia lux nostra valetis, ego et suavissimus Cicero Valemus*. Ces abréviations étaient si nombreuses qu'elles composèrent une espèce de dictionnaire. Pour représenter une série de mots, de noms convenus et quelquefois plusieurs lignes, on employait le *monocondilion*, c'est-à-dire qu'un seul trait de plume, mêlé de plusieurs indentations et de nœuds bizarres, tenait lieu des mots sous-entendus : véritable hiéroglyphe où l'on ne reconnaît absolument rien et où la forme d'aucune lettre n'est conservée. Les *sigilles* étaient des cachets ou sceaux appliqués non-seulement aux lettres, mais aux urnes, aux amphores, aux lacrymatoires et aux monuments funèbres. Il est évident qu'en comparant la forme des caractères, et en suivant leurs variations, on obtient, pour ainsi dire, l'histoire complète de l'écriture pendant une vingtaine de siècles : histoire dont on appréciera facilement l'utilité et sur laquelle nous reviendrons bientôt. Il est impossible de confondre avec un manuscrit du cinquième siècle celui qui se trouve chargé des *monocondilia* du treizième.

De toutes les espèces de manuscrits, les plus curieux sont les manuscrits *Doubles* ou Palimpsestes qui portent aussi les noms de *Codices Erasi* ou *Prescripti*. Ce sont, à proprement parler, de vieux manuscrits à lignes effacées et que l'on a remplacées par le texte d'une nouvelle écriture, à l'époque où le papyrus était cher et où le *papier coton* n'était pas inventé. Alors on estimait beaucoup plus les légendes et les traditions monacales que les chefs-d'œuvre de l'antiquité classique; possesseurs de nombreux parchemins, les moines s'empressaient de gratter, de laver ou de couvrir d'un enduit les fragments de Tite-Live ou de Platon qu'ils possédaient et dont ils se servaient ensuite comme de parchemin neuf. Malgré eux, ces efforts étaient inutiles; la première écriture, grâce aux propriétés de l'encre caustique qu'employaient les anciens, ne disparaissait pas tout entière, et dans les temps modernes on est parvenu à reconquérir ces vieux débris dont l'ignorance des moines avait presque enseveli les vestiges.

Ces manuscrits portent le témoignage de deux antiquités diverses : l'antiquité des secondes écritures, dont la plupart remontent déjà fort loin et quelquefois jusqu'au neuvième siècle, et l'antiquité des manuscrits primitifs, nécessairement très-éloignée ; car il est probable que les moines ne sacrifiaient ainsi que les parchemins les plus vieux, les plus flétris, les plus usés. Un seul homme, le célèbre Angelo Maïo, a autant contribué, par ses découvertes palimpsestes, au progrès archéologique de notre époque que tous les érudits des siècles précédents. C'est lui qui a retrouvé les Institutes de Gaïus, les livres de la République de Cicéron et les curieux fragments de la Bible traduite par Ulphilas. La presse pontificale a favorisé avec une rare munificence la publication de ces découvertes : elle aurait été plus rapide encore si les types grecs n'avaient pas manqué aux imprimeries de la Ville éternelle.

D'autres documents précieux, qui servent de témoignage aux vicissitudes subies par l'art de l'écriture, sont encore sortis des ruines d'Herculanum et de Pompéia, et se sont offerts aux regards étonnés, témoignages incontestables des progrès suivis par les arts anciens. Le premier siècle de l'ère chrétienne a surgi tout à coup avec ses instruments, sa méthode, son style, ses mœurs et la forme même de ses lettres. Chaque caractère de l'alphabet se trouve avoir une date dont personne ne peut douter.

Dans les principales cités de la Grèce et des colonies grecques, une foule de copistes nommés calligraphes, devaient leur subsistance à l'habileté et aux soins avec lesquels ils transcrivaient les manuscrits. Quinze pages in-folio du grand ouvrage de Montfaucon sont exclusivement consacrées au catalogue de ces calligraphes : Atticus en nourrissait plus de cent dans sa maison ; il faisait même, de leurs travaux qu'il revendait, une spéculation profitable. On en comptait un grand nombre chez Cicéron. Les *notarii* (1) ou sténographes étaient distincts des *librarii* ou secrétaires ; les premiers s'occupaient à recueillir, au moyen de signes abréviatifs, les débats des procès, les harangues des avocats, etc. On appelait *notarii domestici* les teneurs de livres ou de comptes, chargés de tenir note des affaires de famille ; et *notarii ecclesiastici*, les greffiers qui transcrivaient les actes des conciles, les nominations ecclésiastiques, etc. Les progrès de la religion chrétienne prêtèrent bientôt de l'importance et de la considération à la profession de copiste. Les hommes riches, puissants et distingués créèrent leur propre bibliothèque : la transcription occupa les plus nobles loisirs. Lorsqu'ils en voulaient faire un objet de gain, ce gain devenait considérable : l'absence de l'imprimerie rendait les manuscrits fort coûteux. Officiers de l'Église et de l'État, princes, grands dignitaires, aimaient à propager les principes d'une foi ardente et nouvelle en copiant les ouvrages qui leur servaient de témoignage et d'appui. Dans les troisième et quatrième siècles, les couvents se multiplièrent et les moines s'emparèrent du monopole de cet art : oisifs par vœu et par métier, souvent condamnés par une folle interprétation du christianisme à l'inertie intellectuelle, quelquefois doués d'adresse et de capacité, fatigués de la monotone série de formalités mortes et de pratiques superstitieuses auxquelles leur profession les obligeait, ils trouvaient précisément dans l'exercice de la transcription cette espèce d'oisiveté occupée et d'assiduité léthargique que leur permettait la vie monacale.

(1) Il y avait encore à Rome une autre classe d'écrivains : les libraires-éditeurs faisaient multiplier les exemplaires d'un livre par des brigades de greffiers qui écrivaient sous la dictée d'un lecteur dans un amphithéâtre. C'est ainsi que l'*Énéide*, les vers des poëtes à la mode, etc., durent être publiés.

Les couvents multiplièrent prodigieusement les manuscrits et activèrent d'autant plus ce travail qu'une bonne copie rapportait des sommes considérables. Jusqu'au commencement du dix-septième siècle, cette valeur s'est soutenue, et les manuscrits de la bibliothèque de Heidelberg donnés par Maximilien, duc de Bavière, au pape Grégoire XV, furent estimés 80,000 couronnes. L'exemplaire soigné d'un ouvrage pieux était considéré non-seulement comme un travail utile, mais comme une bonne œuvre religieuse. Souvent le copiste terminait son travail par les lignes suivantes : *J'ai achevé cette copie pour le salut de mon âme ; que tous ceux qui lisent et comprennent prient pour l'écrivain et lui souhaitent le bonheur dans ce monde et dans l'autre.*

Une vive rivalité s'établissait entre les couvents ; c'était à qui aurait les meilleurs et les plus habiles écrivains. Depuis le moyen âge, ce talent s'est évanoui. Peu à peu l'art du copiste a perdu sa valeur et même ses traditions. Les œuvres des modernes ne peuvent se comparer pour le soin, le goût, la grâce, l'exactitude du texte et la beauté des ornements, aux travaux dont nous venons de parler. Le moine le plus ignorant était souvent un admirable scribe : et si la transcription entraînait nécessairement un assez grand nombre de fautes, elles se corrigeaient mutuellement par leur diversité ; une comparaison attentive obtenait sans peine un manuscrit pur, au moyen de toutes ces variantes.

Quant aux copistes hébraïques de la Bible, ils se sont volontairement imposé des entraves extraordinaires : c'est quelque chose d'étrange que le grand nombre de conditions rigoureuses qu'a à subir celui qui transcrit, même de nos jours, les vieux documents hébraïques. Tout exemplaire dont le texte est considéré comme corrompu doit être brûlé. Mais savez-vous ce qu'il faut pour décider de la corruption du texte ? Une seule lettre de moins, une seule lettre de plus ; une lettre altérée ou effacée ; l'emploi d'une encre impure, d'une peau d'animal immonde ; d'un parchemin qui n'a pas été préparé spécialement et exclusivement pour cet objet ; d'un parchemin tanné par un étranger, ou relié et rattaché avec des substances considérées comme immondes ! Voici les règles sacramentelles dont il faut accepter la loi. — Qu'une ligne soit tirée au préalable et serve de guide au copiste ; qu'il commence par prononcer, non de mémoire, mais les yeux sur le texte, les mots qu'il va transcrire ; avant d'écrire le mot *Dieu* qu'il s'arrête pour faire une prière avec respect, et qu'il essuie sa plume ; que toutes les lettres soient détachées et séparées par un intervalle égal, ainsi que les mots et les phrases ; que chaque feuille occupe le même espace et que, dans l'intervalle de trente jours, après l'achèvement du manuscrit, on le relise et l'examine, pour le faire passer ensuite sous les yeux de la synagogue, chargée de l'admettre ou de le rejeter : — sans cela un manuscrit est impur ; il faut le détruire. Toutes ces règles sont en vigueur aujourd'hui même.

La vigilance et l'opiniâtre attention avec lesquelles les Hébreux conservaient la pureté de leur texte sacré paraîtraient incroyables aux peuples modernes : c'était une vraie superstition grammaticale et philologique. Peu de temps après l'ère chrétienne, quelques littérateurs hébreux, animés d'une profonde vénération pour la Bible, s'avisèrent de lui consacrer le monument du travail le plus minutieux, le plus énorme, le plus ridicule et le plus niais dont toute l'histoire des lettres fasse mention. Leurs remarques, critiques, consacrées à chaque verset, à chaque mot, à chaque lettre, à chaque point-voyelle du texte hébreu, ne laissèrent point échapper une seule particularité, même inutile ou absurde. Ils comptèrent toutes les lettres des vingt-quatre livres du Vieux Testament ; marquèrent également le nombre de lettres contenues dans chaque section, dans chaque subdivision, dans chaque verset, où quelque mot peut se trouver oublié, les mots à changer, les lettres considérées comme apocryphes, les répétitions des mêmes versets, les variantes, les différentes significations d'un même mot, les diverses manières dont un mot s'accorde et s'allie avec un autre ; ils prirent même la peine d'additionner le nombre de fois qu'un mot se trouve au commencement, au milieu ou à la fin d'une phrase, le nombre des caractères imprimés au-dessus des lignes, celui des lettres qu'on prononce, des lettres qu'on ne prononce pas, des lettres retournées et des lettres perpendiculaires. Ainsi ils firent l'importante découverte, que le point central du Pentateuque est précisément la lettre *Noun*, dans le mot *Gehen* ; qu'il y a dans la Genèse, 12 *parascioths* ou grandes sections ; 43 *sédarims* ou petites sections ; 1,534 versets ; 20,713 mots ; 78,100 lettres ; importantes curiosités ! Telle est l'origine de la *Massore*, tels sont ses résultats !

Les siècles de ténèbres et de barbarie, comme on les appelle ordinairement, n'ont pas été stériles pour l'humanité, malgré les enfantillages que nous venons de citer. Entre la mort de Justinien et le commencement du quinzième siècle, on s'occupa courageusement de faire surnager, au milieu du naufrage universel, les débris de l'antiquité savante.

Il suffit de citer Procope l'historien ; Hésychius le lexicographe ; le grammairien Pricien ; le philosophe Gœthe; le vénérable Bède ; Alcuin, précepteur de Charlemagne ; Raban Maur ; le roi Alfred ; enfin Photius, patriarche de Constantinople, à qui l'empereur Michel III fit franchir en une semaine tous les degrés qui conduisaient au patriarchat. Il fut moine, lecteur, sous-diacre, diacre, prêtre et patriarche, en l'espace de six jours. Son *Myriobiblion* est le premier exemple de ces Revues critiques, si souvent reproduites dans les temps modernes. Les onzième, douzième et treizième siècles donnent Avicenne, Psellus, Lanfranc, Anselme, Suidas, Anne Comnène, Roger Bacon, Tzetzès de Constantinople. Enfin Dante, Pétrarque, Chaucer, Gower, constellations brillantes, versent des flots de lumière sur les siècles suivants. Qui donc osera dire que la chaîne de transmission intellectuelle ait été jamais interrompue? ou que les couvents aient été hostiles au développement de la pensée? Lorsque toute espèce de penchant intellectuel était banni des camps et des palais, lorsque bourgeois et artisans méprisaient le mouvement de la pensée, les seuls asiles qui le protégent contre la barbarie générale, c'étaient les couvents.

Le caractère religieux et presque sacré que l'on attachait à l'art de la transcription, le grand nombre de points sur lesquels les manuscrits étaient disséminés et qui, en les éparpillant, les conservait; le respect des guerriers et des conquérants eux-mêmes pour ces lieux de retraite et leurs habitants, tout concourait à favoriser la transmission du dépôt littéraire. Alexandrie, avant d'être incendiée par les Sarrasins, contenait sept cent mille volumes ; Pergame en renfermait deux cent mille. Constantinople était plus riche encore : on copiait jour et nuit les trésors de l'antiquité et les traditions chrétiennes dans les îles de la mer Egée, dans les couvents de l'Asie Mineure et dans les environs de Byzance. Montfaucon cite plus de cinquante de ces sanctuaires de la science (1), situés dans

---

(1) Tout ce qui reste aujourd'hui de ces merveilles de science et d'écriture de la Calabre a été réuni dans la bibliothèque du couvent régularisé de la *Cava* près de Naples.

la seule Calabre et aux environs de Naples; tout son chapitre intitulé : *Des Endroits et des Pays où l'écriture grecque fut en usage*, donne les renseignements les plus curieux sur les copistes de cette nation. Sur le promontoire du mont Athos, dont la pointe s'avance du sein de la Macédoine dans la mer Egée, s'élève un monastère célèbre par les travaux des moines dont l'art du copiste était l'occupation exclusive. Les palais des rois de France, leurs *villæ* ou maisons de campagne, formaient encore d'autres foyers lumineux où se trouvaient les dernières traces du savoir humain. Mabillon cite soixante-trois palais et maisons de campagne où étaient établis des scribes et d'où émanaient des chartes royales. La comparaison de ces chartes, de la forme de leur écriture et du style employé dans leurs ornements, offre un excellent guide à ceux qui s'occupent des travaux dont nous parlons et qui veulent reconnaître plus spécialement l'authenticité des manuscrits latins. On ne peut trop s'étonner de l'erreur de Voltaire et de ceux qui, à son exemple, ont prétendu que le genre humain a croupi dans la barbarie pendant des siècles entiers : quand l'Asie presque entière était semée de monastères et de copistes, quand l'Europe occidentale et même les Iles Britanniques, dernière limite de l'Europe, encourageaient cet art et payaient un manuscrit 7,000 fr. de notre monnaie; lorsque chaque église avait sa bibliothèque et ses bibliothécaires, avec un *scriptorium*, salle uniquement destinée à la transcription dont les moines étaient chargés ; lorsque tous les couvents étaient autant d'arches saintes, au milieu du déluge de la guerre et de la barbarie! les seules forteresses contre lesquelles le pouvoir des rois vint échouer, les seuls temples de la civilisation attaquée de toutes parts !

Voilà les documents principaux qui peuvent nous guider dans l'histoire des manuscrits et de leur transmission : cherchons maintenant les déductions que nous devons en tirer. Toutes les fois qu'on ne peut soupçonner aucun motif plausible de fraude et de satisfaction, les probabilités sont en faveur du manuscrit. Y rencontrons-nous des faits, des dates, des noms qui se retrouvent dans d'autres œuvres de la même époque et spécialement dans les correspondances contemporaines? la probabilité augmente. Nous pouvons recevoir de la teneur même du manuscrit une impression semblable à celle que nous laisse la conversation des personnes dont la véracité et la candeur respirent sur leurs physionomies et dans leurs discours. Existe-t-il plusieurs copies, plusieurs exemplaires du même manuscrit, transcrit à la même époque, mais dans différents lieux? c'est encore une nouvelle vraisemblance : elle s'accroît lorsque les faits rapportés semblent bizarres ou monstrueux au premier coup d'œil et que leur authenticité, fondée sur la croyance populaire, se trouve ensuite prouvée par les récits d'autres écrivains. L'extrême minutie des détails relatifs aux choses et aux personnes de la même époque n'est pas toujours suffisante; mais lorsque ce témoignage se joint à ceux que nous venons de citer et que, comme dans les Evangiles, les indications sont très-exactes, les dates très-précises, les noms d'hommes très-multipliés, conformes à la tradition et à l'histoire, il résulte de ce concours une immense probabilité en faveur de l'œuvre antique. La chronologie est-elle altérée ou conservée? La succession des événements est-elle naturelle; la coïncidence des faits historiques et des règnes sur divers points du globe est-elle exactement marquée; tous les contemporains s'accordent-ils à reconnaître l'auteur comme ayant écrit l'œuvre qu'on lui attribue? Son style est-il parfaitement d'accord, non-seulement avec son temps, mais avec le lieu de sa naissance, sa situation personnelle et ses habitudes; ses phrases ont-elles bien la physionomie asiatique ou romaine du premier ou du dixième siècle; enfin, existe-t-il chez les autres écrivains des traces de celui dont on veut établir l'authenticité; en a-t-on conservé les vestiges au moyen de citations; et ces citations se trouvent-elles dans le manuscrit même qui se donne pour authentique?

Lorsqu'un auteur se trouve cité à la fois par plusieurs écrivains de son temps, qui n'ont aucun intérêt à supposer une authenticité mensongère; que ces citations se rapportent exactement au texte de l'écrivain; que des allusions nombreuses éparses chez d'autres contemporains concourent au même but; lorsque la distance des lieux et celle des temps préviennent toute possibilité de *collusion* et de fraude : le sceptique le plus déterminé sera forcé d'abdiquer ses doutes. Il conviendra que le Virgile ou le Sénèque dont nous possédons les écrits, sont bien les compatriotes d'Auguste et de Néron. Peu de livres sont tout à fait dénués de citations; elles sont semées avec abondance et prodigalité dans la plupart des écrits anciens. Tantôt le citateur copie textuellement un passage entier; tantôt sa citation n'est qu'incidente; il lui arrive quelquefois de se servir d'un mot, d'une forme de phrase, d'une épithète, d'une image qu'il rend à leur véritable père. Les fragments des tragiques grecs sont disséminés dans les œuvres de tous les philosophes latins. On trouve çà et là des critiques détaillées, des analyses circonstanciées, des commentaires philologiques ou historiques, consacrés à certains ouvrages. Toutes ces preuves doivent être portées en ligne de compte; et beaucoup de soupçons s'élèvent contre l'œuvre qui prétend à une antiquité reculée, et qui ne s'avance escortée d'aucune de ces preuves corrélatives. Mais a-t-il éveillé la discussion, retrouve-t-on les traces de cette controverse, l'a-t-on traduit dans des langages différents? Plus ces traductions se rapportent avec fidélité au **texte** original, plus ce texte acquiert de poids.

Avant d'ajouter foi à la date et au nom de l'auteur, sachez donc l'examiner sous les divers points de vue que nous venons de signaler. Observez surtout le langage qu'il affectionne, les formes grammaticales qu'il emploie, la phraséologie dont il se sert, les images qu'il prodigue ou qu'il économise, tout ce qui constitue sa manière, le dialecte de sa pensée et pour ainsi dire le vêtement de son intelligence. Ce vêtement très-variable ne dépend pas du caprice de l'écrivain ni même de son caractère propre. Il le reçoit tout fait de ses contemporains et de ses habitudes : il n'est pas le maître de le changer. Son premier désir, c'est d'être compris. Il n'a pas dépendu de saint Augustin de parler comme Sénèque ; ni de saint Jérôme de s'exprimer comme Cicéron. Le style reçoit l'impression d'une époque et la rend, pour ainsi dire, en relief. On ne peut s'y méprendre. Mabillon s'irrite à juste titre contre ceux qui repoussent le latin barbare de certains temps. « C'est une empreinte, dit-il avec raison ; ce n'est pas « un modèle. Chaque terrain porte ses fruits et ses « fleurs : un temps sauvage produit un style sauvage ; « et ce serait folie de demander à un désert inculte les « tubéreuses et les jonquilles, les narcisses et les ro- « ses que nos jardiniers placent dans leurs vases de « bronze et de porcelaine. » Examinez encore si l'atmosphère de l'époque spéciale à laquelle l'ouvrage prétend appartenir est conforme à l'histoire ; cherchez-y les particularités du climat, les produits de l'art, les traces de la vie domestique, les opinions religieuses, la couleur locale du pays, toutes les modifications que telle ou telle époque ont fait subir à la pensée. On a dit avec une admirable justesse que les variations du langage contenaient l'*histoire secrète* des nations. Jamais pastiche n'est complétement vrai, c'est une imitation factice qui ne réussit jamais. Les plus habiles en ce genre sont des menteurs adroits ; Walter Scott lui-même prête à tous ses héros des septième et huitième siècles un dialecte qui n'appartient qu'à Walter Scott, dont la base se trouve dans Shakspeare et dont le patois d'Ecosse et les vieux poëtes anglais ont fourni des ornements. Miroir éternel des idées et des mœurs populaires, le langage reflète dans ses perpétuelles évolutions non-seulement les changements et les crises que l'histoire signale, mais les nuances dont elle ne rend pas compte. Je ne sais pas qu'une seule imitation complète d'un style perdu ou arriéré ait jamais réussi à tromper un homme de goût.

Les différentes allusions contenues dans un ouvrage offrent encore une série de preuves intrinsèques qui portent l'évidence au plus haut degré. Qui pourrait croire aujourd'hui à la date d'un livre composé au sixième siècle et où il serait question, directement ou indirectement, de la puissance de la vapeur, des maximes nouvelles de l'économie politique, des discussions sur le droit d'intervention, des lois réglementaires sur les tarifs, de l'abolition de l'esclavage, de l'anéantissement de la Pologne, des Pénitentiaires; de ces Publications à bon marché, qui disséminent, peut-être pour la perdre, la science autrefois contenue dans de volumineux in-folio? Certes, toute espèce d'ouvrage dont l'auteur aura reçu l'influence de ces progrès, de ces inventions, de ces idées, appartiendra nécessairement au premier tiers du dixième siècle. Des nuances beaucoup plus fines encore demandent, pour être appréciées, une rare délicatesse de jugement. Sous Auguste, la civilisation romaine, qui s'amollissait, commençait à créer une espèce de littérature en harmonie avec la naissance du christianisme et avec le luxe des patriciens et de la cour. Jamais

Hésiode, ou même un contemporain de Caïus Gracchus n'eût inventé la Didon de Virgile, femme sentimentale et à demi moderne, que l'on ne peut comparer ni à la Phèdre d'Euripide, ni aux héroïnes de Sophocle.

Le paradoxe pouvait seul attribuer cette poésie ravissante à un moine barbare du cinquième siècle !

Toutes les créations de l'esprit portent leur date; il s'agit de la trouver. Joignez à ces preuves littéraires et intellectuelles les preuves matérielles dont l'histoire nous a occupés plus haut, preuves relatives à la copie des manuscrits, à la forme des lettres, aux instruments et aux substances dont on faisait usage, vous verrez se combler l'abîme qui sépare la civilisation moderne de la civilisation antique. Nous saurons à travers quelles vicissitudes chacun de ces trésors intellectuels est arrivé jusqu'à nous et nous posséderons son histoire, depuis l'époque de sa création jusqu'à nos jours. Quant aux différences d'opinions qui se sont établies sur la manière de comprendre certains mots, certains passages, ce malheur était fort naturel; on ne devait pas s'en plaindre; on devait s'y attendre. Je sais que l'on compte plus de cent mille variantes dans le texte du Nouveau Testament, et que cette diversité, à laquelle la presse seule pouvait apporter remède, ouvre la porte à une infinité d'interprétations contradictoires. Mais nos jugements sur les caractères historiques ne sont-ils pas très-dissemblables ? et qui s'étonnerait de cette variété de phrases et d'épithètes? Je me défie de l'ouvrage qui n'a pas de variantes : cette stérilité prouve que les manuscrits originaux étaient rares et que des erreurs, pour ainsi dire héréditaires, ont dû se transmettre, sans correction, d'un copiste à un autre copiste.

Étonnant phénomène! Plus nous avançons dans les siècles, plus, au lieu de nous éloigner de l'antiquité, nous nous rapprochons d'elle. Chacune des années qui s'écoulent, au lieu de réduire en poudre les derniers débris de ces monuments vénérables, les reconstruit et les relève. L'imprimerie, en multipliant les exemplaires, ne permet plus aux moindres travaux de l'esprit de se perdre et de s'évanouir.

Autrefois l'homme de talent qui rétablissait un texte, qui le corrigeait et l'épurait, qui le commentait et l'expliquait, ne pouvait produire qu'une seule copie dont la destruction fortuite mettait à néant tous ses travaux. Maintenant le philologue commentateur peut compter sur une existence aussi durable que celle de l'auteur qu'il élucide : sa gloire (s'il la mérite) est permanente. Le temps, de ses doigts redoutables, efface tour à tour les chefs-d'œuvre de l'architecture, de la peinture et de la statuaire ; mais la pensée si légère, si mobile, se fixe et ne périt pas : c'est le plus grand des prodiges. Après avoir éternisé les inventions nouvelles, les résultats du présent, cette découverte sublime a fini par reconstituer le passé pour le léguer à l'avenir.

HISTOIRE DE LA LANGUE

ET DE

LA LITTÉRATURE FRANÇAISES

PENDANT LE XVIe SIÈCLE.

HISTOIRE DE LA LANGUE

ET DE

LA LITTÉRATURE FRANÇAISES

PENDANT LE XVIᵉ SIÈCLE.

LIVRE PREMIER

(1490 — 1535)

PREMIERS ESSAIS DE RÉFORME LITTÉRAIRE

---

§ Iᵉʳ

Du quinzième siècle en Italie. — Les philosophes, les poëtes, les libres penseurs.

Quelles ont été, pendant le seizième siècle, les diverses fortunes de la langue française ? Comment notre idiome souple et précis, destiné à une glorieuse universalité, s'est-il formé dans le chaos de cette époque ? Quelles luttes ont préparé la littérature réglée et lumineuse des Bossuet et des Pascal ?

Peut-être les recherches suivantes répandront-elles quelque clarté sur ces questions. J'essaierai d'examiner d'abord la situation morale et littéraire de la France, au moment où nos soldats se jetèrent sur l'Italie dont la civilisation corrompit et adoucit nos mœurs ; je raconterai nos premiers efforts pour imiter ce qui nous frappait d'admiration, et comment ces emprunts hasardés de platonisme et d'érudition modifièrent notre vieille langue sans détruire le vieil esprit français. Je chercherai pourquoi l'insurrection des érudits ne put accomplir qu'une révolution passagère et quelles traces ils avaient laissées, lorsque vers le milieu du dix-septième siècle l'esprit et le style français reparurent libres, enrichis et définitivement triomphants.

Examinons d'abord dans quelle situation se trouvait l'Italie à la fin du quinzième siècle, lorsque nos bandes victorieuses l'envahirent. Destinée à nous servir de guide et de modèle, l'Italie était le centre et le foyer de la civilisation européenne.

Là florissaient le luxe et les arts, inconnus au reste de l'Europe ; cités commerçantes, républiques souveraines, villes libres et pacifiques, tous les prodiges de la Grèce antique avaient reparu sous un ciel nouveau. Là des vassaux ignares ne courbaient pas leurs fronts sous la lance des seigneurs ; l'industrie augmentait la fécondité de ces belles campagnes, que la vigne et l'olivier couvraient depuis le sommet des Apennins jusqu'aux bords de l'Océan.

A Florence brillait la lampe savante allumée par les veilles de Politien dans ces palais où le banquet en l'honneur de Platon se célébrait tous les ans : les jeunes filles dansaient en répétant les chansons populaires composées par les Médicis ; Pulci raillait la gloire et la grandeur devant ses maîtres glorieux. Florence couvrait la mer de ses navires, les rivages de ses comptoirs, et prêtait des millions aux rois. Des lagunes de Venise aux marchés de Milan, des barques sillonnant les fleuves, portaient et reportaient sans cesse les blés de la Lombardie en échange des tissus orientaux et des fourrures du Caucase. Sur les rives de la mer de Tyrrhène et de l'Adriatique, de nombreux navires déposaient les trésors de toutes les régions, parfums de l'Inde, manuscrits achetés dans les couvents des Hébrides, médailles et livres recueillis dans les monastères d'Asie, statues grecques qui devaient inspirer Michel-Ange.

Les dernières lueurs de la civilisation antique s'étaient concentrées dans le sanctuaire du culte chrétien, comme la clarté mourante du soleil rayonne encore sur le dôme de Saint-Pierre, quand l'obscurité couvre la ville éternelle. Pendant l'heptarchie saxonne et les temps mérovingiens, le génie de la liberté italienne, réfugié dans les grottes des Abruzzes, s'était conservé intact ; il avait forcé l'opulence du Midi et la pauvreté du Nord de contribuer à sa gloire ; profitant des disputes de la tiare et de l'empire, il avait dominé la féodalité expirante. Enfin, quand les croisades lui offrirent le commerce du monde à exploiter, il devint maître de toutes les richesses et facteur des deux hémisphères.

Ces traits généraux ne suffisent pas à caractériser le quinzième siècle italien dont l'exemple détermina le mouvement littéraire de la France pendant le siècle suivant. Précisons par quelques détails l'esprit de cette époque aussi grande et aussi orageuse pour l'Italie que le dix-huitième siècle l'a été pour nous.

À peine les peuples demi-germains et demi-français qui cultivent sur les bords du Rhin la vigne, le blé, les arts et le commerce, eurent-ils créé l'imprimerie et ajouté cette force d'expansion aux forces intellectuelles de l'humanité, il s'opéra en Italie un mouvement de gravitation puissante vers la civilisation antique. En cet instant même, le simulacre nommé empire grec disparut, laissant après lui une trace de feu qui tomba sur l'Italie comme une couronne. L'Italie, qui recevait l'héritage, était elle-même une vieille héritière ; elle possédait sa philosophie, son esprit critique, sa civilisation très-avancée. La tradition grecque, limon de science et de vice déposé sur l'Italie, fit éclore des fruits extraordinaires ; et cette fécondité contint bientôt en germe Rabelais et Marot, Montaigne et Bacon, Ronsard lui-même et tous les poëtes burlesques de l'Allemagne au seizième siècle ; elle renfermait le secret d'une inévitable crise, la semence de la réforme religieuse.

L'Italie, après avoir accepté pour institutrice cette colonie d'exilés que Mahomet chassait de Byzance, vendit à son tour à l'Europe les leçons qu'on lui avait données. L'Anglais Linacre étudia le grec à Florence ; les Anglais Günthorpe, Free, William Gray, Robert Fleming, se pressèrent à Padoue au pied de la chaire du jurisconsulte Guarini. Nourrice généreuse des esprits, l'Italie se moqua un peu de ses nourrissons étrangers dont la voix était rude et la chevelure blonde. Pontano, poëte napolitain de cette époque, dit quelque part « que les Anglais ont la prétention d'avoir une langue au moyen de laquelle ils sifflent, hurlent et grognent ; mais que c'est une prétention insoutenable. » Piccolomini, qui fut pape et qui vécut longtemps en Allemagne, nous donne un tableau plaisant de la ville de Vienne en 1450. « Ce n'est pas une ville, dit-il, mais un grand poêle et un grand cabaret, où les princes boivent plus que les gentilshommes, les gentilshommes plus que les manants, les moines plus que les roturiers, et les évêques plus que les moines ; voilà toute la différence. D'ailleurs l'idiome national est curieux et utile sous le rapport médical. Chaque mot est un petit caillou, qui nettoie le larynx en l'écorchant, et qui endurcit les oreilles en les blessant. »

En dépit de ces railleries, les Italiens sans fortune allaient volontiers en Allemagne vivre à la cour des rois barbares dont ils se moquaient. Le même Piccolomini fut secrétaire de l'empereur pendant longues années. Philippe Bonaccorsi, savant et agréable écrivain, devint le favori du roi de Pologne. Traversari, dont les lettres sont intéressantes, ne fut pas moins bien accueilli en Hongrie et en Bohême. Quelque philosophe trop hardi avait-il peur de la cour de Rome, il allait, comme le fit Galeotto Marzio, prendre refuge dans un palais seigneurial de Prague ou de Vienne, et y publier ses incrédulités et ses invectives. On voyait, en 1474, Florence ouvrir ses portes à un hôte venu des pays lointains, à Christiern, roi de Danemark, dont le costume scandinave, les fourrures de zibeline, la cuirasse de fer noir, l'épée colossale et la longue barbe blanche, furent une apparition extraordinaire au milieu des belles princesses de Milan et de Ferrare et de leurs gentilshommes lestement vêtus. L'homme du Nord accorda peu d'attention aux fêtes milanaises, qui ne lui semblaient que licence et faiblesse. Il se fit apporter le livre de la loi romaine, les Pandectes, et l'exemplaire grec des Évangiles; puis plaçant sur ces volumes sa main gantée de fer: « Voilà, s'écria-t-il, les seuls trésors dignes des rois : la loi et la foi ! »

Le Nord, tout rude encore, s'éveillait à la civilisation et gardait une probité sauvage. En Italie, au contraire, les ressorts de la société politique étaient usés; la grâce des mœurs, l'éclat des arts, l'enchantement de l'étude consolaient le pays de cette division intestine qui ne lui permettait plus l'espoir d'une grande vie nationale. De l'aveu des penseurs et des écrivains philosophes de l'Italie, Machiavel, Bentivoglio et Tasse, l'époque de sa splendeur intellectuelle est celle de sa décadence morale. Le génie des arts, la beauté du style et de la forme, atteignirent une perfection admirable, sans que la société se relevât.

Le même phénomène s'est manifesté plus d'une fois ; Voltaire, Montesquieu, Jean-Jacques, et toute cette armée de brillants écrivains assistèrent plus tard à notre décadence. Jean-Jacques se cacha douloureusement sous les ombrages de Montmorency et prophétisa l'orage. Montesquieu, assis dans la grande salle seigneuriale du château de la Brède, prédit la chute de cette machine usée et maladroitement réparée. Le père de Mirabeau, débris d'une antique race florentine, un Arrighetti devenu Français, criait du haut de la tourelle de ses montagnes auvergnates aux hommes d'État de son temps : « Dansez, messieurs, dansez ; vous finirez bientôt par une culbute universelle. »

L'Italie, en 1450, ressemblait à la France de 1789. Elle avait donné le jour à Dante, à Pétrarque et à Boccace ; les républiques avaient accompli leur orageuse destinée ; la foi politique et religieuse avait disparu ; tout se dissolvait dans l'ardente volupté des mœurs, dans le luxe des fêtes princières et le culte physique des passions, de la beauté et des arts. Arioste, Raphaël, Tasse, Galilée, allaient bientôt apparaître.

La fin du quinzième siècle en Italie a modifié par son exemple notre seizième siècle tout entier. Cette époque et ce pays sont très-bien décrits par un esprit distingué, pénétrant et souple qui, selon la mode, composait des vers latins plus faciles qu'élégants, parsemés de sarcasmes contre les papes, les savants, les princes, et de paradoxes sur la religion. Médecin fort considéré des grands qu'il traitait mal (autre ressemblance avec nos philosophes du dix-huitième siècle), il avait quitté son vrai nom de Manzolli, pour revêtir un déguisement latin, et s'appeler *l'Étoile de la Renaissance* (*Stellatus Palingenius*). Voyant cette Italie sans principes et sans chefs, privée de centre et d'unité, se précipiter vers une décadence inévitable, et courir au joug de l'étranger, Manzolli jeta un cri d'angoisse :

> « Ergo ibo intereà Parnassi in rupibus altis,
> Donec musa iterum jubeat exire, latebo ! »
> . . . .
> « Je veux fuir ! je veux fuir ! Dans ce monde servile
> Ma voix n'a plus d'essor, mon cœur n'a plus d'asile !
> Adieu, trop cher pays ! A tes ignobles fers,
> Je préfère l'horreur des plus tristes déserts.
> Oui, je veux fuir des lieux, où la piété même,
> Objet d'impur trafic, de honte et de blasphème,
> N'est plus qu'un vil filet qui, sous d'obscènes mains,
> Ramasse les trésors arrachés aux chrétiens !
> Des fantômes de rois (1) et des spectres de princes,
> Voluptueux bourreaux, gouvernent nos provinces.
> Je veux fuir......................
> Les Muses m'ouvriront leurs grottes parfumées,
> Charmeront mes ennuis de leurs voix bien-aimées ;
> Elles me couvriront de leurs voiles charmants,
> Jusqu'au jour où la paix renaîtra sur nos champs,
> Où l'Italie enfin sera libre et puissante (2). »

Cette plainte élégiaque n'était pas l'expression de toutes les âmes ; il y en avait de plus ardentes et de plus impétueuses, de plus molles et de plus endormies. Le *Mantuan* (3) remplissait d'invectives ses poëmes, comparables à ceux de notre Gilbert quant à la violence et non pour le génie. Trois espèces d'esprits annonçaient diversement les temps nouveaux : les Ironiques, les Élégiaques et les Voluptueux.

En Italie, non en France ou en Allemagne, le respect du passé était anéanti : un sentiment dominait tous les autres, l'ironie. L'ironie universelle est le symptôme des décadences. De même que le Grec Lucien et l'Africain Apulée avaient annoncé la fin de l'antiquité

---

(1) *Sic nos idola gubernant !...* — *Relligio aucupium facta*, etc.
(2) *Marcelli Palingenii Stellati* Zodiacus vitæ humanæ, C. 10, ad finem.
(3) Battista Spagnuoli.

et convoqué leurs dieux pour les fustiger ; de même aussi la chevalerie fut enterrée plaisamment par Don Quichotte ; Candide mena en riant la procession funèbre de tous les préjugés français. Dans ces derniers temps, l'Angleterre a jeté son éclat de rire; le *Don Juan* de lord Byron a montré à nu le cœur flétri du poëte, son énergie désespérée et les désolations d'une âme qui avait perdu ses amours.

En certains moments particuliers de la vie des peuples naissent des œuvres telles que *Candide*, *Don Juan*, les *Dialogues* de Lucien et le *Morgante*, poëme de Pulci, ami de Laurent de Médicis. Ce poëme écrit au quinzième siècle par un sceptique ennuyé qui se moquait de la vaillance, de la dévotion, des paladins et des moines, et récitait à la table de Médicis ses vers nonchalamment satiriques, est de la même école ; c'est une de ces railleries qui éclatent au moment où la société est rassasiée de jours, fatiguée de jouir, de penser et de vieillir.

Pulci fustige tout ce qui dominait au quinzième siècle, hommes d'Église, monarques, chevaliers et seigneurs. Son Charlemagne est un balourd que chacun attrape, et qui jamais ne passe près d'un couvent sans être la dupe des moines. Pulci raille toutes les admirations du moyen âge héroïque ; les exploits fameux racontés par les trouvères ; l'épopée du *Cid*, les chansons de Geste et Arthur d'Angleterre ; il parodie la grandeur démesurée des héros et les interminables longueurs de récits. Pulci ne garde plus que le respect de la forme ; la prière à Dieu et à la Vierge, début de tous ses chants, le conduit à une impiété ou à un mot obscène. Sans plan et sans méthode, il suit le caprice, *Chèvre-Muse* (*capriccio*), comme le dit le mot italien qui rend ce qu'il veut exprimer. Homme qui méprise tout et se moque de tout, il jette pêle-mêle les rois, les prélats et les bourreaux. Lorsque dans le

Morgante Charlemagne a condamné à mort le traître Marsille, l'archevêque Turpin conçoit, dit le poëte, un singulier désir : il veut essayer le métier de bourreau et pendre le coupable de ses propres mains :

> « Le métier de bourreau me conviendrait assez,
> Dit Turpin; laissez-moi-lès occire! Ordonnez,
> Je les pendrai fort bien. — Le désir est louable,
> Répondit Charlemagne avec un air affable.
> Passez-vous ce caprice et pendez les deux chiens,
> Pendez-les proprement. —

Ces facéties satiriques sont racontées avec une bonhomie populaire et même démocratique ; Pulci a le ton niais malin du raconteur des carrefours. Sérieux dans la folie et extravagant dans le sérieux, il est heureux de rencontrer sur sa route une occasion de rire aux dépens des moines et des preux. Son géant Morgante, type du héros, a une armée à combattre ; ce sont des porcs. Il les pourfend vaillamment, et les moines de l'abbaye dans laquelle il demeure le voient revenir chargé d'une tonne d'eau fraîche et des cadavres de ses ennemis. — « On se réjouit dans le couvent ; les moines chantent leurs antiennes ; tous les animaux, même le moine, dit Pulci, sont contents quand on leur apporte de la nourriture. Bientôt les bréviaires sommeillent, vigile-jeûne est oublié ; il ne reste plus, de ce troupeau détruit par Morgante, que des ossements si bien nettoyés, si blancs, si doux, si polis, que les chats et les chiens de la maison s'en plaignirent » :

> Tanto ch' el cane s'en doleva e'l gatto
> Che gli ossi rimanevan troppo puliti.

On donne pour récompense un beau coursier à Morgante. Le géant stupide écrase le cheval de son poids et veut le faire marcher quand il est mort. « La bête n'a qu'un défaut, c'est d'être morte. — Ah ! lui dit le géant, tu ne veux pas me porter ; eh bien ! moi, je te porterai. Mettez cet animal sur mon dos, messire Roland, et donnez-moi un coup de main.— Vous l'avez tué, puisse-t-il vous le rendre ! lui répond Roland (1). » Le géant s'en va portant sa monture. Rabelais n'a rien inventé de mieux que ce récit, symbole des choses mortes que l'on veut faire marcher encore, satire de la féodalité du moyen âge, réduite à n'être plus qu'une apparence.

Pulci se moquait aussi de son âme : « Par où entres-tu ? par où sors-tu, lui demande-t-il ? et comment est-on assez niais pour s'occuper d'un être qui n'a ni queue ni tête, et qui ne sait pas même dire qui elle est ? Je te souhaite le bonsoir, et si mon lit de plume, mes ortolans bien rôtis et mes vins doux au palais te conviennent, j'en suis bien aise :

> E beccafici e gli ortolan pelati
> E' buon vin dolci e letti spiumacciati. »

C'est là toute la philosophie de Pulci, celle de Rabelais et de l'abbaye de Thélème. On se moquait de soi, on se riait de son âme, ainsi que des princes auxquels il n'était pas difficile d'échapper. On allait pour cela de Parme à Venise, ou seulement de Florence à Ferrare. Pontano, ayant rendu un service diplomatique au roi de Naples, sollicita le titre de baron, qui lui fut refusé et que d'ailleurs il devait estimer peu : sa vie s'était passée à médire de la noblesse. Il se vengea par le dialogue de *l'Ane*. Le roi Alphonse est son âne, Pontano le monte, le dirige, le nourrit ; l'âne ingrat et rétif lance au poëte une ruade qui le renverse sans connaissance. A travers cette allégorie que l'auteur développe en douze pages, on voit apparaître toute sorte de personnages burlesques,

---

(1) *Morgante Maggiore*, C. 4. St. 40.

entre autres d'odieux et d'absurdes cardinaux : Pourriez-vous m'apprendre le nom de ce vieillard singulier qui chantonne en passant, qui branle la tête en clignant de l'œil, plus paré qu'une châsse, plus musqué qu'une civette, plus sautillant qu'un jeune danseur? — C'est un cardinal qui nous arrive de Valence; il n'a qu'une seule pensée, de plaire aux dames de la ville; écoutez-le chanter son martyre :

> De votre balcon, Léonore,
> Regardez-moi, mais sans mépris;
> Vous pouvez rajeunir encore
> D'un regard plus doux que l'aurore
> Mes cheveux par l'âge blanchis!

« Et comme il regarde aux fenêtres! comme il salue! quels sourires! quelles courbettes! Beau petit vieillard, tu mourras plus jeune que tu ne l'étais au premier jour de ta vie (1)! »

Telle est l'Italie du quinzième siècle; une pépinière de bel esprit, d'imaginations caustiques et de licence raffinée; il ne faut pas la croire suffisamment représentée par ces savants hérissés de grec et ces grammairiens philologues, trop souvent cités par les historiens littéraires. Un curieux mélange de science, de hardiesse et de volupté, constitue le véritable caractère des Paul Jove, des Pulci, des Pontano et des Politien; philosophes d'autrefois, amis des princes comme Voltaire et Diderot, railleurs comme eux des princes qui les pensionnaient. On les a faits trop majestueux et trop nobles; ce sont de plus amusantes figures.

Leur exemple forma Rabelais en France, Murner et Fischart en Allemagne. Ces érudits poëtes sur les-

---

(1) *Joannis Joviani Pontani opera;* tomus secundus. Basileæ. 1538, p. 160.

quels se modela Ronsard, ces commentateurs caustiques qui donnèrent l'impulsion à l'école d'Érasme et de Budé, ne ménageaient ni rois ni évêques, proposaient aux peuples leurs théories de Déisme, et souvent ils étaient cardinaux, poëtes, géomètres, galants, inquisiteurs, incrédules tout à la fois. Bembo, que Lucrèce Borgia ne dédaignait pas, écrivait des traités de dévotion, d'amour platonique et de petits vers libertins, prototype brillant dont notre cardinal de Bernis n'est qu'une copie effacée. Deux siècles avant que Frédéric le Grand réunît à sa table Voltaire, d'Alembert et Maupertuis, Laurent de Médicis prenait le même plaisir à entendre Politien et Valla se traiter devant lui de mendiant et de fils du bourreau.

Ce fut un grand étonnement pour nos rustiques aïeux quand ils tombèrent au milieu de cette fête de l'Italie philosophique. Avant même que la colonie grecque des savants échappés au fer de Mahomet se fût répandue de Venise à Turin et de Naples à Ferrare, il n'y avait plus de préjugés en Italie. Les princesses trouvaient naturel d'assister aux orgies de leurs frères, même quand ces frères étaient souverains pontifes. Jusqu'aux lois suprêmes de l'organisation humaine étaient violées par l'impudeur et la recherche du vice. Il y avait tant de petites parties qu'il n'y en avait plus. On était de Bologne ou de Parme, on n'était plus Italien ; le patriotisme s'éteignait dans le ridicule. Les bons citoyens étaient réduits à désirer un pape usurpateur ou un empereur d'Allemagne qui sût consolider son despotisme ; tel devait être plus tard le souhait du grand et triste Machiavel. Presque toutes les vertus passaient pour inutiles et arriérées. Quant aux préjugés de caste et de hiérarchie, ils n'excitaient plus que le rire. Que penser de la noblesse quand on voyait les marchands de Venise et de Florence dominer l'Europe et contenir l'Asie, et les descendants des Comnène s'affaisser dans l'ignominie ?

Les idées féodales, généalogiques, guerrières, beaucoup d'idées religieuses, puissantes en France, étaient détruites en Italie ; les principes démocratiques s'installaient à la cour des princes. Presque tous les écrivains italiens du seizième siècle ont composé quelque dialogue (forme à la mode) contre les nobles de race. Paul Jove, historiographe officiel du Vatican, le Pogge, Landino, Pontano, raillent l'orgueil nobiliaire, et accusent l'Allemagne et la France de ramper devant leurs gentilshommes ; Pontano insulte cette *stupidité gauloise*. Le Pogge ou Poggio, longtemps secrétaire du Vatican, homme qui tient de Rabelais, de Swift, de Voltaire et de Vadé, le plus goguenard des savants et le plus érudit des esprits railleurs, peint à sa manière les nobles de l'Europe. « Un noble Napolitain, dit le Pogge, est un animal qui se croit d'autant plus gentilhomme, qu'il agit moins ; sa paresse est le plus beau trait de son écusson. En Allemagne, on a un fief et on pille le voisin ; en France, on vit dans ses terres, on chasse, on danse, on s'abîme de dettes, et l'on pare en quarte et en tierce les réclamations de ses créanciers. C'est une bien belle chose que la noblesse ! » Platina, historien des papes, s'exprime comme le Pogge, et raisonne philosophiquement contre l'aristocratie. Les déclamations écrites par Valla contre les cardinaux, et imprimées à Florence sous les yeux de Médicis, valent celles de l'abbé Raynal. « Exemples de tous les crimes, leur dit-il, *exempla omnium facinorum!* osez-vous monter sur vos mules harnachées de pourpre, et traînant après vous une pompe suzeraine, vous proclamer des vicaires de Jésus-Christ ? » Certains dialogues de Pontano, vrais fragments de comédie aussi significatifs que les proverbes de Collé, disent assez ce qu'un Italien pensait alors de l'Italie : « Quelle ardeur de voyage vous a donc pris ? dit un Allemand nommé Heinrich (Henri) à un Italien nommé Suppatio.

— J'ai couru à travers l'Italie, et j'y ai cherché un peu de raison sans en trouver : à Sienne, j'ai vu les vieillards amoureux et les jeunes gens sénateurs ; à Pise, tout le monde était fou, tout le monde voulait gouverner, personne ne voulait obéir ; à Lucques, on adorait la ceinture et la jarretière de la Vierge. La superstition étant de toutes les pestes la plus dangereuse, je me suis sauvé comme si le diable m'eût emporté. Plus loin, j'ai vu des tyrans qui pesaient sur le peuple, le peuple qui poignardait ses tyrans, qui en faisait de nouveaux, les tuait encore et en refaisait d'autres. A Bologne, on m'a montré des reliques de saints, des tombeaux de sages et des fous vivants. Florence m'a offert une curiosité assez piquante : tous les citoyens y avaient deux balances, l'une pour le voisin, l'autre pour eux-mêmes. Conduit à Rome par un heureux zéphyr, je n'y ai trouvé que des tavernes, des cuisiniers, des courtisanes et des prêtres sur des mules ; les courtisanes m'ont volé mon manteau, les prêtres m'ont écrasé. Mais malheur à moi, malheur au jour où j'ai rencontré dans la rue un littérateur moderne ! Ce fanatique du beau langage latin faillit m'assommer à coups de poing pour avoir commis un prétendu barbarisme, j'avais dit *liquescere*, et je me croyais appuyé par l'autorité de Virgile ! Le pédant ne le voulait pas ; il m'aurait tué si je n'avais pris une rue voisine, dans laquelle je m'élançai au plus vite... »

Ainsi raillait l'Italie ; elle n'épargnait pas même son savoir et sa gloire ; ainsi tombaient à la fois préjugés de caste, de nationalité, même d'érudition. Dans un des dialogues du même Pontano, un érudit moderne aborde le poëte latin Virgile, et le réprimande de la façon suivante : « N'avez-vous pas dit que votre héros Énée avait reçu d'Aceste, en quittant la Sicile, plusieurs tonneaux de vin vieux (*cados*) ? Apprenez qu'en ce temps-là on ne se servait que d'amphores en Sicile, et que le *tonneau* y était inconnu ; vous avez commis une faute grave. — Cela est vrai, répond modestement Virgile, et j'aurais dû dire aussi que notre Aceste ajouta, pour compléter ce cadeau, un cruchon de vinaigre. Je ne manquerai pas d'ajouter cela, cher commentateur, dans la prochaine édition. — Vous nous apprendrez en outre si Énée, en débarquant, a sauté à terre et l'a touchée du pied droit avant le pied gauche, ou du pied gauche avant le pied droit ? Le fait est important. — Énée a sauté à pieds joints. — Mettez donc une note, et n'oubliez pas de citer votre autorité. » Un second pédant arrive, et les héros se prennent aux cheveux. « Qui êtes-vous ? demande le premier. — Grammatiste. — Dites grammairien, imbécile ! On doit parler ainsi ! — Dites on *devrait*, ignorant ! — *Doit !* tu es un sot ! — *Devrait !* tu es un âne. — C'est toi ! — Non, c'est toi. — O grammairiens, dit Virgile en se sauvant, que vos lettres humaines sont inhumaines ! »

On croit entendre Voltaire. Voilà ce dont riait à sa table Médicis, fils de bourgeois enrichis, dont le blason commercial était fait de balles d'or. Cet aimable esprit vivait dans une fraternité guerrière de saillies, d'épigrammes et de causerie politique avec les philosophes qui l'entouraient (1). Pulci le tutoyait. Philelphe, mécontent de lui, l'injuriait en fuyant, comme Voltaire quittait la cour de Frédéric en se moquant de son hôte et emportait, pour amuser l'Europe, les *poeshies* « du roi mon maître ».

Laurent de Médicis composait des vers comme Frédéric, vers empreints d'une ironie moelleuse dans le genre du *Mondain* de Voltaire :

(1) Voyez la *Vie de Laurent de Médicis*, par Fabroni, ouvrage infiniment meilleur et moins connu que celui de Roscoe sur le même sujet ; on y trouve plusieurs lettres curieuses adressées par Pulci à Laurent et remplies de persifflages.

CONFESSION AUX DAMES.

> Je viens me confesser à vos genoux, mesdames,
> Vous dire mes péchés avec humilité,
> Vous demander pardon; clémentes sont vos âmes;
> Punissez, frappez-moi, mais avec charité.
> D'abord pour le plaisir j'eus quelque négligence,
> Et ce premier délit pèse à ma conscience,
> Ensuite......................................

Les péchés d'omission que Laurent de Médicis se reproche composent une liste assez courte, qui se termine ainsi :

> Amis, gardez-vous bien de ces péchés si graves,
> De vos prédicateurs ne soyez point esclaves.
> Jouissez; lorsque vient l'âge des cheveux blancs,
> On se repent, hélas ! en vain ; il n'est plus temps (1).

La langue italienne est maniée par le poëte avec un talent exquis :

> Donne e fanciulle, io mi fo conscienza
> D'ogni mie', falli, et vo' far penitenzia!

Les *chants du carnaval* et les *canzoni* amoureuses écrits par le même Laurent offrent tous les symptômes que nous avons signalés : indifférence au bien et au mal, penchant philosophique à la raillerie, gaieté de la vieillesse chez les peuples, ce sourire qui plisse les lèvres avant l'heure suprême.

Malgré son idolâtre amour de l'antiquité, l'Italie baignée dans la lumière émanée de la civilisation byzantine, se livrait donc au doute, à l'ironie, à la facile volupté des mœurs ; les théories philosophiques de Valla, de Marsile Ficin, plus tard de Savonarole et de Telesio ouvraient une perspective enflammée, ban innonçait la révolte du protestantisme.

Peuplée de philosophes et de poëtes sceptiques, l'I-

---

(1) *La Confessione*. Voyez Roscoe, t. III, p. 44, 4ᵉ édition.

talie mêlait à ces caractères le fanatisme de l'érudition, la superstition de la beauté et une ardeur de passions effrénées.

Ainsi faite, sous les papes Nicolas V, Pie II et Léon X, elle donnait l'impulsion à l'Europe ; tous les princes imitaient Laurent de Médicis, roi sans titre, consul sans faisceaux, usurpateur sans violence, chef d'une république au sein de laquelle il n'était rien que le magnifique Laurent. Les soupers qu'il donnait à ses amis retentissaient, comme ceux de Frédéric le Grand et du baron d'Holbach, de saillies incrédules, de témérités savantes et libertines ; on y répétait les vers de ce Panormita qui « remua, dit Politien, *fœces utriusque veneris,* » *les boues* de toutes les voluptés. Par une coïncidence naturelle, l'ouvrage (1) du Panormita n'a trouvé d'éditeur qu'à la fin du dix-huitième siècle, à Paris, en 1795, à l'époque même où les effroyables obscénités d'un marquis provençal étaient publiées avec l'autorisation du Directoire.

Les repas nocturnes du dix-huitième siècle, que Diderot a reproduits dans son chef-d'œuvre *le Neveu de Rameau,* ces orgies de l'esprit ivre de sa liberté, ces contes sans fin qu'il a cousus et rattachés avec une gracieuse et folle audace dans *Jacques le Fataliste,* trouvent un penchant curieux dans le livre du Poggio, Romain qui publia un recueil de récits facétieux contés par ses amis. « Nous nous rassemblions, dit-il, tous les officiers du pape et moi, dans une petite chambre du Vatican, où nous causions avec tant de liberté, et faisions à tour de rôle des inventions si drôles, que le nom de *boutique aux facéties* lui en resta longtemps ; nous l'appelions *le bugiale,* la « mensongerie ». Cardinaux, évêques, abbés s'y rendaient à l'envi, et c'était à qui en dirait de plus belles. »

(1) *Hermaprhodita.*

On oserait à peine traduire en français l'élégant dialogue latin de Pontano, qui a pour titre *Antonius*, et dans lequel un fils surprend les confessions de sa propre mère et en trahit le secret. Il ne s'agit pas ici d'une œuvre isolée, mais d'une littérature entière, des épigrammes de Politien comme des poésies du Mantuan, de Marcel Palingène comme de Laurent Valla, du Panormita, comme de cet Urcœus Codrus, que Voltaire prend pour un religieux français, le *père Codret*. Les *Sermones festivi*, ou discours joyeux de l'érudit Codrus transformés par le même Voltaire en « Sermons pour les jours de fête, » contiennent la substance des meilleures plaisanteries que Rabelais ait hasardées ou reproduites contre le mariage et contre les moines.

Le christianisme italien était donc attaqué dans sa base par cet épicuréisme passé en doctrine. On était prêt à embrasser dans la pratique un paganisme favorisé par la colonie littéraire grecque sortie de Constantinople. Il y eut des Italiens qui se firent Grecs, comme notre révolution eut des Épaminondas sans nombre et une foule de Brutus. Un bâtard de la famille Sanseverini de Naples joua publiquement à Rome le rôle de Diogène : « On le voyait, dit son contemporain Paul Jove, descendre le mont Quirinal, portant un petit manteau troué et une lanterne; il n'avait pas oublié ce dernier accessoire de son rôle. Les plus savants et les plus nobles se rendaient avec empressement dans son grenier ; comme il n'avait pas un nombreux domestique, chacun mettait la main à la cuisine ; puis on dînait en riant de Dieu et du diable, des moines et des saints. » Ce second Diogène, sous le nom de Pomponius Lætus, avait fondé une académie païenne dont le Vatican s'épouvanta et dont les membres furent trop sévèrement punis. A ses parents qui l'invitaient à quitter Rome et à venir jouir à Naples de son patrimoine, il répondit avec une brièveté de Spartiate : « Ce que vous demandez est impossible. Bonjour. (*Quod optatis non fieri potest. Valete.*) »

Supplices, emprisonnements, violences, la cour romaine employa tous les moyens pour se défendre contre cet empiètement païen ; elle réussit difficilement ; on se débaptisait, on s'appelait Callimaque, Pomponius, Panormita. Les artistes activaient ce mouvement servi par le luxe des princes, l'esprit et la grâce des femmes, l'érudition des uns et les saillies des autres. Dans cette société à la surface de laquelle se jouait une ironie lumineuse et qui cachait dans ses profondeurs des crimes extraordinaires que le temps a fini par exposer nus sur la plage de l'histoire, il y avait des âmes excellentes et d'excellents esprits ; on écrivait des volumes nombreux sur les *devoirs*; cette morale en paroles n'obligeait d'ailleurs à rien. On façonnait, au gré des passions et de l'époque, la morale chrétienne, qui devenait quelque chose de peu gênant. On demandait, dans un ouvrage qui servit de règle à l'Europe pendant un siècle, dans le *Livre du Courtisan* (1), par le comte Balthazar de Castiglione, jusqu'où l'on peut mentir, jusqu'où flatter, jusqu'où être perfide. Assassiner un peu n'était pas prohibé, avec politesse toutefois et sans brutalité violente. La *Vie des Papes* par Platina leur historien officiel contient un singulier passage qui peint bien cet exquis raffinement. Platina, imagination vive, homme instruit, avait fait partie dans sa jeunesse de l'académie païenne dont j'ai parlé. On le mit à la question, on le suspen-

---

(1) Le titre de ce traité ingénieux de morale commode, qui a précédé de trois cents ans les Lettres de Chesterfield et l'*Art de plaire* de Moncrif, et qui a servi de modèle à l'*Aristippe* de Balzac, à l'ouvrage espagnol de Guevara, à l'ouvrage anglais d'Elliott et à beaucoup d'autres, n'est pas *Il Cortegiano*, comme on l'a imprimé tant de fois, mais *Il libro del Cortegiano* : « le Manuel de l'Homme de Cour, » ce qui est différent.

dit sous les aisselles, par une poulie et des crochets ; au moment où il souffrait le plus (*mentre ch' io pendeva*), et où l'on prétendait lui faire avouer les détails d'une conspiration supposée, un des juges vêtu de la robe rouge s'approcha d'un frère qui causait avec le patient et qui portait au cou une belle chaîne d'or ; puis, se mettant à jouer avec cette chaîne : « D'où vient ce bijou ? lui dit-il gaiement, et comme il est bien travaillé ! Est-ce de Venise ou de Florence ? C'est un cadeau, sans doute, celui de quelque dame romaine. Faites-moi cette histoire ; cela doit être amusant. Quel est son nom et sa condition ? Est-elle belle ? jeune ? dame ou demoiselle ? Et comment est-ce qu'elle se comporte ? (*Comme fa all' amore ?*) » Cependant, dit l'historien, *j'étais toujours pendu.*

Rien de tout cela n'aurait eu lieu à Paris ou à Londres. Les mœurs de l'Italie pouvaient seules s'accommoder de telles choses. Lorsque le Vatican les laissait imprimer sous ses yeux, que devaient penser les hommes du Nord ? La naissance du protestantisme était inévitable, et l'initiative de la réforme appartient évidemment à l'Italie. Ce divorce formidable était annoncé par les mœurs que je viens d'esquisser et par le retour impétueux de l'Italie vers le paganisme.

La dissolution publique des mœurs défrayait de plaisanteries toutes les conversations de Venise, de Naples, de Milan, de Ferrare, dans ces petites cours splendides, où les arts étaient cultivés. L'Italie souriait endormie et répétait les vers que Laurent de Médicis venait de composer pour le carnaval populaire de Florence :

> « Ah ! la jeunesse, qu'elle est belle !
> Comme elle fuit à tire-d'aile !
> Soyons joyeux, le temps s'en va,
> Qui sait si demain reviendra ? »

> Quant' è bella giovinessa,
> Che si fugge tutta via !

Chi vuol esser lielo sia!
Di doman non e certezza (1).

Ces vers résonnaient dans les jardins illuminés des Médicis, pendant que la moquerie de Pulci animait de sa verve le festin du prince ; après le repas on lisait quelque bon récit de Boccace.

§ II

Influence de l'Italie sur les peuples voisins. — Roman allemand d'un pape italien.

Les querelles du pouvoir temporel et du pouvoir spirituel pendant le moyen âge ouvrirent à l'Allemagne et à ses empereurs cette sphère italienne de volupté qui étonna d'abord et ensuite irrita des hommes habitués à une vie sévère et à ce que les mœurs guerrières ont de plus âpre. La trace de ces rapports entre deux races opposées se trouve dans un singulier ouvrage dû à un Italien du quinzième siècle, homme d'un esprit supérieur, destiné à devenir pape; récit d'amour, roman passionné, que le futur pontife ne craignit pas d'avouer, comme pendant le dix-huitième siècle l'abbé Prévost raconta l'histoire de Manon Lescaut à ses contemporains attendris. Le fait est si grave qu'il faut s'y arrêter quelque temps.

C'était vers 1450. Un des nobles et des courtisans de l'empereur d'Allemagne, chevalier de nom et d'armes, jeune, et qui s'appelait Gaspard Schlich, accompagnait l'empereur dans son voyage en Italie. Il aperçut à Sienne une jeune femme italienne, dont

---

(1) *Canti a ballo.* Chants à danser. V. Fabroni, qui a beaucoup mieux compris que l'Anglais Roscoe le caractère de Médicis et sa popularité joyeuse.

il s'éprit et à laquelle il sut plaire. Le mari était jaloux, on le trompa; la jeune femme était candide; elle usa de toutes sortes de ruses. De là une de ces aventures si douloureuses et si communes, remplies de péripéties et de dangers. La jeune femme mourut de chagrin, non d'avoir péché envers son mari, mais quand il fallut perdre son jeune amant, le Germain aux longs cheveux que l'empereur emmenait avec lui; le mari ne se douta de rien et ne mourut pas; Gaspard Schlich retourna en Allemagne, malade et triste. Il y avait auprès de l'empereur un secrétaire italien, spirituel, calme, clairvoyant, d'une santé aussi délicate que celle de Voltaire et qui s'appelait Piccolomini. Il reçut la confidence du Germain et le consola de son mieux; puis, un jour, quand la trace des larmes fut séchée, il écrivit en latin l'histoire des angoisses amoureuses de cette Italienne que nulle crainte n'arrête, des nuits passées entre la terreur et l'amour, de cet amant sans cesse menacé de mort, de cette beauté du Midi, rayonnante de chaleur et dans la plénitude de sa sève, adorée avec étonnement et délire par le fils de l'Allemagne.

A la tête d'une édition de ce même roman se trouve une gravure représentant l'auteur dans la pompe de ses vêtements pontificaux et au milieu du sacré Collége.

La narration d'Œneas Sylvius respire un sentiment vif de volupté; l'écrivain, comme notre abbé Prévost, avoue son goût naturel pour ces entraînements qu'il condamne. Après l'avoir composée *con amore*, il l'adressa à Gaspard Schlich lui-même; c'est un chef-d'œuvre. Les localités, les vêtements, les figures des personnages, les lettres qu'ils écrivent, les variations et les délicatesses de leurs sentiments sont saisis au passage avec finesse et scrupule. On voit l'empereur entrer dans la ville de Sienne; les fleurs, les couronnes, les jeunes femmes chargées de l'accueillir, rien n'est oublié. L'héroïne paraît à son balcon : « Elle porte plusieurs robes, l'une bleue, l'autre blanche, une troisième d'une nuance azurée plus pâle ; elle a un collier, une agrafe de col, une ceinture brune ornée de perles, et deux bracelets d'acier bruni, de perles et d'or. Contre la mode siennoise, elle porte ses cheveux non pas en grandes boucles flottantes sur les épaules, mais rattachés par une chaînette de petits diamants et de rubis. Ses sourcils étaient presque droits, comme il arrive aux personnes dont la volonté est ferme et persévérante (1). » On croit lire quelque fragment inédit d'un roman moderne de détail et de mœurs ; c'est déjà l'analyse appliquée aux caractères, aux passions, aux physionomies et aux costumes.

Sylvius ou Piccolomini, esprit observateur, est singulièrement frappé du contraste des deux civilisations. Après lui, deux Germains, Érasme et Luther, manifestèrent la même surprise, avec cette différence que la rusticité teutonique leur paraissait candeur et force et que le raffinement italien leur semblait perfidie. Érasme, né en Hollande, voyagea en Italie et importa chez ses compatriotes le goût de la latinité élégante, du scepticisme, du style ingénieux et de la satire adoucie.

Il n'y eut point fusion, mais répulsion entre l'Italie et l'Allemagne. Les savants railleurs et sensuels de Florence et de Venise effrayèrent l'esprit germanique qui se révolta contre ses instituteurs ; il ne sympathisait ni avec leurs raffinements ni avec leurs vices. Ses défauts étaient grossiers et lourds comme ses vertus. La Germanie aimait à boire vigoureusement, *potare strenuè*, dit Piccolomini. L'Italie lui paraissait

---

(1) *Colloquia*. Opulentia sordida.

infiniment avare, peu gastronome, livrée à des voluptés déplorables et aux corruptions extrêmes d'une société perdue. Il faut voir avec quel mépris Érasme parle d'Alde Manuce chez lequel il a vécu, — *de ce repas de cinq feuilles de courges trempées dans du vinaigre, et de ce mauvais vin plein de lie,* enfin de cette maigre cuisine que le Hollandais ne pouvait pardonner à l'Italien.

Enfin le génie germanique, dans la personne de Luther, reçut de l'Italie, au commencement du seizième siècle, un ébranlement violent qui détermina non son adhésion, mais sa révolte. Un sauvage qui s'éveillerait tout à coup sur la soie et le velours d'un palais oriental, ne retrouvant plus la mousse de ses forêts et le grand fleuve voisin de sa cabane, se croirait déçu par un songe ; ainsi l'Allemagne passa un demi-siècle à reprendre ses sens après avoir contemplé le spectacle magnifique et enivrant de l'Italie.

Le génie français ayant moins de rudesse, fut moins étonné. Dès que la France de Charles VIII et de François Ier entrevit Rome et Florence, elle se montra accessible aux grâces comme aux excès de la civilisation italienne. Nous apprécierons mieux les effets singuliers de cette éducation nouvelle, quand nous saurons bien ce qu'avait de particulier, entre 1450 à 1500, l'esprit français en lui-même, où en étaient alors la littérature et la langue de notre pays.

§ III

Caractère de la nationalité gauloise. — Esprit français au quinzième siècle.

Au sein de la France encore rustique, un vieux génie populaire et national, dont la source est obscure, mais qui ne s'est jamais perdu ni effacé, régnait dans toute sa franchise, vers la fin du quinzième siècle. S'il fallait l'analyser avec exactitude, et non l'indiquer avec clarté, nous renoncerions à une tâche qui nous offrirait peu de chances de succès; mais quiconque a parcouru les *Fabliaux* du trouvère *Rutebœuf*, le *Castoyement des Dames*, la satire antique du moine Guyot (1), les fragments de sermons de nos prédicateurs du moyen âge, y a reconnu non pas la fougue et l'entraînement de l'imagination italienne, ni le goût inné de cette race pour le beau, mais une sociabilité maligne, une vivacité d'esprit dont la causticité semble inséparable; une ironie raisonneuse, enfin l'art de faire ressortir le ridicule, art déjà sensible dans les premiers essais de notre langue qui bégaie encore. Finesse dans l'observation; talent de raconter avec détail et avec grâce; narration facile, égayée par des traits plus comiques que décents; quelque chose de nonchalant et de malin à la fois dans la pensée et dans le style : tels étaient les caractères principaux dont se composait notre antique génie, quand la magie italienne vint nous éclairer et nous éblouir. Ce fut alors que ce vieil esprit français, subissant des révolutions nombreuses, cédant à des influences diverses, et tour à tour modifié par les exemples étrangers, par l'érudition, par les passions religieuses et politiques, par les guerres civiles, changea de forme sans changer de nature, et étonna les regards par la variété de ses métamorphoses.

Alors se prépara, sans s'accomplir, la fixation de notre langage. Des essais multipliés, bizarres, contradictoires, épurèrent, enrichirent, compliquèrent cet idiome, qui, sorti d'une longue épreuve, devint le plus exact de tous les idiomes connus. On vit pendant

---

(1) Nommée *Bible Guyot.*

ce laps de cent années fécondes en orages, en troubles, en révolutions, beaucoup de tentatives de réforme et d'expériences hasardées ; des perfectionnements réels, mais lents, incomplets ou irréguliers ; enfin beaucoup d'hommes de talent lutter contre leur siècle et souvent succomber dans cette lutte. Période pleine d'intérêt, de mouvement et de vie, où tout se forme, où rien n'est achevé ; époque littéraire digne de l'examen du critique et du philosophe ; elle trompe l'observation la plus attentive par la mobilité même, le désordre et l'effervescence des éléments qui s'y réunissent et s'y combattent.

L'Italie nous donna le premier éveil. Son influence, perpétuée par les règnes des Valois, ou plutôt par le long règne de Catherine de Médicis, embrasse le seizième siècle tout entier. Nous dûmes à cette civilisation non-seulement l'imitation de Boccace et de Pétrarque, mais le goût de l'antiquité, l'étude approfondie des modèles qu'elle a laissés ; enfin cet amour, ou, si l'on veut, cette fureur d'érudition qui féconda tour à tour et accabla les esprits, depuis le règne de François Ier jusqu'au règne de Louis XIII. L'élégance des habitudes italiennes produisit l'effrayante débauche de la cour : l'érudition des Politien et des Bembo devint un pédantisme insoutenable. Frappés d'admiration à la vue des chefs-d'œuvre de la Grèce et de Rome, nos savants leur vouèrent un culte qui tenait de la servitude. Le premier essai des forces de leur intelligence fut de commenter les anciens, d'adorer leur mémoire et de suivre humblement leurs traces. L'Italie nous prêta ses jeux de mots ; Rome, son vocabulaire ; Athènes, les formes de son élocution ; Platon, ses sublimes rêveries ; Aristote, ses catégories. On tenta sérieusement de refaire la langue française sur le modèle des idiomes anciens. La liberté sauvage et railleuse, la marche lucide et modeste, la naïve grâce du langage, que les Gaulois et les Normands nous avaient léguées, devinrent des objets de mépris. Nos savants ne cessèrent plus de conspirer contre le vieux génie national.

Ce fut donc l'influence de l'érudition qui, après celle de l'Italie, décida le mouvement et détermina le caractère de notre littérature au seizième siècle. Cette action fut profonde, énergique et prolongée : tout dépendit d'elle ; notre poésie, notre éloquence, notre philosophie. Elle donna naissance à d'étranges phénomènes et se combina tour à tour avec la recherche et l'élégance italiennes, la raillerie nationale, la réforme religieuse et les passions politiques. L'immense monarchie espagnole, qui effrayait un monde et en découvrait un autre, avait sa littérature brillante, pompeuse, orientale ; elle nous servit aussi de modèle plus tard, et vint exercer à son tour une action distincte sur notre langage et sur les productions de nos écrivains.

Le besoin d'imiter, premier indice des efforts de l'esprit, ne nous eût donné qu'une littérature factice, si le génie de la nation ne s'était développé d'une manière plus forte et plus libre, au milieu des grands mouvements de ce siècle. Une société mourait, une autre s'élevait ; la lutte de tous les éléments contraires ébranlait l'Europe et changeait la destinée des peuples modernes ; tels deux courants opposés se rencontrent, entre-choquent leurs flots et les font jaillir en colonne écumante. Le mouvement, parti de l'Italie, lentement propagé vers le Nord, avait envahi toutes les nations civilisées. Alors la pensée humaine devenue impérissable et solide par l'invention de l'imprimerie ; l'heureux emploi de la boussole ; le monde se dessinant tout entier aux regards de l'homme; la communication devenue facile entre les peuples par l'établissement des postes ; le télescope inventé ; l'horizon de la science s'étendant avec celui du globe ; causes fécondes et réunies dans un étroit espace, annoncèrent une nouvelle époque de grandeur pour les nations européennes. La France se débattit longtemps sous les clartés qui l'inondaient. La féodalité détruite ; les communes plus puissantes ; le trône mal affermi, vinrent à se combattre : et comme la fureur des controverses et la diversité des croyances se mêlaient à ces grands désordres, la confusion devint épouvantable.

§ IV

Transformation du génie français.

Depuis longtemps Abélard, Occam, Arnaud de Bresse, avaient préludé par leurs essais à cette liberté d'examen, que le fougueux Luther porta dans les matières religieuses, et qui causa le grand divorce des religions au seizième siècle. Deux christianismes différents, rangés sous des bannières ennemies, rivalisèrent de barbarie et d'intolérance. A la puissance du glaive se joignit celle de la parole, qui devint une arme ; elle se polit et se trempa. Calvin parut ; après lui vinrent Théodore de Bèze, Mornay, Lanoue, nourris dans les dangers et dans les disputes, dont le style est, comme leur vie, plein de contrastes et d'énergie, de véhémence et de fureur. Le catholicisme s'était endormi sur ses conquêtes ; la voix tonnante de Luther l'éveilla. Il fallut discuter et combattre. Chez les sectateurs de la foi antique la croyance devint réfléchie. Les pamphlets, les libelles, les livres de controverse donnèrent de la force, de la clarté, de la souplesse au langage, instrument de défense et de victoire. Cette liberté de penser ne s'appliqua pas seulement aux matières de foi, mais à la philosophie, à la politique, à la science, à la morale, à l'histoire. La critique naquit. Le goût lent à se former s'annonça. Effrayé des prédications furibondes des Génébrard et des Rose, l'ami de l'humanité put se consoler en lisant Montaigne.

A l'influence de l'Italie, à celle de l'érudition, à l'imitation des œuvres de l'Espagne, il faut joindre l'action encore plus puissante des discordes religieuses, mères de la liberté d'examen ; et, pour rattacher à cette vaste chaîne de causes et d'effets, un dernier anneau, l'influence terrible des passions politiques. Alors (on l'a dit avec justesse), *il y avait plus de malcontentement que de huguenoterie*. Les guerres civiles, développant les caractères dans leur énergie la plus active et la plus individuelle, donnèrent naissance aux mémoires, aux proclamations, aux satires politiques, aux discours tenus dans les grandes assemblées. Là les hommes se dessinent et les violentes émotions éclatent ; là se trouve toute l'éloquence du temps. On voit disparaître cet esprit servile qui voilait les traits prononcés et les pensées profondes. La culture exclusive du savoir n'avait donné que des fleurs artificielles, armées des épines de l'érudition, de la scolastique et de la grammaire. Le génie actif et caustique de la nation s'était révélé par des productions faciles et incorrectes ; l'exagération de la science avait étouffé des talents vigoureux. Lorsque les intérêts de parti se confondirent avec les intérêts de secte, un nouvel élan fut donné à tous les esprits. S'agissait-il de la patrie ou de la faction ? les âmes agitées trouvaient des accents terribles, des cris de fureur, souvent des paroles sublimes. Les hommes éloquents de l'époque n'étaient ni Duperron, ni Duchâtel, ni Sorbin, tristes amplificateurs, écoliers d'une rhétorique encore barbare. Mais Calvin réclamant auprès de François Ier pour ses frères menacés des flammes ou de la prison ; mais Rabelais faisant parler un roi auquel on enlève ses royaumes, et frappant du même coup l'odieuse rivalité de Charles-Quint et de son ennemi ; Dubourg défendant sa croyance et sa vie ; Guise, les yeux fixés sur un trône auquel il aspire ; l'Hospital tonnant contre la corruption ; Bodin osant réclamer la tolérance, aux premiers États de Blois : la Boëtie oubliant qu'il est né Français, et nous offrant les libertés d'Athènes et de Rome, comme remède aux malheurs de la monarchie ; Montaigne, son ami, invoquant au nom de l'humanité l'abolition de la torture ; et tous ces guerriers qui écrivent à la lueur des incendies, sous le feu des batailles ou dans les loisirs de leur vieillesse, l'histoire de leur temps et de leurs propres périls ; Pierre Ayrault (1), lorsqu'il redemande l'aîné de ses fils, enlevé à son amour ; la veuve de Brisson criant vengeance contre les assassins de son mari ; Pithou empruntant le nom de l'orateur d'Aubray pour écraser la ligue et peindre, dans le plus beau passage de la satire Ménippée, la misère du royaume ; le frivole Brantôme lui-même, saisi de douleur au souvenir de Marie Stuart ; Biron devant ses juges ; Henri IV dans ses harangues ; Sully parlant de son maître assassiné : tous ces hommes sont éloquents.

Soumise à tant d'influences contraires, notre littérature ne perdit pas entièrement son vieux caractère qui se maintint non-seulement chez Marot et Rabelais, au commencement du seizième siècle, mais chez Montaigne et Regnier, dans la satire Ménippée, dans tous les libelles du temps. Épuré ensuite par les mœurs brillantes et polies de la monarchie, on l'admire sans le reconnaître dans la gracieuse malignité de Chaulieu et de Gresset, dans la verve ingé-

---

(1) Dans son ouvrage admirable et trop peu connu : *De la Puissance paternelle*, publié en latin et en français, 1580.

nieuse du conteur Hamilton ; même dans la vivacité de Voltaire. Pendant le seizième siècle, l'esprit français s'allie tour à tour au pédantisme érudit, à l'afféterie italienne, au dogmatisme théologique, aux fureurs fanatiques, à l'acharnement des factions ; mystérieuses alliances, spectacle bizarre que nous allons analyser.

Nous joindrons à cette étude celle des variations nombreuses et des progrès irréguliers du langage. Qui pourrait chercher l'unité des vues et du style, à une époque aussi confuse ; dans un temps où la discipline féodale est déjà détruite, où les habitudes régulières de la civilisation ne sont pas nées, où Machiavel règne, où le courage se joint à la perfidie ; où viennent aboutir les idées les plus contradictoires : époque dramatique, pleine de trouble et de terreurs ; temps de passage et de transition, où tout s'ébranle, s'écroule et se reconstruit ; où les images du juste et du beau brillent et s'effacent tour à tour dans la même journée ; où le vrai et le faux se confondent ; où les croyances semblent échapper à la vertu, le sol trembler et fuir sous les pas de l'homme qui se tourmente à sa surface ? Le vice paraît sans masque ; on persécute de bonne foi ; le crime est souvent sans remords. Enfin, soutenu par sa propre force, l'héroïsme se pare d'un éclat plus vif. De là, ce langage énergique, effréné, pédantesque, simple jusqu'à la bassesse, éloquent jusqu'au sublime : l'idiome gascon de Ronsard ; les vives paroles de Montaigne, de Mornay, de Henri IV, et la railleuse invective de la satire Ménippée : éléments pleins de séve et de force, qui assouplirent, animèrent et obscurcirent successivement notre langue. Ils léguèrent à une société calme et triomphante le soin de la débarrasser d'un luxe exorbitant et splendide.

Si l'on se contentait de choisir parmi les auteurs du

seizième siècle les plus remarquables écrivains et d'offrir l'analyse de leurs œuvres, cette série de portraits ne suffirait point pour indiquer la marche intellectuelle de la France et les progrès du langage à cette époque. Suivons, dans leurs envahissements et dans leurs excès mêmes, ces influences diverses que nous avons signalées ; voyons comment à des améliorations réelles se mêlèrent des exagérations et des ridicules : et, sans nous asservir à la pénible tâche d'une complète nomenclature, essayons de ne laisser en oubli aucun des perfectionnements dus quelquefois à des écrivains obscurs. Dès que nous observerons un progrès, arrêtons-nous pour mesurer la distance parcourue. Nous verrons avec quelle extrême difficulté le langage a conquis ses deux principaux caractères, la clarté et la noblesse ; comment des essais trop hardis, succédant à des essais trop timides, entravèrent ce mouvement, au lieu de le servir ; comment l'imitation de l'Italie, de l'Espagne et des chefs-d'œuvre antiques créa de nouvelles expressions et de nouvelles formes de langage ; enfin quelles ont été, dans ce siècle turbulent, les diverses formes d'un idiome si pauvre à son origine, et destiné à une si glorieuse universalité. Nous ne craindrons pas de citer les mots tombés en désuétude, ou qui, nés des mœurs antiques, se sont conservés parmi nous, comme témoins naïfs et indiscrets du temps passé. Nous verrons tour à tour les expressions se former, s'allier, s'adoucir, se compliquer ou se perdre par une continuelle succession de créations et de ruines : « car les langues, dit un vieil auteur, se forment par « *alluvion*. » Partout enfin, soit dans les révolutions de la littérature, soit dans les vicissitudes du langage, nous reconnaîtrons, avec Bacon de Vérulam, l'influence que le changement perpétuel des mœurs exerce sur les unes et sur les autres.

§ V

Révolutions de la langue française.

A peine le français était-il né des débris de la langue latine corrompue par les Gaulois et mêlée aux langages des Normands, des Goths et des Saxons : cet idiome sembla réservé à une destinée brillante. Nos victoires le portèrent à Londres, à Naples, à Syracuse, à Jérusalem, à Constantinople et dans l'Attique. C'était, dit Brunetto Latini, précepteur du Dante, *un moult délitauble langage* (1) ; c'est-à-dire un langage très-agréable. Le français, avant le seizième siècle, avait déjà traversé deux grandes phases : la première marquée par la diction puissante et brève de Villehardouin ; la seconde par les narrations lucides et animées de Joinville et de Froissart (2). Elle avait déjà pour caractères cet ordre logique des phrases, cette marche directe si favorable à la clarté, cette horreur de l'inversion, cette simplicité dans l'arrangement des mots qui semblent ne se soumettre qu'à un ordre métaphysique ; enfin,

---

(1) Traité de la bonne Parleure.
(2) Quoique l'emploi des articles soit commun à toutes les langues modernes, plusieurs d'entre elles peuvent s'en passer dans beaucoup de cas. La liberté d'inversion, si restreinte dans la langue française, est admise, non-seulement dans l'allemand, mais dans l'anglais, l'italien et l'espagnol. Il serait facile d'extraire de Filicaja, d'Alfiéri, de lord Byron, de Camoëns, des lyriques espagnols, plus d'un passage dont le français ne peut reproduire les inversions hardies. Rivarol, Dumarsais, Beauzée, avant eux Vaugelas et Patru, avaient observé ce caractère presque géométrique de notre langue ; il semble qu'on doive l'attribuer, non-seulement à l'emploi des désinences, mais (comme on n'a pu que l'indiquer dans le texte) au génie même de la nation, à sa sociabilité, à son penchant pour la raillerie, à sa crainte du ridicule, à ce besoin de s'exprimer clairement, de ne laisser aucune ambiguité dans le sens des phrases ; en un mot, de parler pour se faire entendre.

cette lucidité qui, se prêtant aux définitions de la philosophie et à la grâce facile des relations sociales, a fixé pour toujours le génie propre de la langue française. C'était un mérite né de son antique indigence et de la faiblesse de ses premiers pas. Sa pauvreté a commencé sa fortune.

Ce phénomène semble étrange. Comment une langue philosophique vint-elle à se développer du sein d'un idiome stérile en apparence ? Nos ancêtres, encore barbares, adoptèrent, pour le mêler avec le tudesque et le celtique, l'idiome romain ; défigurant les mots qu'ils empruntaient, ils les privèrent de leurs inflexions, auxquelles se pliaient trop difficilement les organes de ces hommes grossiers (1). On abandonna l'inversion latine, qui n'acquérait de la clarté que par la variété des désinences. Les articles et les particules suppléèrent à toutes les modifications du langage, et fixèrent seuls désormais la valeur et les rapports des mots. Aux déclinaisons et aux conjugaisons latines succéda un ordre de phrases tellement naturel, tellement simple, que l'on ne put se méprendre sur la signification d'aucun terme, et que toutes les idées s'enchaînèrent l'une à l'autre, de manière à ne pas laisser le moindre doute sur le sens de la période.

Le génie lucide et logique de notre langue se forma ainsi. Servie plus tard par son propre défaut, ennoblie par de grands écrivains, elle garda sa sévérité rigoureuse, et dut à leurs efforts multipliés la force passionnée, l'audace et la grâce dont sa faible origine semblait devoir l'éloigner pour toujours. Mais avant d'y parvenir, le français eut plus d'une révolution à subir, et dut se résigner à l'épreuve d'une longue enfance. Entre l'époque où le latin cessa d'être parlé avec pureté et celle où naquirent les langues fran-

---

(1) V. dans nos *Études sur l'Antiquité*, l'analyse philosophique de la formation des langues et de leur décadence.

çaise, italienne, espagnole, portugaise, on vit régner dans l'ancienne Gaule narbonnaise un idiome sonore et expressif qui rattache à l'idiome romain les langues méridionales aujourd'hui subsistantes. Une mollesse gracieuse, une pompe mêlée de douceur, une sorte de voluptueuse harmonie qui s'est perpétuée dans l'italien et l'espagnol, distinguaient cette langue parlée en Provence, dont le climat et les usages se rapprochaient de ceux de l'Italie. La *gaie science* y eut un trône éclatant, dont la splendeur éveilla le génie du Dante. Là se réunissaient dans les belles soirées de l'été, les poëtes, qui dans leurs chants patriotiques et amoureux célébraient la gloire de leurs compagnons d'armes ou la beauté qui les captivait. A la même époque, le nord de la France parlait un patois âpre et tudesque. Le redoublement des consonnes, la brièveté des mots, l'abondance des syllabes dures et des sons heurtés, l'indigence des inflexions, séparaient le roman wallon, ou langue *d'oïl*, du roman provençal, ou langue *d'oc*. Toutes deux étaient nées du latin ; mais les hommes du Nord avaient conservé un bien plus grand nombre de racines celtiques ; et la brièveté, la rudesse de leurs paroles, contrastaient avec les sons pleins et retentissants dont leurs voisins faisaient usage. Cette dureté même de l'idiome wallon sembla prolonger son existence ; pendant que la langue *d'oc* affaiblissait encore sa mollesse naturelle, le patois septentrional épurait lentement sa grossièreté et conservait son caractère de simplicité et de vigueur.

La monarchie acquiert de l'unité, de la force et de l'étendue ; sa puissance principale se concentre à Paris, sur les confins de la Normandie, à cent lieues de la contrée où la langue *d'oc* est en honneur : la langue *d'oïl* reste triomphante. Plus la féodalité perd de terrain, plus ce vieux français normand et picard gagne de prépondérance. Louis XI règne ; on sait par

quels moyens il prépare la sécurité du trône. Les vieilles institutions féodales s'abaissent devant lui; l'idiome de la cour et de Paris l'emporte sur tous les dialectes des provinces. De Louis XI datent les progrès de la langue française. « Avant lui, dit *Estienne Pas-*
« *quier*, elle n'était ni courtisane ni éloquente, mais
« une pauvre villageoise, et à laquelle nuls bons esprits
« n'osaient attacher leurs plumes. Les patois prenaient
« divers plis selon la diversité des provinces ; et avant
« que l'imprimerie fût inventée, chacun des copistes
« donnait un nouveau tour et le gazouillis de son pays
« natal au manuscrit qu'il transcrivait. »

Les écrivains qui brillèrent avant nos conquêtes en Italie, entre 1450 et 1500, admirés et imités pendant les trente premières années du seizième siècle, nous arrêteront un moment ; sans examiner leurs titres, il serait impossible d'apprécier les progrès faits depuis leur époque. Si nous ne jetions sur eux un coup d'œil comment pourrions-nous comprendre la littérature du siècle suivant, dont leurs ouvrages sont le point de départ (1)?

§ VI

Goût littéraire de la nation française entre le quatorzième et le seizième siècles. — Charles d'Orléans, — Villon. — Comines.

Les mœurs étaient rudes, ou plutôt rustiques, dans les diverses régions de cette France, « *tant jolie, que*
« *Dieu sauve et garde*, » comme l'appelle un chroniqueur (2). Une ignorance générale, une dévotion

---

(1) Plusieurs de ces écrivains ne publièrent pas leurs œuvres. Celles de Coquillard et de Cretin ne furent réunies qu'au commencement du seizième siècle. Les Mémoires de Comines ne parurent qu'en 1524.

(2) Jean de Troye. On voit à nu dans sa chronique la rudesse de l'époque.

trop souvent sans piété ; une valeur sans loyauté ; partout l'oppression, la guerre, l'incendie, le ravage ; des plaisirs grossiers, un luxe sauvage, peu d'élégance ou de bien-être dans les usages de la vie commune : tel était le spectacle qu'offrait notre patrie. On parlait picard dans la capitale. Un *haubert* se nommait *haubart*, une *oreille*, *oraille* (1). Quelques prêtres et quelques jeunes gens attachés aux seigneurs faisaient des vers d'amour et rimaient des leçons de chevalerie, de galanterie, ou de bons contes à la façon des trouvères. Leurs maîtres les imitaient souvent ; c'était la partie élégante de la littérature. Certaines formes de poésie, assez gracieuses dans leur monotonie, et qui par la répétition du même vers dans un sens différent semblaient exprimer ingénieusement l'espoir d'un cœur amoureux, ou les peines de l'absence, étaient alors en usage. L'amour et la douleur aiment les redites : ce perpétuel écho d'une même idée reproduite diversement n'avait rien de fade pour un peuple ardent et des esprits ingénus. Les vers de sept à huit syllabes étaient usités ; celui de six pieds, familier jadis aux auteurs de romans rimés, se nommait *longue ligne :* on ne l'employait plus. Presque tous les poëtes, faute d'imagination ou de génie, s'imposaient les entraves d'une versification bizarre. Une muse ou plutôt une fée régnait au sommet de ce parnasse gaulois : l'allégorie. Elle avait usurpé la place des narrations chevaleresques, nées des croisades, et où se trouvaient de si grands coups de lance et une si redoutable population de géants, de dragons, d'enchanteurs et de sorcières. Sous le règne de saint Louis, quand l'expérience vint apaiser cette ardeur d'entreprises, on descendit de la hauteur des fictions merveilleuses. Les poëtes, doués de plus d'invention que de goût, créèrent une foule

(1) V. la préface de l'édit. de Villon, publiée par Marot.

d'êtres fictifs, représentant des idées populaires : genre singulier, qui devait plaire à des hommes sans élégance dans les mœurs, habitués à la subtilité scolastique et à la mysticité chrétienne. Un ouvrage, modèle de cette poésie vulgaire et recherchée, fit beaucoup de bruit dans son temps et prolongea son influence jusqu'à l'époque de Marot et de Ronsard. C'est le Roman de la Rose, dont une idée assez licencieuse constitue le fonds, dont les ornements et les accessoires sont l'ironie grossière, la morale bouffonne et l'allégorie subtile. Le labyrinthe amoureux que trace Guillaume de Lorris est peuplé de figures métaphysiques, tout à la fois fantastiques et triviales, qui joignent à ce qu'il y a de plus vulgaire dans la pensée ce qu'il y a de plus affecté dans les images. De telles inventions charmaient les contemporains de *Jean de Meung*. A peine ce domaine de la féerie s'est-il ouvert, tous les auteurs s'y précipitent. Sentiments, vices, vertus, distinctions insaisissables, vaines et subtiles arguties, trouvent leur représentation vivante. Ces personnages imaginaires jouissent du privilége de la noblesse : chacun d'eux a ses chapelains, ses destriers, ses clercs, ses châteaux et ses oratoires. *Amour* chante ses antiennes dans une nef magnifique. On ne cesse de raffiner sur l'ingénieuse puérilité de ces créations. *Dame Beauté* « maîtresse d'école » établit, en un long discours les rapports qu'elle veut trouver entre les déclinaisons de la grammaire et les mouvements d'un cœur épris d'amour. Vêtue de menuvair, un chapelet suspendu à la ceinture, *Loyauté* ouvre son tribunal, où le demandeur est *Désir*, le plaignant *Vertu*, le greffier *Patience*, le chancelier *Prud'homie* et le sergent *Petits-Soins*. Ce mauvais goût qui plus tard nous donna la carte de *Tendre* remonte à une antique origine.

C'était dans ce style que des princes, des chevaliers

et des rois écrivaient leurs doctes enseignements, où la satire se mêlait à l'allégorie. *René d'Anjou*, que la culture des lettres consolait de ses infortunes et que ses contemporains représentent *assis sur un trône soutenu par les muses, le front entouré d'une auréole de savoir*, et, comme ils le disent eux-mêmes, « tout diapré de science inventive, » raillait les mœurs de sa propre cour qu'il personnifiait comme une grande dame, prodigue de promesses, et se jouant des espérances de ses serviteurs (1). Le *marquis de Saluces* faisait, d'après le même modèle, la description des *douze vertus qu'un noble homme doit avoir en son cœur*. C'est quelque chose de touchant, par le contraste des habitudes perfides et farouches qui régnaient alors, que ces hommes tout bardés de fer, ou ces princes, livrés aux agitations d'une politique meurtrière, qui cependant trouvent encore le temps de rimer de *beaux dictiez* et de communiquer aux chevaliers qui les entourent l'amour des lettres jusqu'alors méprisées par l'orgueil féodal (2). Le bon duc de Bourgogne, Philippe, tenait sa cour lettrée et galante, asile de Louis XI dans sa jeunesse ; ce dernier y concourut à la rédaction des Nouvelles composées à la manière de Boccace par le sire de Créqui, le maréchal de Chastellux, Pierre de Luxembourg, et Philippe lui-même. Dans cette cour vivaient quelques beaux esprits, *Antoine Lasalle*, auteur du joli roman de Petit Jehan de Saintré, fiction ingénieuse, naïve et touchante ; *Georges Chastelain*, auteur de Chroniques exactes en rimes qui ne le sont pas, et de Chroniques en prose écrites quelquefois avec une naïve et forte éloquence (3) ; surtout *Pierre*

(1) V. *L'Abusé de cour*.
(2) V. dans *Alain Chartier* et dans le *Cortegiano* de Balthazar Castiglione, l'opinion que les seigneurs français, jusqu'au milieu du quinzième siècle, se faisaient de la littérature.
(3) V. les Chroniques publiées par M. Buchon.

Michault, l'écrivain le plus spirituel de cette Académie, présidée par un prince. Dans son *Doctrinal de cour*, allégorie railleuse qui ne ménage pas les courtisans, on entend la Luxure, l'Orgueil, la Fausseté. devenus les *maîtres d'école des grands*, leur donner des leçons singulières :

> « Faites plaisir à chacun et chacune ;
> « Si vous tenez de cent promesses une,
> « C'est bien assez ; mais promettez toujours. »

Il y a beaucoup d'esprit, d'audace, de raison, de bizarrerie et toute la recherche de l'allégorie alors à la mode, dans ce singulier poëme que l'on ne connaît pas assez et qui, malgré son mauvais goût, étincelle de traits heureux. Citons aussi la *Danse aux aveugles*, drame à trois personnages, du même Michault. Ce n'était pas une idée sans originalité ni sans philosophie, que de représenter la vie humaine comme un grand bal dont l'Amour, la Fortune et la Mort dirigent les mouvements et marquent la cadence.

Olivier de la Marche, autre grand seigneur poëte, appartient à la même suzeraineté féodale. Son histoire de *Charles le Téméraire*, sous le titre du *Chevalier délibéré*, est écrite en style si complétement symbolique, que toute la sagacité des commentateurs réussit à peine à en débrouiller le sens. On ne comprend guère mieux ses *Conseils* aux dames ; mais si la rapidité de notre examen nous permettait de nous arrêter sur cet ouvrage (1), il nous offrirait l'exemple le plus burlesque de l'exagération du genre allégorique : nous y verrions la description complète du costume d'une loyale femme, qui doit avoir (dit-il) *ceinture de chasteté*, *tablier de diligence*, et *pantoufles d'humilité*. Plus heureux, quand il abandonne le bel esprit et adresse à Louis XI des reproches éner-

(1) V. *le Triomphe et Parement des Dames*.

giques (1), il a composé en prose des mémoires minutieux, où la description d'une chasse et d'une cérémonie occupe plus de place que le récit d'une guerre, et où les locutions de l'Artois et du pays wallon sont prodiguées.

Cependant l'imprimerie s'établissait : Louis protégeait avec caprice la science renaissante, ordonnait aux *nominaux* de se taire, et aux *réalistes* d'enseigner. L'Université de Paris, fière de sa vieille réputation, nourrissait dans les *entités* et les *quiddités* de la scolastique une troupe d'écoliers turbulents. Le savant Reuchlin venait étudier dans nos classes. Grégoire Typhernas y professait pour la première fois le grec ; et comme il manquait d'auditeurs et que le gouvernement ne le payait pas, il était forcé de fermer son école. Jean Lapierre enseignait la grammaire, et *Robert Gaguin*, la rhétorique. Robert Gaguin, auteur d'une mauvaise Histoire de France écrite en latin, véritable merveille de crédulité et d'ignorance, a rajeuni les Chroniques du faux archevêque Turpin : cet ouvrage, tout aussi véridique que le premier, n'a pas été sans influence sur la manie chevaleresque qui s'est emparée des premières années du siècle suivant.

C'étaient là les plus vives lumières de la littérature et de la poésie. On sent combien, dans les œuvres d'imagination, la recherche de rapports factices et de combinaisons absurdes entre des objets physiques et des êtres imaginaires s'accordait mal avec l'émotion des passions et la verve du génie. Deux poëtes, arra-

---

(1)   Prenez pitié du genre humain,
Noble Roi, Loys de Valois !
Nous tourmentez soir et matin
Par guerres et piteux exploits :
Vous guérissez les écrouelles :
Mettez jus (déposez) débats et querelles ;
Car vous n'aurez mie rien (plus rien) demain,
Si la mort trappe vos merelles ;
Prenez pitié du sang humain !

chés à ce danger moins par la pureté de leur goût que par les agitations de leur vie, ont survécu à leurs rivaux : leur talent est dû peut-être à ces malheurs mêmes, qui ont prêté à leurs ouvrages de la chaleur, de la grâce et de l'intérêt. L'un, prince aimable et galant, ami des lettres, charitable et courageux, digne en un mot d'avoir pour fils le bon Louis XII, écrivit pendant une captivité de vingt-cinq ans des poésies empreintes de la tristesse la plus touchante. On voit que *Charles d'Orléans* fait des vers,

> Quand mélancolie (1) mauvaise
> Le vient maintes fois assaillir.

Ses chants sont pleins de douceur et de légèreté, de finesse et de tristesse. Il exprime un petit nombre de sentiments qui tous se rapportent à sa chère patrie ;

> A la noble maison de France
> Qui se maintient piteusement.

aux amis qu'il a laissés, et surtout à sa dame (2). Cette délicatesse de sentiments trahit le chevalier éprouvé par la fortune. Moins ingénieux que tendre, s'il emprunte des images à la théologie ou aux mœurs de son temps, c'est toujours pour exprimer plus vivement la plaintive langueur, sentiment habituel de son âme. Il excelle surtout dans l'agréable entrelacement d'un rondeau, dans l'heureux et facile retour du dernier vers d'une ballade : il plaisante quelquefois avec d'autant plus de grâce, que sa joie est mêlée de douleur. Si quelque idée aimable ou folâtre se présente à son esprit, il a l'air de s'en repentir, et répète toujours :

---

(1) La syllabe *lie*, dans ce mot, comptait pour deux syllabes. On doit croire que les Français du quinzième siècle prononçaient lentement l'*e* muet.

(2) V. ses charmantes ballades : *Allez-vous-en, allez, allez, Souci, soin et mélancolie*, etc. *Dans la forêt d'ennuyeuse tristesse*, etc.

> Laissez-moi penser à mon aise !
> Hélas ! donnez m'en le loisir.

Ce chagrin profond qui le domine ne s'emporte nulle part en plaintes amères ou violentes, mais se répand sur tous les vers du poëte, comme l'exhalaison d'une fleur que son parfum révèle. Après trois siècles écoulés, l'urbanité, la mollesse délicate de la versification, le sentiment de l'harmonie, la grâce en un mot, qui distinguent les poésies de ce prince-poëte sont loin d'avoir perdu leur charme.

Parmi les écoliers de l'Université de Paris vivait un jeune homme d'un esprit caustique et léger, de basse extraction, de mœurs grossières et licencieuses. Entre lui et le duc d'Orléans qui l'avait précédé de plusieurs années, tout est contraste : naissance, mœurs, caractère, tour d'esprit. Si le noble captif a trouvé dans ses sentiments chevaleresques et dans son infortune la source de ces simples élégies qui doivent une grâce idéale à l'amour de Dieu, de la patrie et des dames ; Villon, né au sein de l'obscurité la plus profonde, élevé parmi la tourbe des écoliers libertins, semble représenter dans sa nudité la plus effrontée le génie populaire de la satire allié à l'impudence de la débauche.

On connaît ses nombreux démêlés avec les tribunaux. La franchise ou l'orgueil de ses aveux étranges et l'impudeur avec laquelle il vante sa diligence

> A voler devant et derrière,

portent témoignage et contre lui et contre l'immoralité de ceux qui accueillaient en riant ces confessions d'un escroc. Enfermé au Châtelet, ce qui anime sa verve cynique et lugubre, c'est la perspective du gibet qui l'attend. Il rime son épitaphe et fait son testament en vers de complainte : un ivrogne aura son muids ; un vicaire, sa maîtresse ; il lègue sa malédiction à l'archer qui l'a pris et deux procès à un ami trop gras, pour corriger son embonpoint. La complainte est rimée et la sentence rendue : c'en est fait de Villon; mais, par une présence d'esprit que lui-même a célébrée dans ses vers, il interjette appel. Sauvé une première fois, il revient bientôt à ses anciennes habitudes, retombe dans le même péril, et privé de tout espoir par l'aggravation de son crime, il se met à écrire ses derniers adieux à la vie, d'un style un peu plus grave, mais toujours caustique. Ses aventures lui en ont plus appris, dit-il, et « ont « plus aiguisé ses lugubres pensées, que tous les « *comments* ou commentaires de l'Université, sur le « sens moral d'Aristote. » Il ne veut rien cacher à personne, et il écrit tout ce qu'il sait, parce que « qui meurt à ses *hoirs* (1) doit tout dire. » La vivacité des traits, l'invention bizarrement satirique des différents legs qu'il distribue, la concision du style, la richesse même de la rime ont déjà droit d'étonner de la part d'un homme tel que Villon ; mais ce que l'on remarque en lui avec le plus de surprise, c'est une teinte de philosophie mélancolique. « Hélas, dit-il,

>..... pauvreté fut mon héritage;
> Et l'on sait que dans pauvreté
> Ne loge pas grand'loyauté. »

La mort va bientôt le mettre de niveau avec les grands de la terre. Où sont-ils ces foudres de la terre, et ces rois qui ont fait trembler le monde ? Et « où « est le preux Charlemagne ? » Dans ce lieu même où Villon va descendre. Seulement il n'aura ni sépulcre ni sarcophage, et leurs restes mortels « pourrissent « sous riches tombeaux. » Avant sa dernière heure, il s'égaie aux dépens du prévôt, de ses archers, des bons pères moines, qui vivent comme des *demi-dieux ;* et revenant toujours à la nécessité de mourir, il tire

(1) Héritiers.

de son expérience à peu près la même conclusion qu'Horace, que certes il ne connaissait guère et ne voulait point imiter. Ce qui le chagrine surtout, c'est que les ravages de la mort cruelle n'épargnent pas la beauté des femmes. Il demande grâce pour le corps féminin,

> ..... Qui tant est tendre,
> Poly, suave (1) et gracieux !

Et où sont « les belles dames du temps jadis ? » Hélène et Aspasie, « que sont-elles devenues ? » Il compare leur souvenir à une ombre, à un son fugitif qui répond à la voix, sur la rivière ou sur l'étang ; puis, par un retour de sa pensée, l'imagination se mêlant à la grâce, « mais, demande-t-il, où sont les neiges de l'année dernière (2) ? »

Plus d'une fois, dans le cours de ces observations sur les écrivains d'un temps peu connu, nous aurons à revenir sur des opinions déjà établies, énoncées et admises sans examen. Villon ne semble pas avoir (comme le dit Boileau) « débrouillé l'art confus de « nos vieux romanciers. » Il n'appartient en aucune manière à la sphère idéale du roman chevaleresque ; ses mœurs, son style, ses vices, son génie, tout chez lui est essentiellement populaire. Il n'avait pour héritage qu'indigence et roture ; et les mots gaillards répétés par le bas peuple, les sermons comiques du prédicateur étaient ses seules inspirations. Sa raillerie amère et sa poignante gaieté lui appartenaient en propre ; nulle influence étrangère ne les avait modifiées. Il ne voulait, comme il le dit, « laisser que « folâtre mémoire. » Il ne prétendait point à ces pen-

(1) Souëf.
(2) On ne parle pas des *Repues franches* : description des exploits de l'escroquerie, en termes d'argot, et qui d'ailleurs ne sont pas de Villon.

sées délicates ou contournées, à ces allégories ingénieuses ou ridicules, apanages « des gens qui por-« taient éperviers (1). » Son penchant à raisonner et à médire, son expression brève et hardie, son ironie vigoureuse, justifient son antique réputation ; il donne un tour vif à ses stances, les termine par une mordante saillie, rime avec richesse et raille d'un ton nonchalant.

Louis XI, roi cynique, qui n'était pas indulgent, s'amusa des gentillesses d'un voleur prêt à subir sa peine, et sauva l'écolier fripon (2). Reconnu pour modèle de poésie et de bonne plaisanterie, Villon, cinquante ans après sa mort, fit les délices de François Ier. Marot publia une édition de ses œuvres, soigneusement corrigée ; il le nomme dans sa préface « le meilleur poëte parisien, » et trouve « sa veine vraiment héroïque. » Il ne lui manqua, dit l'éditeur, « que d'avoir visité la cour des rois, où le style se polit et le jugement s'amende. »

Le langage dont se servait Villon était ce langage à demi picard que l'on parlait à Paris. Il dit encore *ly homs*, pour *les hommes*. De nombreuses parenthèses, des voyelles sans cesse heurtées, des enjambements ridicules, l'emploi de quelques jurons anglais devenus populaires (3) depuis le règne du roi Jean et qui s'étaient conservés à Paris : *pouvre* pour *pauvre*, *voulsit* pour *voulut*, *barat* pour *tromperie*, *compaign* pour *compagnons* : idiotismes parisiens, que l'on ne retrouve pas dans les œuvres des gens de cour de la même époque, peuvent donner une idée du degré de civilisation et d'élégance littéraire qui distinguaient alors la capitale de la France. La cour avait déjà le privilége d'épurer

(1) Villon.
(2)   Quand le bon roi me délivra
       De la dure prison de Mehun, etc., etc. (VILLON.)
(3) *Bretare bigod* ; by our lord (by'r lord) by God !

le langage ; et le meilleur écrivain du temps fut l'ami, ou plutôt le confident de Louis XI.

Alors avait lieu entre ce roi et ses grands vassaux cette lutte de perfidies et de cruautés, où il resta vainqueur, et dont on aurait tort de lui faire un reproche exclusif. Le moyen âge expirait, l'empire de la force était détruit, le sceptre du monde tombait aux mains des habiles. L'esprit de chevalerie n'était plus qu'un mot. Les rois, voyant les communes grandir et les seigneurs défendre les restes de leur existence, se faisaient un code spécial de politique et de morale : code de violence et de ruse, qui excusait tout par la conservation du pouvoir, et alliait la prudence de la vipère à la férocité du tigre ; art des Borgia et des Louis XI. Machiavel en a dit les secrets, on a cru qu'il les avait inventés.

Auprès du prince qui a réuni le plus de qualités et de vices nécessaires pour triompher dans ces combats politiques, le sort avait placé un homme doué d'assez de sagacité pour le juger, d'assez de souplesse pour le servir. Ce prince était Louis XI, et ce confident Comines. Le premier arrachait aux seigneurs, par fraude et par assassinats, à prix d'or et à coups d'épée, les fleurons épars de sa couronne : homme d'un orgueil et d'une souplesse extrêmes ; superstitieux jusqu'au délire, sans préjudice pour ses intérêts et pour ses crimes ; poussant la familiarité jusqu'à l'abandon le plus vulgaire, la hauteur jusqu'à une férocité implacable ; avare et prodigue ; capricieux et inexorable ; vil et altier : l'idéal et la caricature de la tyrannie ; espèce de Tibère bourgeois ; il détruisit tour à tour les ennemis de la monarchie et établit son pouvoir sur leurs cadavres. Ces débris se ranimèrent ; le trône, agité par eux, chancela pendant un siècle.

Comines, seigneur flamand, l'un de ses serviteurs les plus fidèles, était doué de ce coup d'œil *froid, impas-*

sible et sec (1), qui ne permet à aucune passion de se mêler à l'examen des événements et des hommes : d'une âme naturellement calme, d'un esprit élevé, ferme, pénétrant, mais sans imagination ; dénué de littérature (2), rompu aux affaires et sachant recueillir les fruits de son expérience personnelle, il quitta la cour du duc de Bourgogne, que sa folle étourderie précipitait vers sa perte ; rendit un service éminent et secret au roi Louis XI (3) qui ne fut pas ingrat ; et se laissant marchander, comme faisaient alors les grands seigneurs, vint enfin s'établir à la cour de France. Son crédit y fut si grand, que selon les mœurs cordialement sauvages qui ne disparurent que sous Louis XIII, il partageait souvent le lit du monarque. On le vit ensuite après la mort de ce dernier subir une captivité assez longue dans les cages de fer construites par son maître ; expier ainsi quelques trames politiques qu'il avait nouées ou servies ; souffrir cette disgrâce avec la patience d'un homme habitué aux vicissitudes des grandes affaires ; et rendu à la liberté, consacrer les derniers jours de sa vie à écrire ce qu'il avait observé, prévu ou deviné.

Instruit par de telles leçons, soumis à de telles épreuves, il n'a plus la naïveté enfantine de nos chroniqueurs. Ne lui demandez ni le coloris ingénu de Froissard, ni la bonhomie piquante de Joinville. Avant tout il s'éloigne de la scène, écarte les souvenirs de la vanité personnelle, observe les combattants et se plaît à juger les coups. Il s'efface même comme à plaisir, dans les circonstances où il a dû jouer un grand rôle. Son impartialité, sa froideur, étonnent d'abord par la force de raison qu'elles supposent ; et pour peu que

---
(1) Bacon.
(2) Comines l'avoue au commencement de ses Mémoires ; Montaigne le répète dans ses *Essais*.
(2) A Péronne.

vous soyez émus des spectacles de l'histoire, elles finissent par vous irriter. Impassible comme la destinée, résigné aux vices, aux malheurs, aux sottises des hommes, comme à ses propres infortunes, comme à ses propres fautes, rien ne l'émeut, ni le souvenir de son cachot, ni celui des cruautés de son maître. De tels effets ont eu leurs causes, et il les explique : c'est le fataliste de l'histoire. La trame de ces événements se lie à ses yeux par une combinaison nécessaire des caractères humains et des circonstances qui les environnent ; rien ne peut vaincre cette destinée toute-puissante. Remarquable surtout par la vérité des observations, il prophétise la grandeur de l'Angleterre, où la liberté légale s'élève lentement à ses yeux : Venise et ses fortes institutions, la monarchie française affermie par Louis XI, sont appréciées dans ses Mémoires de la manière la plus nette et la plus précise. Aujourd'hui même les contrées d'Europe dont il a parlé se reconnaissent aux traits généraux qu'il a saisis. Il raconte bien ; chez lui, comme chez Tacite, la narration et la réflexion se confondent. Quant à sa morale, elle caractérise son temps. Il estime beaucoup ce qui est honnête, mais un peu moins ce qui est utile ; et quand le conflit de la vertu et du succès vient étonner sa raison, il ne balance pas à écarter la loyauté qui le gêne, s'en remettant d'ailleurs au tribunal de Dieu, qu'il établit seul juge dans une matière si difficile.

On aurait pu croire que l'apologie de Louis XI lui semblerait embarrassante. Non ; il le juge avec une liberté tranquille : au lieu de l'excuser, il plane sur les événements de toute la hauteur de son esprit ; il indique les grands résultats que son maître a su préparer; fait observer la profondeur de ses vues ; condamne ses vices quand ils furent stériles, et ses ruses quand leur fausse combinaison l'enlaça lui-même de ses piéges imprévus. Cette simplicité, la lucidité avec lesquelles il dévoile les ressorts de la politique contemporaine deviennent éloquentes par la profondeur des intentions et la simplicité des tableaux, lorsqu'il retrace les derniers moments de ce roi, *le plus sage homme qu'il ait connu :* tourmenté dans sa vieillesse par des maladies cruelles et une superstition ignoble ; mené par son médecin Cottier, comme un enfant hargneux par un *précepteur quinteux et colère ;* cherchant à appesantir encore son pouvoir *qui s'en va,* dit Comines, couvrant ses membres décharnés des insignes d'une royauté qu'il va perdre ; *si soupçonneux vers la fin de sa vie, qu'il fait tâter les vêtements de ses parents les plus proches, pour que ses archers voient s'ils n'ont pas de poignards sous leurs* « jaquettes » ; trompant les hommes jusqu'au bout, et feignant de lire encore les dépêches dont il ne distingue plus les caractères ; s'environnant de supplices, pour s'assurer que le pouvoir lui reste ; lorsqu'enfin Comines montre ce malheureux roi, expiant sa vie par une agonie de trois années ; devenu son *bourreau,* et *se servant à soi-même de Tristan-l'Hermite,* suivant la forte expression du vieil auteur.

On ne peut s'étonner que Montaigne ait admiré le bon sens profond de cet historien, et Charles-Quint, la sagacité de ses vues. Son style est simple jusqu'à la nudité. L'emploi parasite des particules, la maladresse avec laquelle les membres de la phrase se rattachent sans s'unir ; la marche indécise des périodes, la faiblesse de la diction sans cesse entravée par la conjonction *et,* lien unique et des paragraphes et des chapitres (1), trahissent l'embarras de l'écrivain qui lutte, et l'imperfection de l'instrument qu'il emploie. Souvent l'article est supprimé, ce qui abrége le discours et lui prête rapidité, force, naïveté. L'usage assez mo-

---

(1) V. dans nos Études sur l'Antiquité (*La Bible* et ses *Traducteurs*), à quoi se rattache cet emploi de la particule *et.*

déré de l'inversion et celui de quelques mots venus ou imités du latin ne nuisent point à la clarté de l'élocution. Le tissu du style, sans ornements et sans recherche, ne manque pas d'une noblesse facile et même gracieuse ; toute la pensée s'y découvre dans sa profondeur, dans son étendue et jusque dans ses nuances.

Pour apprécier le mérite de Comines, mérite isolé dans son époque, il faut le comparer aux chroniqueurs contemporains : à *Jean de Troye*, dont la plume scrupuleuse notait en style de greffier (1) tous les événements survenus dans Paris, le sermon d'aujourd'hui, l'orage de la veille, et décrivait avec la même bonhomie les détails d'une fête populaire, l'arrivée des ennemis, les bons tours que les dames de la capitale jouaient à leurs époux, et la misère du royaume. Il faut l'opposer au prolixe *Monstrelet*, attaché à la cour de Bourgogne, comme Philippe de Comines à celle de France, et qui trouvait à peine le moyen de faire entrer un demi-siècle en trois *in-folio*. Décoré par l'ironique gaieté de Rabelais d'un *beau chaperon vert et jaune à oreilles de lièvres*, pour désigner sa faiblesse et sa crédulité ; diffus, et si j'ose répéter les paroles du cynique curé de Meudon, *baveux comme un pot à moutarde*; sa fidélité, son exactitude, sa véracité, les titres et les pièces justificatives dont il appuie sa marche languissante, ne le classent point parmi les historiens, mais parmi les annalistes utiles.

Les presses parisiennes donnaient au public beaucoup d'ouvrages ascétiques, de vieux romans, de satires et d'allégories populaires ; on trouvait cette invention économique (2), et l'on s'empressait d'acheter des livres. Alors nos conquêtes en Italie vin-

---

(1) Jean de Troye était en effet greffier de la Sainte-Chapelle.
(2) V. ce que dit *Molinet* de l'utilité de l'imprimerie pour les pauvres écoliers. — Sur les premiers imprimeurs parisiens. V. nos Études sur le moyen age.

rent donner un nouveau mouvement aux esprits. Une lueur de liberté apparut aux regards étonnés des communes. *Masselin, Rochefort, Jean de Rely*, aux États-Généraux convoqués sous Charles VIII et Louis XII, déployèrent, non de l'éloquence, mais cette franchise de langage et cette connaissance des affaires, les plus grands mérites des orateurs dans les assemblées politiques.

Claude de Seyssel, écrivain élégant pour son temps, fit l'éloge de Louis XII sous la dictée de l'amour populaire. Le tour de sa phrase est déjà plus formé ; l'imitation de la période latine se laisse apercevoir dans son style, qui ne manque ni d'harmonie, ni quelquefois d'un coloris assez pur. Il sert de témoignage à ces progrès rapides du luxe et de la richesse publique, de l'élégance des mœurs et de la sociabilité, qui avaient suivi l'élan de nos guerriers et le contact de l'Italie. On le voit s'étonner des grands bâtiments qui s'élèvent et de la somptuosité jusqu'alors inconnue, qui pénètre dans la cour des rois. Quelque chose de nouveau s'agite et s'annonce confusément.

§ VII

Recherche d'une poésie artificielle. — Bizarres essais d'une élégance rustique et bourgeoise. — Crétin, Coquillard. — Pathelin. — Gringore.

Le premier effet que produisirent sur notre littérature à peine ébauchée les clartés qui émanaient de l'Italie fut une surprise profonde, suivie d'imitations burlesques. Pendant quarante ans, les poëtes abondent ; quels poëtes ! Comme ces paysans ridicules, que nos auteurs comiques nous montrent devenus plus ridicules encore, sous le costume et les airs de fatuité qu'ils empruntent, *Molinet, Meschinot, Crétin,* abandonnent la diffuse et maligne simplicité de Jean de Meung, pour je ne sais quelle élégance affectée, consistant surtout dans le rapprochement des lettres et le cliquetis des syllabes. *L'Esprit* (dit Addison) *étant le talent de trouver des ressemblances entre les choses, on a été jusqu'à trouver de l'esprit dans les ressemblances entre les mots.* Tels étaient la science et l'art de cette école poétique, qui précéda immédiatement Marot (1). Assonances, allitérations, rimes triples, quadruples, entassées dans un seul vers, faisaient le mérite et le charme de cette poésie ; voilà tout ce que Molinet et Chastelain avaient gagné à étudier *les bons compositeurs italiques* (2). Ils espéraient

> ..... faire *vivement v*ivre
> Les tran*chants* et les tou*chants* chants,
> Qui sonnaient sous leurs ad*roits* doigts (3).

Un phénomène analogue s'était manifesté en Allemagne, lorsque les *Meistersænger* essayèrent de créer une versification et une poésie élégantes et raffinées ; ces gens de métier, membres de corporations industrielles, sacrifièrent l'âme de la poésie à la forme matérielle et l'inspiration au mécanisme de syllabes.

Le fouet sanglant de Rabelais n'épargna pas ces poëtes, qu'il comparait avec autant d'esprit que de justesse aux « carillonneurs de cloches. » Ceux mêmes qui croyaient imiter ainsi l'élégance italienne, trouvaient, quand ils s'abandonnaient à leur naturel, des traits ingénieux et d'heureuses images. Les caprices de l'amour n'ont peut-être jamais été mieux exprimés que par le bon trésorier de Vincennes, Crétin :

(1) On sait quelle vénération il avait pour *le bon Crestin au vers équivoqué.*
(2) Meschinot.
(3) Crétin.

> Œuvres d'amour sont œuvres de féerie,
> Un jour croissant, l'autre fois en décours.

Nous pouvons lire encore quelques passages du moine *Alexis*, et sourire de sa naïve humeur contre l'amour et les femmes. Jean La Fontaine, qui l'imita et qui comme lui médisait des dames de manière à se faire pardonner ses injures, ne dédaignait pas non plus *Coquillord*. Ce gai chanoine, dont les tableaux sont peu voilés, remarquable par ses rimes redoublées et l'abondance de son style, poursuit vivement les fats de la cour, les dames de haut parage, les amoureux et les maris.

Sectateurs non moins fidèles de la vieille poésie gauloise, d'autres rimeurs s'en tenaient soit à la chronique en vers, comme *Chastelain*, soit à l'histoire allégorique (1), comme *Martial d'Auvergne*, qui fit les Vigiles de Charles VII, « à neuf psaumes et à neuf « leçons. » Jeanne la Pucelle,

> Cette pauvre bergière,
> Qui gardait les brebis aux champs
> D'une douce et humble manière
> A l'aâge de dix-huit ans,

y joue un rôle important et plein d'intérêt. Le style de complainte que Martial affecte, forme un singulier contraste avec le plan du poëme; la religion, l'État, l'Angleterre, la France, la chevalerie, y sont personnifiés; tous ces personnages y agissent et parlent; là se fait entendre l'accent vif de l'amour du peuple pour ce roi qui chassa l'étranger,

> Changea servitude en franchise
> Et malheur en prospérité (2).

A la tête des poëtes de la fin du quinzième siècle

---

(1) *L'Histoire allégorique de la conquête de Naples*, par André Delavigne, est de la même époque.

(2) Martial d'Auvergne.

brillèrent *Jean Marot* et *Octavien de Saint-Gelais*. Clément Marot, fils du premier, Mellin de Saint-Gelais, neveu du second, ont éclipsé leurs homonymes, qui ne méritent pas cet oubli. Jean Marot avait l'expression forte et heureuse, peu d'imagination, plus de savoir que son fils; poëte en titre, attaché à la personne de Louis XII, il le servit de sa plume; et si l'on regrette de ne pas trouver dans ses rondeaux la charmante facilité de Clément, la versification en est assez ferme et le sens ingénieux. Octavien de Saint-Gelais aurait plus à se plaindre encore que lui du silence de la postérité et de l'injustice des critiques; il profita de l'exemple des Italiens, échappa au mauvais goût de Crétin, et essaya d'écrire avec quelque pureté. Plus allégorique que Jean de Meung et que Lorris, il s'égare sans cesse dans les forêts de féerie; sa *Chasse* et son *Départ d'amours*, fiction confuse, offre une longue énigme sans intérêt. Souvent il devine cette règle qui n'était encore qu'une élégance, l'alternative des rimes masculines et féminines, loi qui ne fut en vigueur que cinquante ans après, sous le règne de Ronsard. On doit lui tenir compte de quelques inventions heureuses : telle est, par exemple, celle de l'île de l'Ambition, qu'il appelle *Fausse Espérance*. Cette fée a beaucoup de vassaux; elle les conduit à son gré, fait mettre à la voile les navires, trouble la cervelle des petits et des grands, envoie des *lourdauts* à la cour, fait reluire les étendards et sonner les trompettes,

> Et fait trotter maint roi, maint cardinal,
> L'un à Paris, et l'autre aussi à Rome,
> Pour obtenir souvent moins qu'une pomme.

Cependant tout se prépare et s'épure; la grâce des mœurs commence à naître; Louis XII, que la reconnaissance publique doit associer à Henri IV, forme la maison de la reine, appelle les dames à la cour, et y introduit ainsi l'élégance et le bon goût. Alors paraissent les premières feuilles volantes destinées à annoncer au peuple les nouvelles politiques (1). Les savantes familles des Badius et des Estienne accourent à Paris, où s'établissent leurs presses. Érasme visite la France. Déjà les écoles se remplissent de jeunes gens avides de savoir. Octavien de Saint-Gelais essaie de traduire Virgile. Robert Gaguin, dont j'ai parlé plus haut, brille de tout son éclat. Les vieilles chroniques, les *Voyages de Mandeville*, la *Somme rurale de Jehan le Boutillier*, se réimpriment à la fois. Le seizième siècle s'annonce par ce mouvement progressif vers la science ; mouvement faible encore et cependant sensible. Louis XII enrichit son pays d'une grande quantité de livres, trophées de l'Italie, fait rechercher les meilleurs écrits de l'antiquité, attire dans sa capitale plusieurs savants distingués (2), et proclame (noble devoir d'un monarque) la liberté de l'esprit et l'indépendance de la pensée.

Sous ses auspices, le théâtre français cherche à se développer. Le roi protége ses premiers essais et même ses écarts, persuadé que dans le libre développement de l'intelligence il n'y a de danger que pour les mauvais princes. Il veut que *vérité vienne jusqu'à lui* (dit un contemporain), et *que sur les théâtres libres on joue tous les abus de sa cour et de son royaume, espérant apprendre ainsi beaucoup de choses, qui autrement lui seraient cachées*. Il entendit, en effet, des leçons assez nouvelles pour un monarque. On le représenta

---

(1) On a conservé quelques-uns de ces monuments curieux, dont l'un, déposé à la Bibliothèque nationale, porte ce titre : *C'est la très-noble et très-excellente victoire du roi Louis XII de ce nom, qu'il a heue, moyennant l'aide de Dieu, sur les Vénitiens.*

(2) Alexandre, Paul-Émile, etc.

sur la scène comme un malade qui a soif d'or, à qui l'on en fait boire, et qui meurt de l'hydropisie d'avarice. Le bon sens du peuple ne s'y méprit pas; il reconnut la vengeance des grands, dont l'économe Louis XII faisait languir l'avidité : le bon roi ne reçut aucune atteinte réelle.

Le drame moderne était né sous les porches des églises et dans l'église même (1). Mystères vénérés, croyances populaires, récits consacrés par les saints livres, traditions antiques mêlées de bouffonneries, se reproduisaient sur la scène sans causer de scandale et ne faisaient que réveiller l'enthousiasme des sentiments dévots. Le christianisme, maître de toute l'existence humaine, couvrait depuis dix siècles de son voile mystique les cendres des aïeux, le berceau des enfants, le lit nuptial, toutes les scènes de la vie, et dirigeait les mouvements de l'âme comme ceux des empires. Il avait pénétré les institutions, établi les fêtes, dominé les trônes. Uni à l'amour, à la valeur guerrière, à l'agriculture, on l'avait vu bénir le glaive, créer la chevalerie, consacrer la charrue et les instruments de tous les métiers ; envahir la science et la transformer en théologie, usurper la poésie pour la peupler d'êtres métaphysiques. Enfin il s'empare de la gaieté populaire : c'était un nouvel empire, le plus précieux de tous.

Le clergé ne jouit pas longtemps seul de ce privilége. Le génie dramatique et satirique de la nation jeta en même temps sur la scène des caricatures et des saints. On joignit l'allégorie au drame. On inventa une espèce de souverain perpétuel et symbolique, ayant droit de suzeraineté sur un domaine immense, sur la sottise des hommes (2). Ce roi de la folie abusa

---

(1) V. nos ÉTUDES SUR LE MOYEN AGE, *Hrosvita*.
(2) Le prince des sots.

de son pouvoir, souvent le parlement le força de se taire. Louis XII lui permit de tout dire et donna l'essor à ses railleries. Le théâtre prit faveur. Hors de la scène même on se rapprochait involontairement des formes du drame. Nous avons vu Martial d'Auvergne changer l'histoire contemporaine en une espèce de tragédie symbolique. Coquillard, outre son *Monologue des perruques*, avait écrit le *Dialogue de la Simple et de la Rusée*, parodie piquante des formes de la plaidoirie alors en usage ; bizarre débat entre une Agnès et une coquette. *Jouveneaux* publie son *Commentaire sur Térence;* cet écrit, lu avec avidité, prépare les auteurs dramatiques à se rapprocher de la vie réelle et à s'occuper des mœurs qui les entourent.

De cette époque date l'excellente farce de *Pathelin* (1), qui n'a pas vieilli depuis trois cents années, dont beaucoup de saillies ont passé en proverbe, et qui, légèrement retouchée, se joue encore et fait toujours rire. La vivacité de l'action, la connaissance des hommes, l'instinct du vrai comique, étonnent dans cet ouvrage. On sait que le nom de *Pathelin* est resté à ceux qui jouent dans le monde le même rôle que le héros dans la pièce ; gens qui, étourdissant leurs dupes par de vains discours et de *faux semblants*, employant la flatterie, l'audace et l'adresse, arrivent à leurs fins, comme dit Guillemette,

> Par *blasonné* (2) et atrapé,
> En vous payant du beau langage.

Dans ces essais la poésie était grossière et la plaisanterie pleine de sel. Le vers de quatre pieds, d'une marche vive et d'une construction facile, y était presque exclusivement admis. C'était l'iambe de nos an-

---

(1) Attribuée à Pierre Blanchet. Le même sujet s'est retrouvé dans un vieux conte écrit en langue d'oc.

(2) *Flatterie.*

cêtres. On se moquait sur le théâtre des maris, des procureurs, des moines, des gens de loi, des rois, même des papes. Louis XII, menacé des armes spirituelles et temporelles de Jules II, s'appuyait sur les communes ; il ne dédaigna pas ce grand moyen de succès en France, la satire : il fit attaquer sur la scène l'impétueux pontife, impolitique dans ses perfidies et inconstant dans ses violences. Rien de plus curieux que cette farce politique jouée à la Halle (1) devant le bon peuple parisien.

L'auteur de cette ébauche tracée par un Aristophane gaulois, *Pierre Grégoire* (tel était son nom, que l'on prononçait *Gringore*), a toute l'audace et la bizarrerie d'imagination, non la profondeur de pensée de l'auteur athénien. Tantôt personnifiant l'État, la France, le peuple ; tantôt faisant apparaître, au milieu de ces êtres allégoriques, le roi lui-même et sa cour ; licencieux, spirituel, caustique, il ne veut que bouffonner et médire. Grégoire nous montre la *commune*, c'est-à-dire la masse du peuple se plaignant que

> Sous ombre de bigoterie,
> On n'exécute rien d'utile,
> Fors rapiner et amasser.

Il faut entendre ce débat entre l'hypocrisie, qui veut s'emparer de la nation, et la nation qui ne veut pas d'elle ; surtout il est curieux d'assister à la déconvenue de cette femme, qui, maîtresse par un larcin des habits de l'Église, prétend aux honneurs dus à la mère des fidèles, et finit par être reconnue

> Pour cette pauvre *Mère-sotte*
> Qui d'Église a vêtu la cotte.

La *Mère sotte* commande en ces termes au bataillon des zélateurs qui la suivent :

(1) Le jour du mardi gras 1511.

> Allez, marchez tous à la fois !
> Frappez de crosses et de croix !
> Je suis la mère Sainte Église,
> Aurez pour votre vaillantise
> Largement de rouges chapeaux
> Et serez riches cardinaux.

C'était pour le service du roi très-chrétien que Grégoire, hérault d'armes peu lettré, doué du talent de voir sous leur aspect comique les choses de la vie, traitait si lestement l'ambition profane cachée sous un voile pieux. Grégoire a fait beaucoup d'autres pièces, *moralités* et *soties ;* des poëmes aussi féconds en adages que les discours de Sancho-Pança ; des allégories faiblement écrites, ingénieuses et faciles à comprendre, par exemple son *Château du travail* (1). Ses vers sont prosaïques et la saillie n'y manque pas ; c'est ce qu'on trouve le plus fréquemment chez nos vieux poëtes. *Jamais*, dit-il,

> Jamais ne vis un sot, chargé d'argent,
> Allez attendre homme sage à sa porte.

Quand Grégoire marie les filles du diable, et qu'il donne la *flatterie* pour compagne aux gens de cour ; la *rapine* aux gens de robe ; l'*usure* aux gens d'affaires ; la *présomption* aux jeunes gens ; l'*outre-cuidance* aux grands seigneurs ; la *gourmandise* aux gens du commun et la *cathégorie* aux moines,

> Disputants *et pro et contra*,

enfin pour terminer ces alliances de son choix, quand il laisse la *sensualité* (ou la luxure) sans établissement parce qu'il est sûr que tout le monde lui fera sa cour ; ces inventions prouvent que celui qui les a conçues avait reçu en partage la malice, l'esprit et la gaieté de l'imagination.

(1) *Castel de Labour.*

Le peuple courait toujours chercher au théâtre à peu près les mêmes émotions qu'au sermon. *Michel* et *Jean d'Abundance* arrangeaient pour la scène la Conception, la Nativité, la Passion, quelque récent miracle, une conversion éclatante, les prétendues abominations d'un juif sacrilége ; tout ce qui pouvait attendrir ou édifier les âmes crédules. Le style prêté aux personnages de ces pièces semblerait aujourd'hui un peu moins élégant que le langage de nos halles ; alors c'était le style de la chaire ; nous aurions tort de demander aux acteurs la décence que les bourgeois, les guerriers, les prédicateurs n'avaient pas.

§ VIII

Prédicateurs populaires.

La cour seule essayait l'élégance et cherchait le raffinement. On ne peut pas faire un crime aux prédicateurs d'une grossièreté qui les associait à toute la population de la France. Ils se conduisaient en tribuns populaires, et s'ils eussent fait autrement, ils n'auraient eu aucune prise sur ce qui les entourait ; de leur analogie avec les mœurs vulgaires naissait leur pouvoir. Il faut remonter par un effort de l'esprit jusqu'au quinzième siècle en France, pour comprendre aujourd'hui l'autorité dont jouissait leur impudence, le cynisme de leur morale, la grotesque familiarité de leurs leçons et cette nudité dans les images ; cette gaieté satirique, cette licence déhontée, qui retracent d'une manière si vive l'état de la civilisation de leur temps. Ces bouffons, tout aussi « *folâtres* » que Villon l'avait été, réveillaient leur auditoire par des contes qui auraient fait rougir Boccace, par de personnelles et véhémentes interpellations, par de brusques incartades, par des quolibets grossiers, par de folles imaginations. D'autres qui veulent « être sérieux, » dit Érasme, *prouvent* (1) *la charité par les sources du Nil, et l'abstinence par les douze signes du Zodiaque.* Toutes les ressources de l'érudition et de l'éloquence ne suffisent-elles pas ? une tête de mort, renfermant de la lumière (2) et soutenue par un desservant, s'élève tout à coup au-dessus de leur tête, aux endroits pathétiques du discours. Les œuvres imprimées de ces orateurs érudits, véhéments comme on sait contre les *et cætera des notaires* et les *qui pro quo des apothicaires*, offrent à peine, au milieu d'un latin macaronique, quelques paroles françaises ; chaque phrase renferme douze ou quinze mots pour les doctes, un ou deux pour le peuple. Des commentateurs (3) ont cru que ces sermons, prononcés d'abord en français vulgaire, avaient reçu de la plume ambitieuse de leurs auteurs ce costume demi-romain et demi-gaulois. Quoi qu'il en soit, un caractère très-expressif et très-populaire se fait remarquer dans le peu de mots français semés parmi leurs triviales invectives. Comme ce sont les mots que le traducteur n'a pas pu rendre en latin, ils formeraient presque un complet dictionnaire du vieux langage.

Ne nous fâchons pas trop contre ces barbares prédécesseurs de Fénelon, de Fléchier et de Massillon (4). Ils obéissaient à leur situation. On connaît *Maillard*, dont Rabelais parodiait l'éloquence tousseuse, et qui marquait le mot *hem! hem!* à la marge de ses sermons. C'était lui qui s'arrêtait au milieu du prône, pour entonner une chanson populaire : d'ailleurs aimé de ses

---

(1) Érasme. *De arte concionandi.*
(2) V. Henri Estienne, d'Aubigné, etc.
(3) Le Duchat, etc.
(4) *Ménot, Pépin, Clérée, Maillard.* Les sermons ridicules attribués à *Barletta* ne sont pas de ce prédicateur italien.

paroissiens, il osa braver du haut de sa chaire les menaces de Louis XI. *Raulin*, plus aride, débitait avec une grave ingénuité les contes dont il entremêlait ses discours, destinés à la nourriture spirituelle des fidèles. Ces causeurs populaires, qui appartiennent à la fois aux dernières années du quinzième siècle et au commencement du seizième, ne manquaient pas de verve et d'invention. Au milieu de leurs improvisations, tout n'est pas à dédaigner. La Fontaine peut avoir trouvé dans un sermon de Raulin l'idée première de son admirable fable des *Animaux malades de la peste*, que Raulin lui-même a empruntée aux prédicateurs du moyen âge.

§ IX

Essai d'une poésie de cour. — Marot. — Octavien de Saint-Gelais.

Les écrivains qui approchaient de la cour, ceux surtout qui avaient suivi nos armées, s'écartaient de plus en plus de cette trivialité. Cependant la narration conservait encore sa naïveté prolixe, son extrême incorrection. On traduisait, souvent à contre-sens, Josèphe, Boèce, Boccace, l'*Imitation de Jésus-Christ*. L'amélioration était sensible dans la poésie : Octavien de Saint-Gelais, Jean Marot, même Grégoire, ont plus de variété dans la diction et moins de confusion dans la phrase que Villon et Charles d'Orléans. Le patois picard, avec sa clarté méthodique et sa prononciation sourde, était devenu peu à peu la langue française et se débarrassait lentement de ses scories. Avant le règne de François Ier, on voit se manifester le progrès des études ; nous l'observerons surtout chez un écrivain qui appartient à la fois aux deux époques et aux deux règnes sous lesquels il a vécu. Son talent caractérise très-bien ce point de transition entre la vieille littérature de la France et la littérature érudite du seizième siècle. Il marque ce premier mouvement de la science, prête à s'appliquer sans choix et sans ordre aux matières de goût.

Lemaire de Belges, élève de Molinet (1), maître de Clément Marot, attaché à Marguerite d'Autriche, servit, comme Jean Marot et Grégoire, la politique de Louis XII. Il écrivit, sous le titre de *Légende des Vénitiens*, un pamphlet véhément contre cette république : la littérature entrait de toutes parts dans les débats politiques. Frappé du progrès de la langue française, il regarda ce faible effort comme le point de perfection la plus haute ; il soutient que notre idiome était fixé à jamais : et dans sa comique assurance il compara Alain Chartier au Dante, Meschinot à Pétrarque. Toutefois il lui sembla que notre versification n'était pas absolument sans reproches : le son vague et léger de notre E muet lui parut différer de celui des autres voyelles. Lorsque la césure portait sur cette inflexion à peine prononcée, comme dans ce vers

> Blanche, ten*dre*, polie et accointée (2) ;

il reconnut que l'oreille blessée perdait le sentiment du rhythme. Le jeune *Clément Marot*, son élève, apprit de lui à *ne pas faillir en ce point*, comme ce dernier nous le dit lui-même, avec beaucoup de reconnaissance pour son maître. Ce fut là le premier perfectionnement de versification qui eut lieu au seizième siècle ; Jean Lemaire en doit revendiquer l'honneur. Docteur en diverses facultés, il soutint vivement la pragmatique sanction, en déplora, dans une élégie, le trépas du perroquet de sa maîtresse. Ce perroquet, qu'il nomme l'*Amant vert*, a beaucoup embarrassé les critiques modernes, qui, faute de pénétrer le sens

---

(1) Mauvais chroniqueur en vers, qui a joui de quelque réputation dans son temps.

(2) Villon.

du symbole, sont entrés à ce sujet dans des explications aussi longues que plaisantes (1). C'est à Jean Lemaire qu'il faut rapporter les premières tentatives des grammairiens pour régulariser le langage, et même celles des savants, pour recueillir nos souvenirs historiques. Les *Illustrations des Gaules*, son plus grand ouvrage (écrit d'un style qui annonce déjà la prétention de s'emparer des dépouilles latines, style beaucoup moins clair que celui de Comines et de Seyssel), portent la trace du pédantisme, des recherches savamment hypothétiques qui commençaient à s'introduire, et d'une affectation nouvelle.

La critique manquait ; la langue n'était pas arrêtée ; l'érudition venait à peine de nous ouvrir ses trésors ; et, sans partager l'enthousiasme de sa protectrice qui le nomme un *Caton*, un *Cicéron*, un *Barthole* et un *Ovide*, on est tenté d'attribuer à son siècle ses défauts souvent ridicules. Compilateur de Darès, de Dictys de Crète et d'Annius de Viterbe, il nous apprend comment le bas-breton est dérivé de la langue troyenne ; ses dissertations critiques sur Francus, Hector et tous les héros auxquels s'est rattaché l'orgueil des nations du moyen âge, sont fort divertissantes. D'ailleurs tant de savoir et cette espèce d'universalité étonnèrent ses contemporains. Il passa pour le père de la littérature renouvelée ; Marot ne cite qu'avec enthousiasme *Lemaire le Belgeois*, qu'il compare et fait rimer avec *Homère le Grégeois*. Quoiqu'il eût de l'imagination, de l'érudition et de l'esprit, à peine mériterait-il un souvenir de l'histoire littéraire, si ses œuvres ne désignaient un progrès et ne faisaient pressentir des perfectionnements nouveaux.

(1) V. la Bibliothèque de l'abbé Goujet qui blâme avec un sérieux admirable l'imprudence des révélations de Jean Lemaire sur l'amour de Marguerite pour un favori, *vêtu en verd, né en Éthiopie*.

La France perd Louis XII. Après des guerres dispendieuses et des succès mêlés de revers, ce roi économe et populaire laisse le trésor libre de dettes. Le duc d'Angoulême, que Louis XII avait relégué dans un château de Touraine avec sa coupable mère, en sort et monte sur le trône. A une taille athlétique, à une noble physionomie, à une bravoure de soldat, à des goûts de galanterie licencieuse, à l'amour du luxe et de la somptuosité, le nouveau roi joignait un enthousiasme irréfléchi pour les anciens chevaliers ; une volonté despotique et étourdie ; aussi peu de bonne foi politique que tous les princes de son temps ; et le désir ardent d'égaler en tout les Médicis. Le règne de ce monarque n'est qu'une longue fête, ou (comme le dit si expressivement Brantôme) « *une magnifique et superbe bombance* » éclairée de temps à autre par les bûchers qui brûlent les hérétiques, troublée par les querelles des théologiens, *plus cruelles*, suivant Mélanchton, *que les combats de vautours*, interrompue par nos défaites, les inutiles exploits de Bayard, le supplice de Semblançay et les vengeances du connétable de Bourbon. « Roi plus *spécieux* que solide, » comme le disait si bien Henri IV, il exerce encore aujourd'hui sur l'imagination une séduction puissante. Les seigneurs accourent et se pressent sur les marches de son trône ; la féodalité disparaît ; le mot et le métier de courtisan ont pris naissance. Prêtres, femmes, gentilshommes, viennent adorer en foule ce nouvel astre d'une royauté, brillante de tout l'éclat d'un luxe qui épuise le peuple. Pour la première fois, les maîtresses des monarques prennent insolemment leur place à côté des reines. Les chasses, les tournois, les mascarades, les bals, les concerts, succèdent au bruit des armes. De splendides édifices sortent de terre ; d'admirables copies de la Vénus de Médicis et de l'Apollon du Belvédère viennent, conduites par le Primatice, embellir les jardins de Fontainebleau. Les revenus de l'État se dissipent, et la magnificence du camp du Drap-d'Or insulte à la misère de la France ; mais les palais de Chambord et du Louvre consolent le roi des malheurs qui accablent son peuple et lui-même. Il consulte Lascaris et Budé, écrit à Érasme, visite les ateliers de Cellini et de Vinci, s'égaie avec Marot, rit du cynisme de Rabelais, s'entoure de jurisconsultes, de savants et d'imprimeurs. La volupté, la licence, l'érudition occupent les loisirs savants et galants d'une cour, que de plus graves intérêts auraient pu attrister. Des professeurs de grec et des femmes aimables s'asseyent à la table du roi : pendant que l'on massacre les Vaudois, un conseil littéraire et une cour d'amour absorbent les pensées de François Ier. La richesse, les honneurs, la faveur royale, deviennent les récompenses du savoir. La roture, bien accueillie pourvu qu'elle soit érudite ou élégante, vient partager les plaisirs des courtisans ; la langue française se nationalise ; les écrivains se multiplient ; le mouvement général est puissamment servi par le caractère et le génie du monarque. Si l'histoire et la politique ont plus d'un reproche à lui adresser, il brille d'un éclat durable dans nos annales littéraires : les fautes et les malheurs de son règne semblent disparaître dans la splendeur dont le trône s'environne. Les contemporains en furent eux-mêmes éblouis ; et l'on ne peut s'étonner que plus d'un écrivain, oubliant tant de folles dépenses, de sanglantes exécutions, de perfidies impolitiques, n'ait point vu la situation véritable du royaume, si bien décrite par Fénelon : *le peuple ruiné, la guerre civile allumée, la justice vénale, la cour livrée à toutes les folies des femmes galantes, et tout l'État en souffrance.*

Ce fut au milieu des premières fêtes de cette cour, qu'un page de vingt ans offrit à un roi qui en avait dix-neuf une allégorie sur l'art d'aimer, son premier essai poétique. Ce jeune homme, fils de Jean Marot, aspirait à la double succession de son père, qu'il effaça bientôt comme poëte et comme homme aimable. Véritable modèle de l'ancien caractère français : léger, jovial, railleur ; jeune page à bonnes fortunes ; plein de vanité, d'esprit, d'habileté, d'étourderie : sa vie amoureuse, poétique et guerrière a réuni tout ce qu'il y avait de contrastes piquants dans les vieilles mœurs de notre nation. Voluptueux et caustique, dévot et licencieux, ses querelles avec la Sorbonne et avec ses maîtresses ont agité son existence et mis plus d'une fois ses jours en péril, sans altérer jamais la nonchalance moqueuse de son esprit. La violence de ses goûts, l'inconstance de ses passions ; beaucoup de libertinage dans les habitudes de sa vie, une délicatesse respectueuse pour les objets de ses amours honnêtes ; un mélange de grâce, de libertinage, de prodigalité, d'insouciance, de courtoisie et de ferveur protestante, le signalent à l'observation et à l'étonnement du philosophe. Cette vie romanesque prêtait aux embellissements de la fiction : de graves auteurs lui attribuent d'ambitieuses galanteries ; quoi qu'il en soit, toujours protégé par les femmes, toujours poursuivi par les docteurs, il ne cessa jamais de servir les unes et de railler les autres. Ennuyé de la chicane à laquelle on le destine et de cet antre des procès,

Où sans argent pauvreté n'a raison ;

il est à quinze ans acteur dans la troupe des *enfants sans souci ;* devient page de Marguerite de Valois, et le favori de cette aimable princesse ; puise dans le commerce des grands et des dames une légèreté gracieuse que Villon n'avait pas connue ; échange le patois du Quercy contre la langue française,

.... dans les cours estimée,
Laquelle enfin quelque peu s'est limée ;

et tour à tour blessé à Pavie près de son maître, emprisonné au Châtelet, transféré à Chartres, accusé d'hérésie, menacé du bûcher, consolé par les princesses, protégé par le roi, poursuivi par la Sorbonne ; rimant toujours ses infortunes, ses épigrammes, ses remercîments et ses amours ; après des tracasseries journalières, des fuites fréquentes, un long exil en Italie où René de France l'accueille, il termine une vie orageuse par une mort prématurée hors de son pays natal.

Héritier naturel de Charles d'Orléans et de Villon, c'est *Marot* qui a épuré les divers genres qui les ont distingués, et réuni les plus aimables traits du vieux génie de sa patrie. Il joint plus de finesse, d'élégance, de souplesse, des saillies plus brillantes à la naïveté satirique ou gracieuse qui les caractérise. Supérieur à tous ceux qui l'ont précédé, il suit leurs traces et bientôt il les devance. Son premier ouvrage est encore une allégorie dans le goût gothique ; Marot en rajeunit l'ensemble par le charme des détails. Il ne tarde pas à quitter ce genre faux que tant d'écrivains avaient épuisé. Des épîtres légères où une causerie facile semée de bons mots et de vers charmants s'exerce tour à tour sur tous les sujets ; des épigrammes tournées avec une brièveté piquante ou une facilité spirituelle ; des satires qui ressemblent à des épîtres ; enfin des chansons légères : tels furent les produits de sa muse, peu ambitieuse, folâtre, maligne, négligente, et qui vivra autant que notre langue.

Il a tous les anciens défauts de la versification française ; le seul progrès en ce genre que l'on remarque dans ses œuvres est ce perfectionnement de la césure, que Lemaire lui avait enseignée. Les vers masculins ou féminins se mêlent et se confondent chez lui sans aucun ordre. Il abrége ses mots quand le nombre de syllabes l'embarrasse ; et s'il est moins prodigue que Villon de parenthèses et d'enjambements forcés, il fait heurter aussi souvent que lui voyelle contre voyelle. D'ailleurs rien n'est plus facile et plus élégant que le tour de ses vers. Déjà séduit par l'exemple des Italiens et des Latins, s'il n'essaie pas de renverser, comme devait le tenter Ronsard, notre système de poésie, il emploie avec une facilité ravissante tout ce qu'elle lui offre et ne semble jamais avoir besoin de ce qui lui manque. C'est une aisance, un laisser-aller, un naturel parfait dans la plaisanterie ou la satire, dans l'expression de la mélancolie ou de la gaieté ; un talent délicat (très-rare alors) de voiler des traits hardis sous la décence ingénieuse du langage. Pasquier, panégyriste exalté des poëtes de la Pléiade, louait encore vingt ans après *la fluidité de cette veine*. Nul écrivain ne possède en effet une flexibilité plus heureuse. Une séve poétique, naïve et spirituelle, anime ce qu'il a écrit ; il semble avoir peint son propre talent en décrivant l'inconstante étourderie de sa jeunesse :

> Sur le printemps de ma jeunesse folle
> Je ressemblais l'hirondelle qui vole,
> Puis çà, puis là ; l'âge me conduisait,
> Sans peur ni soins, où le cœur me disait.

Le seul essai malheureux de sa muse fut cette traduction des psaumes que François Ier admirait et que les courtisans chantaient sur des airs de vaudeville : la noblesse et l'élévation qui manquaient à la vie errante et folâtre de Marot manquaient à sa poésie. Mais veut-il demander au roi un peu d'argent avec promesse de le lui rendre,

> Dès qu'on verra tout le monde content ;

ou faire valoir cette bonne *cédule* si régulièrement paraphée, que François Ier

N'y perdra que l'argent et l'attente?

se plaît-il à raconter d'un ton lamentable et plaisant le tour que lui a joué

> ..... son valet de Gascogne,
> Gourmand, ivrogne et assuré menteur,
> Pipeur, larron, jureur, blasphémateur.
> Sentant la hart d'une lieue à la ronde,
> Au demeurant le meilleur fils du monde?

en un mot, faut-il louer ou railler, rire ou médire. *Clément Marot*, sans effort, sans recherche, se place au premier rang parmi nos poëtes. Il use rarement du vers alexandrin et préfère le vers décasyllabe, rhythme favori des anciens auteurs. Personne (Voltaire excepté) ne s'en servit avec autant de grâce et d'audace; il en sait tous les secrets; il se joue en le prononçant; vous diriez la langue naturelle. Poëte charmant, l'homme le plus spirituel de son temps, ses défauts mêmes tiennent d'une manière si intime à son pays, à son époque, à son caractère; il y a tant d'ingénuité dans les travers et les irrégularités de ses mœurs et de ses ouvrages, que l'on partage aisément cette vive sympathie que le *gentil maître Clément* excita longtemps après sa mort, et cette idolâtrie que La Fontaine, J.-B. Rousseau et La Bruyère consacraient à sa mémoire.

Telle fut la vie, telle est la gloire du plus aimable railleur de son siècle, de celui qui a le plus gracieusement médit des gens d'église et des gens de robe et le mieux parlé du *beau train d'amour*. Protectrice de sa jeunesse, l'aimable *Marguerite de Navarre*, sœur de François Ier, unissait, comme lui, des contrastes de caractère assez piquants ; un sentiment religieux très-vif à une tendresse romanesque et le double talent de narrer agréablement des contes fort libres et de composer des comédies pieuses.

Savante, vive et jolie, elle avait en outre une bonté tolérante, l'amour des talents et le besoin de les protéger. Dolet et Berquin, tous deux brûlés dans la suite comme hérétiques ; Jean Calvin, Charles de Sainte-Marthe, Roussel, Pierre Caroli, Quintin, le savant Lefèvre d'Étaples, Érasme, surtout Clément Marot, son page et son ami, lui durent un asile et des secours contre la persécution des insensés qui poursuivaient la science comme ennemie de Dieu et du trône. Consacrons un souvenir de reconnaissance, d'amour, d'admiration à cette jeune femme douée d'une âme forte et douce, qui osait à la fois contenir l'exagération des uns et réprimer la frénésie des autres; dont l'héroïsme allait partager la captivité de son frère et subissait les calomnies de la cour et de la Sorbonne, et qui, cédant aux mouvements de sa compassion courageuse, s'exposait aux outrages de ces gens de collége qui la représentaient sur leur théâtre comme une Furie.

Une mollesse assez élégante caractérise ses poésies : il y a de l'invention et de la facilité dans sa prose. La liberté des contes qu'elle « composait dans sa litière, « en allant par le pays, » est un nouveau trait à ajouter au tableau des mœurs de la cour. La sœur du roi se fût-elle permis des plaisanteries dont elle eût dû rougir devant son frère? Calqué sur le *Décaméron* et sur les Cent Nouvelles de la cour de Bourgogne, cet ouvrage brillant d'imagination et de variété dans le style fit les délices des plus hautes sociétés du temps. Marguerite prétend y avoir rassemblé « *tous les tours* « *d'adresse joués par les femmes à leurs amants et leurs maris;* » n'examinons pas si elle a complétement rempli le cadre ambitieux qu'elle s'est tracé. L'*Heptaméron* est un monument curieux de notre langage : La Fontaine l'estimait et le mettait à contribution. La princesse contait avec esprit : ses récits toutefois ont cessé d'être de bonne compagnie ; et si Duclos a raison d'affirmer que « les femmes honnêtes ne se fâ-« chent jamais de la liberté des paroles, » nous pouvons trouver que les honnêtes femmes de ce temps abusaient un peu du privilége de leur vertu.

Le roi, qui faisait aussi des vers, n'oubliait rien pour environner de considération la culture des lettres. Il faisait fondre les beaux caractères de Garamond, et dotait richement les chaires du Collége royal de France. Ainsi se développait l'imitation de l'Italie ; la France avait trouvé son Médicis.

§ X

Influence des idées de réforme religieuse et de platonisme amoureux sur la langue et la littérature. — Les Amadis. — Calvin.

Déjà Luther s'était annoncé par de violentes prédications : l'Allemagne était en feu ; Rome fulminait. Jean Chauvin, qui devait prendre un peu plus tard le nom redoutable de Calvin, commençait à répandre une nouvelle doctrine. Autour du roi s'agitaient les passions violentes d'un double fanatisme : l'un, armé de l'autorité des siècles et de la force d'une longue possession ; l'autre, enhardi par les débauches et l'ignorance du clergé, fier du savoir qui distinguait ses prosélytes, ardent, fougueux et enthousiaste. Aux arguties de la réforme on répondit par des supplices : la réforme grandit dans les tortures.

Ce fut alors que *Calvin*, à peine âgé de vingt-six ans, déjà fugitif pour cause de religion, adressa au roi son *Institution chrétienne*, le premier ouvrage en prose où, depuis les Mémoires de Comines, la force de l'esprit ait imprimé à la langue française ce caractère énergique et puissant qui n'émane que des grands in-

térêts et des passions sincères. D'une immense activité, d'une fermeté inflexible, raisonneur austère, Calvin, dont la timidité devint intrépide par le fanatisme, Calvin, conquérant de la pensée, nouveau Lycurgue qui changea un petit peuple grossier en corps de nation religieuse et brave, a été souvent jugé comme chef de secte, comme législateur, et non comme écrivain. Cependant (1), de l'aveu des hommes qui ont le mieux étudié le développement de notre langue, il marche à la tête de tous les prosateurs du seizième siècle. La dédicace de son *Institution chrétienne* est un chef-d'œuvre d'adresse et de raisonnement ; le livre entier, écrit d'un style ferme, souvent pur, quelquefois avec une sévère véhémence, semble un prodige pour cette époque. C'est là qu'il rattache aux devoirs religieux les devoirs de citoyen, et fait découler de la même source ceux des magistrats, ceux des rois et les actes de la vie publique et privée, avec cette hardiesse de déduction et cette rigueur de logique dont l'auteur des *Provinciales* a donné des exemples admirables. Le dernier livre, *sur la Politique*, est surtout remarquable ; il ordonne aux rois la justice, aux peuples l'obéissance ; condamne toute révolte avec l'assurance d'un homme né pour être maître, et abat toutes les supériorités devant Dieu. « Écartez, dit Calvin au mo-
« narque, écartez de vos oreilles les conseils perfides
« des calomniateurs, dont la venimeuse iniquité vous
« pousse à des cruautés qui sont éloignées de votre
« cœur ; faites cesser ces impétueuses furies, qui, sans
« que vous y mettiez ordre, exercent toujours cruauté
« par prison, fouets, géhennes, tortures et brûlures.
« Voyez le sort de ces malheureux qui, pour connaî-
« tre un seul vrai Dieu, sont, les uns détenus en pri-
« son, les autres à faire amendes honorables, les au-

---

(1) V. Pasquier, Patru, Neufchâteau, etc.

« tres bannis, les autres tués ; tous, en tribulation,
« tenus pour maudits et exécrables, injuriés et traités
« inhumainement. » Et cependant (ajoute-t-il avec ce
mélange d'énergie et de finesse, de respect et de force,
empreint dans tout son ouvrage), « ces hommes, si
« barbarement chassés de leurs maisons, ne cessent
« point de prier pour vous ! »

Quant aux formes matérielles et pour ainsi dire
extérieures du style, Calvin, moins lent dans sa marche que Claude de Seyssel et Comines, moins élégant
que le premier, moins pittoresque que le second,
l'emporte sur tous les deux par une précision que notre langue ignorait avant lui : point de mots inutiles ;
il procède par des traits vifs qui conviennent à son
argumentation pressante, et supprime les articles dès
qu'ils ne lui semblent pas indispensables. Ce style
nerveux, qui s'accorde si bien avec la rigidité de son
caractère et qui en est l'expression, l'élève au-dessus
de presque tous les écrivains qui le précédèrent, et
l'égale à quelques-uns de ceux qui le suivirent.

Ses expressions antiques sont toujours fortes ; sa
véhémence est exempte de déclamation, son érudition
de pédantisme. Souvent une de ses phrases renferme
le sens d'un long paragraphe. Économie de mots bien
digne d'éloges, dans un siècle où l'abondance des
mots semblait à presque tous les écrivains la preuve
de l'étendue de l'esprit. Ce mérite fut senti des critiques du temps. « N'oublions pas Calvin (dit un ancien
« auteur, qui l'appelle un des *pères de notre idiome*),
« homme remuant le possible, bien que du milieu de
« son étude et de ses livres ; car la langue française
« lui doit une infinité de beaux traits. »

Pendant que le langage acquiert de l'aisance dans
les conversations des courtisans et de la précision
dans les controverses, d'autres causes contribuent encore à ses progrès. Louis XII avait échoué dans son

projet de détruire le latin barbare, usité dans les tribunaux et dans les transactions sociales. En dépit de son ordonnance de 1512, on disait toujours au parlement : *Debotavimus et debotamus.* Tabellions et jurisconsultes ne voulaient point déroger jusqu'au langage vulgaire. François I*er*, fatigué de cette barbarie (et cet acte seul justifierait son titre de *Restaurateur des lettres*) fait déchoir enfin de son rang la prétendue langue latine consacrée à ce grotesque et solennel emploi. La mauvaise latinité expire. Adopté par le gouvernement, le français s'élève au rang qui lui est dû. Alors on commence à traiter la grammaire française comme une science, et l'érudition encore informe que j'ai signalée chez Jean Lemaire se développe peu à peu. *Palgrave* fait imprimer à Londres une grammaire française. *Dubois* en publie une autre à Paris. L'invention de l'accent aigu sur l'*é* est due à cet auteur, qui a eu soin de se nommer *Sylvius* et d'écrire sa grammaire française en mauvais latin. On lui a aussi attribué l'honneur d'avoir distingué nos trois sortes d'*e;* mais *'Geoffroy Tory*, célèbre parmi les bibliomanes par son *Champfleury*, avait déjà fait cette distinction, ou plutôt cette découverte. Pour connaître l'état de la science de ce temps, où les professeurs du Collége royal commençaient à expliquer au public Ovide et Pindare, il faut lire l'ouvrage du libraire Tory. Il compare la forme des lettres à celle des membres du corps ; prouve que les caractères romains dérivent de la déesse *Io*, parce que ces derniers se composent tous d'un *i* et d'un *o*, et trouve des rapports allégoriques très-subtils entre les dix lignes qui, selon lui, subdivisent chaque lettre, et les noms d'Apollon et des Muses. Ce curieux monument de puérilité et de folie contient cependant (outre la distinction de l'*e* muet, de l'*è* grave et de l'*é* aigu, alors nouvelle et inutile) quelques bonnes pages sur la prononciation et une apologie de la langue française, digne d'être consultée.

Florimond compose après lui son Traité de l'orthographe et propose l'emploi de l'apostrophe que tous les imprimeurs s'empressent d'admettre. La langue, protégée par le monarque, retrouve ses titres de noblesse. Les savants eux-mêmes la traitent avec égards; et *Budé*, qui coopéra si puissamment à répandre en France le goût des lettres antiques, s'abaisse jusqu'à écrire son *Institution d'un prince* en français un peu grec et même hébraïque ; ce livre dont un triple lexique peut faciliter l'intelligence prouve la haute faveur dont notre langue commençait à jouir. On voit commencer ce grand ébranlement, imprimé par l'érudition italienne et l'imitation antique ; mouvement qui n'est pas inutile à la langue française. De toutes parts on s'efforce de la fixer, de la réduire en système. Plusieurs perfectionnements notables, l'invention de l'accent aigu, celle de l'apostrophe, suffiraient pour attester le progrès que je signale.

Parmi les genres de littérature que François Ier protégeait, il en était un qui flattait ses goûts, son caractère et son orgueil. On raffolait de chevalerie depuis que la chevalerie n'existait plus. Dans tous les temps on a vu des institutions déchues exciter un enthousiasme tardif et factice et exalter les esprits. Ainsi l'empereur Julien espérait faire revivre l'ancienne mythologie ; ainsi le platonisme éteint, se régénérant tout à coup au quinzième siècle, trouva dans les Médicis d'ardents sectateurs. François Ier et sa sœur poussaient leur amour de la chevalerie jusqu'à l'engouement. Souvent le monarque se présentait au milieu de sa cour, vêtu comme un preux, une lance à la main et la barbe teinte ; *quiconque eût voulu blâmer les Amadis*, dit le brave capitaine Lanoue, *on lui eût craché au visage*.

Alors reparurent tous les héros et toutes les héroïnes de nos romans du moyen âge (1) : Cléomades, la belle Clarémonde, Olivier, Lancelot, Tristan de Léonois, personnages galants, aventureux, d'un courage sans égal, d'une admirable patience en amour, et d'une force aussi prodigieuse que celle des héros d'Homère. Leur origine, sur laquelle on a beaucoup discuté, remonte évidemment à cette époque où le christianisme et les mœurs guerrières, s'unissant et se combinant par un phénomène inouï dans les annales du monde, produisirent la confrérie militaire et pieuse qui entreprit les croisades. Les fables gigantesques des nations idolâtres du Nord s'allièrent aux croyances de la religion nouvelle. Quelques traditions et des souvenirs historiques se mêlèrent à des inventions extraordinaires quelquefois heureuses. Traduits dans la plupart des langues modernes et même en latin, ces romans devinrent la propriété commune et la gloire littéraire de l'Europe féodale. Chaque nation imprima aux mêmes fictions un caractère particulier : créations originales, où il ne faut chercher ni la raison ni la perfection du goût; mais naïves, pleines d'invention, très-précieuses pour l'histoire des mœurs et qui inspirèrent deux chefs-d'œuvre. L'un fut le poëme d'Arioste, poëte aimable qui a groupé tous les enchantements de la romancerie française; l'autre fut le Don Quichotte, plaisante et sublime épitaphe de la chevalerie, que Cervantes sut faire admirer en l'accablant de ridicule : seul exemple peut-être d'une ironie aussi douce qu'elle est puissante, d'une parodie où tout est comique et où rien n'est ignoble, d'une raillerie sans amertume et non sans force, d'une satire où l'exagération du bien est condamnée sans que l'enthousiasme de la vertu soit avili.

(1)   *Lancelots et Rolands*
       De qui ly Ménestrels font ly nobles romans.

Ces naïves peintures de l'amour héroïque et de la loyauté chevaleresque eurent beaucoup de vogue au commencement du seizième siècle. Le roi qui les aimait, victime à Madrid de son imprudence, lut dans sa prison, l'Amadis espagnol et enchanté de cet ouvrage, il voulut le faire traduire en français. Le seigneur d'*Herberay-des-Essarts* fut chargé de cette tâche qu'il remplit avec succès. Un style plus fleuri et plus pompeux que celui de Calvin et de Comines, de l'abondance dans les expressions, quelquefois de l'élégance, souvent de la prolixité, justifient en partie l'immense succès dont la traduction des Amadis, dédiée au roi, imprimée avec magnificence, a joui si longtemps. Les savants qui commençaient à se réconcilier avec leur langue maternelle regardèrent d'Herberay comme un législateur. Cet ouvrage se répandit jusque dans les couvents, au dire de Brantôme. Les prédicateurs crurent devoir l'honorer de leurs anathèmes : « Voilà, « s'écriaient-ils, une ruse de Satan, pour introduire « dans les retraites de la piété le poison des passions « humaines. » « *Ut suaviùs venena influerent,* » dit avec courroux le révérend père Possevin. Ces amours, ces tournois, ces prodiges, faisaient oublier les choses divines. On était « ensorcelé comme au coup de sifflet « d'un enchanteur. » Courtisans, jeunes gens et femmes quittaient tout pour lire les Amadis ; si Luther avait ébranlé l'Allemagne par l'audace de ses doctrines, il était réservé aux romans de chevalerie de « faire « pénétrer en France le luthéranisme par une voie « plus secrète et plus mytérieuse. »

Le nombre de la période et même le choix des mots, doivent beaucoup à d'Herberay-des-Essarts : il a su reproduire dans sa traduction quelque chose de cette harmonie pompeuse qui caractérise la langue espagnole ; et l'on pourrait, sans trop de hardiesse, le nommer le Balzac de son temps. La langue française, malgré les efforts isolés de quelques esprits éminents, manquait encore de noblesse. Des-Essarts imita le premier la marche grave et périodique de la phrase castillane. Il essaya plusieurs changements qui ne réussirent pas, comme *calonier* pour *calomnier*, *amonester* pour *admonester;* mais c'est avec lui que s'annonce la recherche de l'harmonie dans le style et d'une certaine solennité dans la pensée et l'expression ; qualités mêlées de défauts, qualités d'autant plus utiles alors que c'étaient précisément celles qui nous manquaient.

La manie chevaleresque du prince gagna les poètes ; chacun d'eux eut sa devise, son écu, la dame de ses pensées ; le Parnasse se couvrit de symboliques emblèmes. Faut-il nous occuper longtemps de Jean Bouchet « traverseur de voies périlleuses » ; de Michel d'Amboise « l'esclave fortuné », c'est-à-dire le jouet de la Fortune ; de Jean le Blond « l'humble espérant » ; de François Habert « le banni de Liesse » : Don Quichottes poétiques qui ne chantaient plus, mais qui *blasonnaient?* Tous les membres du corps humain eurent leur blason : on fit le blason des cheveux, du sourcil, de l'œil et du cou. On introduisit l'art héraldique dans l'art poétique. Après Marot, la poésie recule un moment ; comme si l'esprit humain ne pouvait s'avancer que par une ligne tortueuse et de longs détours, vers le but où il tend.

Cette nouvelle école venait encore d'Italie ; imitatrice du Bembo, qui avait écrit les Dialogues Azolains et enseigné l'amour idéal, elle prétendait à la pureté, à la chasteté et au platonisme. *Héroët*, évêque de Digne, érigea en doctrine amoureuse un spiritualisme digne de Pétrarque. A cette *Parfaite Amye* (tel était le titre du poëme), *La Borderie* opposa un modèle contraire de beauté féminine, doué de perfections plus mondaines et qu'il nommait l'*Amye de cour*.

PREMIERS ESSAIS DE RÉFORME LITTÉRAIRE. 115

Fontaine prit à son tour la défense du platonisme dans la *Contr'Amye* ; il essaya de rabaisser le mérite de la dame de cour, tant louée par La Borderie. Enfin pour compléter ce tournoi, Paul *Angiez* entra le dernier dans la lice, et se joignit à La Borderie. Ces poëtes, entachés d'affectation, joignent aux défauts de versification alors en usage un style alambiqué, des pensées puériles et quintessenciées, de pénibles jeux de mots. Ils ont les défauts de Crétin et de Villon, ceux de Martial d'Auvergne et de Coquillard.

Leur aspiration vers l'idéal mérite cependant de l'estime. Ils sentaient qu'il y avait quelque chose de mieux à faire que de rimer négligemment

> Chansons, ballades, triolets,
> Mottets, rondeaux, servants et virelais,
> Sonnets, strambotz, barzelottes, chapitres,
> Lyriques vers, chants royaux et épitres (1).

Ils essayaient de perfectionner la poésie et s'efforçaient d'atteindre une certaine noblesse sentimentale qui s'accordait d'ailleurs avec l'étiquette chevaleresque dont le roi faisait régner le simulacre à sa cour. On trouve dans leurs vers des passages heureux et le sentiment de l'harmonie.

Ce n'étaient là que fleurs artificielles ; un quatrain de Marot valait mieux que leurs allégories métaphysiques.

§ XI

École de satire cynique, italienne et érudite. — Rabelais.

Pendant que cette affectation se répandait à la cour, la gaieté populaire et française se conservait intacte dans les rangs inférieurs.

Les vieilles mœurs bourgeoises luttaient contre la civilisation de l'Italie. Le besoin de railler et la fran-

(1) Héroët.

che joie du peuple éclataient de temps à autre en saillies peu délicates ; la cour elle-même n'avait pas entièrement renoncé à la bouffonnerie; la rusticité s'y trahissait encore sous la recherche de l'élégance. Dans le même palais de graves cardinaux dissertaient sur l'amour, un roi guerrier s'occupait de grec et Triboulet amusait les dames ; tout ce que nous appelons convenances, fruit d'une longue expérience sociale, n'était pas même deviné (1). Les fous que le moyen âge avait établis auprès des princes restaient en pleine possession de leur charge. On voyait Henri VIII, cruel monarque, barbare époux, maître capricieux, amant jaloux, ami faible et juge sanguinaire, se laisser railler par le nain Patch, son favori : Brusquet jouissait au Louvre du même privilége, et toutes les cours de l'Europe subissaient la critique de ces hommes, « qui « avaient (2), dit Shakspeare, la parole libre comme « l'air. » Quelques beaux esprits italiens venaient d'imiter dans leurs écrits la burlesque audace des bouffons autorisés; Théophile Folengo, surnommé Merlin Coccaïe, ce qui veut dire le « sorcier du pays de Cocagne, le mage et le grand prêtre de la gastronomie », avait créé récemment la langue macaronique, patois composé de débris de toutes les langues, et qui lui servait à exprimer des vérités audacieuses et d'étranges imaginations. C'était un moine (3). Le clergé se montrait alors fort enclin à la gaieté. Dans les provinces surtout les bons prêtres qui n'avaient, comme le dit Villon, *rien à faire* qu'à

   Boire hypocras, à jour et à nuitée (4).

(1) V. Brantôme, *passim*.
(2) V. le rôle du *Clown*, d'*As you like it*.
(3) V. plus bas, les *Quatre Moines Bouffons*. Folengo comme Pulci se moquait des merveilles chevaleresques ; comme lui, il rapportait tout aux voluptés physiques. — (*Coccaïe*, c'est la *Cocagne*, l'abbaye de Thélême, le pays des voluptés et des Sens, *Cuccagna*.)
(4) Ballade des Contredits.

étrangers par leur éloignement de la capitale à l'influence des nouvelles mœurs italiennes, se livraient sans réserve à la verve de leur gaieté, quelquefois à une jovialité effrénée. Il faut lire, pour s'en faire quelque idée, la légende de maître *Pierre Faifeu* écrite par le chapelain *Bourdigné*, Angevin. C'est le récit de tous les tours d'escroquerie, d'adresse et de débauche, attribués à Pierre Faifeu, écolier d'Angers, le Villon de son pays. Le bon chapelain ne voit rien que de plaisant dans les espiègleries dont il donne le détail et dont la plus légère est digne de la corde. Sa légende édifiante renferme d'ailleurs quelques traits de bon comique. Notre écolier, converti à la morale, se marie ; dès qu'il est en ménage, il meurt de mélancolie.

Un autre prêtre bourguignon, Roger de Collerye, a mérité une immortalité populaire : c'est le prototype de notre *Roger Bontemps*, nom expressif qu'il avait adopté et qui a fait fortune. Tout le monde est familier avec ce gai personnage qui jouit encore d'une existence historique, bien qu'on ait cessé de lire son volume de Joyeusetés et ce recueil d'épitaphes plaisantes, qui forme la partie la plus comique des œuvres de Roger Bontemps.

Ainsi la poésie burlesque de l'Italie épouse la gaudriole de nos pères ; la gaieté de l'imagination raffinée se mêle au jet naïf de l'ironie populaire.

Alors un autre prêtre, ayant vu l'Italie et lu Merlin Coccaïe, s'avisa de faire la satire de son siècle en rassemblant dans une monstrueuse épopée tous les traits hétérogènes qui s'offraient à son sarcasme ; en parodiant à la fois les merveilleuses prouesses de la chevalerie ressuscitée, les prétentions platoniques et scientifiques, la luxure des moines, leur ignorance, leur érudition ; en réunissant dans un même cadre les bouffonneries du moyen âge, les caprices de son époque, tous les grotesques qui l'environnaient.

Quel est ce personnage étrange, à demi homme, à demi brute, comme le Caliban de l'auteur anglais? quelle Bacchanale l'environne et le suit? Géants et nains difformes se pressent autour du char qui le porte; ils traînent des objets révérés avec de longs éclats de rire. Leurs jeux obscènes effraient les regards; et la diversité de leurs costumes, l'audace de leur verve, la singularité des masques qu'ils empruntent et qu'ils déposent, répandent une contagieuse gaieté. Voyez le roi de ces saturnales, le père de cette troupe, fille de la folie et de la débauche; monté sur un chariot dont la forme rappelle la cuve de nos vendanges; revêtu du froc, l'œil aviné, appuyé sur les faciles compagnes de ses plaisirs, il suspend à sa marotte la couronne des rois, le rabat du prêtre, le cordon du moine et l'écritoire des pédants. Merveilleux assemblage! Impitoyable et hardi railleur! Il passe devant les palais et les auberges, se moquant avec une égale licence des monarques et des paysans du Bas-Poitou, confondant la carte de l'Europe avec celle de la Touraine; raillant à la fois le vainqueur de Marignan, celui de Pavie, et le tavernier de son village. Dans son incroyable insolence, le curé *Rabelais* nargue les moines, les capucins, les *évégôts*, les *cardingôts*, — et le pape lui-même, et les mystères de la religion : — le bûcher qui dévore Servet prêchant l'unité de Dieu, s'éteint pour cet homme, qui, de toutes les puissances du ciel et de la terre, ne respecta jamais que *la dive* bouteille et sa « quintessence sacrée ».

Ce fou cynique, dont nous admirerons bientôt la raison profonde, était un cordelier tourangeau, d'une vive imagination, d'une mémoire prodigieuse, de mœurs indolentes; tour à tour bénédictin, chanoine, curé, docteur en l'art d'Hippocrate, commentateur savant, bouffon de ses malades, et médecin de ses ouailles. Inexorable pour les travers nombreux de son temps, dès qu'il aperçoit un ridicule, il l'attaque : et la guerre à outrance qu'il livre à son siècle est son unique préoccupation. Puéril, grossier, d'une liberté sans bornes, il pousse jusqu'au délire les priviléges de la bouffonnerie. Dans ses écrits s'entre-choquent et se confondent la vérité, la fiction, la licence, l'allégorie, la satire ; des allusions obscures, des contes vulgaires, des inventions heureuses, inconcevables, insensées. Frappé de la confusion et des contrastes de son siècle, il en reproduit toutes les folies et en augmente le désordre ; et comme il veut échapper à la vengeance de ceux qu'il frappe, il prend pour égide des formes et un style si grotesques, que l'ivresse semble en dicter les propos et en guider la marche. En vain les commentateurs ont essayé d'éclaircir et de débrouiller ce chaos, d'où jaillissent encore de nombreux rayons de lumière. Rabelais n'a voulu que railler les institutions, les mœurs et les idées : s'il porte ses coups au hasard, ses atteintes sont profondes. Il n'y a chez lui que satire et parodie. Le plan même de ses fictions est burlesquement imité des romans de chevalerie alors en vogue. Pour cet étrange divertissement qu'il se donne tout lui est bon, tout lui sert, pourvu qu'il alimente sa gaieté par le spectacle de la folie universelle. Rien de personnel dans ses railleries ; la finesse n'appartient pas à son esprit ; il ne s'embarrasse pas de suivre et de développer avec profondeur, comme l'ont fait Swift et Voltaire, une seule idée satirique. Il crée des caricatures et des monstres, verse sur les vices de son temps, sur la pédanterie des écoles et la perfidie des cours, les traits d'une gaîté intarissable ; et s'il retrace les aventures d'un géant, c'est pour lui prêter toutes les idées qu'il a rassemblées sur son siècle.

Plus on étudie les mœurs de cette époque, plus

on reconnaît chez Rabelais cette audace qui s'attaque, non aux individus, mais aux masses, et se moque de la société entière. Et quel spectacle elle lui présentait ! Une politique ambitieuse et perfide ; des mœurs grossières et affectées ; partout des contrastes et des ridicules. Tout ce qu'il y avait alors d'incertain, de puéril et de gigantesque, Rabelais le saisit au passage. Sa raillerie jette une lueur subite sur le théâtre de la vie, telle qu'elle se présente à lui : le plus singulier chaos se révèle : les moines attachés à leurs jouissances grossières ; les rois *courant la bague des conquêtes* (1) ; les pédants enfoncés dans leur érudition factice, et ne recueillant des anciens que l'écorce et la forme : telle est la scène burlesque au milieu de laquelle éclate une lueur ardente, l'esprit de Rabelais.

Le symbole de cette ambition qui dévorait tous les monarques du temps, c'est la faim qui tourmente Grandgousier. La parodie des Amadis et des Artus, c'est l'entassement d'incroyables aventures dont on ne peut ni deviner le but ni connaître le lien. La vénalité des juges, leur bonhomie, leur ignorance, ont pour type le vieux Bridoye, aïeul du Bridoison de Beaumarchais : c'est lui qui juge les procès par le sort des dés, et qui n'en juge pas plus mal. Là se trouve cette énumération plaisante des *ajournements, comparutions, commissions, informations, productions, allégations, contredits, requêtes, répliques, dupliques et tripliques*, que Racine a imitée dans les tirades les plus comiques des *Plaideurs*. Le parlement, c'est la tapinaudière des chats fourrés, où Panurge est obligé de laisser sa bourse. Les gloses dont Bartole et Accurse ont surchargé le texte des lois, c'est la broderie d'une belle robe de soie, traînant dans

---

(1) Rabelais.

la boue, et surchargée de franges d'une nouvelle espèce. Les médecins et les astrologues, dont la science se confondait alors, reçoivent aussi leur coup de férule : ces empiriques traitaient le corps humain comme les sorciers tiraient notre horoscope, par conjectures et par hypothèses : aussi Rabelais conseille-t-il à ses malades d'imiter Gargantua qui, pour se guérir des maux d'estomac, avale douze bonnes gros-« ses pilules, lesquelles renferment, dans leur ventre, « des valets avec des lanternes pour « éclairer, sonder « et reconnaître parfaitement ces lieux souterrains « dont la médecine ne s'embarrasse pas. »

Déjà nous avons rencontré Rabelais, toutes les fois qu'un ridicule s'est offert à nous. Prédicateurs et poëtes ont été criblés de ses traits. Il en accable surtout la paresse monacale, représentée par frère *Jean des Entommeures*, qui pense « qu'un moine savant « serait un monstre inouï » : et que, « pour vivre à son « aise et faire son salut, il n'est rien de tel que de « bien manger, boire d'autant, et dire toujours du « bien de M. le prieur. » Le concile de Trente, qui ne finissait pas, c'est l'île célèbre des Lanternes, où tout se fait *en lanternant*. De quelle verve il s'anime pour décrire l'île Sonnante, et les pardons achetés *à beaux écus sonnants*, et l'absurde prétention des fausses décrétales !

Nous avons dit combien l'exemple des Italiens avait séduit la France ; une ligue commençait à se former contre la langue française. Des savants distingués, Budé, Dorat et leurs amis allaient livrer la littérature et l'idiome de notre pays à l'invasion de tous les idiomes antiques : ils effrayèrent le bon sens et irritèrent la satire de Rabelais. On essayait pour la première fois de latiniser, de gréciser le français : une foule de serviles imitateurs copiaient ridiculement les anciens ; ce sont là *les moutons de Pa-*

nurge. Voulaient-ils parler de leur amour ? c'était une *passion aménicule* ; de l'éclat des astres ? c'étaient les *stelles rutiles* et le *refulgent carre du soleil ;* de la paresse et de la crainte ? c'étaient la *pigricité et la timeur*. On verra bientôt ce travers se répandre sur la seconde partie du seizième siècle. A peine est-il né que Rabelais en fait la parodie dans les discours du grand *Janotus à Bragmardo*, redemandant les cloches de Notre-Dame. Il faut écouter cet écolier limousin, *grand excoriateur de la langue latiale*, et qui ne vient pas de Paris, mais *de l'alme et inclite cité qu'on vocite Lutèce ;* qui, au lieu de passer la Seine et de se promener dans les rues, *transfrète la Séquane au dilucule et déambule par les compites et quadrives de l'Urbe*. Rabelais devine Ronsard et Dubartas.

Pour que rien ne manque à la singularité d'un tel écrivain, l'éloquence noble apparaît dans ses ouvrages, lorsqu'il fait parler un roi dont le territoire est envahi et qui réclame avec énergie contre l'usurpation de ses domaines. Il y a quelque chose de touchant et d'élevé dans le portrait de Panurge, pauvre savant, si malin et si naïf, arraché à la misère par Pantagruel, et devenu son ami de cœur et son confident ; ce caractère esquissé avec esprit et même avec grâce semble perpétuer l'image de Rabelais et le témoignage de sa reconnaissance envers le cardinal du Bellay, qui l'avait emmené en Italie et l'avait protégé contre les persécutions.

Ainsi se confondent dans cet étrange génie l'imitation et l'originalité, la raillerie nationale, la bouffonnerie de l'époque et l'allégorie du moyen âge, la liberté violente de la pensée et le luxe de l'érudition. Cette érudition qu'il possédait et dont il se moquait, commençait à devenir puissante ; il en pressentit les progrès et ne put en arrêter l'usurpation.

LIVRE DEUXIÈME

PROGRÈS ET ENVAHISSEMENT DE L'ÉRUDITION DANS LA POÉSIE ET DANS LA PROSE FRANÇAISES.

§ Ier

Fondation de l'école italo-gréco-romaine. — Insurrection des poëtes savants contre l'esprit gaulois. — Ronsard.

Une grande révolution se préparait dans les colléges. Plus on étudiait les Italiens, plus on dédaignait la vieille naïveté gauloise. Partout régnait une grande activité d'intelligence : on essayait de créer, on imitait, on copiait, et l'imitation elle-même offrait le plaisir de la découverte. Dans la jurisprudence, Duaren et Conan commençaient à purger les textes et à remonter aux principes du droit. Robert Estienne imprimait à Paris sa Bible magnifique ; les bibliothèques se formaient ; Dupinet traduisait Pline avec assez d'élégance pour le temps. L'intolérance contrariait sans cesse ces progrès, forçait les Estienne et Marot à s'exiler, essayait de supprimer l'invention de l'imprimerie, et protégeait la scolastique. François Ier, qui élevait aux plus hautes dignités ecclésiastiques Duchâtel et Pierre Duval, tous deux roturiers et savants, laissait persécuter *Robert Estienne*, auteur d'une excellente grammaire, et *Ramus* ou la Ramée, le réformateur de la philosophie des colléges. Pauvre écolier, fils d'un berger de Picardie, la Ramée avait gardé les troupeaux ; devenu domestique à l'Université de Paris, il apprit sans maître les langues antiques et s'aperçut bientôt de la stérilité de la science que les professeurs communiquaient à leurs élèves. Il leva l'étendard contre Aristote et fut déclaré par François Ier « vain, « impudent et téméraire, pour avoir condamné le « train et l'art de logique en usage parmi les nations. » Esprit fougueux et persévérant, il brava cet arrêt qui le menaçait de punitions corporelles, et, continuant la réforme qu'il avait commencée, vit une croisade de savants s'insurger contre lui, parce qu'il voulait ramener la langue latine à une prononciation régulière (1), et affronta leurs insultes jusqu'à son dernier soupir. Sa vie, longue guerre de son bon sens contre les préjugés universels, ne fut point inutile aux progrès de la raison humaine. Précurseur de Montaigne et de Bacon, il proclama la nécessité d'en revenir au raisonnement et à l'expérience. Il fit taire l'envie par le désintéressement et la noble pauvreté qu'il conserva jusqu'à sa vieillesse ; et pour récompense de ses travaux et de sa vertu, assassiné le jour de la Saint-Barthélemy, il sema ses entrailles sanglantes dans les rues de la capitale.

La langue française lui doit un des perfectionnements de son orthographe ; le premier il sépara le *v* consonne de l'*u* voyelle (2) et indiqua la forme différente qui jusqu'à nos jours a distiugué ces deux lettres. Peu de temps auparavant, *Étienne Dolet*, que ses rivaux ont fait brûler sur la place Maubert, avait, dans son *Traité des accents*, posé à cet égard les bases que les grammairiens reconnaissent encore ; *Meigret*, grand réformateur de l'orthographe, avait inventé la lettre *j* consonne, qui se confondait jadis avec l'*i* voyelle. Ce Meigret, ami de la Ramée, a laissé peu de

---

(1) On connaît la guerre ridicule de *kiskis* et de *kankan*.
(2) Rhétorique française de *la Ramée*.

réputation, et a beaucoup influé sur les progrès de notre langage. Non-seulement il précéda la Ramée dans la distinction des *lettres consonnes et lettres voyelles*, mais il emprunta aux Espagnols la *cédille* dont nous nous servons encore. Aussi hardi dans ses entreprises que le professeur ennemi d'Aristote, il courut moins de dangers que lui : la philosophie est plus périlleuse que la grammaire. Le projet de Meigret, renouvelé depuis sous mille formes (1), tendait à renverser toute l'ancienne orthographe, et à rétablir entre la parole écrite et le langage parlé une complète harmonie. Sa vie entière fut consacrée à cette œuvre qu'il n'acheva pas, qu'on a tentée chez tous les peuples civilisés (2), et qui n'a jamais réussi. Lorsqu'on s'accorde à peine sur la prononciation des mots, comment s'accorderait-on sur une théorie certaine, pour exprimer cette prononciation incertaine ? La Ramée et Pelletier, qui partageaient le sentiment de Meigret, mais dont l'un était Picard et l'autre Manceau, convenaient avec lui qu'il faut écrire comme on parle ; comme chacun d'eux parlait différemment, leur orthographe était différente. Cependant Meigret produisit un schisme ; il y eut des *meigrétistes* et des *antimeigrétistes*. Entre lui et ses adversaires se fit une guerre de *furieuses réponses* et de *désespérées répliques*. Plus on l'attaquait, plus il s'obstinait dans ses réformes, et accumulait les innovations. Il voulait que les *l* mouillées fussent distinguées par une barre transversale, comme dans les langues espagnole et polonaise : il réclamait partout des cédilles, des apostrophes, des brèves, des longues, des notes de prosodie. C'était dépasser le but, comme font la plupart des réforma-

(1) Par Beauzée, Vaugelas, l'abbé de Saint-Pierre, d'Alembert, Buffier, Duclos, l'abbé Girard, etc.
(2) Elphinstone en Angleterre, Gottsched en Allemagne, etc.

teurs : quelques-uns des changements qu'il a provoqués sont restés et se sont opérés sous ses yeux ; d'autres ne se sont accomplis que longtemps après sa mort : telle est la suppression des lettres inutiles comme le *d* du mot *ajouter* (adjouter), et le *b* du verbe *omettre* (obmettre) ; suppression que l'Académie française consacra en 1740.

Doué d'un esprit analytique, Louis Meigret éclaircit l'épineuse doctrine des participes que *maître Clément Marot* avait déjà expliquée dans des vers assez mauvais, mais singuliers et peu connus (1). Il a essayé de noter la prononciation et l'accent français par des signes musicaux. C'est le premier auteur d'une grammaire écrite en français ; il avance que notre langue, manquant de désinences variées pour exprimer les modifications des mots, est réellement distincte sous ce rapport de toutes les langues anciennes. Ajoutons que les philologues de Port-Royal n'ont pas dédaigné le travail de Meigret, et qu'ils lui ont emprunté non seulement l'ordre dans lequel Lancelot a placé les lettres de notre alphabet d'après la prononciation de chacune, mais des définitions remarquables par la lucidité et la justesse.

Ces réformes, ces essais, cette audace de la pensée, cette fermentation générale ; les protestations de Calvin ; les tentatives de la Ramée ; l'insolence des facé-

(1)   Enfants, oyez une leçon :
    Notre langue a cette façon,
    Que le terme qui va devànt
    Volontiers régit le suivant.
    Les vieux exemples je suivrai.
    . . . .
    Il faut dire en termes parfaits,
    Dieu en ce monde nous a FAITS.
    Faut dire en paroles parfaites ;
    Dieu en ce monde les a FAITES.
    Il nous a faits pareillement,
    Etc., etc.

ties de Rabelais ; les innovations continuelles dans le langage, les mœurs et les lois trahissaient de toutes parts l'agitation à laquelle la société était livrée. En politique, en religion, en littérature, de violentes révolutions s'annonçaient. François Ier mourut ; le trésor était obéré (1) ; le sang des hérétiques fumait sur la terre ; les chaumières de Mérindol brûlaient encore ; un redoutable héritage attendait ses successeurs.

Les nouvelles mœurs de la cour n'avaient pas moins servi que les efforts des érudits à donner au langage une forme nouvelle. On a vu naître tour à tour les accents, et l'emploi différent des accents ; l'usage du *j* et du *v* ; la cédille et l'apostrophe. C'était là des inventions de collége. Les courtisans et les femmes, les jeunes gens à la mode et les hommes de guerre, introduisirent une foule d'innovations plus importantes. Comme les capitaines tenaient à honneur de paraître avoir fait la campagne d'Italie, leur jactance empruntait des mots et des phrases (2) à la langue italienne. Ils employèrent le mot *drapeau*, pour exprimer que leurs bannières avaient été déchirées ; *réussir*, *accort*, passèrent de l'italien dans le français. Dans le temps de la fourberie et de l'érudition exagérée, on vit naître, par une naturelle harmonie des paroles et des mœurs, les mots *subterfuge*, *supercherie* et *pédantisme*. Le même caprice enrichit notre vocabulaire des mots *embuscade*, *cavalerie*, *infanterie*, au lieu de *embûche*, *chevalerie*, *piétons*. Quelques-unes de ces transplantations ne réussirent pas : *nessun*, de

---

(1) Ce point historique a été l'objet de plusieurs discussions ; il reste prouvé, malgré les assertions de Gaillard, que le trésor particulier du monarque était plein et que les caisses de l'État étaient vides.

(2) V. Henri Estienne ; Pasquier ; les notes que Bl. de Vigenèse a ajoutées à ses traductions ; la Rhétorique de P. de Courcelles, etc.

nessuno ; adès, de *adesso ; lozenger*, de *luzingar*, n'eurent qu'une existence passagère et furent bientôt regardés comme des affectations de courtisan (1). Les dérivés des substantifs, transformés en verbes qui manquaient à la langue, furent une amélioration beaucoup plus utile. *Effect* donna *effectuer ; occasion, occasionner ; diligence, diligenter* (mot qui s'est perdu); *médicament, médicamenter ;* et une foule d'autres. Le *heaume* se changea en *armet ;* et ces deux expressions se conservèrent dans la langue. De *schifar* on fit *eschever*, puis *esquiver*, mot pittoresque que nous possédons encore. Des mots s'allongèrent ou se raccourcirent : *maistrement* se changea en *magistralement;* encependant devint *cependant ; hireté,* fit *hérédité ; main, matin ; forment, fortement* (2). Quelques-uns se perdirent comme *endementiers* (*interea*) : quelques-uns s'altérèrent, comme *maleir* qui devint *maudire*. Certains autres étaient doubles, et l'on disait également bien *bénisson* et *bénédiction ; hersoir* et *hier soir ; repens* et *repentant ; frilleux* et *froidilleux*. Le temps a consacré les uns et rejeté les autres.

Dans ce mouvement et cette confusion, les savants qui s'apercevaient du peu de fixité du langage et devinaient les besoins de leur époque s'enhardissaient à innover. Cette indécision de la grammaire et du vocabulaire encourageait toutes les témérités. Ils cherchèrent cependant une règle, un type général d'après lequel ils pussent opérer leur réforme. L'antiquité grecque et latine leur offrait ses modèles ; ils s'y attachèrent. Homère, Virgile, Tacite, s'étaient élancés de leurs tombeaux. Tous les esprits doués d'élévation ou de chaleur étaient émus et comme enivrés de ces

(1) V. ce qu'en disent *Pasquier* et surtout *Henri Estienne.*
(2) Ces divers changements ne furent pas simultanés : celui de *main* en *matin* remonte au règne de Charles VIII. V. plus bas, APPENDICE.

beautés antiques ; c'était un enthousiasme, une ardeur, une rage de savoir. *Garnier* (1) rapporte que Paris, alors beaucoup moins peuplé qu'aujourd'hui, « renfermait plus de cent mille écoliers. » On voyait des amis se retirer à la campagne, ou demeurer ensemble dans un collège de la capitale, se condamner pendant des années entières à cette prison savante, et s'occuper à *translater* Pindare, à commenter Horace, à pénétrer le sens des vénérables *Druides de l'antiquité*. « Il fallait voir, dit un autre contemporain, de quelle
« ardeur on se communiquait l'un à l'autre ces belles
« inventions et imitations ; quelle délectation c'était
« de faire des vers latins et grecs, et comment alors
« *le cœur aiguisait la main et la main aiguisait la*
« *plume.* »

La science était une manie, une mode, un travers, un orgueil, une fureur ; on l'appliquait bien ou mal ; et les plus faibles intelligences, pourvu qu'elles eussent composé un système avec des fragments épars, compilé du grec et de l'hébreu, et transcrit des volumes, étaient satisfaites d'elles-mêmes et pressentaient leur immortalité. Les plus laborieuses inutilités occupaient quelquefois une vie entière ; l'un de ces prétendus savants (2) recueillit ou inventa le blason et les armoiries de l'histoire universelle, en trois volumes in-folio ; le premier chapitre contenait l'écusson d'Adam, notre premier père, avec une devise tirée d'Ovide.

L'éblouissement causé par la subite apparition des littératures italienne et antique au milieu de la littérature française eut des effets plus sérieux et causa cette grande insurrection des savants, dont nous avons déjà parlé, que nous avons vue se préparer lentement,

---

(1) Commentaire sur Ronsard.
(2) Féron, avocat.

qui date de la mort de François Ier, coïncide avec le commencement des guerres civiles et marque la seconde époque du seizième siècle.

Parmi ceux qui prirent part à ce mouvement aucun ne mérite d'en être appelé le chef : il était dans les esprits ; les résultats en furent incomplets, bizarres, absurdes, la source en était généreuse. Il s'agissait de renouveler la langue française, d'élever notre naïve simplicité jusqu'à la force et à l'éloquence des Démosthène et des Lucrèce, et de créer tout à coup une gloire littéraire, une langue sublime et poétique, à la place des essais gracieux, faibles et incorrects qui composaient jusqu'alors notre héritage intellectuel. L'Hôpital partageait ce désir de tous les hommes distingués ; toutes les intelligences douées de vigueur et d'étendue applaudissaient aux efforts de Du Bellay et de Ronsard ; seul le vieux curé de Meudon, plus pénétrant et plus sagace, voyait le ridicule qui se cachait sous des prétentions si hautes ; presque seul parmi ses contemporains, il poursuivait de ses saillies l'érudition conquérante.

Joachim Du Bellay, écrivain qui ne manque ni de facilité ni d'énergie, porta le premier la parole et lança le manifeste contre la vieille littérature, en faveur de la réforme. Son *Illustration de la langue française* annonce la levée de boucliers prochaine et l'envahissement dont l'érudition menace la langue française ; ouvrage d'un caractère très-singulier qui respire l'enthousiasme d'une croisade et l'éloquence des guerres civiles : « Sus donc, s'écrie-t-il, marchez,
« Français, marchez courageusement vers cette cité
« romaine, et des serves dépouilles d'elle, comme
« vous avez fait plus d'une fois, ornez vos temples et
« vos autels ! Ne craignez plus ces oies criardes, ce
« traître Camille et ce fier Manlius ; pillez-moi les
« sacrés trésors de ce temple Delphien, et qu'il vous

« souvienne de votre Marseille, Athènes la seconde,
« et de votre Hercule gaulois, lequel tirait tous les
« peuples à lui par une chaîne attachée à sa langue ! »

A cette voix, à cette allocution, les rangs se forment, les érudits se pressent ; on s'empare violemment des trophées de l'antiquité. Du Bellay met son système en pratique ; Ronsard apparaît ; c'est le triomphateur du nouveau Parnasse ; Jodelle se montre et réforme la scène ; l'ancien génie de Marot et de Villon est méprisé, de nouvelles idoles s'élèvent ; la langue change de caractère, et l'Europe trompée, sacrifiant sur les autels de Ronsard, admire les dieux de récente origine que la France littéraire s'est créés. Suivons dans son développement cette « belle guerre contre l'igno-
« rance, dont Estienne Pasquier ne se rappelait le
« souvenir quarante années après, qu'avec cet ardent
« enthousiasme qui réchauffait, dit-il, tout son vieux
« sang » : voyons comment sont tombés dans un discrédit rapide et profond, « rondeaux, ballades, virelais et autres *espiceries* », dont Joachim Du Bellay se moquait si cruellement : rendons justice à ces réformateurs trop hardis que leur siècle entoura d'hommages et que la postérité accable d'un dédain et d'une ironie aussi injustes que l'idolâtrie contemporaine était exagérée.

La cour, *maîtresse d'école de Marot*, comme il la nommait lui-même, n'avait pas cessé d'encourager les poëtes. Au moment où éclata la ligue érudite des Du Bellay et des Ronsard, elle protégeait plusieurs écrivains, moins naïfs que Marot, plus raffinés que lui, quelquefois platoniquement obscurs comme Maurice Scève, qui fit pour Délie plus de quatre cents dizains énigmatiques ; d'ailleurs plus chastes, plus élégants que leurs prédécesseurs et connaissant mieux les ressources et les délicatesses du langage. A la tête de cette école était le voluptueux aumônier Mellin de

Saint-Gelais, prélat courtisan, ancien ami de Marot et le plus heureux imitateur de la grâce, même de l'afféterie italienne. C'est le premier exemple de ces ecclésiastiques, qui vouaient au plaisir leur vie nonchalante ; flatteurs délicats, esprits aimables, écrivant des vers galants sur leurs psautiers ; la mollesse de leur épicuréisme semblait absoudre les rigueurs de Genève. Éminemment ingénieux, caustique et brillant, dénué de verve et de portée, Saint-Gelais annonce Voiture, Voisenon et tous ces petits beaux esprits dont la finesse et le trait sont les seuls mérites. Sa gentillesse n'est pas, comme celle de Marot, naïve et presque enfantine ; il n'a rien du laisser-aller qui nous charme dans les poésies du page de Marguerite. Mais ses rondeaux, ses épigrammes, pièces très-courtes et d'un tour heureux, étincellent d'esprit ; si elles s'écartent souvent du bon goût, elles s'éloignent rarement du bon ton. Il sait bien qu'un cardinal qui conte fleurettes offre un bizarre contraste ; et il aime à faire ressortir tout ce qu'il y a de piquant dans cette opposition de ses mœurs et de son titre ; sa témérité ingénieuse profite de son état ecclésiastique et de son titre de poëte, pour catéchiser les dames et les édifier de ses leçons :

> Si du parti de celles voulez être,
> Par qui Vénus de la cour est bannie,
> Moi, de son fils ambassadeur et prêtre,
> Savoir vous fais qu'il vous excommunie.

D'ailleurs instruit, bon musicien et sachant plusieurs langues ; d'une humeur indolente, d'une causticité redoutable, il faisait les délices de la cour ; et lorsque la savante école de Du Bellay et de Ronsard publia ses premiers essais, elle ne trouva pas d'ennemi plus à craindre que Mellin de Saint-Gelais, qui, profitant de son crédit auprès des grands, se moquait sans scrupule de la dureté des vers, de la bizarrerie des innovations et du pédantisme des prétentions qui caractérisaient les promoteurs de la révolution littéraire. Ronsard parle de la *tenaille de Mellin* avec un sentiment de douleur et de colère, qui prouve la profondeur des atteintes que le bel esprit satirique lui avait portées.

Tandis que Saint-Gelais *en doux loisirs soulait* (1) *passer sa vie*, et pour unique travail rimait quelque profane allusion à l'amour divin, un jeune homme, page comme Marot, comme lui élevé dans une cour où le savoir était en honneur et le plaisir en usage, s'efforçait de conquérir la gloire non, comme son prédécesseur, par des vers faciles et riants, mais par de longues veilles. Soumis comme toute la jeunesse de l'époque à une forte discipline, plein de mépris pour la frivolité des rondeaux naïfs et les joyeuses épigrammes des poëtes de son temps ; plus il étudiait les anciens sous le professeur Daurat, plus il se persuadait que tout était à faire en France, et s'affermissait dans le dessein d'accomplir ce que son ami Du Bellay venait d'annoncer.

Ce docte page était *Ronsard*. Doué d'un esprit persévérant, laborieux et énergique, d'une grande hardiesse dans l'expression et d'une extrême témérité dans l'innovation : son enfance et sa jeunesse témoignent de l'activité aventureuse de ses penchants. A neuf ans, il se dégoûte du collége, devient page de la cour, passe trois années en Écosse au service du roi Jacques, suit le savant ambassadeur Lazare de Baïf à la diète de Spire, le capitaine de Langey en Piémont, et après des naufrages, des blessures, des aventures galantes, attaqué d'une surdité prématurée, il se renferme à dix-huit ans dans le collége de Coqueret, où Antoine

---

(1) *Solebat* ; v. plus bas, APPENDICE.

Muret le Cicéronien, Remi Belleau et Antoine de Baïf écoutaient les doctes leçons de ce Daurat, qui, le premier, dit *Marcassus* (1), *destoupa la fontaine des Muses par les outils de science et l'étude des lettres humaines.* Le condisciple de Ronsard, Baïf était plus fort en grec et *dénouait à son ami les plus fâcheux commencements de la langue d'Homère* (2). Il faut voir Ronsard, habitué à veiller tard en suivant la cour, « travailler « jusqu'à deux et trois heures du matin, et lorsqu'il « se couche, réveiller Baïf, qui se levait et ne laissait « pas refroidir la place (3). » On s'excitait, on s'encourageait mutuellement. Le manifeste de Du Bellay ne fit qu'animer cette ardeur. Baïf, grammairien, d'un esprit pesant, ne rêvait qu'innovations ; Ronsard, plus actif, les exécutait. Daurat et Tournebut (que l'on a nommé Turnèbe) faisaient éclater leur admiration pour ces essais de leur jeune élève : c'était Pindare, c'était Homère ; jamais la langue de Marot et de Jean Lemaire n'avait été si *magniloquente* et si *hauttonnante*. Sept ans se passent : Ronsard, renfermé tout ce temps dans les murs du collége, épuise la bibliothèque grecque et latine, s'applique à faire passer les richesses de l'antiquité dans notre langage, le déforme, le mutile, le torture, et précédé de sa renommée, reparaît à la cour, présenté par Marguerite de Savoie. Les courtisans s'étonnent de son langage ; les savants déjà tout-puissants, riches, honorés, le soutiennent. En vain Mellin de Saint-Gelais s'élève contre le nouveau poëte qui *pindarise* et *pétrarchise* en italien et en grec. Ronsard fait tête à l'orage. La cohorte érudite appelle ses ennemis *poétastres, grenouilles, grimauds, muguets, Zoïles,* et *carbiles* (4). De si bonnes raisons

(1) Commentaires sur Ronsard.
(2) Id., *ibid.*
(3) Id., *ibid.*
(4) V. les préfaces de Ronsard, qui valent celles de la Calprenède.

l'emportent. On est séduit par l'autorité de ces hommes célèbres, par l'éclat et la nouveauté d'une versification sonore, ferme et rapide, la magnificence des images et surtout la singularité inouïe des inventions. Ronsard, proclamé roi de la poésie, de réformateur devient législateur : il pose les limites et fixe les règles de la poésie française. Trouvant l'idiome national encore incertain, comme le grec du temps d'Homère, il permet l'emploi de tous les dialectes : « Soit le voca-
« ble (1) picard, français, wallon, manceau, limousin
« (dit-il), n'importe ; il ne faut pas t'en embarrasser. »
Il veut que les poëtes, élidant l'*i*, l'*a*, l'*o*, à la manière des Italiens, disent sans scrupule *n'à ceux, n'à celles*, pour *ni à ceux, ni à celles*. Les ellipses les plus hardies, le néologisme le plus complet, lui semblent des droits légitimes de la poésie. Il ne s'oppose pas à ce que l'on emploie le patois de son pays natal : *o lui* pour *avec lui*, expression du Vendomois, lui paraît très-naturelle et fort commode. Il accorde la suppression de l'*e* muet dans *épée, Énée*, ces mots qui « seraient, dit-
« il, trop difficiles dans la poésie. »

Ainsi ce hardi réformateur s'avise de nous donner à la fois une syntaxe et un vocabulaire poétiques. On le suit comme un guide, on l'écoute comme un oracle. Toulouse lui envoie une Minerve d'argent. Ses vers charment la prison de Marie Stuart, qui lui fait parvenir un rocher d'argent massif, représentant la montagne et la source du Permesse. On ne jure que par lui. Chastelard, malheureux amant de la princesse infortunée que je viens de nommer (2), répète les vers de Ronsard, *à la mort*, en montant sur l'échafaud où sa passion imprudente le conduit. Belon,

(1) *Le mot.*
(2) V. nos ÉTUDES SUR LE XVIᵉ SIÈCLE EN ANGLETERRE. — *Marie Stuart.*

botaniste et ichthyologiste célèbre, ne sauve sa vie, au milieu des guerres civiles, qu'en faisant valoir auprès des soldats qui l'ont pris, le titre de parenté qui l'unit à *ce grand monsieur de Ronsard.* Tout le siècle y est trompé ; Saint-Gelais se trouve réduit au silence ; la vieille poésie française est vaincue ; l'allégorie gothique est détrônée ; Marot passe pour un auteur suranné ; Scévole de Sainte-Marthe, Muret, Scaliger, Turnèbe, Duperron sont les admirateurs de Ronsard. Le judicieux de Thou, le sensé l'Hôpital ; Henri II, Henri III, tous deux se piquant de littérature ; Charles IX, homme d'esprit et mauvais roi, le placent au niveau des plus grands génies. On voit le Tasse lui-même venir lui demander des conseils et rendre hommage à sa vieillesse. La reine Élisabeth lui envoie un diamant de grand prix. Ses louanges retentissent dans toutes les langues anciennes et modernes. Enfin, pour consacrer à jamais cette idolâtrie et prouver la faiblesse des jugements contemporains et l'incertitude de la critique chez les meilleurs esprits, Montaigne, cet indépendant génie qui jugeait si bien son siècle, opposant d'un trait de plume Ronsard à l'antiquité entière, déclare que par ses efforts la poésie française vient de toucher les dernières limites de sa perfection possible.

Soumettons à un examen sévère les œuvres que Ronsard nous a laissées, cherchons-y le motif du culte que ses contemporains lui vouèrent et du mépris que la postérité leur fait subir. Jamais on ne passa plus rapidement du char de triomphe aux gémonies. Pendant quarante ans, ce fut une apothéose ; depuis deux siècles, c'est une flétrissure : ce nom adoré est devenu infâme depuis la colère de Malherbe et les anathèmes de Boileau.

Ce qui nous frappe d'abord dans les poésies de Ronsard, c'est un calque perpétuel des formes antiques.

Ronsard, en les parodiant avec une verve hardie d'expression, satisfaisait au désir général. On était las de « ces mignardises d'amour toujours continuées en leur propos (1). » Il forma la période poétique, remit en honneur les vers de six pieds, lui imprima un caractère de majesté, de force et d'élévation. L'heureuse cadence de ses alexandrins, la gravité des sujets qu'il choisissait, la pompe qu'il substituait à l'incorrection et à la grâce légère, charmaient ses contemporains. L'instrument poétique n'était point formé ; il le dérouilla, enseigna aux poëtes l'*alternement* régulier des vers masculins et féminins (2), se permit peu de mauvais enjambements, et trouva souvent l'harmonie lyrique. Ce sont là de grands mérites. Personne avant lui n'avait tenté d'introduire dans la poésie française cette dignité soutenue. Des citations, que les bornes de cet essai ne permettent pas de prodiguer, pourraient seules rendre à Ronsard la portion de gloire qui lui revient et qui doit compenser l'immortalité ridicule que ses efforts pédantesques lui ont acquise. Ses poésies renferment un grand nombre de passages d'une excellente facture :

> Écho ! fille des bois, hôtesse solitaire
> Des rochers où souvent tu me vois *retirer*,
> Redis, combien de fois lamentant ma misère,
> Toi-même soupiras, m'entendant soupirer.

Certes le rhythme de cette strophe est excellent, plein de force et de grâce ; nul, avant Ronsard, n'avait si bien compris et si heureusement perfectionné le mécanisme du vers français. Ce n'est pas là un exem-

(1) Ronsard. Préface de ses Odes.
(2) Jean Bouchet avait déjà voulu établir cette loi ; avant lui Octavien de Saint-Gelais s'y était soumis dans plusieurs parties de ses poëmes ; Lemaire l'avait recommandée sans l'ordonner. Dès l'année 1336, un poëte, Regnard de Louëns, moine, avait écrit en rimes régulières le *premier chant* de sa traduction de *Boëce*.

ple isolé : quiconque a le courage de lire attentivement ses œuvres y rencontre, au milieu d'un chaos d'expressions grecques et d'emprunts maladroitement faits aux poëtes de Rome et d'Athènes, des tirades pleines de noblesse dont le rhythme est soutenu, la cadence heureuse et le mouvement rapide. Les *Hymnes à la Mort* et *à l'Éternité* nous offriraient plus d'un exemple de cette élévation de style.

Écoutez Ronsard appeler les Chrétiens à une nouvelle croisade contre les Turcs qui sont venus s'emparer de Constantinople. Non-seulement ses vers sont bien frappés, mais l'éloquence de l'âme y est admirable. « Pourquoi, demande-t-il aux peuples d'Europe,
« êtes vous baptisés au nom du Christ? pourquoi por-
« tez-vous ses étendards, si les infidèles sont insolem-
« ment campés sur votre territoire,

> S'ils ont sans coup férir usurpé votre place,
> S'ils ont, sans coup férir, en Europe passé ;
> Par armes l'ont gagnée et vous en ont chassé !

« Allez donc, continue-t-il, délivrer l'Orient, esclave
« de Mahomet. Là vous attend la gloire ;

> Là sont les vieux palais et les grandes rivières
> Qui, vieilles de renom, s'écoulent toutes fières ;
> Là roulent l'Ilyssus, le Jourdain et le Nil.
> Là sans le cultiver le pays est *fertil*.
> Là le Caire et Damas, Memphis et Césarée,
> Tyr, Sidon, Antioche, et la ville honorée
> Du grand nom d'Alexandre élèvent jusqu'aux cieux
> De leurs superbes murs les fronts audacieux.
> Là de tous les côtés et de la mer Égée
> Et des flots Adriens, une flotte chargée
> Maintenant de parfums, maintenant de lingots,
> Et de pourpre et de soie et de riches métaux,
> *Avecquec* un grand bruit, *dedans* le havre viennent
> Ou près de la muraille à la rade se tiennent.
> Ce sont là les trésors, que vous, soldats chrétiens,
> Devez ravir du sceptre et des mains des païens !

Exceptons les expressions surannées et l'obscurité de quelques tournures, ces vers, quant à la forme et au matériel du rhythme et de l'harmonie, ne l'emportent-ils pas sur tout ce que la poésie sérieuse avait produit jusqu'à Ronsard? Lorsqu'il ne dépasse pas le but et se modère un peu dans l'emploi de ses ressources grecques, latines, italiennes, il atteint quelquefois une admirable vigueur d'expression : soit qu'il décrive

> le long repli des âges

qui engloutit à la fois

> et l'homme et ses ouvrages;

ou qu'il s'adresse au soleil,

> qui tant de fois tourne, passe, repasse,
> Glissant d'un pied certain dans une même trace,
> Vive source de feu, qui nous fait les saisons,
> Selon qu'il entre ou sort en ses douze maisons;

ses défauts sont toujours l'excès de la force, le luxe insensé de l'érudition; jamais la stérile richesse des épithètes inutiles et des appositions parasites. Les grandes idées sont celles qu'il rend le mieux ; en dépit de trois siècles presque écoulés, on ne lit pas sans admiration cette noble apostrophe à l'Éternité :

> .... O grande éternité!
> Tu maintiens l'univers en tranquille unité!
> De chaînons enlacés les siècles tu rattaches,
> Et couvé sous ton sein tout le monde tu caches;
> Lui donnant vie et force : autrement il n'aurait
> Membres, âme, ni vie, et sans forme il mourrait :
> Mais ta vive vigueur le conserve en son être.

Il termine ce passage, dont la rapidité, la force et l'élan caractérisent si bien la nature de son génie, par une image non moins remarquable :

« Pour toi, dit-il à l'Éternité, il n'y a ni passé ni présent : tu ne dis pas :

> « Ceci fut, ou sera : »
> *Mais le présent tout seul à tes pieds se repose.*

Pour achever d'expliquer l'engouement des contemporains de Ronsard pour ce poëte, ajoutons que la facilité de son esprit lui permettait de varier ses tons, et que quelques-uns des vers les plus gracieux que le seizième siècle nous ait laissés lui appartiennent. A une époque où le goût était sans empire et la critique sans flambeau, cet homme singulier, dans l'ardeur de créer et d'étonner, prodiguait sans règle et sans choix toutes les imitations, toutes les innovations, toutes les images. Ici son expression est heureuse ; là elle est grotesque ; plus loin, extravagante ; quelques vers plus bas, elle est sublime. Ici, c'est un pédant qui laisse échapper le grec tout pur : O Bacchus ! s'écrie-t-il,

> O cuisse-né ! Archète, Hyménéen,
> Bassare, roi, Rustique, Euboléen,
> Nyctélien, Trigone, Solitaire,
> Vengeur, Manic, germe des dieux et père,
> Nomien, double, hospitalier,
> Beaucoup, forme, premier, dernier,
> Lénéan, Porte-sceptre, Grandime,
> Lysien, Baleur, Bonime,
> Nourri-vigne, Aime-pampre, enfant,
> Le Gange te vit triomphant !

Le risible compilateur de cette liste mythologique veut-il déplorer la coupe d'une forêt, la perte de ces beaux ombrages que la hache fatale vient de détruire : il déploie la noblesse, le coloris, le pathétique ; et si on lui passe quelques tournures gauloises, un mot mal inventé (1), quelques inversions latines, on ad-

---

(1) Les langues de la lyre.

mire chez lui une perfection de langage bien étonnante dans un poëte qui n'avait pour prédécesseur que Marot et son école.

> Forêt ! haute maison des oiseaux bocagers
> *Plus* le cerf solitaire et les chevreuils légers
> Ne paîtront sous ton ombre : et ta verte crinière
> Jamais des feux d'été ne rompra la lumière !
> . . . .
> *Tout deviendra muet. Écho sera sans voix.*
> Tu deviendras campagne. Et au lieu de tes bois
> *Dont l'ombrage incertain lentement se remue,*
> Tu sentiras le soc, le coutre, la charrue,
> Tu perdras ton silence, et satyres et pans.
> Plus le cerf en ton sein ne cachera ses fans.
> *Adieu, vieille forêt, le jouet du zéphyre,*
> Où j'accordai jadis les *langues* (1) de ma lyre
> Où j'entendis d'abord (2) les flèches résonner
> D'Apollon qui me vint tout le cœur étonner.
> *Adieu ! vieille forêt ! adieu, têtes sacrées !*
> *De tableaux et de fleurs en tout tems entourées*
> Maintenant le dédain des passants altérés,
> Qui souffrant du soleil les rayons éthérés,
> Sans retrouver le frais de tes douces verdures,
> Accusent tes meurtriers et leur disent injures.
> Adieu, chênes ! couronne aux vaillants citoyens,
> Etc., etc.

C'est là le ton d'un vrai poëte : *tu perdras ton silence... Écho sera sans voix... et l'ombrage incertain* qui *lentement se remue ; Adieu, vieilles forêts, le jouet du zéphyre !* Ces vers semblent annoncer le talent le plus mûr, le plus franc et le plus grandiose. Une mélancolie pleine de majesté, mêlée d'imagination, respire dans cette pièce.

Est-ce bien là Ronsard ? est-ce là ce barbare qui a pris à tâche de combiner dans ses vers ce que le fatras d'une érudition indigeste, les concetti, les burlesques inventions, les recherches pédantesque ont de plus

---

(1) Les cordes.
(2) Pour la première fois.

digne de risée ? Lui, pour qui les géants sont *serpent-pieds ;* les centaures, *dompte-poulains ;* les poëtes, *mâche-lauriers ;* lui qui se plaint d'être maltraité d'une belle qui *l'attache,* dit-il, *avec des clous de feu sous le froid de sa glace ;* lui qui, au lieu d'endurcir un cœur, de l'enflammer ou de le glacer, se plaît à l'*enfeüer,* l'*empierrer,* ou le *renglacer :* créateur d'absurdités inouïes, qui nomme l'amour un *fusil de toute rage ;* supplie sa Délie *de désembraser* son feu ; qui dit si plaisamment à Vénus d'aller dans les forêts de Gnide,

Mignarder les moustaches Mars !

appelle les lèvres les *avant-portières du baiser,* le temps un *vilain mengeard,* et ces troupes d'esclaves que les Orientaux consacrent à la garde de leurs sérails, des *hommes femmes-troupeaux* (1) ? Est-ce là ce ridicule poëte, qui, pour exprimer l'ardeur de sa passion, termine sa déclaration d'amour à Genèvre par une protestation platonique, dont sans doute l'objet de ses vœux ne concevait pas toute l'étendue :

Toi, l'âme de mon âme et l'amour de ma vie,
Tu seras à jamais ma seule ENTÉLÉCHIE !

Le problème que présente un tel écrivain semble se compliquer encore, si l'on vient à citer les vers pleins de pureté et de charme que la même plume a tracés. Se rappelle-t-il le souvenir de ses peines amoureuses :

Sur le métier d'un si vague penser,
Amour ourdit la trame de sa vie ;

c'est la grâce de Marot avec plus d'imagination et d'élégance. Ailleurs il dit à Lucrèce :

---

(1) On eût facilement multiplié les exemples du ridicule pédantisme de Ronsard : il était plus important de démêler le mérite réel, étouffé sous ce pédantisme.

> Hier, vous souvient-il qu'assis auprès de vous,
> Je contemplais vos yeux si cruels et si doux ?

on reconnaît le ton simple et plein d'abandon de l'élégie amoureuse. Voyez, dit-il dans une épître,

> Voyez cet avocat qui nous vend son caquet,
> Pour tuer l'innocent et sauver le coupable !

c'est le ton franc et l'allure décidée de la satire familière et de la comédie. Veut-il exprimer le pressentiment de la mort dans l'adolescence ?

> Avant le soir (dit-il), se clora ma journée :

un excellent poëte de nos jours n'eût pas rendu avec une précision plus exquise cette pensée mélancolique. Ailleurs, il suppose que la Fortune parle au duc de Guise : *Quand mon heureuse main* (lui dit la capricieuse déesse) *t'aura fait monter*

> Au plus haut des honneurs, où souvent je me joue,
> Je te serai fidèle et briserai ma roue.

Veut-il parler des courtisans :

> Misérables valets, vendant leur liberté
> Pour un petit d'honneur, servement acheté !

La fortune, c'est cette force aveugle

> qui n'a jamais notre plainte écoutée,
> Qui dompte l'univers et qui n'est point domptée.

Ces traits vigoureux, rapides, originaux, attestent le poëte. Mille expressions neuves et fortes, dues à sa témérité, enrichissent le langage. Le premier, il *ensanglante* les bois ; une *verte vieillesse*, une *rage acharnée*, une *tourbe qui frémit*, sont des expressions qu'il hasarde et qui se conservent ; on voit que ses inventions ne sont pas toutes malheureuses. La rose s'environne *des plis d'une robe de pourpre ;* la châtaigne d'un *rempart épineux*. Chez lui, la vertu *s'allume*, la colère *s'élance* ; le printemps *verdoie* ; il faut *cueillir la jeunesse, et moissonner les plaisirs* : et, au milieu de ces créations pittoresques que la poésie n'a point répudiées depuis deux cent soixante années révolues, la naïveté, l'abandon mélancolique, ne lui sont pas étrangers : de temps à autre vous croiriez vous tromper et lire dans Ronsard un distique de Jean la Fontaine :

> Le temps s'en va, le tems s'en va, madame !
> Las ! le tems, non : mais nous nous en allons !

Il fallait, pour composer le portrait de Ronsard, réunir les traits les plus disparates : ses défauts justifient la postérité qui l'oublie et semble lui faire grâce ; ses beautés puissantes excusent ses contemporains, qui l'adoraient et croyaient à peine lui rendre justice. Il avait tout à créer dans la poésie noble ; il espéra que l'érudition lui suffirait pour accomplir ce grand dessein. Poëte, il se fit érudit ; érudit, il se sentit poëte ; ce fut son double malheur.

Puisant à toutes les sources et accumulant sans choix les trésors, il a pris dans le burlesque *Merlin Coccaïe* le sujet de l'un de ses hymnes sérieux *aux Quatre Saisons* (1). Son propre génie l'eût mieux servi que tous ces larcins, que cet attirail latin, grec, espagnol, italien ; que ces dépouilles de Platon, d'Ovide, de Bembo, de Virgile, de Pétrarque. Sous la confusion des trophées dont il se pare, il ressemble à ces acteurs grecs, dont Lucien se moque, et qui, chargeant leur petite taille d'une peau de lion gigantesque, étouffés sous ce costume héroïque, traduisaient en ridicule le demi-dieu qu'ils voulaient représenter.

Malgré ce bizarre mélange du talent et de l'imita-

---

(1) L'automne.

tion, de l'inspiration et du calque, du grotesque et du sublime, ses pas restèrent empreints sur la carrière que son élan irrégulier avait parcourue. Depuis Ronsard et à son exemple, la période poétique se forma ; on chercha la noblesse ; on regarda le style comme un art, la disposition alternative des rimes devint une loi rigoureuse ; on connut mieux la coupe des vers ; on sentit l'harmonie du rhythme ; les genres différents s'isolèrent et peu à peu l'on vit se débrouiller ce chaos barbare, au milieu duquel ceux qui ne connaissent de Ronsard que sa renommée, s'étonnent de voir briller de si vives lueurs de talent. Des critiques (1) ont observé que le langage dont il se sert semble aujourd'hui plus antique que la poésie de Charles d'Orléans. Il y a plus, Thibaut, comte de Champagne, Hélinand et Wace s'écartent moins que lui du génie particulier à la langue française. Son but avoué était, non de la perfectionner, mais de la changer : cette tentative que tout paraissait favoriser pendant sa vie, est retombée après lui dans le domaine des témérités avortées. S'il eut pour son propre génie cette vénération qui lui faisait dire que « *Calliope l'avait* « *bercé dans sa vertugade,* » et que « *Rossignol venait du* « *mot Ronsard* » ; enfin, s'il crut à son immortalité, ce fut sur la foi de tout son siècle.

Comment ne serait-il pas déchu de cette immortalité qu'il s'était promise ? Rien de factice n'est durable. Essayant de greffer violemment la littérature antique sur la littérature française, il cessa d'être poëte et se fit révolutionnaire ; jamais cette transformation n'a de succès. La foule érudite qui l'environnait ignorait comme lui que, pour être fécond, le développement intellectuel a besoin de suivre la loi de la nature, de sortir du même germe, de s'épanouir sur la même

(1) Labruyère, La Harpe, etc.

tige et d'éclore aux rayons du même soleil. La nécessité d'une littérature nationale, cette donnée si philosophique et si profondément vraie annoncée un peu plus tard par Bacon, était méconnue par les hommes instruits, poëtes, magistrats, orateurs, enthousiastes de Pindare, d'Eschyle et d'Anacréon, qui rangés sous les bannières de Ronsard, formant son avant-garde et son corps d'armée, le protégeaient contre toutes les attaques. Ils réduisaient au silence les faibles réclamations de *Charles Fontaine* et les derniers bons mots de *Mellin de Saint-Gelais ;* enfin gagnant à leur parti même les Maurice Scève, les Hugues Salel et les Sibilet ; Ronsard, Du Bellay, Baïf, érudits imitateurs de Bembo et de Politien, firent la conquête de toute leur époque.

§ II

L'école de Ronsard remporte la victoire. — Ses disciples. — Jodelle, Baïf, etc.

De là cette aristocratie poétique fondée par Ronsard, cette constellation de six poëtes qui joints à Ronsard lui-même, formèrent la Pléïade, imitation de celle des sept écrivains grecs sous Ptolémée Philadelphe. C'étaient *Joachim Du Bellay,* promoteur de la révolte ; le grammairien *Baïf, Remi Belleau,* surnommé si mal à propos le poëte de la nature ; *Amadys Jamyn,* l'élève chéri de Ronsard ; l'évêque *Ponthus de Thyard,* auteur des *Erreurs amoureuses ; Estienne Jodelle,* réformateur de la scène ; et *Daurat,* qui, des hauteurs de son érudition, avait secondé l'élan de cette armée de jeunes docteurs soumis à sa discipline. La Pléïade apparut rayonnante et triomphante ; chacun de ses membres eut son apothéose ; tout le monde, dit Henri Estienne, se mit à *pléïadiser*.

Du Bellay (1), auteur de l'éloquente *Illustration de la langue française*, et qui avait pour ainsi dire sonné le tocsin, se distinguait par un goût plus sûr et une pensée plus originale. Ronsard, plein de verve d'ailleurs, n'a d'invention que dans le style. *Joachim Du Bellay*, plus sévère, accusait les innovations de ses amis d'une violence inutile et exagérée. Il voulait, « qu'en « imitant les auteurs anciens, on se métamorphosât en « eux, qu'on les dévorât, et qu'après les avoir digé- « rés, on les transformât en sang et en nourriture ; » c'est ce que lui-même a fait souvent sans succès, quelquefois avec bonheur. Son style a de la correction pour le temps, de la force, des images, de la dignité. Dans ses témérités mêmes il garde quelque mesure.

Son goût le portait vers l'imitation de la poésie italienne, à laquelle il a emprunté le luxe méridional des descriptions brillantes et une malheureuse prodigalité d'oiseaux, de rameaux, d'arbrisseaux, de soleils, d'astres, de cieux et d'étoiles. Aussi ses partisans le nommaient-ils l'*Ovide français* et ses ennemis le *Tautologiste*. Après tout, c'est un poëte, soit qu'il montre le lionceau hardi blessant le cheval ou la biche timide,

> De ses dents innocentes encore;

soit qu'il décrive en un vers excellent la grâce flexible des contours de la vigne,

> Du cep lascif les longs embrassements;

soit que, forcé de rester attaché à la cour pontificale avec le cardinal Du Bellay, son parent, il compose ses

(1) On n'a pas suivi avec une exactitude chronologique les dates de la publication des ouvrages composés par les membres de la Pléiade. Il a paru plus convenable de les classer d'après leur degré d'influence; de placer Ronsard et Du Bellay à leur tête, et Jodelle, dont les essais dramatiques précédèrent l'impression des œuvres de Ronsard, à la suite de ces chefs de la réforme littéraire et savante.

antiquités de Rome, où éclatent les sentiments amers que lui inspirent l'absence de la patrie, le spectacle des mœurs italiennes, et le souvenir de tant de grandeur déchue : on reconnaît en lui l'homme éloquent, élevé à l'école des anciens et qui sait étudier ses modèles sans les reproduire avec une grossière et infidèle exactitude. Dans ce temps d'imitation, quand toute la littérature semblait servile et factice, Du Bellay trouva des accents vrais émanés de l'âme. Quelquefois la profondeur de son inspiration rappelle un célèbre poëte moderne (1). Ne trouvant plus *Rome dans Rome*, il se demande ce qu'est devenu *ce vieil honneur poudreux de la reine du monde :* et son âme se repliant sur elle-même au milieu de ces *éloquents débris de la grandeur passée,* y trouve une leçon funèbre sur la fragilité de toutes choses, et sur la nécessité de mettre un frein à ses désirs : car tes désirs mourront (se dit-il à lui-même).

..... si les empires meurent ! »

Poëte souvent énergique, critique plein de sagacité, cet homme remarquable vit avec effroi l'extension ridicule que l'on donnait aux principes qu'il avait proclamés ; une populace de poëtes s'empresser de construire avec des débris grecs une langue plus insolite encore que celle de Ronsard et ces tristes imitateurs avoir aussi leur portion de renommée. Le Parnasse était inondé : cardinaux, prêtres, écoliers, femmes, gens de cour, tout le monde rimait. Ce déluge de mauvaise poésie semblait justifier les plaintes d'un auteur peu connu et peu digne de l'être (2), qui dans son Épopée *sur la chute de l'homme,* plaçait entre les plus déplorables fruits de la désobéissance d'Adam, l'abon-

---

(1) Byron.
(2) D'Escorbiac.

dance des mauvais vers que ses descendants devaient produire. Aux plus burlesques parodies des fureurs de Pindare et des églogues de Théocrite, on ajoutait des vers sans rimes, des vers rimés et mesurés, des vers léonins, des vers sans césure, d'autres de dix-huit pieds (1) ou scandés à la manière grecque, ou *sciolti* à l'italienne. On mutilait, on altérait de mille manières la langue et la poésie. La Ramée, Denisot, Butet, Baïf, Rapin, Ronsard, encourageaient ces essais ; souvent même ils mettaient la main à l'œuvre. Tout cela se faisait avec une gravité puérile, un sérieux profond et comique. Les travaux des réformateurs de la grammaire et de l'orthographe, dont nous avons déjà fait l'histoire, se combinaient avec ceux de la ligue savante commandée par la Pléiade, et marchaient sur une ligne parallèle. Ronsard, sans vouloir sanctionner toutes leurs innovations, adopta les plus urgentes, il ordonna que désormais *écrire* remplacerait *escripre :* il autorisa *cieux*, au lieu de *cieulx*.

Du Bellay plus difficile condamnait les mots inutiles introduits par Ronsard, comme *player* (faire une plaie), *enfeuer* (mettre en feu), *malader* (rendre malade). Il se moquait surtout de Baïf, véritable révolutionnaire du langage, qui avait peu d'esprit, beaucoup d'entêtement, un savoir indigeste et l'aveugle confiance du pédantisme : c'est le plus dur, le plus barbare et le plus obscur des poëtes de la Pléiade. Non content de faire imprimer un volume de lignes mesurées à la grecque, vers qu'il nommait *Baïfins*, et qui sont alcaïques, saphiques, sans être d'aucune langue ; de faire *fruitir* les arbres, *soleiller* les astres et *titiller* l'amour, il détruisit jusqu'aux caractères de notre alphabet, introduisit la double lettre *ou* des Grecs, inventa des *tripthongues*

---

(1) Ceux de Charles Toustain : *Ils rouaient en leur gauche main un sombre-affreux et malluisant flambeau.*

pour l'embellissement de la grammaire ; et changeant nos comparatifs et nos superlatifs, prétendit forcer ses contemporains à nommer un homme *plus savant* un *savantieur*, et un homme *très-savant* un *savantime*. Il faut entendre Du Bellay persiffler dans un sonnet assez ingénieux l'excès de ces travers érudits que lui-même avait favorisés. *Bravime esprit,* dit-il à Baïf,

> Brav*ime* esprit, sur tous excellent*ime*,
> Qui méprisant de van*imes* abois
> As devancé d'une haut*ime* voix,
> Des savan*tieurs* la troupe bruyant*ime*,
>
> De tes doux vers le style coulant*ime*,
> Tant estimé par les doct*ieurs* françois,
> Just*imement* ordonne que tu sois
> Par ton savoir à tous révérend*ime*.
>
> Qui, mieux que toi, gentill*ime* poète
> (Heur que chacun grand*imement* souhaite!)
> Façonne un vers douc*imement* naïf!
>
> Ah! nul, *de* toi hard*ieurement* en France
> N'a pourchassé l'indoct*ime* ignorance,
> Docte, Doctieur et Doctime Baïf !

C'était le dernier degré de folie auquel la manie des réformes savantes devait atteindre. Les autres poëtes de la Pléiade ne se distinguent de leurs modèles que par de faibles nuances. Que Ponthus de Thyard ait été plus *pétrarquesque* et Remi Belleau plus anacréontique, peu nous importe aujourd'hui ; les dialectes de leur invention sont également déchus. Tous deux avaient de l'emphase et de la recherche, de l'affectation et de la grossièreté, de l'éclat et des taches ; ils cadençaient assez bien un vers, et quelquefois reproduisaient heureusement les idées des poëtes grecs et italiens. Baïf lui-même offrirait à un lecteur assez patient pour feuilleter le recueil de ses vers inintelligibles, quelques morceaux d'une brièveté franche et d'une naïveté spirituelle. Mais cet homme, aussi mauvais citoyen que mauvais poëte, ne trouva de verve et d'inspiration que dans la rage du fanatisme ; les meilleurs vers qu'il ait composés sont une épigramme contre un homme vertueux assassiné, une infâme raillerie contre le cadavre de Coligny ; cette insulte de la lâcheté et de la bassesse flétrit son caractère moral sans relever sa réputation d'écrivain (1).

Un jeune homme, d'un esprit flexible et de peu de savoir (2), plein de ressources dans l'intelligence, et dont le nom s'est conservé avec honneur malgré la paresse de sa vie et l'imperfection de ses œuvres, prit place, dès les premières années de la réforme littéraire, immédiatement à côté de Ronsard, qui ne faisait que débuter alors dans la carrière poétique : c'est *Jodelle*. Il avait à peine vingt ans, lorsqu'il conçut l'audacieux dessein de renverser le crédit des *moralités*, des *farces*, des *soties* et des *mystères*, que nous avons vu prospérer sous Louis XII et faire la fortune littéraire de Pierre Grégoire. Pendant le règne de François I*er*, le théâtre, contrarié dans son progrès par les efforts des inquisiteurs, ne s'était point élevé au-dessus des légendes dialoguées qui fleurissaient au quinzième siècle et n'avait rien produit de comparable à la farce de maître Pathelin. Le calvinisme condamnait rigoureusement ces amusements mondains ; les catholiques indignés contre la nouvelle réforme avaient autre chose à faire que d'assister aux jeux du théâtre. On avait même interdit pendant quelque temps la représentation des mystères. Les besoins de la classe éclairée, les nouvelles tendances de l'érudition réclamaient un grand changement dans cette partie de la littérature nationale. On avait traduit la

---

(1) On a trop fait valoir la fondation d'une prétendue Académie, établie par Baïf, reunion où l'on s'occupait de musique autant que de grammaire et d'astrologie.

(2) V. Pasquier, Ronsard, les commentaires de Binet et de Muret Ronsard, etc.

Sophonisbe de Trissin, l'*Antigone* de Sophocle, et l'on commençait à trouver un peu barbare le grand mystère de Simon Greban (1) représenté « moult triomphantement, » dit le titre. Il y avait loin du style de Sophocle et de ses plans à cette immense machine gothique dans laquelle apparaissent quatre cent quatre-vingts personnages ; là se pressent et s'accumulent les mariages, les assassinats, les morts subites, les résurrections, les anathèmes, les enchantements, les guerres, les incendies, les supplices, les fêtes, les martyres ; les bouffons et les courtisanes y interrompent sans cesse Dieu le père et Dieu le fils ; la foudre gronde à toutes les scènes ; la terre tremble à tous les actes, et l'œuvre se termine par le jugement dernier. C'est ce qu'on aurait pu attendre d'un Shakspeare ivre, dénué de génie, ou d'un Caldéron en délire.

Alors Jodelle composa sur le modèle de la tragédie antique, d'après le système d'Aristote et dans le style de Sénèque le tragique, sa *Cléopâtre captive*. Le plan en est simple ; le style vulgaire et emphatique ; le langage négligé, même pour le temps : la progression de l'intérêt dramatique y est observée, et quelques morceaux ont de l'énergie. La Parque, s'écrie Cléopâtre :

> La Parque et non César aura sur moi le prix.
> La Parque et non César soulage mes esprits.
> La Parque et non César triomphera de moi.
> La Parque et non César finira mon émoi.

Entremêlée de chœurs, semée d'interminables tirades, remplie de discours d'une moralité commune, cette pièce, dont l'héroïne donne sur la scène des soufflets à son esclave, et dont l'action est absolument nulle, passa pour un chef-d'œuvre et accomplit une révolution.

Quelle joie pour tous les savants de retrouver sur la scène, de voir vivre et d'entendre parler ces person-

---

(1) Joué à Bourges en 1536, à Tours en 1547.

nages de l'ancienne histoire, qui leur étaient familiers ! Dans la vivacité de leur enthousiasme ils remplirent eux-mêmes les rôles de *Cléopâtre captive.* Jodelle joua *Cléopâtre ;* Ronsard, Baïf, La Péruse, Remi Belleau, se chargèrent des autres personnages. Représentée d'abord à l'hôtel de Reims, elle le fut ensuite au collége de Boncour, en présence de Henri II, devant les princes, les femmes et les grands seigneurs de sa suite. Les avenues et le théâtre étaient jonchés de feuillages ; les spectateurs se pressaient à toutes les fenêtres du collége, au milieu duquel s'élevait la scène. Le roi fut ravi de la nouveauté du spectacle et fit présent de cinq cents écus à Jodelle. Paris suivit l'exemple que lui donnait le monarque : les vieux mystères furent à jamais discrédités.

C'est à cette source obscure et faible que remonte la tendance classique de notre théâtre. L'influence de l'érudition qui le fonda au milieu du seizième siècle, se perpétuant à travers les guerres civiles et les changements survenus dans la monarchie, imprima au drame tragique en France ce caractère de gravité antique et d'unité stricte et sévère, qui, prêtant de la force et imposant des entraves à Corneille et à Racine, a fait loi jusqu'à nos jours.

Pourquoi, dans les divers pays d'Europe, l'art dramatique, parti du même point, a-t-il suivi des routes si opposées ? L'Italie l'a subordonné à l'art musical. L'Angleterre a fait de son théâtre un amusement populaire et une représentation confuse, profonde et forte, des actions de la vie humaine. L'Espagne a porté dans le sien l'amour de l'intrigue, celui des aventures et la dévotion la plus exaltée (1). On ne peut résoudre ce problème qu'en remontant au point de départ de l'art dramatique chez tous ces peuples. L'Italie mo-

---

(1) V. nos Études sur l'Espagne. Caldéron, Alarcon, etc.

derne, livrée à des jouissances sensuelles, sacrifiant sa liberté même aux délices des arts, a eu pour premier essai dans ce genre, l'*Orphée de Politien*, véritable opéra joué devant les Médicis (1). En Espagne, le génie aventureux, l'exaltation profonde et solitaire des habitants et surtout leur piété ardente, rendue plus vive par leur longue lutte avec le mahométisme des Arabes, devaient décider de la direction donnée à leur théâtre. L'Angleterre, toujours éprise d'elle-même, et concentrée dans ses souvenirs, sa gloire, ses intérêts, ses espérances, en un mot dans ses vieilles institutions, ne pouvait aimer sur la scène que l'exacte représentation des passions qui l'agitaient, les actions de ses pères, les contes et les romans qui amusaient ses loisirs; en un mot, ce qui lui était intimement personnel. La France n'offrait aucun de ces éléments : le fanatisme s'y mêlait à la frivolité; la nation comptait de nombreux souvenirs de gloire, aucun souvenir de liberté; la monarchie à peine formée, attaquée de toutes parts, ne pouvait encore affermir l'unité de sa domination, que Louis XI avait cruellement commencée. Les provinces qui composaient ce grand corps avaient des traditions différentes et de mutuelles haines. Un théâtre national était impossible. Les passions sous les armes ne permettaient pas au poëte dramatique de s'élever jusqu'à l'impartialité nécessaire pour reproduire l'histoire sur la scène. Enfin nous avons vu avec quel étonnement enthousiaste nos ancêtres accueillirent les chefs-d'œuvre antiques.

Faute d'indépendance, de tolérance, de paix, de liberté, les hommes nés dans ce siècle confus embrassèrent l'autel de l'érudition. Ce fut leur patrie; ils n'en avaient pas d'autre : et Jodelle, lorsqu'il eut parodié le théâtre grec et fait parler en mauvaises rimes *Séleucus*

---

(1) En 1470.

et *Cléopâtre*, fut porté aux nues par ses amis, qui s'enivraient de leurs études, vivaient par la pensée au milieu des républiques d'Athènes et de Rome, et n'attendaient leurs émotions et leurs plaisirs que de l'antiquité savante.

Jodelle, enhardi par son succès, ou plutôt par son triomphe, voulut aussi réformer la comédie. Il avait moins à faire dans ce genre : la comédie est nationale parmi nous. Son essai, à la manière de Térence et de Plaute, intitulé l'*Abbé Eugène* ou *la Rencontre*, est resté au-dessous de la farce de Pathelin. C'est à peu près le même style, avec une gaîté moins rustique et une immoralité plus raffinée : l'observation des mœurs s'y montre tellement franche, la satire des habitudes du clergé y parle si librement, que l'on ne peut trop admirer la naïve effronterie d'un siècle qui souffrait sans s'irriter de pareils tableaux de ses vices.

Le principal personnage, abbé intrigant et voluptueux, amant de la femme d'un Georges Dandin de cette époque, est servi dans ses amours par son honnête chapelain. Un soldat fanfaron, que Jodelle a peint de couleurs très-fortes et d'après nature, arrive de l'armée pour supplanter l'ecclésiastique dans les bonnes grâces de la dame. A force de ruses, l'abbé parvient à lui faire épouser sa propre sœur, persuade au mari de ne plus admettre le soldat dans sa maison, s'y établit lui-même, et par ce dénouement dont on comprend la moralité, se trouve maître de la place. A travers la grossièreté du style et la licence du sujet, on doit reconnaître le talent de l'auteur. Les situations sont comiques ; l'intérêt marche ; il y a dans certains passages une légèreté et une verve remarquables. La bassesse du chapelain, l'insolence, la corruption et l'adresse de l'abbé, la brutalité du soldat dupe, la bonhomie de l'époux qui ne voit rien de ce qui se passe, sont nettement tracés, quoique avec une rudesse qui tombe dans la charge. Collé, homme d'esprit, a fait plusieurs emprunts à cette pièce de Jodelle et s'est emparé de quelques bons mots licencieux, qu'il a placés dans ces petits proverbes qui jadis amusaient la cour.

Cet ouvrage produisit beaucoup moins d'effet que la *Didon* et surtout la *Cléopâtre*, rapidement esquissées d'après les règles antiques. L'impulsion était donnée : les tragédies grecques abondèrent. Jodelle avait écrit la sienne en vers de cinq pieds. *La Péruse* sentit que le vers alexandrin a plus de majesté ; il imposa ce rhythme à sa tragédie de *Médée* (1). On adopta ce perfectionnement. Une foule d'auteurs dramatiques se pressèrent sur les pas de Jodelle ; leurs noms obscurs et le souvenir de leurs œuvres chargeraient inutilement ces pages et ne nous offriraient que le vain amusement de citer de mauvais vers. *Bounyn* tira de l'histoire turque sa *Soltane ;* c'est le premier exemple d'une tragédie qui ne soit pas grecque ou romaine. Les frères *de la Taille* (2) composèrent des tragédies, dont l'une (*Darius* ou *Daire*) est célèbre par le vers tronqué, que l'auteur place dans la bouche de ce roi mourant :

Ma mère et mes enfants aye en recommanda...
Il ne put achever ; car la mort l'en garda :

réticence dont aucune rhétorique n'avait encore donné l'exemple. *Grevin*, auteur de comédies piquantes, aussi licencieuses que l'*Abbé* de Jodelle et presque

(1) *Amadys Jamin*, élève de Ronsard, eut aussi le mérite de deviner le vrai caractère du vers alexandrin, et de l'employer dans sa traduction de Virgile. Ronsard avait regardé le vers de cinq pieds comme plus convenable au style épique. Singulière erreur, qui prouve combien tout était peu approfondi dans la versification et la poésie.

(2) Son frère, Jean de la Taille, a fait d'assez spirituelles comédies et des pamphlets politiques.

aussi gaies, a semé de vers énergiques sa tragédie de la *Mort de César :* la noblesse du style dramatique lui doit un progrès léger.

§ III

L'érudition envahit la prose française. — Amyot. — Les traducteurs.

Ainsi continue et s'achève l'envahissement du savoir ; ainsi s'accomplissent au delà des espérances de leur auteur les audacieuses prophéties de Du Bellay. Les vieux romans, les allégories de Faux-savoir et de Bel-accueil, les coqs-à-l'âne de Marot, les récits et dialogues de Coquillard, les sonnets platoniques de Maurice-Scève tombent dans le mépris : les vaincus perdent leurs dieux. On a vu dans toutes les directions, de tous les côtés, l'érudition s'élancer à la conquête, et tout innover ou plutôt tout imiter dans tous les genres. Les plus utiles de ces savants furent les traducteurs : nous avons déjà cité Dupinet, traducteur laborieux de Pline l'Ancien, et qui, malgré sa prolixité, égale quelquefois l'énergie de son modèle. Il faut nommer encore celui d'Hérodien et de Cicéron, *Jean Colin*, — *Claude Gruget* dont la traduction des épîtres de Phalaris se distingue par une certaine pureté naïve et même élégante ; *Millet*, traducteur lourd et savant de Lucien et de Zonare. Nous ne parlons pas du protestant *Châteillon*, qui trouva piquant d'échanger son nom contre celui de la Fontaine de Castalie (1) et qui s'avisa de revêtir la sainte Bible du langage des cabarets. *Amyot*, dont on associe ordinairement la gloire au règne de François Ier, et qui brilla surtout pendant les règnes de Henri II et de

---

(1) Castalion.

Charles IX, éclipsa ces réputations. Seul entre tous ceux qui se consacrèrent à l'étude des langues savantes, il a conservé pour nous du charme et de l'intérêt.

C'était un génie heureux, patient et souple. Habile à exécuter avec goût ce que d'autres entreprenaient avec une témérité brutale, il a su enrichir son langage maternel sans le corrompre. Au milieu des efforts pénibles dont cette période est le théâtre, nul ne rendit plus de services réels à la langue française. Calvin l'avait employée avec une vigueur poussée jusqu'à la sécheresse et une précision éloquente, dénuée de flexibilité. Des Essarts avait donné l'exemple d'un style un peu plus élégant. « Amyot », dit un auteur contemporain, « suça tout ce qu'il y avait d'harmonieux « et de doux en notre langupage et le mit en usage dans « la traduction de son Plutarque. » Ce fut en effet le premier prosateur qui développa son talent dans le commerce des anciens, sans perdre ce charme du naturel que l'artificielle élocution de Ronsard étouffait presque toujours.

D'une basse origine, longtemps domestique dans un collége, comme le savant la Ramée, il étudiait la nuit à la lueur des charbons ardents qui restaient dans le foyer. *Jacques Colin*, lecteur du roi et auteur de quelques jolis vers français, lui fit obtenir une chaire de grec. François Ier lui donna ensuite l'abbaye de Bellosane ; ce valet d'un collége, s'élevant aux dignités ecclésiastiques par son savoir, devint ambassadeur et grand aumônier en dépit de la reine-mère qui le détestait. Après avoir compulsé en Italie plusieurs manuscrits de Plutarque et consacré une partie de sa vie à l'étude de cet auteur, il publia sa traduction en l'année 1559.

Le choix était heureux. La langue dont Amyot faisait usage s'accordait avec le caractère de l'écrivain original. La tournure d'esprit du traducteur se prêtait si bien à l'expression des pensées, à la reproduction du style de Plutarque, que souvent l'aumônier de Bellosane et l'écrivain de Chéronée semblent se confondre : vous êtes tenté de croire qu'Amyot, devenu Plutarque, vous parle en son propre nom. Cette harmonie du style et des idées, malgré l'inexactitude assez fréquente de la version et la prodigieuse abondance du style d'Amyot, a fait et conservé sa renommée. Jamais traducteur ne s'est plus intimement associé à son modèle : dans cette métamorphose, le génie national ne l'abandonne jamais. Michel Montaigne a raison de donner « la palme à Jacques Amyot « sur tous les écrivains français de son temps pour la « naïveté et pureté de langage. » Amyot invente avec goût : ce qu'il tire du grec est encore français ; ses tournures, ses périodes ont toujours le caractère de notre idiome. Il fond si heureusement avec son français les expressions helléniques, qu'il semble nous rendre ce qu'il nous donne et retrouver ce qu'il emprunte.

Une foule de mots qu'il hasarde et que nous avons perdus n'ont aujourd'hui nul équivalent dans la langue parlée ou écrite : ainsi, lorsqu'il nomme Scipion « le « bienfaiteur et l'*affranchisseur* de la Grèce, » Pyrrhus un trop grand *mépriseur* « du peuple », lorsqu'il décrit une « vallée *emmurée* dans les hautes montagnes » ; on a lieu de regretter avec La Bruyère, La Fontaine, Fénelon, Rollin, d'Aguesseau, Diderot, Jean-Jacques, avec le sévère Vaugelas, ces vieilles richesses du langage, ces expressions fortes et simples qui, n'ayant rien de barbare ou de dur, nous appartiennent en propre, ne peuvent être remplacées que par des circonlocutions, et ne semblent singulières que parce qu'elles sont tombées dans l'oubli.

Au milieu de ces vicissitudes et de ces efforts, la

langue s'était mêlée de beaucoup d'alliage; elle avait fait des progrès immenses. En blâmant l'exagération des savants qui l'ont compliquée outre mesure, il serait injuste de leur refuser le mérite de l'avoir enrichie. Alors entrèrent dans notre domaine tous ces mots grecs qui sont devenus techniques, usuels et nécessaires : *Analogie, sympathie* (1), *frénésie*, une foule d'autres qu'il suffit d'indiquer.

Ronsard conseilla de changer le mot *trope* en *troupe*, comme plus harmonieux : le grammairien *Muret* lui attribue en outre le mot *parmi* au lieu de *emmy;* ainsi que l'idiotisme vulgaire *et puis*. Quant aux mots *pindarique, pindariser, ampoule, emphase*, ils lui appartiennent sans contestation. *Caron*, qui, par amour pour l'antiquité, se faisait appeler Charondas, crée le mot *avant-propos;* Denis Sauvage, le mot *jurisconsulte;* et Joachim Du Bellay, plus heureux, nous donne *patrie*.

(1) V. H. Estienne.

LIVRE TROISIÈME

FIN DE LA LUTTE ENTRE L'ESPRIT NATIONAL ET L'ÉRUDITION ITALO-LATINE. — FUSION DE DIVERS ÉLÉMENTS ET RÉSULTATS DÉFINITIFS.

§ Ier

Persistance du génie français. — Les magistrats et les orateurs. — L'Hôpital.

Cependant toute la France courait aux armes; l'ambition des Guises, la duplicité d'une reine italienne, la fermentation des esprits, l'inquiétude des seigneurs, l'agitation des communes, la diversité des croyances, la faiblesse du trône, allaient déchirer le royaume pendant trente années.

Nous avons vu l'influence de l'Italie modifier les œuvres de l'esprit français. A cette influence a succédé la fièvre d'érudition, aux progrès et aux usurpations de laquelle nous avons assisté. Tous ces éléments se sont confondus et mêlés avec l'antique génie de la nation, avant tout caustique, ingénieux et léger. Une scène nouvelle et plus sombre va s'ouvrir. La fureur des guerres civiles, ajoutant à ces diverses influences un nouveau degré d'énergie, va se servir à la fois de la raillerie, de l'élégance, de l'éloquence, de l'érudition, de la controverse. La débauche, la dispute, la férocité, l'ardeur des combats, la rage des argumentations, une licence effrénée; des vestiges de galanterie, de délicatesse, d'héroïsme ; des fourberies, des assassinats ; les duels de la théologie, le grand meurtre de la Saint-Barthélemy, les orgies de la cour, les processions de la Ligue vont, sans éteindre le pédantisme, sans étouffer le génie satirique qui inspirait Rabelais, sans effacer le souvenir de Saint-Gelais ou éclipser la gloire de Ronsard, embraser les esprits de passions violentes et marquer la littérature d'une empreinte sanglante et bizarre. Cette ère épouvantable, préparée par les règnes précédents, annoncée par les troubles et la minorité de François II, date surtout du jour où Charles IX prit les rênes de l'empire, pour les abandonner aux mains dangereuses de sa mère : époque dont nous désespérons de reproduire les singularités et les fureurs, la licence et les crimes. Le pinceau échapperait de la main du peintre qui essaierait de reproduire les orgies du paganisme, vouées à la volupté et à la mort ; les flambeaux des furies, placés sur l'autel des dieux, éclairant à la fois meurtres et plaisirs ; des flots de vin coulant avec le sang des victimes.

L'éloquence, nulle jusqu'à cette époque, prit un essor nouveau : je n'entends pas par éloquence cette faconde érudite, tissu ridicule de citations et de traductions ; loquacité pédantesque, composée de subtilités forcées, de mots emphatiques, d'amplifications, de pointes, d'allusions à la Bible, d'invectives, de facéties et d'apostrophes au soleil et à la lune. Depuis l'époque de Menot et de Maillard, le style de la chaire s'était chargé d'érudition sans acquérir la gravité, la simplicité ou la raison. Faudra-t-il nous arrêter longtemps sur ces sermonaires, dont le crédit dura, presque sans interruption, jusqu'à l'époque de Mascaron et de Patru ? Leur cynisme égale leur déraison. Celui-ci (1) raconte en termes obscènes la naissance de Lu-

(1) André Valladier.

ther, qui, selon lui, doit le jour à un inceste. Cet autre prouve que le cœur humain est insatiable, parce que le monde étant rond et le cœur triangulaire, « *si vous placez un globe dans un triangle, il y reste toujours du vuide.* » Un troisième prêche la passion en style de Gargantua; et cet autre qui a sans doute étudié la théologie dans les hymnes de Ronsard affirme que « Notre-Seigneur est Hercule en mourant, Apollon en « ressuscitant, Bellérophon en montant au ciel. »

La même confusion des idées grossières, pieuses, fabuleuses, scientifiques, régnait au barreau, dont les plus nobles soutiens n'étaient pas moins ridicules dans leurs harangues. « Procureurs (disait le vertueux « Achille de Harlay, dans une de ses mercuriales), « *Homère* vous apprendra votre devoir, *Odyssée*, in li-« bro decimo; et *Eustathe*, en son commentaire, vous « dira comment vous devez vous conduire avec vos « clients! » Telle était alors l'éloquence d'apparat. *Duchâtel*, qui de correcteur d'épreuves, était devenu cardinal et lecteur de François Ier dont il fit l'oraison funèbre; l'érudit *Despence*, auteur d'un assez bon traité sur l'*Institution des Princes*, de quelques éloges funèbres et de sermons qui l'exposèrent aux dangers du bûcher, parce qu'il avait parlé sans respect de la *Légende dorée ;* l'errant visionnaire *Postel*, qui prétendait aux révélations, soutenait la métempsycose, se disait immortel, et avait tant d'auditeurs qu'il était obligé de les rassembler dans une cour et de se placer à une fenêtre pour leur faire la leçon; *Richardot*, qui chargé de faire l'oraison funèbre de Charles-Quint, croyait devoir le comparer à Socrate et aux Pyramides d'Égypte, mais qui cependant s'élevait à quelques beautés réelles d'éloquence; *Sorbin de Sainte-Foy*, cruel fanatique, flatteur sanguinaire, qui prodigua les fleurs du beau langage sur les tombeaux d'Anne de Montmorency, de Cosme de Médicis, de Charles IX, de Marguerite de

France, de Quélus, de Saint-Mégrin, et qu'un caprice de l'histoire littéraire a oublié, malgré tant d'efforts pour assurer sa gloire (1); enfin le cardinal *Duperron*, qui passait pour l'homme le plus éloquent de son époque et qui commence son *Éloge funèbre de Ronsard* par une page traduite de *Tacite* (2), suivie d'une autre page imitée de *Salluste* (3) : tous ces hommes, qui se prétendaient orateurs, sans jamais être émus, sans exciter une émotion chez leurs auditeurs, méritent à peine un souvenir.

Leur véhémence est fausse, leurs images, leurs idées, leurs mouvements sont empruntés et factices. Duperron, surnommé le colonel-général de la littérature, et qui serait plus digne du titre de grand chambellan du Parnasse, puisqu'il se chargeait de faire les réputations et de présenter les poëtes à la cour, a quelques droits à être distingué de ses contemporains. Ses périodes sont artistement construites : dans son oraison funèbre de *Marie Stuart*, servi par le choix d'un sujet si pathétique, il eut quelques intentions éloquentes, et lorsqu'il appela la vengeance divine sur la tête d'Élizabeth, dont la coquetterie sanguinaire venait d'immoler sa rivale, tous les assistants fondirent en larmes. La *Rhétorique française* du même auteur contient de bons préceptes, et quoique remplie d'affectation, elle n'est pas sans élégance. Enfin il fut le premier des auteurs catholiques qui écrivit la controverse en français, et s'il dut le chapeau de cardinal à ses complaisances pour la maîtresse d'un roi (4), il protégea les gens de lettres et leur disputa le prix du savoir sans leur porter envie.

(1) Thomas, dans son *Essai sur les éloges*, ne cite pas même le nom de ce prédicateur, qui joua un rôle odieux sous les règnes de Charles IX et d'Henri III.
(2) Le commencement de la vie d'Agricola.
(3) Le début de la conjuration de Catilina.
(4) Gabrielle d'Estrées.

L'art oratoire était donc entaché de mille défauts, dont nous ne le verrons pas se corriger avant la fin du seizième siècle.

Cependant l'éloquence existait : elle est toujours l'organe des grandes passions. Ce même Duchâtel, lorsqu'il entendit le chancelier Poyet dire à son maître qu'un monarque peut, selon son bon plaisir, surcharger le peuple d'impôts, l'interrompait : « Portez, « disait-il, ces tyranniques maximes aux Caligula et « aux Néron ; et si vous ne vous respectez vous-même, « respectez un roi ami des hommes, et qui sait que le « premier de ses devoirs est de consacrer les droits « de ses sujets. » Voilà l'éloquence. Plus tard, Achille de Harlay, au lieu de citer Homère et Eustathe, brave en ces mots le duc de Guise : « Mon âme est à Dieu, « mon cœur est à mon roi, mon corps est entre les « mains des méchants. »

On n'oubliera pas ces paroles immortelles souvent citées, accent naïf de l'héroïsme ; « braves paroles » que Montaigne préfère aux plus beaux discours ; c'est ce que Ronsard appelle, dans son style hardiment figuré, *darder un parler courageux* (1) ; ces exemples abondent dans le cours du seizième siècle, stérile en orateurs.

Dans ces circonstances difficiles, au milieu des périls, dans les assemblées où s'agitaient les grandes questions, brilla, non l'éloquence régulière et savante des Bossuet et des Fléchier, mais la mâle vigueur des pensées. Les *Guises,* dans leurs proclamations, se servent d'un langage plein d'adresse, de familiarité et de force. *Coligny*, moins courtisan, emploie moins de ressources rhétoriques, et frappe l'esprit d'un ébranle-

---

(1) Ce poëte dit ailleurs avec la même force :

Car je choisis des vers et mâles et hardis
Et des mots courageux !

ment plus vif encore. Les libelles, les pamphlets, dont les *Mémoires de Condé* et les recueils du temps nous ont conservé les plus marquants, étincellent de traits hardis. « Nous les avons brûlés, » dit un sage catholique, en parlant des protestants « ils ont multiplié ;
« nous les avons noyés dans leur sang, ils y ont frayé ;
« nous les avons enivrés de vin aux noces, et nous leur
« avons coupé les têtes en dormant, et à peu de jours
« de là les avons vus, de nos yeux, ressusciter avec
« têtes plus dures et plus fortes (1). »

Telle était la familière énergie que l'art ne dirigeait pas, telle était la seule éloquence du temps. Elle semblait l'apanage spécial des membres de la magistrature. Les parlements, d'abord révocables, et jouissant d'un pouvoir incertain et faible sous nos premiers rois, s'étaient élevés à une autorité indépendante, qui ne relevait d'aucune autre et s'étendait sur toutes. Déjà, pendant les troubles des règnes de Charles VI et de Charles VII, sous le règne plus effrayant encore de Louis XI, les magistrats s'étaient signalés par des actes et des paroles émanés d'une probité intrépide. On avait entendu *Jean de Lavaquerie*, rapportant à ce dernier roi plusieurs édits contraires aux droits nationaux, lui dire : « Sire, nous venons vous remettre nos char-
« ges, et souffrir ce qu'il vous plaira plutôt que d'of-
« fenser nos consciences. » Quand les orages politiques grossirent, sous la minorité de François II et la domination de Catherine de Médicis, la magistrature déployant toute son énergie protégea la liberté contre la révolte, le trône contre les seigneurs et la religion contre les fanatiques. Ce fut le temps des l'Hôpital, des Séguier, des Montholon, des Pithou, des Molé, des de Harlay, des de Thou, hommes qui unissaient à la simplicité mâle et franche des mœurs de la vieille pa-

---

(1) *Mémoires de la Ligue*, t. V, p. 667.

trie toute la constance du stoïcisme romain : « *Belles
« âmes, frappées à l'antique marque*, dit Michel Mon-
« taigne. »

Ces grands hommes servirent peu les progrès de
l'art et ceux du langage : trop exclusivement livrés à
la recherche des faits pour s'occuper de celle des
mots, investigateurs profonds des lois latines et des
lois françaises, la jurisprudence, la science politique,
leur ont des obligations qui valent bien sans doute ce
que la rhétorique aurait pu leur devoir. Tous ils joignaient à l'amour des jouissances intellectuelles le
culte de la vertu.

Avant eux, les *Rebuffi* et les *Accurse* n'étaient que
des praticiens érudits. Ce fut au milieu du seizième
siècle que l'on vit s'unir à l'étude des lois celle de
l'histoire et des belles-lettres. A la tête de cette grande
école de la magistrature, brillait l'Hôpital, homme
naïvement sublime, qui ne prit part aux affaires de
l'État que pour prouver ce que peut la fermeté de la
conscience dans une époque effrénée et confuse. Ce
Caton gaulois conserva dans les palais licencieux des
Valois la sévérité de ses mœurs ; épuisa sa vie en vains
et nobles efforts pour combattre la fatalité des temps,
le schisme par la réforme des mœurs, l'intolérance
par la pureté de la foi, et mourut de douleur, après
avoir essayé la lutte impuissante de la vertu contre
un mauvais siècle. Cette tentative d'une réconciliation
religieuse que les passions détruisaient sans cesse, son
courage l'avait sans cesse recommencée : il ne voulut
jamais, en dépit de la méchanceté des hommes, dé-
sespérer du pouvoir des lois.

Ses discours, ses remontrances, ses édits, clairs et
énergiques, d'une naïveté familière qui nous étonne
aujourd'hui, sont remarquables surtout par la force
du sens. Il réservait pour ses vers latins l'élégance et
la noblesse ; mais dans ses protestations contre les in-

justices et les fureurs de tous les partis, dans les dures réprimandes que cet homme irréprochable adresse à ses contemporains, dans les tableaux qu'il trace de leurs vices, il ne songe qu'à imprimer fortement sa pensée : une vivacité mâle, une éloquence de *père de famille*, mêlée d'érudition sans excès, est le caractère de ces harangues. « Si vous ne vous sentez, disait le vieux chancelier aux magistrats, « assez forts et assez « justes pour commander à vos passions et pardonner « à vos ennemis, abstenez-vous de l'office de juge ! » Dans une circonstance plus périlleuse encore, combattant seul la cour tout entière : « Je sais que ceci « sera trouvé âpre, et que je pourrais parler plus dou- « cement. Mais la nécessité arrache malgré moi ces « paroles à mon cœur, et me fait préférer de rudes « vérités à une douce flatterie. » Si l'on n'appelle pas ce langage de l'éloquence, que l'on cherche un nom plus convenable à cet énergique accent des passions vertueuses. Souvent les accusations du chancelier contre les corruptions contemporaines sont de véritables philippiques. Dans la séance du 26 juillet 1567, fixant ses regards sur quelques nobles que l'on supposait vendus à des seigneurs, il leur disait : « Rendez jus- « tice, rendez-la, quand ce serait au plus malheureux « homme du monde ! N'est pas honnête que l'on dise « d'un président, d'un conseiller : voici le chancelier « de tel ou tel seigneur ! Ils ne doivent reconnaître que « le roi. » Et ce mouvement admirable en faveur de la tolérance : « Qu'est-il besoin de tant de bûchers et de « tortures ? Garnis de vertus et munis de bonnes « mœurs, résistez à l'hérésie ! » Tels étaient les cris de douleur et d'indignation, les avertissements d'une sagesse inutile, qui s'échappaient sans cesse de cette âme généreuse. Il faut l'entendre aux États d'Orléans : « Sire, dit-il, n'écoutez pas ceux qui prétendent qu'il « n'est point de la dignité royale de convoquer les

« États. Qu'y a-t-il de plus digne d'un roi que de don-
« ner à tous ses sujets permission d'exposer leurs
« plaintes en liberté, publiquement, et en un lieu où
« ne puissent se glisser l'artifice et l'imposture ? Dans
« ces assemblées, les souverains sont instruits de
« leurs devoirs. On les engage à diminuer leurs an-
« ciennes impositions ou à n'en pas mettre de nou-
« velles, à retrancher ces dépenses superflues qui rui-
« nent l'État, à n'élever à l'épiscopat et autres dignités
« ecclésiastiques que des sujets dignes de les remplir :
« devoirs négligés aujourd'hui, parce que les rois ne
« voient et n'entendent que par les yeux et les oreilles
« d'autrui. »

Autour de ce grand homme, doué de tant de constance dans les idées, de foi à la vertu, d'intrépidité
dans la résolution, se placent les Cujas, les Dumoulin,
les Duferrier, les Pithou : quiconque passerait leurs
noms sous silence priverait le seizième siècle de sa
gloire la plus durable. Si leur langage était souvent
inculte, ils n'en pesaient pas moins, dans la balance de
l'État, de tout le poids de la science, unie au courage
et à la probité. Réconciliant entre elles les vieilles coutumes de la France et la diversité des lois romaines,
ils essayent de réduire en système le chaos de nos
institutions, corrigent ou atténuent les contradictions
d'une jurisprudence sans unité et opposent une digue
souvent trop faible, toujours utile, au malheur de leur
temps.

Persécuté à Genève et à Paris, *Dumoulin*, qui d'une
part accusait les menées des calvinistes et d'une autre
attaquait les doctrines politiques et l'usurpation temporelle du concile de Trente : esprit ardent et analytique, effrayé des erreurs et des folies qu'il aperçoit de
tous côtés, les condamnant toutes, et victime de la
haine des deux partis, se montre au premier rang de
ces courageux athlètes. Son style est dur, ses argu-

ments sont pressants, son savoir est immense. *Cujas*, qui, aimant la science pour elle-même, refusa de se mêler aux querelles politiques et fut près de payer de sa vie sa noble modération : Cujas, de l'école duquel sont sortis les Loysel, les Pithou, les de Thou, les Scaliger, les Pasquier, mérite une place éminente dans l'histoire des progrès intellectuels de l'Europe. Par la clarté qu'il a répandue dans une matière confuse et presque sans borne, par cette sagacité qui le faisait remonter aux principes mêmes des institutions humaines, son influence fut très-grande ; il écrivit rarement en français. *Loysel*, l'élève chéri de Cujas, qu'il suivit à Bourges, à Cahors, à Valence, et qui, renfermé avec lui et Pithou, travaillait dans sa bibliothèque depuis deux heures de l'après-midi jusqu'à trois heures du matin ; antiquaire, jurisconsulte, historien, écrivain politique, se servait habituellement de sa langue maternelle. Sans parler de ses *Institutes coutumières*, excellent résumé du vieux droit français, on peut relire encore son dialogue intitulé *Pasquier*, et son traité de *l'Oubliance des maux advenus pendant les troubles :* le style en est grave, ferme et naïf ; la pensée en est généreuse.

Forcés par notre sujet à ne point nous arrêter sur le mérite et le savoir de ces hommes qui appartiennent spécialement à l'histoire de la jurisprudence et de l'érudition, donnons au moins un souvenir à *Pierre Pithou*, le Varron de la France, et que Loysel son ami compare à Socrate. Infatigable dans la recherche des manuscrits anciens, dans l'étude des vieilles lois de la Germanie, il pose le premier fondement des libertés gallicanes : ses ouvrages sont clairs, d'une distribution savamment analytique et d'un style énergique dans sa vétusté. L'un de ses plaidoyers, que nous a conservé Loysel, contraste avec la puérile recherche du barreau contemporain, par la solidité des arguments et la simplicité de l'élocution. Comment oublier encore, dans cet aperçu trop rapide, le sagace et courageux *Duferrier*, *Dufay*, que distinguaient l'élégance et le goût, si rares en ce temps ; *Édouard Molé*, qui par un rapport hardi remit en vigueur la loi salique, et brisa la dernière espérance de la ligue ; *Pierre de la Place*, magistrat modeste, l'une des victimes les plus vertueuses de la Saint-Barthélemy, auteur de *Mémoires* excellents sur l'état de la France, de 1556 à 1561 et de deux ouvrages peu lus aujourd'hui, l'un sur la *Nécessité d'agrandir l'éducation;* l'autre, dont le titre seul annonce toute la sagesse de son auteur, sur l'*Union de la philosophie morale avec le christianisme*?

§ II

Les philosophes et les publicistes. — Jean Bodin. —
Les polygraphes.

Jean Bodin, esprit plus hardi dans ses élans qu'arrêté dans ses principes ; écrivain plein de feu et d'incorrection ; savant et paradoxal, tantôt hasardant des témérités singulières, tantôt embrassant dans leur absurde intégrité les erreurs de la crédulité contemporaine, a laissé sur sa route de vives traces de lumière. Sans parler de cette *Démonomanie*, monument du peu de progrès de la raison au seizième siècle, et de son *Théâtre de la Nature*, recueil de fausses explications des phénomènes naturels ; son traité *De la République* et surtout son ouvrage *De la manière d'écrire l'histoire*, lui assignent un rang honorable entre les premiers publicistes que la France ait produits. Il essaya d'éclaircir et de résoudre ce grand problème offert à l'intérêt des nations : l'origine de la souveraineté parmi les hommes. Aux données les plus heureuses et les plus nouvelles, il mêla beaucoup d'erreurs. S'il est faux d'avancer que Montesquieu lui a dû l'idée première de l'*Esprit des Lois*, on doit avouer que la *République* de Bodin ne fut ni inconnue ni inutile à ce grand écrivain ; et l'on classera toujours au nombre des penseurs les plus hardis celui qui, aux premiers États de Blois, s'honora de conseiller la tolérance, et consacra les pages les plus brillantes de la *République* à prouver aux rois la nécessité d'établir la liberté générale des consciences.

Tant d'essais de toute espèce, d'intérêts à défendre, de passions allumées, de pensées graves et profondes, de souvenirs empruntés à l'antiquité, exerçaient leur action sur le langage. De Comines à Calvin, la différence du style est encore peu sensible, quoique cinquante années les séparent l'un de l'autre. De Calvin à l'Hôpital, un espace immense est tout à coup franchi. C'est du règne de Charles IX que datent la souplesse, l'abondance, la flexibilité, la richesse souvent ridicule et le luxe souvent désordonné du langage. « Depuis nos troubles, dit Estienne Pasquier, on s'est « donné beaucoup de licence, et chacun, écrivant à sa « guise, a fait des mots comme il lui plaisait. »

La cour, toujours occupée de ses amusements et de ses frivolités, change alors la prononciation. Les anciens Français s'étonnent d'entendre les femmes et les jeunes gens prononcer pour la première fois *reine*, au lieu de *rouaine* (Royne) ; *il allait*, au lieu d'*il allouait* (il alloit). Cette innovation, qui donnait de la rapidité et de l'harmonie au discours, mais qui paraissait molle et efféminée, excitait le courroux de Pasquier et d'Henri Estienne (1). *Demeurons en nos anciens qui sont forts* (dit un de ces partisans de la pro-

---

(1) Avant les règnes de Henri III et de Henri IV, la diphthongue *oi* se prononçait dans tous les mots comme elle se prononce dans le mot *gaulois*.

nonciation antique), *et laissons aux courtisans leurs mots* douillets.

Ainsi marchaient du même pas les perfectionnements, les erreurs, les essais, l'érudition, la poésie, le fanatisme. *Pierre Saconay, Guy de Brès*, protestants, publiaient des libelles remplis d'invectives, que les catholiques ne laissaient point sans réponse. *De Bèze* écrivait ses pamphlets, son *Histoire* et sa tragédie d'Abraham, où se trouvent des tirades énergiques. *Tahureau*, bizarre écrivain, qu'on ne lit plus, imitateur d'Horace et poëte assez élégant, avait l'esprit de se moquer de toutes les sottises de son siècle. Le libraire *Corrozet* s'occupait des antiquités de Paris, et composait d'assez jolis vers. Son conte *du Rossignol* (1) se fait remarquer par une élégance de diction bien peu commune sous le règne poétique de Ronsard. *Duhaillan*, mauvais écrivain, dénué de toute critique, mais qui ne manque ni de liberté dans les jugements, ni d'une sorte d'érudition confuse et sans critique, donne la première histoire complète de France qui ait paru dans notre langue. L'astrologie judiciaire, soutenue par Bodin, trouve un adversaire dans un écrivain obscur, *Cheffontaine*, à qui cette sagesse, rare pour le temps, mérite bien un souvenir de l'histoire littéraire.

Cependant, après de terribles explosions, après quelques moments de repos, après des parjures, des massacres et des combats sans nombre, la guerre civile était parvenue à son dernier paroxisme de fureur. Un an avant la Saint-Barthélemy, lorsque les factions prêtes à s'entre-dévorer se menaçaient du regard, le Tasse était à Paris : mêlé à la suite du cardinal d'Este, il visitait la cour de France. C'est dans le récit familier de cet homme de génie que se révèle, plus à nu

---

(1) Il ne faut pas le confondre avec une autre pièce du dix-septième siècle publiée sous le même titre.

que dans tous les écrits des historiens, l'état de notre patrie, à demi barbare et déjà corrompue. « Au mi-
« lieu de campagnes fertiles s'élevaient des villes mal
« construites, rues étroites, maisons sombres, souvent
« en bois et mal distribuées, où de petits escaliers
« obscurs et tournant sur eux-mêmes conduisaient à
« de vastes et incommodes appartements. Des nobles
« toujours en armes, impérieux tyrans de leurs vas-
« saux; d'une taille débile et d'une complexion fai-
« ble (1), d'une ambition furieuse, d'une profonde
« ignorance, commandaient à de robustes paysans.
« En dépit des efforts de François Ier, la plupart des
« églises contenaient peu d'objets d'art; à Paris af-
« fluaient les protestants trompés par les promesses
« et la perfide bonté de la cour. »

Ces paroles naïves d'un étranger jettent plus de lumière sur nos mœurs, sur notre littérature même et sur la situation réelle de notre civilisation, une année avant la Saint-Barthélemy, que toutes les recherches et toutes les hypothèses de la critique.

Il était impossible que cette imperfection des habitudes, sociales, cette confusion, cette barbarie, ne vinssent pas se refléter sur les productions de l'esprit. Le pédantisme de Ronsard, les erreurs du savant Bodin, la familiarité vulgaire des plus graves membres du parlement, doivent-ils nous étonner ? Au milieu d'une civilisation si incomplète, ce que l'on a droit d'admirer, c'est la sévère logique de Calvin ; ce sont les efforts de la Ramée ; c'est l'heureuse et féconde facilité d'Amyot ; ce sont les éclairs de génie échappés aux écrivains de la Pléiade, les tentatives de Jodelle, les vues élevées de ce même Bodin, la science pro-

---

(1) La même faiblesse physique que le Tasse observait chez les nobles en France, Shakspeare l'observait en Angleterre peu d'années après, et Fielding un siècle et demi plus tard. *The lean shanks of the gentry.*

fonde et le mâle courage des l'Hôpital et des Pithou. Des vérités politiques ont été entrevues par eux ; les droits des peuples les ont eus pour courageux défenseurs.

§ III

La Saint-Barthélemy. — Michel Montaigne.

Le tocsin fatal a retenti. Le sculpteur Goujon tombe, frappé d'un coup d'arquebuse, au moment même où il orne de nouveaux chefs-d'œuvre le palais de ses rois. La Ramée, Coligny, de La Place, Grollot d'Orléans, des savants, des artistes, des hommes simples et pieux périssent assassinés. La Saint-Barthélemy eut pour panégyristes empressés, non des stipendiés vulgaires, ou des fanatiques obscurs, mais une armée d'écrivains, dont quelques-uns étaient déjà célèbres, et jusqu'à des membres du parlement, qui flétrissaient l'honneur de la toge : *Muret* le Cicéronien, commentateur de Ronsard ; *Guy du Faur de Pibrac*, homme doux, d'un aimable commerce, très-savant, auteur des fameux distiques si longtemps répétés par la jeunesse ; vertueux dans la vie privée, coupable par faiblesse ; *Papire Masson*, historien qui ne manque pas d'élégance (1), et dont la vie eût été irréprochable sans cette tache indélébile ; un misérable nommé *Favier*, qui exalta ce massacre comme l'un des traits les plus sublimes de l'histoire ; *Jean de Monluc*, évêque de Valence ; le curé parisien, *Jean des Caurres*, qui, dans le même recueil (2), publia une ode en l'honneur de la Saint-Barthélemy et un sermon contre la frisure des femmes ; le professeur royal, *Léger Duchesne*, qui donnait publiquement au monarque l'*Exhortation de*

(1) Il a écrit en latin.
(2) Recueil de prose et de vers.

continuer ce qu'il a commencé contre les huguenots (1) (tel est le titre de son volume) ; enfin des chansonniers, des poëtes, des auteurs de facéties, qui rimaient en vers burlesques la passion de notre seigneur Coligny « selon l'évangile de Saint-Barthélemy. »

N'exhumons pas des catacombes de l'histoire les œuvres que cet exécrable événement enfanta : œuvres d'ailleurs aussi méprisables par le style qu'elles sont atroces par la pensée. La plus mauvaise tragédie peut-être que l'on ait publiée depuis Jodelle, c'est la *Mort de Coligny*, par le seigneur de *Chantelouve*, drame ridicule, où Coligny apparaît comme Oreste, déchiré par les furies ; la rime et la raison n'y sont pas plus respectées que l'humanité. Pibrac lui-même, qui ne manquait ni d'adresse ni de talent, balbutie à peine l'apologie qu'il a le courage ou la faiblesse de tenter. Rappelons plutôt le noble exemple du jurisconsulte *Baudoin*, qui, malgré sa pauvreté, rejeta avec horreur une somme considérable offerte par la cour, et refusa de se ranger parmi les panégyristes du coup d'État dont elle-même était effrayée. A ces sanglants spectacles, le jeune *de Thou* sent son cœur frémir d'indignation, et se promet de peindre son siècle et de venger la vertu. Les Loysel, les Pithou adoptent les maximes de la tolérance. *Jeannin*, catholique exalté, désavoue ceux qui veulent (suivant la belle expression d'un grand homme de la même époque) « faire un dieu cruel et sanglant comme eux. » Enfin le seigneur de *Montaigne*, bon gentilhomme de province et catholique, qui jusqu'alors avait, tranquille spectateur, considéré les événements de la vie comme une scène à laquelle la souplesse de son esprit et la bonhomie de ses mœurs lui permettaient de se mêler sans trop de danger; effrayé

(1) Paris, 1572.

des hommes, il rentre dans son château de Périgord, et s'étudie lui-même (1).

Une combinaison, qui ne peut être le résultat du hasard, et qui semble indiquer l'enchaînement mystérieux des causes et des effets, nous a montré l'historien de la politique du quinzième siècle, Comines, avec sa moralité machiavélique, jouissant d'une haute faveur à la cour de Louis XI. Calvin apparaît au moment où la sévérité dogmatique des réformés se détache du catholicisme compromis par les mœurs relâchées de son clergé. Rabelais, par sa monstrueuse gaîté, représente le penchant satirique et les grotesques phénomènes d'une époque où la gaîté même a quelque chose de sauvage. Enfin, au milieu de ce spectacle, objet de nos observations, nous sommes parvenus au moment où se confondent et aboutissent toutes les influences, que nous avons vues partir de plusieurs points et s'emparer du seizième siècle. Cette dernière époque, la plus orageuse d'un temps fertile en orages ; celle où éclatent et luttent avec le plus de violence tant d'éléments hétérogènes, l'époque de la ligue, de la Saint-Barthélemy et des barricades ; enfin la partie du seizième siècle la plus agitée et la plus terrible, va produire à son tour l'écrivain le plus justement célèbre de son temps : c'est Montaigne. Il caractérise aux regards de la postérité les derniers progrès de l'esprit humain au seizième siècle : tout en s'appropriant pour les étendre les idées de son époque, il les devancera et les dominera, de manière à n'être pas toujours compris de ceux qui l'entourent.

La réforme, le développement de la jurisprudence

(1) Cette date n'est point hasardée : c'est de 1572, année de la Saint-Barthélemy, que date la retraite de Montaigne interrompue depuis cette époque par la fureur des guerres civiles. La première édition des *Essais* est de 1580.

avaient imprimé aux facultés de l'esprit une impulsion vigoureuse. Le style des Calvin et des Dumoulin ne manquait ni d'énergie, ni de subtilité, ni de profondeur; la raison, plus tardive que le génie, ne devait apporter qu'après lui les fruits de sa maturité. La marche de la philosophie n'est qu'une lente investigation. L'examen que Comines avait porté dans l'histoire avec une impartialité si froide, que les réformateurs avaient lancé comme une torche enflammée au milieu de l'édifice religieux; l'examen qui faisait découvrir à Galilée les secrets du ciel, à Colomb la forme et l'étendue du globe, n'était point adopté par la philosophie. La Ramée avait combattu l'autorité aristotélique; Bodin et quelques autres avaient attaqué des erreurs partielles. Mais le défaut du siècle, c'était l'habitude de croire aveuglément : nul n'avait encore prouvé la nécessité de douter avant d'observer, d'examiner avant d'affirmer. Ici, comme dans toutes les parties des connaissances humaines, un monde ancien s'écroulait, un monde nouveau devait se former; et comme la philosophie embrasse tout ce que l'homme peut penser, connaître et sentir, cette formation était bien plus complexe et plus difficile. La doctrine expérimentale, spirituellement enseignée par Montaigne, analysée ensuite avec profondeur par Bacon, appliquée par Descartes avec témérité et avec génie, ne pouvait s'établir qu'après que les essais, les tâtonnements et les révolutions de toutes les sciences lui auraient montré le chemin et aplani les obstacles.

Le moyen âge avait eu sa puissante philosophie, comprenant le mépris des choses périssables, le dédain de la matière et l'adoration des esprits. Tout se spiritualisait alors : le raisonnement n'était qu'abstraction; le philosophe contemplait sans observer. La synthèse, qui considère les objets dans leur masse, était le seul procédé de l'esprit : on repoussait comme matérielle, vulgaire et déshonorante pour l'homme, l'analyse, qui sépare et poursuit les objets dans leurs subdivisions, qui les examine dans les dernières limites de l'être. Aux regards de ces philosophes, le monde n'était pas un composé de parties diverses, mais un seul être vivant, animé du souffle divin. Une secrète sympathie le rattachait au monde immatériel dont il était l'image terrestre. Ces planètes qui semblent rouler sur nos têtes, maîtresses de nos destinées et liées avec notre globe par d'étroites affinités, étaient la source de la vie et du mouvement, le trésor d'où émanaient nos vertus, nos vices et nos malheurs ; elles-mêmes étaient vivantes et commandaient aux actions et aux pensées du monde sublunaire, comme l'astre du jour fait naître dans nos campagnes la végétation et la fécondité. L'esprit de Dieu vivait au fond des cavernes où germe l'or, où la perle se forme, dans le foyer des volcans, dans l'eau des mers, au sein de la plante qui se nourrit de rosée. L'instinct des brutes manifestait à un degré inférieur l'énergie céleste. L'homme, vassal de cette grande tyrannie, dont la brute était l'esclave, conservait sa liberté morale ; sa liberté physique restait soumise à l'astre qui avait éclairé son berceau.

Telle était, en général, la vaste pensée qui dominait l'esprit des philosophes chrétiens. Leur synthèse était incomplète ; elle repoussait l'Analyse, comme depuis le seizième siècle l'Analyse a voulu exiler la Synthèse. De là mille erreurs perpétuées jusqu'à l'époque de Montaigne, et qui planèrent sur tout son siècle : la croyance à l'influence des astres ; l'emploi de la magie et de la sorcellerie ; le peu de progrès des sciences physiques ; la cruauté des châtiments infligés à l'incrédulité, considérée comme attentat contre l'esprit divin ; la foi aux chimères théurgiques ;

la poursuite de la pierre philosophale ; la prépondérance du pouvoir religieux, emblème de la puissance divine, armé de la force intellectuelle qui doit régner sur la puissance civile et matérielle : de là naquit surtout un dédain condamnable de cette morale simple, applicable à l'humanité dans sa faiblesse ; une aveugle haine de l'analyse, qui se contente d'approfondir en détail les mystères du monde réel.

Alors existait dans une province éloignée de Paris un gentilhomme que la sagesse et l'amour ingénieux de son père avaient garanti, par une éducation forte et douce, des erreurs scolastiques et du fanatisme contemporain : le latin, dont son précepteur, sa nourrice, les domestiques de la maison et les paysans du voisinage répétaient les mots usuels, était devenu son idiome naturel. Réveillé au son des instruments, une sorte de volupté philosophique avait développé sa jeunesse, et prémuni son âge mûr contre la fureur des guerres religieuses et l'ardeur de l'ambition. Homme de guerre, homme du monde, il vit la cour et porta dans les devoirs d'une vie insouciante et active la paresse et l'observation auxquelles l'avaient habitué le bien-être de son premier âge et le bonheur ou le courage de ne juger des choses que d'après lui-même. Ami de la plupart des hommes célèbres de son temps, d'un commerce facile et d'un caractère peu fait pour braver les orages politiques, il résolut de ne plus vivre qu'avec ses livres et sa pensée dès que les troubles de la monarchie prirent un caractère effrayant. Alors, retiré dans une agréable solitude, le seigneur châtelain emportait à la chasse Ovide et Rabelais, Térence et Catulle, Arioste et Lucrèce, plus souvent encore Sénèque, Plutarque, Tacite et Comines. Rêvant à ses lectures, méditant, extrayant tour à tour, il corrigeait ou s'appropriait, traduisait ou appliquait aux événements contemporains les pages de ses auteurs favoris : sans plan, mais non sans but ; sachant ce qu'il voulait, ne sachant jamais où il allait ; vagabond dans ses méditations comme dans ses promenades, il étudiait à la fois les anciens et son propre cœur, et joignait à cette double étude la peinture vive et railleuse des vices de son siècle.

Ainsi naquit et se développa sans art et pour ainsi dire de lui-même le premier ouvrage dans lequel la raison humaine, appliquée à tous les objets que l'intelligence peut saisir, fraya la route à Descartes, à Gassendi, à Bayle, à Locke, à Rousseau et même à Pascal, si différent d'ailleurs de Montaigne par la trempe de son esprit. C'est le premier anneau de cette chaîne de penseurs sceptiques, qui substitua l'expérience à la croyance.

La manière dont cet écrivain commença son audacieuse entreprise est simple. Il se contente de repousser le dogmatisme, et s'engage avec lui-même à n'écrire que ce qu'il pense et ce dont il est sûr. Il s'appuie sur les anciens pour apprendre à s'étudier, puis il porte son regard sur lui : c'est la chose qu'il sait le mieux ; et, traçant une fidèle image de sa propre existence, de *ses humeurs*, comme il le dit, de ses caprices, de ses vertus et de ses vices, il offre à qui veut en profiter, et dégagé de toutes hypothèses, le type de l'humanité même. Sa main hardie ébranle cette fermeté de conviction, cette crédulité opiniâtre avec laquelle les plus dangereuses opinions étaient soutenues. Il fait vaciller aux yeux des hommes les idoles qu'ils avaient élevées, qu'ils regardaient comme inébranlables, et auxquelles on sacrifiait le sang des victimes humaines. Mal à propos accusé d'impiété, son livre n'est qu'un combat livré aux fausses certitudes. Alors il ne s'agissait pas de dogmatiser, mais d'apprendre à douter. Contre l'opinion générale, il prouve qu'il ne suffit pas de beaucoup savoir, mais qu'il faut savoir *bien ;* bat en ruine cette législation confuse, chargée de gloses contraires, débris d'institutions diverses que Cujas et Dumoulin essayaient de concilier ; prend à partie l'éducation du pédantisme, l'esprit de faction, les disputes théologiques, l'intolérance, les fureurs des sectaires, surtout les injustices juridiques, l'inquisition et la torture. Quand on prenait pour des certitudes tant de lueurs fausses qui conduisaient à des barbaries, il était raisonnable et utile de *douter*.

Il eût payé cher son audace si, logicien rigoureux, orateur véhément, il eût imprudemment développé la longue accusation de son siècle ; dans son adroite et nécessaire bonhomie, il n'effraya personne et prépara la vérité sans en être le martyr. Les meilleurs esprits du temps ne faisaient que se douter des intentions de Montaigne. « Par adventure, dit Estienne « Pasquier, a-t-il voulu se moquer de nous tous, par « une liberté particulière et à lui propre ? » Admettant toutes les doctrines tour à tour, se balançant pour ainsi dire entre toutes les opinions des philosophes ; rêvant, racontant, discutant avec une liberté de style égale à l'audace de sa pensée, il retrace la mobile histoire de l'espèce humaine, le délire de notre raison, la folie de notre orgueil, la montre sous toutes ses faces et la reproduit tout entière en se contemplant lui-même. Il essaie tous les systèmes successivement, emploie la vigueur de son raisonnement à sonder dans toutes les directions le terrain dangereux qu'il a choisi, pousse son investigation tantôt vers les hautes régions de la philosophie spéculative, tantôt vers la philosophie usuelle et pratique ; puis s'arrête, revient sur ses pas, reprend ses recherches d'un autre côté et dans une direction opposée, et laisse à Pascal, Bayle, Fontenelle, Duclos, Buffon, surtout à Jean-Jacques, le soin de développer les germes nombreux que sa main capricieuse et négligente a semés sur toutes les routes de la science.

Ce grand écrivain appartient-il spécialement au seizième siècle par le style et les habitudes du langage? Non : son dialecte est à lui seul. Dès son enfance, il avait *jargonné*, comme il le dit, la langue de Sénèque et de Pline ; c'est elle qui, sous une forme à demi française, à demi gasconne, sert d'expression à ses pensées naïves, piquantes, hardies et familières. Il y a chez lui du Marot, du Lucain et du Tacite, et la vivacité du patois périgourdin se confond sans cesse avec la marche libre de la phrase latine et l'expression vigoureuse de l'idiome romain. On dirait qu'il a pressenti que le français ne se fixerait que cinquante ans plus tard, et que, dédaignant à la fois le dialecte de convention dont les Baïf se servaient et celui que le peuple employait, il s'est fait à lui-même son dictionnaire et sa syntaxe. « Je le « pris un jour à part, comme nous étions à Blois, « dit à ce sujet un contemporain, et je lui reprochai « son ramage gascon; je lui remontrai que les mots « *abrier, gendarmer, asture*, ne sont pas du bon « français. Il promit de s'amender, mais il n'en tint « compte. Peut-être dans le fait ne voulait-il que « narguer tout le monde par ces belles inventions, « singularités, *contrepointes* et *piaffes*. » Mêlant ainsi la vive familiarité du discours parlé à l'éclat des images et à ces expressions de verve, qui semblent ajouter à la profondeur de l'idée qu'elles colorent; alliant une naïveté pleine d'élévation à une vigueur de style qui ne tombe jamais dans l'emphase et se concilie tour à tour avec la grâce ou avec la libre énergie de son époque; les plus remarquables écrivains des siècles suivants l'ont étudié comme un modèle, et se sont enrichis des emprunts qu'ils lui ont faits, sans pouvoir rien enlever à sa gloire. C'est, de tout son siècle, l'homme qui a le plus vivement influé sur les siècles suivants ; c'est celui que nous connaissons le mieux, que nous relisons le plus souvent, que nous consultons et que nous aimons davantage. Nous avons besoin de nous expliquer à nous-mêmes la célébrité de la plupart de ses contemporains : leur mérite ne nous semble évident que si nous les comparons avec leurs rivaux et les circonstances qui les entouraient. Mais Montaigne est vivant pour nous ; il nous semble que le sang circule encore dans ce cœur fait pour l'amitié, dont il a tracé la plus vive image ; que cette ardente énergie de style, cette verve de poëte n'ont point été détruites par la mort ; et que l'auteur de ces admirables passages sur Rome détruite, sur la vertu, sur l'éducation, sur la science, sur la conduite privée, sur la tolérance, sur l'héroïsme, est notre contemporain, notre conseiller et notre guide.

Montaigne a créé ou employé avec audace un grand nombre de mots, dont plusieurs sont restés dans le langage. Je citerai seulement *diversion* et *enfantillage*, qu'un des critiques de son siècle lui reproche d'avoir introduits, et qui sont d'une création très-heureuse. On connaît ses mots gascons, *ainsin* pour *ainsi ; asture* pour *à cette heure.* Ronsard voulait aussi que le mot *ainsin* (idiotisme à la fois parisien et gascon) fût employé devant les voyelles. On a compté plus de deux cent soixante expressions employées par Montaigne (1) et tombées en désuétude. Ce nombre s'augmenterait beaucoup, si l'on voulait y comprendre les nouvelles acceptions qu'il a prêtées aux mots déjà usités « Ma profession en cette vie est de

(1) L'abbé Talbert. Notes à la suite de son *Éloge de Montaigne*.

« *la vivre* mollement, pour *la jouir* au double des
« autres. » — « Il faudrait s'enquérir *qui mieux est
« savant*, non *qui plus est savant.* » Et cette peinture
de l'héroïsme, « qui *tombe obstiné en son courage;* »
et ces défaites « *triomphantes à l'envi des victoires,* »
et la vieillesse, « qui nous imprime *plus de rides à
« l'esprit* qu'au visage ; » et ces belles actions particulières « qui s'ensevelissent *dans la foule* d'une ba-
« taille ; » — et « Rome, *épouvantable machine*, dont
« le monde, ennemi de sa longue domination, avait
« *brisé et fracassé toutes les pièces :* » ces expressions
ne sont qu'à Montaigne. A peine Pascal et Jean-
Jacques, dans l'audacieuse conscience de leur force,
ont-ils pu s'approprier quelques-unes de ces riches et
inaliénables dépouilles du plus grand écrivain de son
temps.

§ IV

Laboëtie, Charron. — Les républicains du seizième siècle.

Groupons autour de Montaigne et examinons rapidement les objets de ses affections les plus vives :
Laboëtie, son ami de cœur, et *Charron*, le disciple de
son choix. Laboëtie, quand même il ne serait pas
connu par les éloquents regrets de Montaigne, mériterait une place entre les auteurs distingués de cette
époque. Esprit sévère, indigné des crimes de la cour
de Charles IX, il se précipite vers les idées républi-
caines, par horreur pour les excès du pouvoir. Tandis que son ami, moins rigoureux que lui dans ses
déductions et doué d'une âme plus douce qu'impétueuse, voulait conserver la monarchie, et se contentait de donner au monarque d'assez libres conseils,
Laboëtie, « jeune homme plein d'ardeur, qui *eût mieux*

« *aimé être né à Venise qu'à Sarlat* (1), » proclamait hautement ses opinions, toutes contraires aux institutions de la France. Son ouvrage, intitulé le *Contre-un* ou la *Servitude volontaire*, est tel qu'auraient pu l'écrire Machiavel aux jours de Florence républicaine ou Rienzi pendant son consulat; le style en est grave, élevé, précis, plein de sens et de force, le raisonnement calme et austère, l'élocution correcte et saine, et l'application dangereuse aux lieux où le peuple n'est pas maître.

Ainsi fermentaient dans la société du seizième siècle ces idées de révolution et de liberté, que Bodin, Hubert-Languet et Laboëtie ne craignaient pas de répandre, et qui devaient, deux cents ans plus tard, bouleverser les institutions de la vieille France. L'autre ami de Montaigne, *Charron*, héritier des armoiries et des doctrines de son maître, se contenta de reproduire systématiquement et d'exagérer avec méthode les pensées que Montaigne avait émises sous la forme plus habilement modeste du soupçon et du doute. Le maître avait montré le ridicule du dogmatisme; Charron dogmatisa le scepticisme. L'un disait en riant, *que sais-je?* L'autre affirmait qu'il ne savait rien. La vérité des religions, l'autorité de l'Église, la certitude de la morale même, furent attaquées par Charron; il poussa jusqu'à l'abnégation de toute règle l'indépendance des idées que lui avait enseignée Montaigne; l'Université, le Châtelet, le Parlement se soulevèrent à la fois contre l'audacieux théologal. Heureusement le président Jeannin conjura l'orage. Esprit gravement sceptique, Charron écrit comme il pense ; sa marche contraste par sa lenteur et sa lourdeur avec l'allure vive et sautillante de son maître ; on ne le lit plus guère aujourd'hui ; et ce qu'il faut surtout re-

(1) Montaigne.

marquer dans sa destinée, c'est que sa gravité ennuyeuse et méthodique l'exposa à tous les dangers que la bonhomie railleuse de Montaigne avait su esquiver (1).

§ V

Les satiriques, les humoristes, les spadassins. — Les Estienne. — Pourquoi de Thou écrivit en latin.

Charron et Laboëtie se rapprochent des écrivains du commencement du dix-septième siècle. Ils modèlent déjà leur style d'après les formes reçues ; doués de peu de vivacité dans l'imagination, ils réussissent souvent à donner à leur phrase ce degré de correction qui manque quelquefois à Montaigne. Cependant, au milieu des troubles de ce temps funeste, où (comme le dit D'Aubigné) on se battait dans tous les villages, où « chaque masure et chaque bouquet de « bois cachait une embuscade ; » au moment où la ligue éclatait, où se faisaient jour de toutes parts les hardies innovations des écrivains que je viens de nommer : ce qu'il y a de plus frivole dans les œuvres de l'esprit conservait encore de nombreux prosélytes. Les imitateurs de Rabelais continuaient ses railleries obscènes : *Fanfreluche et Gaudichon, Mythistoire baragouine*, paraissait immédiatement après la Saint-Barthélemy. Malgré le mouvement fébrile qui entraînait la société, elle ne perdit pas un moment son vieux caractère de causticité gauloise. *Cholières* publie ses contes ; *du Bouchet*, ses *Serées* (2) aussi piquantes qu'immorales ; *Béroalde de Verville*, son livre obscène

---

(1) Nous ne parlons pas du livre des *Trois Vérités,* qui, aussi orthodoxe que celui de la *Sagesse* l'est peu, souvent mieux écrit que ce dernier, renferme des pages éloquentes.

(2) Soirées.

et confus (le *Moyen de parvenir*), où se trouvent quelques inventions heureuses ; enfin le chanoine *Nouvellet*, ses *Joyeusetés*. Antoine *de Cotel* dédie à un cardinal de *Gaies poésies*, que nous jugeons aujourd'hui trop gaies ; et le médecin *Joubert* a le courage de composer, au bruit des discordes civiles, son *Traité du rire*, dans lequel se trouvent quelques idées philosophiques, ainsi que son *Traité des erreurs populaires*, qui par le fond des idées, si ce n'est par le style, s'élève au-dessus des préjugés alors répandus.

Quand les passions politiques et religieuses se mêlèrent à cette verve de gaieté ; quand la haine, le sarcasme, l'indécence, les personnalités, la licence et l'érudition se confondirent dans les mêmes esprits, on vit paraître d'étranges pamphlets ; nul autre siècle ne produisit de pareils ouvrages. Tels sont la *Fortune de la cour*, satire licencieuse et amère ; l'*Ile des Hermaphrodites*, libelle sanglant dont Henri IV a cru devoir attester la véracité, et dont l'auteur est resté inconnu. Telle est aussi la cruelle *Légende du cardinal de Lorraine*, par le protestant de la Planche, auteur de bons Mémoires sur son temps ; et cette autre *Légende de Catherine de Médicis*, composée en français et en latin par *Henri Estienne*, le plus vif esprit et l'un des plus savants membres de cette famille illustre et vraiment noble.

Personne ne connaissait mieux qu'Henri Estienne le génie des Grecs (1). Aucun protestant n'avait voué plus de haine au clergé catholique. Ce double sentiment lui dicta son *Apologie pour Hérodote*, ouvrage amusant et unique dans son espèce. Sous prétexte d'excuser Hérodote, taxé de crédulité dans ses récits,

---

(1) Il avait passé plusieurs années à Venise dans la société « d'un vieux gentilhomme grec, » comme lui-même nous l'apprend, et n'avait pas cessé de parler grec avec lui.

il y accumule tout ce que le quinzième et le seizième siècles ont produit de bizarre : historiettes scandaleuses, crimes avérés, forfaits douteux, sottises populaires, folies privées et publiques, monstruosités invraisemblables et prouvées ; et quand il a réuni tous ces traits épars, il demande à ses contemporains s'ils ont le droit de mépriser l'antiquité vénérable, et de railler le bon Hérodote. C'est le ton goguenard de Rabelais, l'art de conter, si commun chez nos vieux auteurs, et une égale connaissance de la chronique scandaleuse des temps modernes et des œuvres de l'antiquité. Battu des orages politiques et religieux, Henri Estienne rendit à la langue française et à la science les plus grands services. Dans son *Traité de la précellence de la langue française*, il soutint les droits et devina l'universalité de notre idiome, et prouva qu'il est susceptible à la fois d'éloquence et de grâce. Son père, Robert Estienne, « auquel, dit un histo« rien, nous devons plus qu'à un général d'armée qui « aurait pris cent villes et gagné cent batailles, » s'était immortalisé par son *Trésor de la langue latine*. Henri éleva un monument pareil à la langue grecque. Il s'aperçut, en le composant, des nombreux points de rapport qui se trouvent entre notre idiome et celui des Hellènes ; de là son excellent *Traité de la conformité des deux langages;* il y exagère les résultats et l'étendue de son système ; mais les bases de ce livre sont vraies et profondes.

La manie de parler italien en français s'était répandue de la cour parmi le peuple. On dénaturait la langue, et l'on n'était pas réputé bien parler, si l'on ne disait *contraste* pour *discorde ; garbe* pour *bonne grâce ; en conche* pour *en ordre ; accort* pour *avisé*. On allait plus loin ; on disait à la cour qu'une affaire était faite *sgarbatement* (sans grâce), que l'on s'était *inganné* (trompé), et qu'une femme était *leggiadre* (jolie). Henri

Estienne s'éleva contre cet abus, comme Du Bellay venait de s'élever contre l'excès des transformations grecques et latines. Homme instruit, doué de pénétration, de jugement et d'esprit, il continua à servir sa patrie qu'il était forcé de fuir, vécut errant et mourut en exil.

On voit se perpétuer ainsi les diverses influences dont j'ai tracé la route et montré l'origine ; dans l'ardeur des guerres civiles elles s'exaltent et se confondent. L'insouciant Montaigne lui-même sort de son caractère et s'arme d'éloquence. L'érudition devient hostile dans l'*Apologie d'Henri Estienne pour Hérodote*. La vieille manie des allitérations, le ridicule des logogriphes et des calembours en honneur du temps de Crétin trouvent encore un représentant et un écrivain voué à leur cause, dans le sieur *Tabourot*, qui, portant un tambour dans son écusson, se crut prédestiné à faire des jeux de mots, et se donna, de sa propre autorité, la Seigneurie *des Accords*. Tout ce qu'il y a de capricieux dans cette époque se réunit chez ce burlesque personnage. Ce n'est pas la franche licence de Verville, ni la savante causticité d'Estienne : c'est une bouffonnerie de commande, née de mœurs dépravées, licencieuses et élégamment affectées. Cet homme, qui n'a pas écrit six pages exemptes de folie et de mauvais goût (1), a joui de plus de vogue que Montaigne. On louait ses belles inventions et ses érudites facéties. Ses *Bigarrures*, dont le second livre est placé le quatrième, et où se trouvent entassées mille extravagances mêlées à des saillies spirituelles, reçurent les éloges des meilleurs esprits (2) de ce temps. Le platonisme, qui semblait abandonné depuis l'évêque

---

(1) On est étonné de rencontrer au milieu des facéties du sieur Des Accords un excellent passage *sur l'éducation des enfants*.
(2) V. Estienne Pasquier, *Lettres familières*, etc.

Héroët, inspirait encore à un mauvais poëte (1) *sa Gélodacrye amoureuse ;* il appelle sa maîtresse l'*Idée*.

L'érudition continuait aussi ses recherches. *Denis Lambin* professait au collége de France ; par la lenteur de son investigation, il enrichissait à son insu la langue française du verbe nouveau *lambiner*. *Dutillet*, greffier, compulsait par ordre des rois les vieux chartriers et les actes authentiques renfermés dans nos archives. Sans élégance, mais non sans utilité, il a de l'exactitude, et quelquefois de la critique : il apporte dans l'étude de l'histoire les scrupules et même les chicanes de la plaidoirie. C'est le premier auteur qui ait confronté les annales de la France avec des monuments d'une incontestable antiquité. Un style plus barbare encore que diffus distingue *Claude Fauchet*, homme impartial, érudit, patient, qui débrouilla nos antiquités gauloises, et jeta quelque lumière sur le commencement de notre littérature. Dans ces années de tumulte, d'effervescence, de frénésie, l'ardeur de savoir ne s'affaiblissait pas. Il faut lire dans les Mémoires de Jacques-Auguste *de Thou* comment Paul de Foix, prélat vénérable, que l'érudition avait élevé à la fortune, et que le parlement avait admonesté, parce qu'il penchait vers la tolérance (2), mit à profit pour ses travaux littéraires son voyage en Italie où il était envoyé comme ambassadeur, une année après la Saint-Barthélemy (3). « Près de lui, dit l'historien,
« chevauchait Arnault d'Ossat, son secrétaire, qui lui
« expliquait Platon, tout en faisant route. Pendant
« les apprêts du repas, André du Chesne (que de Thou
« ne manque pas de nommer *Quercetanus*) lui lisait les

---

(1) Le seigneur *A. de Ponthoux*. (Gelodacrye, *Mélange du rire et des larmes*.)

(2) V. Mémoires sur l'Académie des Inscriptions, t. XXIII. Notice sur Paul de Foix par Secousse.

(3) 1573.

« fameuses Paratitles de Cujas, que ce grand juris-
« consulte avait dédiées à Paul de Foix. Ensuite l'am-
« bassadeur reprenait les Paratitles, les expliquait,
« les analysait, les commentait savamment, jusqu'à
« l'heure du coucher. »

De Thou lui-même, fort jeune encore, était du voyage, et s'occupait à recueillir dès lors les matériaux de sa grande histoire, œuvre de sa vie entière (1). Cet homme juste sentit, comme Montaigne, l'état d'imperfection où se trouvait la langue française : il n'avait pas, comme le seigneur gascon, à faire l'histoire particulière de ses opinions et de ses caprices. Un idiome grave et souple, éloquent et généralement connu, lui était nécessaire pour tracer le vaste portrait de son siècle. Il choisit le latin, qui était alors le dialecte commun des hommes éclairés : si l'on peut s'ériger en critique du style, quand il s'agit d'une langue morte depuis quinze siècles, on doit ajouter qu'il l'employa avec élégance et noblesse. Judicieux, véridique, sans autre passion que celle de la vertu ; père de l'histoire moderne considérée dans son ensemble et dans ses rapports nouveaux et intimes qui, depuis la découverte de l'Amérique, font de l'Europe une seule nation ; l'un des premiers il recueillit les titres historiques de notre gloire littéraire au seizième siècle. S'il appartient à la littérature française, dont son ouvrage est l'un des plus beaux monuments ; son ouvrage n'appartient pas à notre langue. Exact, animé, abondant, plus noble que pittoresque et plus judicieux que profond ; son respect pour le titre d'historien, son enthousiasme pour la vertu, son amour de la tolérance et sa haine des factions, communiquent souvent à son style latin une élévation douce qui rappelle, pour l'onction et la noblesse, Fénelon

---

(1) Voir plus bas, l'*Essai sur* F.-A. DE THOU.

et Vauvenargues. Lui-même s'est peint en quelques lignes : « Ce que doivent faire les bons juges, quand « il est question de la vie et de la fortune de leurs « semblables, nous l'avons fait dans cette histoire : « consultant sans cesse nos scrupules, interrogeant « notre conscience et cherchant à retirer la vérité « des profonds abîmes où l'avaient plongée les fu- « reurs des partis (1). »

Le chef de la philosophie moderne et celui de la nouvelle école historique sont nés tous deux du sein des troubles civils. Montaigne, se repliant sur lui-même lorsque la France est en feu, consacre sa vieillesse à s'étudier pour instruire ses semblables. De Thou, âme pure qu'épouvante son siècle, veut le reproduire fidèlement; il commence ce tableau immense dans « les camps, devant les villes assiégées, « au bruit de la trompette; il le continue dans les « ambassades, dans les cours, près des bûchers qui « s'allument, au bruit des séditions populaires et des « clameurs du Forum (2). » Si l'on réunit dans sa pensée, si l'on pèse attentivement la double supériorité de ces deux hommes, *Montaigne* et *de Thou :* si l'on se rappelle le point d'où nous sommes partis, la moralité douteuse de Comines, l'éloquence gothique de Jean Lemaire, la critique de Robert Gaguin ; si l'on réfléchit à la distance qui sépare l'historien du seizième siècle et le philosophe gascon de ceux qui les précédaient ; de Calvin, si rigoureux et nécessairement si injuste ; de L'Hôpital lui-même, citoyen romain qui traitait la France comme Caton le Censeur traitait Rome ; de Rabelais, la plus forte tête de son temps, bouffon caustique, homme d'un génie monstrueux, enivré de facéties et de licence : si l'on veut

---

(1) *Præfatio ad Henricum.*
(2) *Ibidem, lineâ postremâ.*

penser que tous les principes qui assurent le bonheur des hommes, que la liberté des croyances, celle des peuples, le respect dû aux lois, la nécessité de l'examen, préparés lentement pendant l'espace que nous venons de parcourir, et toujours méconnus, se trouvent enfin proclamés avec éloquence, avec dignité, avec calme, par de Thou et Montaigne : si l'on compare l'élégance et l'art, la simplicité de bon goût et l'heureux enchaînement des faits qui distinguent de Thou, avec l'imperfection et le désordre des anciens mémoires dont Comines lui-même avait adopté la forme, on admirera la rapidité insensible du progrès, qui, nous entraînant comme à notre insu, vient de nous conduire des essais où le talent se couvrait de si grossières enveloppes, jusqu'à ces monuments, qui dureront autant que la civilisation de l'Europe. Progrès étonnant : résultat indispensable des diverses influences, que je n'ai point cessé de signaler dans leur marche. La route s'est faite d'elle-même : le changement perpétuel des mœurs nous a fait passer tour à tour d'une littérature à une autre, de Marot à Ronsard, de Calvin à Montaigne, par une transition à peine aperçue.

En effet, dans l'histoire intellectuelle, comme dans l'histoire de la nature physique, rien ne s'opère par saillies impétueuses : tout se forme, se prépare, se modifie ; une pente insensible entraîne vers de perpétuelles mutations le monde, les empires, les saisons ; tout a son germe et sa cause, tout produit son effet et donne ses fruits et l'observateur le plus exact est celui qui laisse le moins de lacunes dans cette vaste trame dont il cherche à découvrir l'enchaînement.

§ VI

Exagération de l'école italo-græco-latine. — Dubartas, poëte gascon. — Il outre les défauts de Ronsard.

Le règne sinistre de Charles IX nous a éloignés de la poésie. « Les discordes publiques, dit un contemporain (1) dans son style érudit, avaient troublé la source du Permesse. » La Pléiade cependant accomplit glorieusement sa destinée ; et, quoi qu'ait pu avancer Boileau, son éclat ne commence à s'obscurcir qu'au commencement du dix-septième siècle. Brantôme, qui écrivait vers 1590, cite toujours le *grand Monsieur de Ronsard* ; et Pasquier prouve en moins de cinq pages in-folio que Virgile, homme de génie d'ailleurs, reste, en beaucoup de passages, au-dessous de l'*Homère du Vendomois* (2). On adorait toujours les vestiges de ce réformateur : comme il arrive dans les écoles, ses disciples se partagèrent en plusieurs sectes. Il avait imité tour à tour, ou même à la fois, les Italiens, les Grecs, les Latins. Les plus hardis le suivirent et le dépassèrent dans sa route de créations savantes ; les plus timides firent à son exemple le sonnet, sur le modèle de Pétrarque. Ces derniers, qui se rapprochaient de la manière de Saint-Gelais, ont conservé quelque réputation : les autres, et à leur tête Dubartas, partagent avec Ronsard cette immortalité burlesque et cet injuste mépris dont nous avons recherché les causes.

Au fond de cette Gascogne, fertile en hommes remarquables, *Dubartas*, noble protestant, au service du roi de Navarre, et depuis gentilhomme ordinaire

---

(1) Binet, *Vie de Ronsard*.
(2) Recherches de Pasquier, l. III, c. VIII.

de la chambre de Henri IV, faisait des vers destinés à jouir quelque temps de la même célébrité que ceux de Ronsard, et à tomber dans un discrédit plus grand encore. Il commença par imiter et commenter un auteur grec du moyen âge, Georges Pisidès (1), qui avait décrit en vers hendécasyllabiques, l'œuvre des six jours, c'est-à-dire la Création. Quand cette description d'un théologien du Bas-Empire fut amplifiée par un Gascon, élève de Ronsard, on devine aisément le mélange de subtilité, d'emphase, de forfanterie, de prolixité, de dureté et de ridicule qui dut caractériser un tel poëme. Ronsard lui-même vit qu'on le dépassait. Il avait donné l'exemple de composer des mots à la manière grecque ; et la toux *ronge-poumon*, le *soleil brûle-champs*, valaient bien les plus bizarres créations de Dubartas. Mais ce dernier les prodiguait, et Ronsard ne les avait employés qu'avec une sorte d'économie. Chaque phrase de Dubartas en contient trois ou quatre, et l'on en trouve jusqu'à six dans un seul de ses distiques. La Guerre, qu'il personnifie, est :

> Casse-lois, casse-mœurs,
> Rase-fort, verse-sang, brûle-autels, aime-pleurs.

Comme la Création du monde a dû renfermer le germe de tout ce qui sera jamais, l'auteur part de là pour tout décrire. Son Épopée est une encyclopédie : on y trouve des thèses de Sorbonne, des commentaires sur la physique, des allégories païennes, mêlées aux miracles de l'Écriture, des leçons de mathématique, de politique, de morale, d'histoire naturelle ; le tout hérissé de mots interminables, forgés et ajustés péniblement. Six éditions et des traductions en toutes les langues d'Europe prouvèrent, non que Du-

(1) Mal à propos nommé Pisidek ; son ouvrage est intitulé *Hexaméron*.

bartas fut un grand poëte, mais qu'il convenait à son époque.

Ronsard et ses amis protestèrent contre ce succès. « Bartas, dit l'un des commentateurs (1) du chef de la « Pléiade, n'a fait que tourner en français un auteur « grec, dans sa peu coulante et peu fidèle *sepmaine*. » Duperron, qui ne trouvait à reprendre dans Ronsard que des incorrections, condamna sévèrement le faste pédantesque de cet imitateur. Enfin Ronsard, qui n'avait pas le droit de critiquer le néologisme, lança contre le jeune écrivain les anathèmes de sa critique; il blâma *ces mots sourcilleux et venteux*, ces efforts grotesques pour

<blockquote>Enfler ampoulément sa bouche pindarique,</blockquote>

et le jugea comme il aurait dû se juger lui-même. L'abus de sa propre théorie lui ouvrit les yeux sur le malheur de la tentative ; on dit que sa vieillesse fut tourmentée de scrupules sur sa propre immortalité, et qu'il s'occupait à retoucher ses poëmes, malgré les prières de ses amis, quand la mort vint le surprendre. « Respectez la langue française, disait-il aux jeunes « poëtes qui venaient le consulter, ne battez pas votre « mère. Je vous recommande par testament les vieux « mots français que l'on veut remplacer par des termes « empruntés du latin. Conservez bien et défendez « ces paroles. *Collauder, contaminer, blasonner,* ne va-« lent pas *louer, mépriser, blâmer.* » Ces retours de Ronsard vers la raison justifient cet homme remarquable, dont le talent fut victime de son savoir, qui eut le tort de naître trop tôt, de marcher trop vite, de consulter les savants et non son propre goût, enfin de commencer à l'étourdie une réforme prématurée et une tentative impossible.

(1) Garnier.

Dubartas lui-même, moins méprisable qu'on ne pourrait le croire, a presque toujours de l'enflure, quelquefois de la noblesse : sa roideur et son emphase le garantissent de la trivialité et le rapprochent quelquefois de la concision et de la vigueur. Comme Ronsard, il dit toujours quelque chose, bien ou mal, et méprise les mots parasites. La maladie est pour lui un *poisson à mille noms, ministre du trépas, qui s'en veint au galop et s'en retourne au pas.* Il nous montre la santé, « le front sans rides, l'œil sans larmes, la joue sans pâleur; elle est riante comme l'enfance, vive et fraîche comme elle, et dans la main de la déesse brille le flambeau de la vie. »

Tandis que Dubartas exagérait tellement les innovations extravagantes que Ronsard même en était effrayé, quelques poëtes restaient étrangers à l'orgueil de l'érudition comme à ses ridicules. La guerre civile avait enrichi le langage de mots nouveaux; les mots *piaffe, piaffer, aller à picorée,* n'ont pas d'autre origine. Ces aventuriers qui, toujours sous les armes, passaient du camp protestant à celui des catholiques, s'avisèrent quelquefois de rimer. Ils portèrent dans la poésie la fanfaronnade du corps-de-garde et la témérité de la vie guerrière. Parmi ces spadassins poétiques, assez nombreux à la fin du seizième siècle, il nous suffira de nommer : *le Poulchre de Messemé* qui prétendait descendre de *Claudius Pulcher ;* et surtout le capitaine gascon *Mars de Lasphryse,* dont le nom véritable était *Marc,* et qui au milieu de ses rodomontades ne manque ni de talent ni de verve. Il se vante d'avoir été

> Bercé dans un écu, sous le bruit du canon.

Après avoir servi sur terre et sur mer, forcé à la retraite par ses blessures, il fit des vers pour amuser son loisir : ces vers incorrects, comme tous ceux qui parurent avant Malherbe, quelquefois entachés de calembours et de *concetti*, souvent plus gaillards qu'il n'appartenait même à un vieux soldat, sont presque toujours remplis de vivacité et d'abandon. Cet homme, dont *le camp était le collége*, déplore, avec des accents partis du cœur, la perte de sa mère. On trouve dans ses œuvres peu de traces du pédantisme alors à la mode : l'énergie habituelle de son esprit fait une diversion agréable aux savants efforts des imitateurs de Dubartas. Le théâtre retentissait de tirades inintelligibles et barbares ; on applaudissait, par exemple, ce distique extrait d'une tragédie *d'Orbecce*, par le sieur *Dumonin* :

> Orbecce fréricide, Orbecce méricide !
> Tu seras péricide, ainsi que fillicide !

Ce qui veut dire en bon français : « Orbecce, qui as « tué ton frère et ta mère, tu égorgeras ton père et ta « fille. »

Ne nous arrêtons pas longtemps sur ce grotesque auteur, qui se faisait appeler le poëte Gyanin, parce qu'il était né à Gy ; le seul qui puisse se vanter d'avoir vaincu Dubartas lui-même en dureté (1) et en bizarrerie, c'est le poëte Gyanin.

§ VII

Retour à l'imitation italienne. — Desportes.

Occupons-nous de ces écrivains plus réservés, qui, se livrant à l'imitation des Italiens, abandonnèrent les innovations pédantesques de leur maître sans secouer

---

(1) V. les *Nouvelles œuvres de Dumonin* (1582), et son *Uranologie* (1585). — La tragédie d'*Orbecce* est traduite de l'italien (*Gli Orbecchi*).

son autorité, et se vouèrent à la poésie galante et légère ; soit que Ronsard et ses amis parussent avoir épuisé les ressources de la poésie boursoufflée, ou que l'on commençât à se fatiguer du fracas des grands mots. Les uns, comme Gilles Durand et Passerat, se contentèrent de rester fidèles aux traditions marotiques ; les autres, comme Desportes et Bertaut, cherchèrent à égaler l'élégance du Bembo et de Sannazar. Ces deux écoles forment, si l'on peut le dire, la suite et comme l'affaiblissement de l'école érudite qui, ne renfermant rien d'original et d'essentiellement français, eut le tort de toutes les institutions factices : à peine éclose, elle dégénéra ; son développement ne fut qu'un état de langueur. Avec Desportes commencent cette molle élégance, cette grâce raffinée, auxquelles on ne peut donner beaucoup d'éloges, ni faire subir une critique bien sévère.

Ce n'est plus l'affectation du pédantisme, c'est déjà le vernis uniforme d'une pureté qui n'est pas sans recherche. La langue poétique fait des progrès : les hiatus que Ronsard se permettait fréquemment sont rejetés ; la versification a déjà trouvé ses principales règles. Plus d'enjambement prosaïque : *Desportes* sait couper la phrase poétique, la varier et la suspendre. Comme Mellin de Saint-Gelais, il vivait à la cour, heureux, riche, insouciant, et bien payé de ses couplets adressés aux maîtresses des rois. Sa métaphysique galante est sans doute trop subtile ; mais il sait la revêtir d'un coloris ingénieux ; la gaieté et la grâce du refrain, l'allure vive et piquante du couplet lui sont familières. Toute la cour répétait ses chansons ; et celle qui commence ainsi :

> Rosette, pour un peu d'absence,
> Votre cœur vous avez changé ;

n'est pas oubliée depuis deux siècles. A force de pureté et d'élégance, il semble quelquefois atteindre le naturel. La douce rêverie, la voluptueuse mollesse de ses meilleurs vers semblent appartenir à un poëte de l'école de Parny :

> Que de plaisir de voir deux colombelles
> Bec contre bec, en agitant leurs ailes,
> Mille baisers se donner tour à tour ;
> Puis, tout ravi de leur grâce naïve,
> Dormir au frais d'une source d'eau vive
> Dont le doux bruit semble parler d'amour.

Un poëte si gracieux devait inventer le mot *pudeur*. En effet, c'est à Desportes qu'est due cette expression pleine de noblesse et qui remplaça heureusement le mot *vergogne*, emprunté aux Italiens.

Bertaut, évêque de Séez, succéda bientôt à la gloire poétique de l'abbé de Tiron : non moins habile dans l'art de cadencer des vers amoureux et de soupirer un ingénieux martyre, il porta plus loin encore la correction et la simplicité élégante du style. Mais Bertaut est fade dans la pensée, prosaïque dans l'expression, sans invention, sans verve, d'une politesse et d'une grâce qui glacent le lecteur : enfin c'est le poëte *trop sage* que Ronsard, son vieil ami et son maître, essayait en vain d'animer. Vous diriez le précurseur de tous ces beaux esprits dont on admirait, sous Richelieu, la langueur pastorale et les pointes ridicules. Comment tant d'audace s'est-elle changée en timidité ! tant de force en extrême faiblesse ! Qu'est devenue cette séve ardente de jeunesse, qui dévorait Ronsard et produisait tant de fruits d'une saveur âpre et dure ? Bertaut veut imiter son maître et sa veine glacée semble annoncer la décrépitude du talent poétique. Ce changement subit trahit l'effet inévitable d'une maturité trop précoce, d'essais trop hardis, d'élans trop impétueux, enfin d'une énergie démesurée, suivie d'une lassitude profonde. L'enflure, le faux goût, l'exagération, défauts des littératures en décadence, avaient par un singulier phénomène marqué parmi nous la naissance de la poésie sérieuse : la débilité d'une littérature mourante devait en signaler le progrès.

Cependant le génie national n'est pas étouffé. Marot, Rabelais, Villon, Montaigne, votre maligne verve ne pouvait s'éteindre. Ronsard lui-même avait cédé quelquefois, et comme malgré lui, à cette impulsion de la gaieté gauloise : il avait, par exemple, raillé très-vivement l'importance affectée des ministres de son temps : « semblables, dit-il, à ces marmousets gothi-
« ques, qui, paraissant soutenir le faix d'une voûte,
« font une horrible grimace et ne servent à rien...;
« car (continue le poëte, avec autant de sens que d'es-
« prit), le poids de l'édifice porte sur de bons piliers
« enfoncés dans la terre, c'est-à-dire sur le peuple. »

§ VIII

L'esprit français triomphe dans la satire politique, érudite et philosophique. — La Ménippée.

La plaisanterie du vieux temps s'est perpétuée sous la Ligue ; elle va reparaître avec plus d'énergie encore, gaie et terrible, légère et redoutable : la Némésis riante que les anciens armaient du fouet vengeur. Elle va devenir reine au moment de la crise la plus violente des passions politiques.

Guise était mort sous le poignard des favoris, au pied du lit du roi ; Henri III avait péri sous le couteau d'un moine ; Henri IV n'avait qu'une faible armée ; l'Espagne, Rome, la faction lorraine, se disputaient le droit d'imposer à la France un roi catholique de leur choix ; la guerre était partout. Le curé *Boucher* sonnait le tocsin de son église pour appeler le peuple aux armes. Une foule d'hommes enthousiastes, dénués de bon sens et non d'érudition ni de cette éloquence cynique et mystique qui entraîne le peuple, les *Crespet*, les *Feuardent*, les *Rose*, les *Sainctes*, les *Hennequin* (1), prodiguaient les conseils séditieux, et comme le dit Montaigne dans son style pittoresque, les *exhortations enragées*. Plusieurs de ces hommes avaient un talent fougueux; quelques-uns, comme *Génébrard*, une instruction profonde et variée; d'autres, comme *Jeannin* et le conseiller *Mathieu*, de la probité, des intentions pures et une bonne foi égarée par l'ardeur de leur croyance. Cajétan, Panigarole, Bellarmin, venaient en France souffler le feu de la sédition. On parodiait, on détournait de leur sens les textes de la Bible pour justifier le meurtre des rois. Les moines, la pertuisane sur l'épaule, conduisaient les enfants et les femmes en procession militaire; le Parlement décimé n'imposait plus aux factieux malgré son héroïque constance; des milliers de plumes scolastiques attisaient la révolte, et le Béarnais, entouré d'un petit nombre de guerriers fidèles, épuisait dans des combats glorieux et sans résultat sa valeur et sa prudence.

Étrangers aux grands mouvements qui se passaient sous leurs yeux et qu'ils ne pouvaient arrêter; environnés de glaives sanglants, de crucifix devenus les étendards de la sédition, et d'un peuple qui mêlait des cris de rage aux prédications de ses chefs, quelques bourgeois et quelques gens de lettres, sans caractère politique et non sans courage, opposèrent à la fureur des partis la puissance du bon sens et du ridicule; c'étaient, comme on disait alors, de bons Gaulois, véritables représentants de la bourgeoisie au seizième siècle. Chez eux l'amour des fortes études se joignait aux devis joyeux et aux plaisirs que leur of-

---

(1) Auteur du *Panégyrique des deux martyrs* (les deux Guises).

frait un repas frugal assaisonné de dissertations et de bons mots : caractères singuliers pour nous, communs à cette époque ; figures antiques et naïves, railleuses et savantes, sur lesquelles se confondent les traits de Lucien et de Marot, de Rabelais et de Varron. Quelques-uns d'entre eux étaient poëtes, comme *Gilles Durand*, écrivain trop peu connu ; d'autres joignaient la poésie à l'érudition, comme *Jean Passerat*, et *Florent Chrétien*. On voyait dans cette réunion quelques gens de robe, *Jacques Gillot*, conseiller clerc du parlement, et le jurisconsulte *Pierre Pithou*, que nous connaissons déjà. *Nicolas Rapin*, prévôt de la connétablie, y tenait sa place ; et le chanoine *Pierre Le Roy* les recevait dans sa maison.

L'œuvre de cette réunion obscure c'est la Satire Ménippée : à la fois comédie, pamphlet et coup d'État. Cette satire fraie la route de Henri IV vers le trône ; elle met au grand jour les prétentions de la Ligue, ses intentions secrètes, ses folies et ses crimes. Sans se contenter de disserter ou de parodier, elle fait agir et vivre cette grande conspiration. Irrésistible satire, burlesque et populaire, fine et profonde, elle a quatre éditions en un mois : mêlée de vers légers, d'épigrammes piquantes, de pages éloquentes, de comiques parodies ; tableau chargé, mais réel, des mœurs de l'époque, dont elle est le plus curieux monument ; les politiques, les historiens, les gens de goût la consultent encore. C'est la dernière fois que l'on a fait usage de cette gaieté des bouffons de cour, de cette liberté de l'imagination satirique, employée par Rabelais avec plus de désordre et des intentions moins spéciales. Là se retrouvent les habitudes, les manières et le style des personnages de la Ligue ; là se confondent l'invective, la raillerie, l'allégorie, la raison. La vraisemblance seule manque à ce pamphlet plein de vérité, composé dans le goût d'Aristophane, et dont l'exagération comique est le trait principal. Les plus jolis vers de la fin du seizième siècle s'y trouvent semés, et nul orateur de la même époque ne s'éleva jusqu'à une éloquence aussi mâle, aussi touchante, aussi naïvement patriotique, que Pierre Pithou, dans les morceaux admirables qu'il a fournis à cet ouvrage, né de l'indignation caustique des classes intermédiaires contre les triples fureurs de la populace, des grands seigneurs et des fanatiques. La Ménippée caractérise spécialement la fin de ce siècle gigantesque dont la première partie avait produit Gargantua et Pantagruel. De même que l'époque de François Ier s'est réunie et concentrée dans les poëmes en prose, créations bizarres de Rabelais, tout ce qu'il y a d'horrible et de risible dans les années où se développa la Ligue, vient se refléter dans la Satire Ménippée.

Pour apprécier complétement cet ouvrage, il faudrait donner le long commentaire d'une continuelle allégorie ; expliquer les traits de satire par l'histoire des acteurs ; et, séparant ce qui appartient à chacun des écrivains qui y ont contribué, leur assurer ainsi leur part de mérite et de gloire. Ce travail immense nous est défendu par le sujet même que nous traitons. L'idée première, qui transforme en deux charlatans le parti de Lorraine et celui d'Espagne, tous deux occupés à brasser le *Catholicon*, essence *Catholico-Jésuitico-Espagnole*, mêlée de poudre d'or, de pensions, de promesses, de belles paroles ; bien alambiquée, bien calcinée, sophistiquée diversement par l'une et par l'autre faction, appartient à *Pierre Leroy*. Rien de plus ingénieux ni de mieux inventé que cette fiction populaire ; rien qui saisisse plus au vif le ridicule de cette guerre civile, allumée par l'étranger. Lorsque ensuite, afin de préparer la tenue des États où la Ligue choisira son roi, on renouvelle la procession qui avait eu lieu trois ans plus tôt, c'est *Gillot* qui tient la plume pour la décrire. Qui ne connaît cette vive et comique peinture de la poltronnerie des moines devenus soldats, de ce mélange de pédantisme universitaire, de folie fanatique et d'émotions populaires ? Quel que soit le rédacteur de cette partie de l'ouvrage, on est porté à croire que tous les convives y ont contribué par leurs saillies. Le commencement du poëme d'Hudibras, qui retrace les mêmes bizarreries, est moins gai, sans être plus ingénieux ni plus animé.

Enfin s'ouvrent les États de la Ligue. Vous diriez le palais enchanté dont les nuits arabes ont inventé la merveille, et dont plusieurs romanciers (1) ont fait un plaisant usage. Tout ce que les hommes cachent et dissimulent, on le dit tout haut; les tapisseries mêmes qui ornent la salle racontent les fureurs de la guerre civile et religieuse; le héraut qui convoque les membres de l'assemblée fait connaître d'un mot les traits caractéristiques qui appartiennent à chacun : Aristophane est moins libre, Lucien moins acéré. Ils parlent, leur conscience se révèle à son insu : à cette piquante ingénuité qui leur fait faire la confession de leurs crimes et la satire de leur ambition, se joint la parodie du style et des idées habituelles des orateurs. Le duc de Mayenne, que le chanoine Le Roy met en scène, avoue, avec ses ordinaires circonlocutions et son ton de spadassin dévotieux, la sainte ambition qu'il a de ruiner la France, et la peur que lui causent les armes de Henri IV et la perspective d'une paix possible. Le légat, agent de Rome, a soin de prononcer sa harangue en italien : Gillot en est l'auteur; elle ne respire que la guerre : *guerra! guerra!* répète-t-on de tous côtés. Ensuite le cardinal de Pellevé, ligueur ignorant et servile voué à la maison de Lorraine, s'exprime en français et en latin, pour prouver sa science

---

(1) Dufresny, madame de Genlis.

in utroque : c'est un amas de quiproquo vulgaires, de fautes de français et de latin, de vérités cruelles, revêtus de l'éloquence du *Malade imaginaire.* Si le savant *Florent Chrétien* n'était connu que par cette caricature de l'éloquence, son nom mériterait encore d'être conservé. L'archevêque de Lyon, orateur alors célèbre, succède au macaronique cardinal; c'est *Nicolas Rapin* qui s'amuse à imiter le style emphatique et la véhémence furibonde de ce ligueur. Aussi franc que le duc de Mayenne, il porte aux nues le délire de ses amis et verse sur les horreurs qu'ils ont commises tout l'éclat du panégyrique. Le même Rapin se charge de vous faire connaître le recteur Rose, ancien prédicateur de Henri III, dont la tête n'était pas saine, et qui, différant d'opinions sur quelques points avec les chefs de la Ligue, leur avait souvent rompu en visière : pour varier, le recteur Rose invective contre toute la Ligue, et couvre ceux-mêmes qu'il sert d'injures méritées. Un nouveau personnage, une espèce d'aventurier, nommé De Rieux, vient à son tour représenter dans les États le parti de ces hommes d'épée qui se battaient pour la cause sainte, comme des reîtres pour qui les paie. C'est encore à Le Roy qu'est due cette allocution digne du soldat fanfaron de Plaute.

Enfin d'Aubray, orateur du tiers état, termine la séance et résume ce qui s'est dit. Chef des politiques, homme sage et ami de son pays, il juge avec le bon sens du peuple qu'il représente les manœuvres, les prétextes, les complots qui viennent de se révéler tour à tour. Pierre Pithou est, comme nous l'avons dit, l'auteur de ce discours admirable, dont le sérieux contraste avec le reste de la satire et en fait ressortir les intentions ; il répond à tous les sophismes, dévoile les mensonges, et s'élève souvent jusqu'à l'éloquence la plus vraie : « O France ! dit-il, Paris qui n'est plus « Paris, mais une véritable caverne de bêtes farou-

« ches, asile de meurtriers et d'assassins étrangers,
« ne veux-tu plus te souvenir de ta dignité ? te guérir
« de cette frénésie qui pour un légitime roi t'a donné
« cinquante tyrans ? Te voilà aux fers de l'inquisition
« d'Espagne, plus intolérable mille fois pour les Fran-
« çais nés libres, que toutes les morts le seraient pour
« les Espagnols ! Tu endures qu'on pille tes maisons,
« qu'on te rançonne jusqu'au sang, qu'on massacre
« tes magistrats ! tu le vois et tu l'endures ! tu le vois
« et tu l'approuves ! et tu n'oserais pas même ne pas
« l'approuver ! »

Ce discours plonge l'assemblée dans la stupeur ; on se sépare, et la satire se termine par une description de quelques tableaux qui ornent l'escalier, description fort piquante attribuée encore à Le Roy, et suivie d'épigrammes latines et françaises qui, selon les auteurs, se répandaient dans le peuple : elles sont de Passerat, de Rapin, de Gilles Durand, auteur de la *Complainte de l'Ane Ligueur*, l'un des plus spirituels badinages de l'époque. On ne ménage dans ces vers ni le nez camus du duc de Guise ; ni l'infante d'Espagne, princesse *surannée et basanée*, qui voulait devenir reine de France ; ni la double croix de Lorraine (1). La délicatesse et la décence ne sont pas les mérites distinctifs de ces bons mots rimés ; l'énergie caustique et la verve bouffonne n'ont jamais été poussées plus loin.

Parmi les écrivains qui firent entendre au milieu des guerres civiles une voix si hardie, Rapin, Durand et Passerat doivent être distingués. *Rapin*, poëte français assez médiocre, homme savant, esprit caustique, passa une partie de sa vie à tenter d'introduire

---

(1) Les pamphlets allégoriques qui suivent la satire Ménippée, très-inférieurs à cet ouvrage, appartiennent à d'autres auteurs. Les *Singeries de la Ligue*, par Jean de la Taille, méritent d'être citées parmi ces plaisanteries politiques.

parmi nous ces vers métriques dont Baïf avait essayé l'emploi ; Gilles *Durand*, poëte élégant, quelquefois maniéré, plein d'enjouement et de grâce, semble annoncer Voiture ; il se distingue parmi les poëtes savants de ce siècle par l'invention d'une multitude de diminutifs, imités du latin et abandonnés après lui. *Passerat* réunit à un plus haut degré des qualités bien opposées : spirituel et érudit, grammairien profond et poëte naïf, vous diriez Marot devenu savant. Sa muse moqueuse s'exerce contre les maris, les femmes, les procureurs, les jaloux, les spadassins, les reîtres surtout, *soldats empistolés au visage noirci*, auxquels la fureur des factions avait ouvert la France. La Fontaine eût pu écrire la fable charmante de l'*Homme métamorphosé en oiseau*. Passerat offre le plus aimable et le plus piquant modèle de cette union du savoir, de l'abandon et de la malice; de ce caractère à la fois touchant, plaisant et ingénu de nos ancêtres, qui mêlait à une folâtre humeur, une piété sévère et la religion de la patrie.

§ IX

Chroniqueurs et auteurs de Mémoires. — Lanoue, Brantôme, etc.

Si des gens de lettres ont dépouillé tout à coup, au milieu des guerres civiles, tout l'attirail de la science, et oublié pour écrire la Satire Ménippée tout leur grec et leur latin, que sera-ce de ces hardis capitaines, de ces hommes d'État, de ces chefs politiques, qui, ne voulant pas laisser en oubli les entreprises auxquelles ils ont eu part, se sont occupés de retracer eux-mêmes, encore émus et tout couverts de la poudre des camps, le tableau des succès et des revers de leur parti?

Voici la portion la moins étudiée, la plus intéressante et souvent la plus éloquente de la littérature du seizième siècle. Qui n'a observé la marche intellectuelle de cette époque que dans Amyot et Ronsard, ne connaît qu'une faible partie de ses titres. Ouvrez Lanoue, Montluc, Tavannes ; c'est là qu'elle respire, qu'elle vit avec ses idées propres et le genre d'éloquence et d'esprit qui la distinguent. Dans ces Mémoires particuliers que leurs auteurs écrivent non pour briller parmi les gens de lettres, mais pour exprimer vivement et perpétuer leurs passions, leur caractère s'imprime avec cette force qui, sous les rides mêmes du style, comme le dit Montaigne, nous frappe et nous émeut encore. Chacun de ces acteurs d'une scène sanglante se replie sur lui-même pour se défendre, s'excuser, s'expliquer, combattre les opinions adverses, raconter ses périls, développer ses raisons, peindre ce qu'il a vu, ce qu'il a osé, ce qu'il a souffert. Notre nation, par son penchant à raconter et son humeur un peu vaine, semblait destinée à produire les meilleurs Mémoires historiques. Joinville et Froissard n'ont pas écrit autre chose. Sous François Ier, le maréchal *de Fleuranges* fit avec une naïve vivacité le récit de ses campagnes. *Jean, Martin* et *Guillaume Du Bellay* avaient aussi donné leurs Mémoires, simplement écrits, mais curieux et dont Montaigne estimait le style, bien qu'il en contestât quelquefois la véracité. Quand la France se couvrit de bandes armées, quelques-uns des aventuriers qui les conduisaient prirent la plume ; et ce vieux général d'*Estrées*, « que l'on voyait, grand « de taille, monté sur une grande jument, dit Bran- « tôme, se tenir droit à la tranchée, qu'il dépassait de « la moitié de son corps, et là rester tête levée au mi- « lieu des balles, comme s'il eût été à la chasse, » écrivait en quarante pages comment il avait pris dans sa vie plus de quarante forteresses. Bientôt *Montluc*, cadet de Gascogne, tour à tour protestant et catholique,

d'une jactance soldatesque, d'une férocité sanguinaire, après avoir vendu aux divers partis ses services et sa barbarie, met à profit le repos de ses vieux jours et raconte ses exploits, pour l'instruction de la jeune noblesse de France. C'est l'exemple le plus étonnant de la terrible énergie de style à laquelle peuvent atteindre la vigueur du caractère, et, si je puis le dire, la franchise de la cruauté. Montluc ne se repent point de ses meurtres ; il en jouit et retrempe sa plume dans le sang qu'il a versé. « Aux guerres civiles, dit-
« il sans détour, il faut être maître ou valet, vu qu'on
« demeure sous le même toit : alors il faut en venir à
« *la cruauté.* » Il part de ce principe, et vous le suivez avec terreur dans ses expéditions périlleuses, meurtrières et multipliées. Le farouche capitaine vous montre encore les cadavres de ses ennemis ; c'étaient là *les enseignes qu'il laissait sur les chemins pour tracer sa route.* Cet homme n'a de gaieté dans ses Mémoires que lorsqu'il redit des massacres : partout ailleurs c'est une fermeté, une impétuosité guerrière dans l'expression, une brusquerie de style, dont l'élan pittoresque est encore de l'éloquence.

A ce vieux capitaine qui se fit une vertu systématique de la férocité guerrière, opposons le protestant Lanoue, aussi brave et plus humain. Il nous a laissé, non-seulement des Mémoires, mais des ouvrages philosophiques. Si Montluc a l'éloquence des brigands, *Lanoue Bras-de-Fer*, homme vertueux et candide, charme le lecteur par cette honnêteté d'âme qui respire dans ses écrits, par cette pureté d'intention qui lui dicte des accents pleins d'une audace vertueuse et exempts de l'énergie sanglante qui caractérise Montluc. Doué d'imagination et de cet art ou plutôt de cet instinct qui fait vivre et agir les personnages et les récits, Lanoue, comme Henri IV son ami, joint une sensibilité mobile à une gaieté expansive. Il composa, pour tromper les ennuis de sa captivité, des *Discours politiques et militaires*, remplis de savoir, quelquefois remarquables par le style. Là, invoque sans cesse la tolérance ; aussi le ligueur Possevin le nomme-t-il « un faux politique, rempli de l'astuce de Satan. » Pour nous, qui ne lui reprocherons que d'avoir cru avec tout son siècle à l'astrologie judiciaire, ravis de cette loyauté qui anime ses écrits, de son impartialité envers les catholiques et les protestants, de la candeur de ses jugements et de ce mélange admirable de rapidité, de hardiesse dans le style, et de sagesse dans la pensée, nous le placerons entre les hommes et les écrivains que la France doit le plus honorer. Catinat du seizième siècle, guerrier juste, toujours brave, souvent vainqueur, aussi téméraire à la guerre que sage dans la vie privée, conseiller de Henri IV après la mort de Coligny ; ce grand citoyen qui, en vendant ses terres pour équiper l'armée du roi, disait avec son énergie accoutumée : « tant qu'une goutte de sang » et un pouce de terre me resteront je les emploierai « au service du pays où Dieu m'a fait naître, » est l'un des prosateurs les plus éloquents de cette époque, et mérite d'être classé bien au-dessus de Bodin et de Charron, à peu de distance de Montaigne.

Traversons rapidement cette multitude de Mémoires, tous précieux pour l'histoire, alors même qu'ils sont diffus ou mal écrits : ceux de Tavannes, apologiste de son père et de la Saint-Barthélemy, panégyriste de Ravaillac et de la Ligue, écrivain que distinguent une verve de prolixité et une audace de mauvais langage, dignes l'une de l'autre, et ceux de l'autre Tavannes, protestant, écrivain plus sévère, plus impartial, serviteur fidèle de Henri IV, et qui se trouva vingt fois sur le même champ de bataille que son frère, dans le camp adverse.

L'histoire s'appuie sur ces matériaux précieux : elle

ne dédaigne même pas les simples chroniques, comme le journal de l'*Étoile*, qui pendant trente années de guerre civile ne laissa point passer sans les noter un seul événement public, une seule particularité des débauches et des folies de la cour : comme la chronologie de *Cayet*, détestable écrivain, tour à tour catholique et protestant, dénué de critique et de style, annaliste minutieux. L'aventurier *Villegagnon* qui écrivait un peu mieux et qui ne craint pas de nous entretenir des faiblesses de Henri IV ; le capitaine *Mergey*, « qui n'avait pas, dit-il, fait grande dépense au col- « lége » et qui nous intéresse par le récit de ses combats ; le diffus historiographe *Mathieu* ; — *Pasquier*, qui, dans ses lettres très-élégantes pour l'époque, a tracé une histoire presque complète des troubles contemporains, et dont les recherches sur l'histoire de France sont encore utiles ; *Lapopelinière* qui, après avoir passé sa vie dans les guerres civiles, mourut pauvre et laissa des Mémoires trop languissamment écrits, pleins de modération et de liberté ; *Régnier de la Planche*, dont j'ai déjà parlé, auteur des Commentaires sur l'état de la France, où se trouvent de si nombreuses singularités relatives à la vie des Guises et de Catherine de Médicis ; *Pierre de la Place*, victime de la Saint-Barthélemy, que j'ai également nommé ; — *Cartoix* surtout, rédacteur presque inconnu des Mémoires de la Vieilleville, écrivain que la fraîcheur et la vivacité du coloris distinguent éminemment : mériteraient à plusieurs égards une attention spéciale.

La plupart de ces hommes représentent ou une fraction, ou une masse d'opinions. On ne peut voir en eux qu'une partie de leur siècle ; mais ils désignent cette fraction tout entière. Ainsi Lanoue représente les amis de Henri IV, dignes de leur maître, protestants sévères et presque républicains ; Montluc est le type de ces farouches capitaines, les Merle, les Desadrets, qui jouissaient des guerres civiles et versaient le sang pour satisfaire une rage de bête féroce ; Tavannes est le modèle de ces grands seigneurs catholiques, ligués pour défendre la féodalité plutôt que la foi, pleins d'horreur pour la réforme, peu respectueux envers la monarchie, et ne sachant pas renoncer aux leçons de Machiavel. *Mornay*, autre ami de Henri IV, qui l'appelait à la fois *son écritoire et son capitaine*, doit être rapproché de Lanoue. Pape du protestantisme, comme on l'appelait alors, il nous fait connaître plus spécialement le mouvement religieux de la secte, dont Lanoue représente les idées politiques et morales.

Chez tous les auteurs de Mémoires que je viens de citer, on aurait tort de chercher l'élégance apprise et le tour moderne des phrases. Leur simplicité vigoureuse et sensée, leur familiarité passionnée ont leur mérite ; et si le langage de la France avait acquis dans les colléges et le cabinet des savants plus d'abondance et de hardiesse, il se forma, s'assouplit et s'enrichit mille fois davantage sous la plume des hommes pour qui l'expression juste et animée des passions ne fut pas l'amusement d'un rhéteur, mais le besoin de l'âme.

Les récits qu'ont tracés les hommes politiques de ce siècle sont précisément ceux qui nous instruisent le moins. Dans les Mémoires embarrassés et obscurs d'*Hurault de Chiverny ;* dans les explications énigmatiques de *Villeroy*, et même, selon nous, dans les Mémoires de *Castelnau*, assez purement écrits, exacts quant aux faits, remplis de réticences, et qui mêlent à une circonspection diplomatique un louable amour de l'ordre, on chercherait en vain l'éloquence ardente ou grave de Lanoue et de Montluc. Ce caractère vague et effacé se retrouve dans la plupart des négociations de l'époque ; nous n'exceptons pas celles du président

Jeannin et de *d'Ossat*, hommes honnêtes, dont le style n'est pas sans lourdeur, sans ambiguité, ni sans emphase.

A cette époque, où chacun se livrait au besoin d'écrire ce qu'il avait remarqué, subi ou éprouvé, trois personnages, d'une singulière trempe d'esprit, fort différents par leur position, leur caractère et leurs mœurs, doués de l'amour des aventures et du besoin de les redire, firent à des distances de temps que je n'ai pas besoin de signaler ici, leurs Mémoires particuliers. L'un de ces personnages était sœur et fille de rois; longtemps femme de Henri IV, dont elle abreuva la vie de chagrins; spirituelle, voluptueuse, féconde en caprices, partageant la dépravation de la cour de Valois, et trop passionnée pour être perfide : on reconnaît *Marguerite de Navarre*.

L'autre était un vieux gentilhomme ruïné, qui, après avoir fait la guerre et l'amour dans la plupart des pays de l'Europe et servi six rois, s'amusait, au fond de sa retraite, à écrire confusément tout ce qu'il avait entendu dire pendant une existence longue, agitée et fort peu morale : c'était *Brantôme*. Le troisième, gentilhomme gascon, brave comme les gens de son pays, comme eux caustique, fanfaron, sacrifiant tout à un bon mot, hardi en amour et en guerre, d'ailleurs bon huguenot et d'une âme aussi ardente que son esprit et sa valeur étaient téméraires, traçait le tableau de ses folies sans trop les blâmer, et prétendait ainsi prémunir ses enfants contre des fautes de même espèce. C'était *d'Aubigné*, le grand-père de Mme de Maintenon.

Les Mémoires de *Marguerite*, apologie trop inquiète pour n'être pas maladroite d'une conduite équivoque, sont ce que le seizième siècle nous a laissé de plus remarquable dans le genre de la narration légère et badine. Marguerite ne prend rien au sérieux; elle se joue de tout : ses récits qui souvent étincellent d'esprit prouvent le savoir de cette reine bizarre, aussi studieuse qu'elle était dissipée ; le style en est négligé et piquant.

Les Mémoires de *d'Aubigné*, plus remarquables que les précédents par la fermeté vive de l'expression, furent écrits sous le règne de Louis XIII. L'auteur était très-vieux ; son style est jeune. Par les scènes qu'il retrace, par le ton et la manière, son ouvrage appartient indubitablement au seizième siècle, à la fin duquel il avait brillé. Esprit plein de force et de saillie, d'Aubigné n'est plus connu de nous que par quelques boutades d'humeur gasconne : c'est cependant un des prosateurs les plus énergiques, un des satiriques les plus vigoureux, un des poëtes les plus francs de son époque. Sa vie politique et guerrière a nui à la gloire dont devait jouir l'auteur. Il écrit comme Saint-Simon avec un abandon, une vivacité guerrière et une grande verve d'ironie. Dès que l'on a commencé la lecture de ses Mémoires, il faut les achever : le roman le plus animé n'offre pas plus d'intérêt. Tout ce qu'il y avait d'ardent, d'impétueux, d'étourdi, de singulier dans cette jeunesse gasconne et protestante, qui se pressait autour du panache blanc de Henri IV, se retrouve chez d'Aubigné qui à seize ans faisait sa première expédition en chemise, dansait la Gaillarde devant le grand inquisiteur (1) prêt à le condamner à mort ; s'échappait par une fenêtre, et parvenu à se réfugier dans les domaines de Renée de France, venait s'asseoir aux pieds de la princesse, sur un carreau de soie, pour y improviser, encore haletant et souillé de poussière, un sermon sur le mépris de la mort d'après la Bible et Sénèque. Le commencement de ces piquants Mémoires est noble comme de l'histoire

---

(1) Le fameux Democharès.

ancienne ; quand l'auteur retrace des combats, vous diriez la touche hardie et véhémente, le feu, la vérité qui distinguent Salvator Rosa et le Bourguignon.

La confession de Sancy du même auteur, libelle que l'on ne lit plus guère, n'offre qu'un tissu de saillies indécentes et de personnalités. *Le baron de Feneste* (dont le titre est grec, selon l'usage du temps) (1), est au contraire une des plus ingénieuses satires de mœurs que notre littérature possède. C'est pour la cour de Louis XIII et de Henri IV, ce que les œuvres de Rabelais sont pour la cour de François Ier, et la satire Ménippée pour la Ligue. Agrippa met en scène deux personnages : l'un, gentilhomme gascon, ridiculement vêtu, portant busc et fraise à dentelles, bottes à pantoufles, pourpoint de cinq couleurs, chausses plissées, contenant six aunes de taffetas ; c'est le *Baron de l'Apparence*, véritable prototype de la fatuité fanfaronne, de l'humeur querelleuse et de la vanité comique, qui commençaient à régner et préparaient de loin les marquis du siècle de Louis XIV. Il lui oppose un sage gentilhomme, vivant retiré dans ses terres, comme Montaigne dans les siennes. Esné (tel est le nom du sage) développe toute la folie du baron en le faisant causer, et prouve très-bien cette vérité historique, lumineuse pour qui connaît notre patrie : « *que la France n'est malade depuis longtemps, aux af-* » *faires privées et publiques, que de la maladie de pa-* « *raître.* »

Sans parler de l'*Histoire universelle* de d'Aubigné, écrite avec faiblesse et partialité, et où il est impossible de reconnaître la vivacité de sa manière et « cette « liberté française qu'il n'est pas plus possible d'étouf- « fer, dit-il, que d'enfermer le soleil en un trou ; » liberté dont lui-même usait avec excès : le grand poëme satirique du même auteur, intitulé les *Tragiques*, suf-

(1) Φαίνειν. C'est le *Baron de l'Apparence*.

firait pour établir la réputation d'un écrivain. La véhémence de ses attaques contre le catholicisme et contre les mœurs des Valois ont rendu cet ouvrage extrêmement rare en France. Si nous ne l'examinons que sous le point de vue littéraire, nous y trouvons toute la fureur des passions empreinte dans le style, l'audace des expressions les plus hasardées, des peintures les plus révoltantes, beaucoup d'obscurité et de mauvais goût; mais une énergie sans égale, une verve de poésie, d'enthousiasme et de haine qui ne sont peut-être jamais confondus au même degré chez aucun écrivain. Obscur, néologiste, irrégulier, d'Aubigné est poëte ; l'exaltation de sa muse devient de la rage, lorsqu'il décrit les débauches de Henri III et les massacres des protestants. S'élève-t-il jusqu'aux idées philosophiques, rien de plus mâle, de plus rapide, de plus expressif que ses vers.

>   Financiers, justiciers, qui livrez à la faim
>   Ceux qui pour vous font naître et conservent le pain !
>   Par vous le laboureur s'abreuve de ses larmes ;
>   *Vous laissez mendier la main qui tient les armes !*

C'est d'Aubigné qui, à l'aspect des guerres civiles, s'écrie :

>   Nous souffrons, malheureux ! des peines immortelles,
>   Pour soutenir des grands les injustes querelles ;
>   Valets de tyrannie ! et combattons exprès
>   Pour établir le joug qui nous accable après !...
>   Nos pères étaient *Francs ;* nous qui sommes si braves,
>   Nous laissons des enfants qui seront nés esclaves !

ces vers ne valent-ils pas les meilleurs sonnets amoureux de Bertaut ?

Moins spirituel que d'Aubigné et que Marguerite, l'abbé de *Brantôme* a laissé de longs Mémoires, beaucoup plus connus que ceux dont je viens de parler, et qui ne doivent cet avantage ni à la décence, ni à la pureté du style, ni à la force de la pensée. C'est un continuel et servile écho de tous les bruits de cour et de ville, qui, depuis François Ier jusqu'à Henri IV, ont frappé l'oreille d'un courtisan curieux et causeur. Mal instruit, inexact, aimant à croire et à raconter le scandale, Brantôme (1) est non-seulement indifférent au mal et au bien, mais il ne sait guère ce qui est vertu ni ce qui est vice. Il connaît le respect dû aux princes, la vénération due aux princesses ; c'est l'unique science dont il se targue : morale pour les hommes, pudeur pour les femmes, ces mots et ces idées ne sont jamais entrés dans son esprit. Nul écrivain n'a été plus complétement dénué du sentiment moral.

Louis XI est le bon roi pour lui, alors même que Brantôme raconte ses cruautés ; et, quand il détaille les nombreuses galanteries de la petite *bande de femmes* qui entouraient François Ier, ce sont encore les honnêtes et vertueuses dames de la cour. Sans réflexion, sans retour sur lui-même ; d'une humeur à la fois frivole et soldatesque, d'une forfanterie gasconne quand il s'agit de sa naissance et de ses hauts faits, il voit tout et ne juge rien ; il répète tout sans penser à rien ; vrai perroquet de cour, et d'autant plus intéressant qu'il est moins profond, qu'il ne cherche à rien voiler, et que tout son siècle vient se refléter dans l'impudente ingénuité de son ouvrage. La mobilité de son esprit l'associe aux événements qu'il raconte : on le voit sensible aux malheurs de Marie Stuart, frappé de la sévérité du vieux Montmorency, étonné de la grandeur romaine de L'Hôpital, charmé de l'héroïsme de Bayard. Quoique son style n'ait, ni éclat, ni précision, il s'anime dans le récit des combats et dans celui des débauches ; reproduit fort bien

(1) V. plus bas, Brantôme, Pepys et Suétone.

le caquet des courtisans et des femmes, et rend avec une vérité prolixe ces impressions diverses qui le dominent tour à tour, sans jamais lui inspirer d'estime pour le bien ni de haine pour le vice.

§ X

Le théâtre après Ronsard. — Garnier, Larivey, etc.

Ces nombreux écrivains (1), dont je n'ai dû qu'esquisser le caractère et marquer le rang, occupant une place importante dans la littérature du seizième siècle ; et, par un étrange préjugé, ce sont les seuls que la plupart des rhéteurs aient oubliés. Comme si toute la littérature émanait du collége, comme si l'art d'écrire n'était pas l'expression naturelle des passions et des idées ! En quittant cette partie intéressante de l'histoire intellectuelle de l'époque, on retombe avec peine au milieu des compositions factices que l'érudition avait mises en honneur.

Suivons la marche du théâtre depuis Jodelle et la Péruse : nous ne reconnaîtrons que peu d'améliorations, des progrès lents et incertains. *Filleul*, protégé par Charles IX, essaie sans succès de nationaliser la poésie pastorale : sa tragédie d'Achille, écrite avec emphase, est dénuée d'action. *François d'Amboise* imite de l'italien deux comédies : les *Néapolitaines* et les *Désespérades de l'amour*, pièces qu'il intitule *très-facétieuses* et qui ne sont que licencieuses. Les auteurs comiques et tragiques avaient à lutter, non-

(1) La plupart n'ont pas publié leurs Mémoires, qui n'ont paru qu'après leur mort. Comme on a cru devoir observer le progrès réel, plus encore que le développement ostensible de la littérature, il a semblé que sans eux le tableau intellectuel de cette grande époque serait fort incomplet.

seulement contre le mauvais goût de leur temps, mais contre les acteurs privilégiés de l'ancien théâtre. Il n'existait pas encore en France une seule troupe de comédiens, régulièrement organisée pour jouer les pièces du nouveau genre. Les *Confrères de la passion* parcouraient encore les villes, où ils représentaient des pastorales de leur composition et des farces anciennes. L'un d'eux, *Jacques de Fonteny*, écrivait assez purement en vers. On voyait paraître une *Camma*, en sept actes, par *Jean Dehayes;* un *Caïn*, par *Jean Lecocq*, sous ce titre ridicule : *L'odieux et sanglant meurtre, commandé par le maudit Caïn.* Remords et Sang d'Abel y sont des personnages. *Roland Brisset* imitait de son mieux les tragédies de Sophocle. *Belyard*, auteur d'un mauvais drame intitulé le *Guisien*, écrivait une pastorale où se trouvaient des vers élégants (1). L'historien ou plutôt l'historiographe *Mathieu* publiait Vasthi, Clytemnestre, Aman, pièces barbares ; et *Bertrand*, une mauvaise tragédie de Priam avec des chœurs.

Parmi tant d'essais malheureux, la comédie et la tragédie faisaient cependant quelques pas. Robert Garnier, Monchrestien et Larivey doivent être cités avec honneur. La vie de *Monchrestien* fut malheureuse, coupable, et sa mort sanglante. On trouve des tirades énergiques dans ses *Lacènes* ou *Lacédémoniennes*, et sa *Marie Stuart* ou l'*Écossaise*, qu'on a trop peu citées. Ce sont encore des déclamations vagues et vulgaires, mais sillonnées de temps à autre par des éclairs de talent.

Dans ce temps singulier, le mouvement dramatique était partout, excepté sur la scène ; *Garnier*, poëte fécond, ne sut pas plus que Jodelle animer ses ouvrages d'un intérêt vraiment passionné ; mais il a, comme dit Ronsard d'*une bouche tragique, un son mâle et*

(1) Charlot.

hardi. Enchaîné à Sénèque et à Sophocle, il remplit ses tragédies, dont seize éditions furent publiées en vingt ans, de chœurs parasites et de tirades ampoulées : son mérite est d'avoir donné plus d'élévation, d'harmonie, de pureté au langage. L'économie dramatique n'a rien gagné chez lui : si l'on compare son style à celui de Jodelle, on comprend l'admiration que ses contemporains conçurent pour son talent. Dans la tragédie des *Juives*, la seule que Garnier ait inventée, une reine adresse au vainqueur (1) de son fils cette supplication :

> Vous avez subjugué maintes belles provinces.
> Vous avez combattu les plus belliqueux princes
> Et les plus redoutés ; mais vous l'étiez plus qu'eux.
> Tous ensemble n'étaient comme vous belliqueux.
> Mais en vous surmontant, qui êtes indomptable,
> Vous acquerrez victoire à jamais mémorable :
> Vous aurez double honneur de nous avoir défaits,
> Et, d'avoir, comme Dieu, pardonné nos méfaits.

LE ROI.

Le naturel des Dieux est de punir le vice.

AMITAL.

Dieu préfère toujours la clémence à la justice.

Ce dialogue a de la vigueur et de la noblesse, et ces efforts pour s'élever jusqu'à la majesté tragique méritent des éloges : ajoutons que Garnier introduisit le premier dans le drame le retour régulier des rimes masculine et féminine.

Un Italien de la famille des Juntes, *Pietro Giunto*, qui vint se fixer en Champagne sous le nom de *Pierre de l'Arivey*, s'éloigne moins de nos bons écrivains comiques, que Garnier de Racine et de Corneille. Ses ouvrages, écrits en prose et dont l'action est transportée en France, ne manquent ni de sel, ni de vérité

---

(1) Naduchodonosor.

dans l'observation, ni surtout de force dans l'intrigue. Montfleury, Régnard et Molière n'ont pas craint de puiser quelques données dans ses drames la plupart imités de l'italien ; les meilleurs sont tout bonnement des traductions de l'Arioste et de Buonaparte (1).

Le mouvement en est vif, mais aux dépens de l'observation réelle des mœurs et des hommes. Le dialogue de Larivey est naturel ; et le vieux génie italien se montre chez lui, sous des traits souvent heureux. J'aurais à parler ici du fécond *Hardy*, s'il n'appartenait spécialement au règne de Louis XIII : l'intérêt du drame est plus vif dans ses ouvrages que dans ceux de Garnier, et l'art de combiner les effets du théâtre semble naître dans ses pièces. Son style, plus incorrect que celui de son prédécesseur immédiat, n'offre encore qu'une grossière parodie de la dignité antique : Corneille seul devait créer la tragédie et rendre la comédie régulière.

§ XI

Triomphe définitif de l'esprit français. — L'école de Ronsard est vaincue. — Prosateurs de 1610. — L'Astrée.

Le grand mouvement de l'érudition, qui s'est étendue depuis le règne de François Ier jusqu'à la Ligue et qui a puissamment servi les fureurs de cette dernière, va se ralentir un moment, après avoir donné une forte impulsion à notre théâtre, à notre poésie, à notre prose, à notre législation. *Henri IV* règne : élevé dans les prêches du protestantisme, nourri dans les camps, doué d'une éloquence toute française, il s'occupe peu des érudits et même des poëtes. Son pre-

(1) Auteur comique italien de la *Vedova*.

mier soin est de guérir les plaies de la France. D'Aubigné lui reproche durement de ne pas aimer les lettres ; Malherbe, dans sa correspondance avec Peiresc, laisse percer la même accusation. « Jamais, dit le mauvais écrivain Olhagaray (1), Henri IV n'aima le fleuretis d'un sémillant langage. » Certes il avait mieux à faire. Les routes plantées d'arbres, l'agriculture protégée, le canal de Briare ouvert, l'industrie encouragée, la manufacture des Gobelins établie, Saint-Germain embelli, le Pont-Neuf terminé, le Louvre continué, la fondation de l'hopital Saint-Louis, valent mieux que la générosité de Henri III, qui donnait dix mille écus pour un sonnet. Lui-même écrivait et parlait avec une précision et une force qui auraient pu servir de modèle à la plupart de ses contemporains. « M. Duplessis, écrivait-il à Mornay, ou-
« tragé par un jeune seigneur, j'ai un déplaisir ex-
« trême de l'outrage que vous avez reçu, et j'y parti-
« cipe comme roi et comme votre ami. Pour le pre-
« mier, je vous ferai justice et à moi aussi. Si je ne
« portais que le second titre, vous n'en avez nul, de
« qui l'épée fût plus prête à dégaîner, ni qui portât
« sa vie plus gaiement que moi. Tenez cela pour cons-
« tant ; qu'en effet je vous rendrai office de roi, de
« maître et d'ami. »

La même brièveté familière et éloquente respire dans les allocutions de Henri IV à ses soldats, dans ses discours au parlement, dans ses lettres à ses maîtresses. Un bon roi fait naître de bons citoyens. On vit se grouper autour de lui Mornay, Lanoue et *Sully*, dont les *Économies royales* ne sont pas sorties de la plume de Sully même ; elles attestent néanmoins la rigidité de ses mœurs, son noble dévouement à Henri IV et l'exactitude de son administration. Il se fait raconter les actions de sa vie par ses secrétaires,

---

(1) Histoire de Béarn.

et ce ne sont pas de grands écrivains. *Barthélemy de Laffemas*, contrôleur du commerce, auteur de plusieurs ouvrages d'économie politique, semés de vues excellentes, remarquables par la simplicité du style, et peu connus, parce qu'ils ne sont qu'utiles, doit sortir d'un injuste oubli. Le premier il indiqua clairement les sources de la richesse publique, provoqua l'uniformité du système des poids et mesures, prouva la nécessité des exportations et demanda l'établissement de la manufacture des Gobelins. Ces idées supérieures à son siècle furent comprises et approuvées par Henri IV ; Sully, dans son amour exclusif « pour le pastourage et le labourage, » les avait quelquefois combattues.

Ainsi le génie de Henri IV dirigeait et animait une foule d'hommes utiles, et leur communiquait sa flamme bienfaisante, son ardeur pour les améliorations réelles. Citons spécialement un écrivain singulier que le roi-citoyen honorait d'une affection de choix, et qui fut, si on peut le dire, son ministre de l'agriculture. C'est *Olivier de Serres*, patriarche des écrivains agronomes, celui qui par l'ordre exprès du roi introduisit la culture du mûrier en France. Seigneur protestant, devenu fermier au milieu des guerres civiles, il s'était constamment occupé de cultiver la terre que ses contemporains arrosaient de sang français. Après avoir pratiqué l'agriculture toute sa vie, il réduisit en système les résultats de son expérience, et publia *le Théâtre d'Agriculture*, ou *le Ménage des Champs*. Comme Montaigne, il est l'homme de son livre ; sa bonhomie, souvent profonde et précise, devient pittoresque dans les descriptions des lieux qu'il faut choisir, des soins qu'il faut prendre pour favoriser la végétation et la fructification. Son juste respect pour l'agriculture va jusqu'à l'enthousiasme : rien n'est plus piquant, plus éloquent, mieux raisonné que les pages où il prouve la nécessité de rédiger et de publier la théorie de cet art, au lieu de se contenter de la pratique. La conclusion animée, par laquelle il lie ensemble et rattache l'un à l'autre les différents *lieux* ou Livres de son ouvrage, et la péroraison du patriarche qui s'adresse à Dieu, pour que la culture des champs fleurisse toujours en France, portent le caractère de la plus haute éloquence. C'était le livre favori de Henri IV, qui tous les jours, après son dîner, s'en faisait lire quelques pages. La manière d'écrire d'Olivier se rapproche beaucoup de celle de Montaigne et de Montluc. C'est assez en faire l'éloge.

Tous ces écrivains contribuaient à enrichir le langage : chacun d'eux avait sa manière propre, ses constructions, ses tours, ses hardiesses spéciales. On faisait tout pour l'abondance et l'énergie du discours ; très-peu pour la clarté, la pureté, le choix des mots. Les articles, employés plus régulièrement que pendant la première partie du seizième siècle, pouvaient se supprimer encore, dès que la brièveté de la phrase rendait l'expression plus forte. On usait de l'inversion avec la liberté la plus étendue : et l'ordre direct, souvent contrarié, produisait des effets de style, vifs et nouveaux, quelquefois obscurs. Chacun composait son style d'après sa pensée. Chacun inventait les mots qu'il fallait à son éloquence. Chez tous ces prosateurs, on reconnaît la nuance bien prononcée de leur caractère. Lanoue est sentencieux ; d'Aubigné, rapide et vif ; Olivier de Serres, ferme et périodique ; Montaigne, bref et pittoresque. Souvent le verbe se plaçait à la fin de la phrase ; et l'on imitait cette suspension de sens, que les Romains admiraient chez leurs orateurs.

Hardi, libre, passionné, vigoureux, souvent confus, le style, à la fin du seizième siècle, se ressentait à la fois de l'imitation de l'antiquité et de la liberté des guerres civiles. Plus tard, lorsque la liberté française changea de forme et devint une monarchie absolue, tempérée par la grâce des mœurs, l'empire de l'honneur et celui des femmes : le langage et la littérature reçurent une empreinte nouvelle ; tout se soumit, dans l'art d'écrire et dans la vie civile, à la convenance et au bon goût. Notre langue devint une langue de choix, d'élégance, de simplicité et de raison. Le parler naïf, bref, vigoureux, coloré des Montaigne et des Lanoue, fut dès lors une langue morte, distincte de celle des Racine et des Pascal par ses défauts comme par ses qualités. La sociabilité française, l'heureux tour des conversations du grand monde, le ton léger et facile de la cour pénétrèrent dans le style ; enfin la littérature du dix-septième siècle et du dix-huitième siècle, l'idiome lucide, noble, élégant, que l'Europe adopta dans ses relations ne ressemblèrent pas plus à la littérature et à la langue de notre pays au seizième siècle, que la France de Charles IX et de Henri IV n'était cette brillante et solennelle patrie de Louis XIV et de Condé.

En indiquant les contrastes, ne négligeons pas les ressemblances. L'influence classique se perpétua : le génie caustique de Villon et de Marot, la pénétration satirique de Rabelais, survécurent à toutes les révolutions. L'imitation de l'Italie nous engoua longtemps du sonnet, que nous adoptâmes ; l'admiration de l'Espagne domina toute la première moitié du dix-septième siècle (1). Comme un fleuve qui se grossit sur sa route du tribut de plusieurs ruisseaux, traverse des plaines, des rocs, des pays sablonneux et des couches d'argile, change plusieurs fois de couleur et rétrécit ou étend le lit où il s'écoule, sans changer de nom ou même de nature, le progrès intellectuel des peuples, subissant de perpétuelles métamorpho-

(1) Voir nos Études sur l'Espagne, t. V de la Collection.

ses, ne perd jamais entièrement le caractère de sa tendance primitive et des modifications principales qui l'ont altéré sur sa route. Nous avons tenté de prouver comment le génie primitif de la France, en recevant dans son sein plusieurs influences étrangères, se les est assimilées ; si l'on veut examiner avec attention le progrès des doctrines littéraires et leurs variations parmi nous, on verra que Ronsard, Montaigne, Rabelais, n'ont pas été sans influence sur les productions des temps postérieurs, quoique ces productions n'offrent au premier coup d'œil que des traits étrangers ou contraires à la littérature du seizième siècle.

La stabilité de la monarchie se préparait sous Henri IV ; la fixation du langage (résultat qui devait s'accomplir de 1630 à 1640 sous la plume de Descartes, de Balzac et de Patru, sous les auspices de l'Académie française) s'annonçait par de faibles tentatives. Pasquier avait déjà signalé le mauvais goût de l'éloquence du barreau. *Mangot* et *Despesses* essayèrent d'y faire renaître la simplicité de la diction : orateurs arides, qui du moins ne sont pas ridicules. D'Aubigné, H. Estienne, et avant eux Rabelais et Érasme avaient raillé les prédicateurs. *Fenoillet*, appelé à Paris par Henri IV, ramena dans une route moins barbare le plus noble des ministères. En Savoie, le bon *saint François de Sales* prêtait aux pensées les plus touchantes un langage plein d'onction que Fénelon imita, et dont l'évêque Du Bellay (1) corrigea plus tard la prolixité. *Blaise de Vigenère*, infatigable traducteur, gage, partisan de la Ligue et de l'alchimie, remarquait le premier la nécessité d'imposer des lois fixes au langage qu'on laissait, dit-il, *aller à vauderoute*. *Coëffetau*, autre traducteur, qui a joui longtemps d'une célébrité

---

(1) Camus.

supérieure à son mérite, se faisait remarquer par une certaine pureté. *Bergier* publiait son excellente histoire « des grands chemins de l'empire romain », qui manque d'ordre et qui, si on l'abrégeait de moitié, s'enrichirait de tout ce qu'elle aurait perdu. *Nicot*, auquel l'Europe doit l'usage de la Nicotine ou du tabac, perfectionnait le vieux dictionnaire de Rançonnet, et publiait son *Trésor de la langue française*, précieux pour la connaissance du langage au seizième siècle. *Vital d'Audiguier* traduisait assez élégamment l'espagnol. Enfin *Simon d'Olive* et *Duvair* s'apercevaient comme Vigenère du désordre qui s'introduisait dans le style par la confusion de tous les genres et l'imitation de toutes les langues, réclamaient au nom du goût contre ce mélange de bassesse et d'extravagance, contre cette habitude scolastique d'exprimer des idées vulgaires par des mots emphatiques, des pensées exagérées par des phrases communes.

Pour avoir senti ce défaut, *Duvair* fut regardé comme un orateur éloquent et un grand critique. Cependant ses traductions que l'évêque Huet admirait, offrent de bien faibles traces de perfectionnement. Les latinismes ridicules que Rabelais avait raillés, *contumélie*, pour injure ; *cogitation* pour pensée ; *sponsion*, au lieu de pacte ; un homme *malicent* au lieu d'un homme maigre ; ces expressions prodiguées par Duvair prouvent qu'il est loin d'avoir connu le premier et le véritable caractère de notre langage. Cependant il est plus facile de donner des avis que des exemples : son *Traité de l'éloquence française et des raisons pourquoi elle est restée si basse* renferme des leçons utiles, et dont les écrivains ont essayé de profiter après lui, pour *dénouer*, comme il le dit, *la langue française encore en enfance*. La noblesse du style qu'il conseillait, sans pouvoir se l'approprier, fut, quelques années après, devinée et exagérée par le périodique

Balzac, qui commence la série des prosateurs du dix-septième siècle, et qui n'appartient plus à nos observations.

Guillaume Duvair avait à peine préparé, par son traité didactique, la réforme qui devait avoir lieu, lorsqu'un autre écrivain du même temps vint exercer, sur la première partie du siècle suivant, une influence, selon nous, beaucoup plus vive. Il occupe, au commencement de cette époque, à peu près la même place que le seigneur Des Essarts vers le commencement du seizième siècle.

Sous François Ier, les grandes aventures de guerre et d'amour étaient la perfection idéale que les courtisans se proposaient. Sous le règne paisible de Henri IV la galanterie et la politesse formèrent une sphère nouvelle d'idées élégantes dont tous les esprits furent charmés.

Ce fut là l'origine de cette épopée pastorale que le seigneur d'*Urfé* publia sous le nom d'Astrée, et qui fit, pendant cinquante ans, la folie de l'Europe. Si dans les Amadis on trouve l'excès du merveilleux chevaleresque, l'Astrée offre l'extravagance de la politesse la plus raffinée, et le point extrême de la délicatesse amoureuse. Monotonie des tableaux, fadeur des sentiments, accumulation d'épisodes : voilà tout ce que nous y découvrons aujourd'hui ; mais le style, bien que mêlé de mauvais goût, de pointes, de subtilités, d'emphase, s'éloigne, comme le remarque très-bien Pasquier, de l'école de Duperron et même de Duvair. Il est périodique, noble et harmonieux ; Balzac lui-même semble quelquefois l'avoir pris pour modèle. Le héros de l'ouvrage est devenu immortel (1) comme type générique des amants langoureux. Ainsi *Machiavel*, cinquante années plus tôt, nous avait

---

(1) Céladon.

donné le *machiavélisme* ; *Lambin*, le mot *lambiner* ; et ce bon jésuite, immortalisé par Pascal, fit naître, quelque temps après, *l'escobarderie*. Aucun de ces mots n'a perdu sa valeur.

§ XII

Malherbe et Régnier. — Commencement du dix-septième siècle. — Conclusions.

Dans la poésie, Bertaut et Desportes régnaient encore, et Ronsard n'était point déchu de son trône, lorsque deux hommes du génie le plus différent parurent à la fois sur la scène, et vinrent illustrer le règne peu littéraire d'Henri IV. L'un représente dans toute sa franchise la vieille causticité française, avec sa verve, ses saillies, sa licence, ses tournures naïves, quelquefois délicates, toujours spirituelles. L'autre offre l'excès du goût classique dans sa discipline : profitant de tout ce que l'école de Ronsard a fait pour enrichir et ennoblir la langue ; rejetant toutes les hardiesses téméraires qui l'avaient compliquée ; esprit rigide, laborieux et analytique, sévère pour lui-même comme pour les autres, le second créa l'art du style, le choix des paroles, l'harmonie des images, des idées et des mots. Ces deux hommes sont *Régnier* et *Malherbe*.

Mathurin Régnier, bourgeois de Chartres, homme de plaisir et fort négligent dans sa vie privée, doué de la nonchalance d'un ancien *Trouvère* et de la plus insouciante audace, vrai successeur de Villon, de Marot, de Rabelais, de Montaigne, transmet à La Fontaine, qui semble un auteur du seizième siècle, jeté par hasard dans le dix-septième, la tradition de cette moquerie française, légère et effrontée, vigoureuse et familière.

L'autre, par la netteté de son esprit et la sévérité

de sa critique, déblaie le Parnasse, encombré, depuis Du Bellay, de ruines grecques et latines; fraie la route à Racine et à Corneille. Entre ces deux hommes, qui d'ailleurs furent ennemis pendant leur vie, il n'y a que des disparates, et pas un seul point de rapport.

Cette verve énergique et facile que Montaigne, d'Aubigné, Montluc, de Serres, Lanoue, ont portée dans leur prose, le bon Régnier (c'est ainsi qu'on nommait ce précurseur de La Fontaine) l'a portée dans ses vers. Là, comme dans une galerie de portraits, se trouvent dessinés avec une vérité fougueuse tous les caractères de l'époque; ils vivent, ils agissent, vous les reconnaissez. Voici le fanfaron de Gascogne, que d'Aubigné n'a pas épargné; si redoutable aux belles, aux amants et aux maris; plein de jactance et de vanité dans son langage, de ridicule dans sa parure : ce spadassin,

> Au feutre empanaché, relevant sa moustache,

parlant *baragouin*, et vous serrant la main, quand même il ne vous connaîtrait pas. Voici la dévote, Tartufe femelle, vicieuse en sûreté de conscience, professeur de libertinage, et qui pense

> Qu'un péché que l'on cache est moitié pardonné.

Elle est venue,

> A pas lents et posés,
> La parole modeste, et les yeux composés,
> Entrant par révérence et resserrant la bouche.

Celui-ci, dont le rabat est sale et la mine chétive, c'est un poëte;

> .... du moins il le veut être.

Il vous accoste :

> Monsieur, je fais des livres,
> On les vend au palais ; et les doctes du temps,
> A les lire amusés, n'ont d'autres passe-temps.

Quelle vivacité mordante ! Molière et Boileau n'ont pas mieux observé, ni donné à leurs portraits plus de couleur et de saillie. Cynique tour à tour et voluptueux, Régnier a souvent le doux abandon de Marot et la grâce de Desportes : il peint en vers enchanteurs,

> Bérénice la belle
> Qui semble contre l'amour si fière et si cruelle ;

sa muse alors a de la mollesse et de l'abandon : puis, suivant les caprices d'une inspiration toujours mobile,

> Sa verve assez souvent s'égaie en la licence (1).

Les beautés de style, naïves, soudaines, originales, étincellent dans ses ouvrages comme dans les pages de Montaigne : c'est le même abandon ; c'est la même énergie et la même souplesse. C'est surtout la même franchise impétueuse dans l'expression de la pensée, et le même dédain pour la servitude des règles.

Régnier, génie fécond et original, avait laissé dans ses vers plus d'une incorrection : les enjambements forcés et le choc désagréable des voyelles déparaient quelques-uns de ses morceaux les plus remarquables. La solennité manquait à la poésie ; Ronsard l'avait guindée sur des échasses grecques ; Desportes s'était contenté de la soutenir au niveau de l'églogue et de l'élégie. La cour était toute gasconne ; les imitateurs de Dubartas pullulaient encore.

Alors un gentilhomme de Normandie, *Malherbe*, vint accomplir cette réforme savante et sobre que Du Bellay avait annoncée, que tant d'écrivains effrénés avaient tentée maladroitement ; et imposer enfin à la

---

(1) Régnier.

langue française une discipline empruntée aux langues savantes.

A cette entreprise il consacra toute sa vie ; après la foi catholique, rien ne lui était plus à cœur que la correction du discours. D'un esprit droit et persévérant, il n'aimait que l'ordre, la clarté, la dignité : caractères que, depuis cinquante années, la poésie française avait inutilement cherchés. Déjà riche de verve et de grâce, elle était restée comme suspendue entre le pédantisme et la grossièreté, la trivialité et l'emphase. Malherbe comprit que, sans un choix sévère de mots, de tours et d'expressions, elle ne serait jamais distincte de la prose. Alors, si l'on peut se servir de cette image commune, il *passa les paroles au crible*, et les sépara, les classa, régla leur emploi avec toute la rigidité d'un grammairien. Le pompeux néologisme de Ronsard n'eut pas d'ennemi plus redoutable : vous diriez un prince économe dont les réformes austères réparent le tort fait à l'État par la somptuosité de ses prédécesseurs. Le style lyrique est enfin trouvé, la gravité et la majesté s'unissent à l'énergie ; les hiatus, les enjambements d'un vers sur l'autre sont à jamais bannis par ses scrupules.

Voilà l'œuvre accomplie par ses longues veilles, sa rigueur, son despotisme. Avant lui, on avait étudié les Anciens. Ronsard avait inventé ou emprunté aux Grecs la plupart des formules poétiques ; son langage bizarre, mêlé de patois et de grec, devait sembler ridicule, dès que la langue française se serait développée. Ce moment arriva : Malherbe sut le saisir. Comme tous les réformateurs heureux, il vit la littérature marcher vers une élocution plus pure et des formes de style plus nettes ; il s'empara de cette occasion, poursuivit son entreprise avec une opiniâtre vigueur de bon sens, *dégasconna*, comme dit Balzac, la cour et la ville, et, à force de tyranniser les mots et les syllabes, fonda les doctrines sévères auxquelles les talents français asservirent ensuite leur force. Cette rigueur et cette sobriété nouvelles s'accordaient merveilleusement avec l'établissement monarchique, le règne des bienséances qui prenait chaque jour plus d'autorité, et l'étiquette sociale, qui succédait aux mœurs joyeuses, savantes, bourgeoises ou débauchées du temps que nous venons de parcourir.

Cependant, un crime, appartenant tout entier aux fureurs du seizième siècle, signale les premières années du dix-septième : Henri IV meurt sous le poignard d'un homme vulgaire que dévoraient les flammes expirantes de la Ligue. On a déjà remarqué (1) que, dans tous les discours prononcés après la mort d'Henri IV, il se trouve, malgré le peu de talent des orateurs et leur pédantisme sauvage, quelque passage éloquent et pathétique. A l'aspect du cadavre sanglant de ce bon roi, la verve des poëtes s'anime ; la vieille langue d'oc se réveille, et *Goudouli* devient sublime. La muse latine de Bourbon (2) a, pour maudire l'assassin, d'admirables accents. De Thou, continuant son histoire, s'élève, en rappelant ce forfait, à l'éloquence la plus haute. Une femme, la princesse *de Rohan*, dans une élégie peu connue sur le même sujet, atteint la plus touchante dignité de style, la sensibilité la plus pénétrante. Telle est l'influence des émotions profondes ; en passionnant le langage, elles l'épurent.

A cette époque féconde et orageuse succéda une époque de culture paisible, d'ordre et de régularité. Au moment où nous nous arrêtons, les germes déposés au sein de la littérature sont prêts à éclore ; les éléments qui se sont combattus vont se classer. L'érudition devient utile : le théâtre, faible encore, s'anime avec Hardy d'un pathétique plus vif : la chaire n'est plus

(1) Thomas, *Essai sur les Éloges.*
(2) *Diræ in parricidam.*

profanée : ce que la langue française possède de richesses attend les mains habiles et laborieuses qui leur donneront plus d'ordre et plus d'ensemble.

Ce perfectionnement ne tardera pas à s'opérer. *Lingendes, Rotrou, Mairet, Corneille*, sont nés. *Balzac* se forme à l'école du rival sévère de Mathurin Régnier. C'est de Malherbe, précepteur rigide, que date le nouveau mouvement littéraire qui embrassera la seconde moitié du siècle de Louis XIV.

Entre ces deux époques, — l'une dont nous avons esquissé l'histoire dans les pages qui précèdent et sur laquelle planent confusément les influences de l'Italie moderne et de l'antiquité savante ; — l'autre, époque de sévérité définitive et de discipline harmonieuse, grand règne des Racine et des Bossuet, — se place une phase intermédiaire spécialement espagnole, à laquelle nous consacrons une autre partie de nos travaux (1).

Cette phase espagnole, ère de transition, commence à la mort de Henri IV et se termine à la majorité de Louis XIV ; c'est la révolte du caprice contre le dogme, de l'imagination contre le savoir ; c'est la réaction de la licence contre le pédantisme.

Peu sérieuse, essentiellement passagère, elle a laissé cependant des traces vives dans nos annales intellectuelles. Après cette émeute, s'établit entre 1650 et 1700, avec une prédilection quelquefois excessive en faveur de la discipline, l'équilibre de l'Ordre et de la Liberté dans les choses de l'esprit.

(1) V. nos Études sur l'Espagne et sur ses influences.

L'HISTORIEN

JACQUES-AUGUSTE DE THOU.

DOCUMENTS

RELATIFS A LA VIE DE JACQUES-AUGUSTE DE THOU.

Consulter. — Patin. — Éloge de J.-A. de Thou (1).
        Lemontey. — Notice sur l'historien de Thou.
        Lettres d'Estienne Pasquier.
        Éloges des frères Saint-Marthe.
        Hotman. — Franco-Gallia.
        Mémoires d'Auguste de Thou (en latin).
        Lettres de Malherbe.

(1) Couronné par l'Académie française, en 1825. L'Essai suivant a partagé le prix avec l'ouvrage de M. Patin.

ESSAI

SUR

LA VIE ET LES ŒUVRES

DE JACQUES-AUGUSTE DE THOU.

Ἀληθεύειν ἐν ἀγάπῃ.
Dire la vérité et aimer les hommes.

---

§ Ier

La Saint-Barthélemy.

Le jour naissait à peine : un jeune catholique avait quitté l'asile de ses études pour se rendre au pied des autels (1). Il traverse Paris qui semble reposer encore. Tout est calme. Au milieu du silence, quels cris se mêlent au son des cloches ? Le jeune homme avance : le bruit redouble. Il s'étonne, s'effraie, se hâte. Spectacle épouvantable ! auprès d'une église, un cadavre sanglant est jeté sur des armes brisées !... C'est Calliste assassiné, Calliste, ami de la famille du jeune homme, et nouveau prosélyte de *Luther*. Le jeune homme fuit, saisi d'horreur ; mais toutes les avenues sont fermées. Partout se montrent les croix blanches des assassins. Partout retentissent les litanies, et les

(1) V. pour ce récit, les Mémoires d'A. de Thou, l. III.

blasphèmes, et les cris des mourants, qu'interrompent les coups d'arquebuse. Il est entraîné par le torrent populaire : « Tue, tue ! courez aux hérétiques ! » Et la populace répète en hurlant ce cri de mort.

On entraîne une autre victime : le jeune homme approche et reconnaît les restes défigurés du savant Grollot, bailli d'Orléans, et attaché, comme Calliste, à la nouvelle croyance. Jetés dans la Seine, les deux cadavres flottent jusqu'au pied du Louvre. Là, disent les historiens du temps (1), une digue s'était formée des monceaux de cadavres. Les débris de ces malheureux arrêtent le cours des ondes; poussés, repoussés par elles; les mains jointes sur leurs blessures; les yeux encore ouverts, et les lèvres tremblantes au sein de la mort; ils semblaient prier et appeler la vengeance divine sur ce palais, orné de fleurs, et où des courtisans, vêtus comme des femmes, calculaient le produit des massacres qu'ils avaient depuis longtemps préparés.

Auguste de Thou (c'est de lui que je viens de parler) atteignait à peine sa vingtième année, lorsqu'une si terrible scène ouvrit à ses regards le théâtre sanglant de son époque. La Saint-Barthélemy ! quelle leçon ! quel souvenir ! Il n'oubliera point cette matinée fatale : cette heure révèlera un siècle.

Suivons-le dans sa fuite précipitée, à travers les rues où se reproduisent toutes les variétés du meurtre. Il regagne sa solitude (2); il s'y enferme; il s'y cache à la lumière du jour. Une semaine s'écoule. Le carnage cesse. Il a quitté sa demeure; il veut respirer un air plus pur. Déjà, franchissant les remparts d'une ville souillée par tant d'horreurs, il laisse derrière lui

---

(1) V. Théodore de Bèze et d'Aubigné.
(2) Voir, pour la suite de ce récit, les Mémoires d'Auguste de Thou, l. III.

l'enceinte de Paris. Quel est ce nouvel objet d'épouvante? Pourquoi ce brasier, cette chaîne d'airain qui suspend et balance au gré du vent un débris mutilé, sans formes et sans nom! Les malédictions du peuple l'insultent encore. C'est donc là Coligny! Voilà ce chef de parti qui fut vertueux, plus grand dans les revers que les conquérants dans le triomphe: d'une fermeté romaine, d'une candeur et d'une vertu dignes des premiers chrétiens: citoyen magnanime, jeté par sa loyauté dans les bras de ses ennemis, qui le séduisirent par leurs caresses et le frappèrent de leurs poignards.

Auguste de Thou, dans un âge avancé, devenu l'un des hommes les plus considérables de cette époque, se rappelait avec émotion un si affreux spectacle. « Il me remplit de douleur, dit-il dans ses Mémoires; ce « souvenir est présent à ma pensée. Tant de gloire et « tant de honte! tant de vertu et d'opprobre! je ne « pouvais retenir mes larmes (1) ! »

Sèche ces larmes, jeune homme destiné à venger Coligny! Tu seras l'historien de ton temps; tes généreuses douleurs ne seront point stériles.

Ce n'est pas en vain que toutes les fureurs seront réunies pour te frapper d'horreur. On te verra fuir cette religion de la haine qu'ont adoptée des barbares, et embrasser la religion d'amour et de vérité (2)! Fidèle au trône, dans un siècle de révolte et de dissensions, tu n'approcheras des cours, arène de tumulte et d'intrigues, que pour remplir tous les devoirs en défendant toutes les libertés. Ton siècle sera ton étude. Tu prépareras les accusations et la justice de l'avenir. On te nommera le père de l'histoire moderne. Le philosophe suivra, avec intérêt, la marche et pour

---

(1) Mémoires d'Auguste de Thou, l. III.
(2) Ἀληθεύειν ἐν ἀγαπῃ (Saint Évang.).

ainsi dire l'éducation de ton génie ; il observera cette destinée jaillissant d'une profonde émotion de ta jeunesse. Enfin, lorsque deux siècles auront passé sur ta cendre et que l'étoile des Valois se sera éteinte, lorsque le souvenir des Guises se sera effacé, ton nom s'élèvera brillant, et planera sur les ruines des ambitions et des grandeurs du seizième siècle. Tu mériteras qu'une Académie (1), dépositaire des connaissances chez le peuple qui domine l'Europe par les lumières, demande, non un panégyrique, mais une exacte appréciation de ton caractère, de tes talents et de tes vertus.

Les idées ont fait la révolution du dix-huitième siècle. Les croyances avaient fait celle du seizième. Depuis huit cents ans le monde civilisé obéissait aux institutions chrétiennes. La pensée religieuse était devenue la souveraine invisible des peuples : c'est dans le ciel, au pied du trône de Dieu, qu'était fixée l'ancre qui retenait les sociétés. On avait vu les rois faire pénitence ; des moines sans lettres conserver le dépôt des lettres ; le monde chrétien reconnaître, dans la personne des papes, des médiateurs entre les hommes et l'Éternel ; l'Europe s'ébranler, saisir la croix et se jeter sur l'Orient infidèle ; de grands maux, de grands biens signaler le règne d'une foi illimitée ; l'esprit humain, dans l'ignorance de lui-même, se livrer à une exaltation sans frein, et passer des pensées sublimes aux préjugés absurdes, des folies magnanimes aux folies barbares.

Il s'éveille au quinzième siècle et cherche à se connaître. Le combat s'établit entre les croyances antiques et les premiers efforts de l'examen. Luther parle : il est l'apôtre du Nord. Une armée de novateurs, plus hardis que le maître, s'élance sur ses pas. On dispute,

---

(1) L'Académie française.

on s'égorge. On prétend épurer la religion, non par des œuvres, mais par des doctrines : on veut protéger Dieu par des crimes (1).

Tous les droits et tous les devoirs se confondent : les puissances qui se croient en danger appellent à leur secours les bourreaux ; ils font les martyrs ; les martyrs sèment des prosélytes. En France même, où les dogmes nouveaux avaient été accueillis avec indifférence, quelques hérétiques persécutés propagent l'hérésie. Partout l'indépendance chrétienne pousse un cri de guerre ; et l'esprit de révolte joint au fanatisme se répand dans le peuple.

La politique, autre reine de cette époque, fausse et barbare politique, veillait pour profiter de ces fureurs et forgeait dans les cabinets de marbre les crimes des places publiques. Depuis que la noblesse française avait rapporté des cités de l'Italie (2) ces germes de perfidie et de corruption, les complots et les assassinats avaient déshonoré nos mœurs grossières. Les femmes intriguaient dans les cours : toutes les ruses, toutes les débauches se cachaient sous la pourpre. L'Italie dévastée par nos armes s'était vengée en nous associant à ses vices.

Le peuple murmure, les impôts s'accroissent, le trésor s'épuise. On cabale, on s'inquiète, on s'agite. Henri II règne, il sème le premier désordre politique ; et incapable d'arrêter les progrès du mal, il abandonne le sceptre à qui l'en veut délivrer. Une famille ambitieuse s'empresse de le saisir : le roi disparaît devant elle ; et à sa mort les Guises recueillent le pouvoir comme un héritage.

C'est alors que la veuve de Henri, forcée de recevoir en tremblant leurs hommages, s'entoure d'am-

---

(1) Saint Athanase. — *Ils protégent l'Éternel par des crimes.*
(2) V. plus haut, p. 4.

bitieux, les excite aux combats, et croit assurer son repos en déchaînant leurs haines. La conspiration d'Amboise prélude aux longs malheurs de la France. Sur deux bannières teintes de sang le nom du Christ est profané. Un fantôme de prince passe sur le trône, et meurt sans connaître ses malheurs, ses dangers et ses droits. De redoutables caractères, fils des révolutions et qui les nourrissent, se présentent et se combattent : la France est déchirée : deux États se forment dans l'État. Le trône est sans poids ; le peuple sans mœurs. Et pendant que la cour ne cesse de passer avec une incroyable imprudence de la force à la ruse, de la ruse au meurtre, de la paix jurée à la trahison, de la trahison à une paix nouvelle, un terrible génie, caché dans l'Escurial, puise dans l'Amérique nouvellement conquise, les trésors qu'il jette sur la France, dont il solde la guerre civile.

Trois fois elle s'était assoupie, pour se relever chaque fois plus terrible. Le calvinisme semblait s'accroître de ses pertes et Charles IX s'élevait sous les yeux de sa mère. Une fureur sombre l'a saisi : un grand crime, fomenté par la sympathie populaire, se cache dans cette âme, née peut-être pour la vertu. Le tocsin fatal a sonné.

Tels sont les grands traits historiques que l'on distingue avec effroi, dans ces années confuses, pendant lesquelles s'élevait la maladive jeunesse d'Auguste de Thou. Il naquit faible et souffrant, la même année qui vit naître Henri IV, dans les montagnes du Béarn (1). Ses parents s'étonnaient de le conserver : toujours malade, il n'eut point de maîtres. Il dut peut-être à une santé débile le bonheur d'échapper à cette éducation du pédantisme trop commune alors, souvent meurtrière du génie.

---

(1) 1553.

Des exemples de simplicité, de loyauté, de vertu, s'offraient à lui, dans sa famille qui honorait depuis longtemps la magistrature. Elle se distinguait par l'austérité des mœurs. Christophe de Thou, père de l'historien, est le premier citoyen de Paris qui ait fait faire un carrosse qu'il enfermait soigneusement chez lui, comme un produit curieux d'une industrie nouvelle. Sa femme, Jacqueline de Tully, célèbre dans les Mémoires du temps par la mâle gravité de son caractère, avait coutume de monter en croupe derrière un laquais de la maison lorsqu'elle rendait ses visites. S'agissait-il d'un plus long voyage, on préparait un lit de paille sur une de ses voitures de campagne, qu'il me sera permis d'appeler par son nom, une charrette, et c'était dans cet équipage que la femme du premier président de Paris se rendait à sa maison des champs.

Ces mœurs simples ne provoqueront pas le sourire, si l'on pense aux actions généreuses qui consacrent les annales de cette famille, à ce même Christophe de Thou, défenseur d'Anne Dubourg et sauveur de Henri IV, à ses deux frères, l'un evêque de Chartres, qui resta fidèle au bon roi, foudroyé par Sixte-Quint, tandis que l'autre, dont le dévouement héroïque était digne d'être chanté par Voltaire, suivit d'un pas intrépide le président de Harlay, traîné à la Bastille par les ligueurs.

§ II

Le tournoi. — Éducation de Jacques-Auguste de Thou.

Auguste de Thou, abandonné à lui-même, se livre en liberté à ses premiers goûts. Les éléments du dessin amusent son enfance : on ne songe qu'à le distraire : dès l'âge de six ans son intelligence se développe dans une organisation fragile. Son père le conduisit alors à ce fameux tournoi où Henri II devait périr sous la main imprudente de Montgomery : premier événement tragique qui semblait annoncer tant d'autres jeux cruels de la fortune.

Devant ce faible enfant dont l'esprit s'éveille au bruit naissant des orages qu'il doit peindre, s'ouvre l'enceinte destinée à ce simulacre de combat, dernier vestige d'une chevalerie expirante. Il promène un regard plein d'un étonnement enfantin sur ces chevaliers, ces prêtres, ces courtisans, ces femmes qui représentent leur siècle et sont l'avenir de leur patrie. Son père lui indique le monarque dont la brillante armure ne le protégera point contre la mort : esclave d'une femme, paré des couleurs de la maîtresse de son père, il va baigner cette arène d'un sang qu'il eût dû réserver pour d'autres combats.

Les deux jeunes princes assis aux pieds de leur mère seront François II et Charles IX : l'un, par le luxe efféminé de ses vêtements, annonce déjà les mœurs dissolues qui aviliront la majesté royale ; l'autre, que néglige sa mère, esprit vif, âme passionnée, brusque et farouche, n'a pas reçu d'elle encore les leçons qui deviendront si fatales à sa mémoire. Le débile héritier du trône porte à ces fêtes des traits décolorés, qui annoncent la mort ; près de lui, dans tout l'éclat de ses charmes, brille sa jeune épouse, ignorante des malheurs et des fautes que sa destinée lui réserve : c'est Marie Stuart. Sur un front si pur, dans des yeux si beaux, qui pourrait lire un avenir sanglant chargé de passions et d'infortune (1) ?

Le juge du camp est Montmorency, homme que l'on nommerait grand s'il avait plus de vertu. A la simplicité de leur costume vous pouvez distinguer les se-

---

(1) V. le SEIZIÈME SIÈCLE EN ANGLETERRE. Documents nouveaux sur Marie Stuart.

crets partisans de la réforme. Appuyé sur ses armes, le front calme et sévère, le regard mélancolique, ce guerrier est Coligny. Dandelot, son frère, son ami, est à ses côtés et ne le quittera qu'à la mort.

Environné d'une foule empressée de saluer sa fortune, l'un des Guises déploie la magnificence de ses habits pontificaux et la pompe de son arrogance. Non loin de là est un homme sur lequel tous les regards sont fixés. Quel est ce guerrier dont le sourire séduit, dont la majesté impose, dont l'air chevaleresque étonne ? Quelle destinée plane sur ce front héroïque qu'ombrage un panache étincelant de pierreries ? C'est le plus redoutable des membres de cette famille qui marche vers le trône, François de Guise.

Il remplira de son nom quatre règnes ; il éclipsera quatre rois. Il vient de soutenir le trône, il va l'ébranler. Défenseur de la patrie, il voudra la soumettre à son pouvoir. Coligny, qu'il mesure des yeux, et qu'il respecte, sera son adversaire. Le protestant aura toute la profondeur des vertus dont le catholique aura tout l'éclat. Guise, sans atteindre le but de son ambition, rappellera le génie, l'audace, l'adresse de César et son rapide coup d'œil. On verra la fortune fléchir sous l'inébranlable volonté de Coligny, et corriger elle-même, pour ainsi dire, les revers qu'elle avait amenés.

Tous ces personnages périront de mort funeste. La hache, le poignard, un lit de mort environné de fantômes, leur sont réservés. La seule Catherine de Médicis terminera ses jours dans un âge avancé et descendra avec calme d'un palais à la tombe : fatale conseillère, reine trop longtemps, et sur laquelle le juste anathème de l'histoire rejette presque tous les malheurs de cette époque. Femme équivoque, la mobilité de ses vices semblera la dérober à la justice de l'histoire : âme légère, mêlant l'atrocité aux caprices d'un caractère frivole ; esprit versatile et incapable de constance dans les mêmes crimes, quoique capable de les essayer tous ; sans force dans ses violences, et perfide sans fruit. Bientôt son ambitieuse inquiétude va s'élancer dans la carrière ouverte par la mort de Henri II. Élève inhabile de Machiavel, égarée dans ses propres ruses, elle ne les accumulera que pour les détruire l'une par l'autre ; et dans les ténèbres de sa politique on la verra s'agiter jusqu'au moment où le pouvoir, isolé au milieu des orages qu'elle aura semés, s'écroulera dans l'abîme où sa race entière ira s'éteindre.

Ainsi le jeune de Thou assistait pour ainsi dire à la formation des événements qu'il devait peindre. Quittons un moment ces caractères, et observons le siècle qui les fit naître ; demandons à l'étude de l'histoire pourquoi tant de personnages grands ou redoutables sortirent à la fois de la même époque. Quel siècle ! que de mouvements ! quel spectacle !

C'était le temps marqué pour une révolution des croyances, des coutumes et des empires. La chevalerie s'éclipsait ; les monarchies se substituaient au pouvoir hiérarchique des hommes d'armes ; la société était en travail et ses agitations convulsives annonçaient que de ses flancs déchirés un nouveau monde allait sortir. Tout se métamorphose : l'ancien ordre social paraît s'engloutir et des institutions jusqu'alors inconnues naissent pour le remplacer.

Longtemps l'Europe avait accepté la féodalité catholique et l'unité de foi ; mais l'Océan ouvert par la boussole, une mobile empreinte perpétuant la pensée, les connaissances humaines et l'expérience des temps devenues impérissables, le monde mieux connu, l'industrie plus active chaque jour, les arts cultivés, les sciences renaissantes, avaient versé au milieu des mœurs barbares une lueur imprévue. C'en est fait :

l'esprit humain s'agite à ces clartés. Colomb agrandit le monde ; Galilée réforme le ciel ; Luther bouleverse l'Église.

L'imagination s'effraie de ces mouvements. Les peuples s'agitent, les sceptres se brisent, les autels tombent, les couronnes passent d'une tête sur une autre ; une fièvre ardente a saisi l'Europe. L'Égypte, le Portugal, la Suède changent de maître. La nature humaine, secouée dans tous les sens (ainsi parle Montaigne), produit en foule des caractères grands ou terribles ; — Philippe II, Léon X, Henri VIII, Élisabeth, Sixte-Quint, Vasa, Soliman, Basilowitz ; et plus prodigieux encore, trois hommes : Luther, Colomb et Copernic.

De Thou fut placé au milieu de ce grand tableau pour l'observer et le peindre. Sa première jeunesse fut témoin du développement de ces troubles civils qui devaient agiter cruellement son pays. C'était un enfant livré à lui-même, plus sensible que vif, et plus avide de spectacles que de plaisirs. Un penchant secret, un attrait invincible, l'entraînaient vers ceux que distingue la supériorité du talent et de la pensée. A seize ans il connaît Ronsard, et bientôt Adrien Turnèbe, Belleau, Budé, Baïf, Desportes, Passerat, sont ses amis. Il entend parler de Cujas, le roi de la jurisprudence, l'Hercule du Digeste, le docteur qui, par vingt années de patience et de travaux, a débrouillé le chaos des lois, éclairci l'amas confus des définitions et des préambules. Les docteurs d'Allemagne nommaient Cujas *sublime ;* et l'on ne prononçait son nom que le bonnet à la main (1). Le jeune Augustin de Thou va trouver ce grand personnage, qui tenait son école à Vienne en Dauphiné, où demeurait aussi Scaliger. Il devient l'ami de tous les deux et ne s'arrache

---

(1) V. **Hotman.**

à leur commerce que pour revenir à Paris, où le rappelait son père. Les protestants trompés accouraient aux noces de Henri IV ; alors se préparaient ces livrées de fêtes, *livrées sanglantes,* comme l'avait prédit le père du grand Sully.

De quelle terreur dut être frappé ce jeune homme candide, rempli d'humanité, de simplicité et de compassion ! Les deux cadavres jetés sous ses pas, le tronc informe de Coligny, changent ses résolutions et décident de sa vie. Il ne laissera pas ces bourreaux impunis, ces victimes sans vengeance. Déjà il met en ordre les documents épars qu'il a recueillis, depuis sa jeunesse, sur l'histoire de son temps : pour préparer mieux encore ce grand dessein qui sera la pensée de toute sa vie, il s'empresse de suivre en Italie le cardinal d'Ossat, ambassadeur de Charles IX.

Ce fut un nouvel objet d'étonnement et d'études. De l'Italie, comme d'un foyer (1), étaient sortis les vices et les lumières, qui avaient éveillé l'Europe en la corrompant. Là se préparait auprès d'un père exilé la gloire du Tasse, dont la voix mélodieuse devait bientôt retentir du pied de l'Apennin aux rives de l'Archipel. Là viennent de mourir l'Arioste, le magicien de la poésie, et Machiavel qui a laissé sur son passage une trace profonde. Les recherches de Vésale, Faloppe, Mathiole, Aldrovande enrichissaient l'étude jusqu'alors imparfaite de la nature : le Vatican s'élevait et la Vénus de Praxitèle semblait renaître du sein des ruines du moyen âge, pour inspirer Raphaël, qui devait embellir encore d'une pudeur chrétienne et d'une grâce angélique ce modèle de la beauté physique.

Le jeune voyageur s'enivre à cette source des arts et du génie : son retour en France est suivi d'une lon-

---

(1) V. plus haut, p. 5-25.

gue retraite, pendant laquelle il approfondit l'étude des lois de sa patrie. Une occasion nouvelle se présente : il va en Belgique recueillir d'autres lumières et étudier les hommes, époque si féconde en révolutions et en désastres.

Il y vit le duc d'Albe, digne représentant de son maître. Dans cette Belgique, où le sang d'Egmont fumait encore, quelques bourgeois opposaient leur courage à la toute-puissance du fils de Charles-Quint, armé de fer et d'or, les deux leviers des empires. En vain le monarque le plus redoutable des deux mondes essaie de les traîner à son char. Le prince d'Orange, le Washington de son siècle, humiliera Philippe II. Tout est révolte, horreur et trouble, au sein de ce pays que de Thou est forcé de quitter. Les communications sont interrompues par les orages politiques. Il ne peut aller visiter ni l'Angleterre gouvernée par Élisabeth, ni la Hollande où quelques pauvres habitants d'un marais donnent un si grand exemple de la puissance des hommes, quand ils s'unissent pour de grands desseins : république de pêcheurs, qui détachée de la confédération belge lancera sur les mers son pavillon indépendant et victorieux.

Quelques voyages, ou plutôt de rapides courses sur les frontières de l'Allemagne, terminent l'éducation historique du jeune Auguste de Thou. Il revient se fixer en France, après avoir parcouru les deux contrées les plus intéressantes qu'offrît alors cette société qui se brisait pour se régénérer. Il a, pendant ses voyages, consulté les musées, écouté les artistes, observé la nature, visité les champs de bataille, conversé avec le peuple et discuté avec les savants.

Alors il est reçu membre du parlement : ses amis le forcent d'accepter cet honneur, et il sort triomphant, malgré une excessive modestie, de l'examen qu'il subit. Une voix sortie des bancs des enquêtes prononce à haute voix cette prophétie : « Ce clerc deviendra un grand homme (1) ! »

§ III

Vie politique de Jacques-Auguste de Thou.

Depuis la Saint-Barthélemy les événements se sont pressés : la Ligue est née ; Guise est mort, comme Coligny, sous le poignard d'un assassin. Son fils lui succède, ambitieux comme son père ; mais son ambition plus déliée se distingue par d'autres nuances. Le calvinisme s'élève comme un colosse du sein des flots du sang calviniste. Le déserteur du trône de Pologne, Henri III, qui a répudié un peuple qui l'adoptait, s'endort sur un trône sans base : à peine les hurlements des partis peuvent-ils le faire sortir de sa léthargie. Roi trop avili, qu'une grande finesse d'esprit ne garantit d'aucune faiblesse, il refuse la paix nécessaire, commet les crimes inutiles, désavoue les fautes avérées et ne voit pas cette formidable union, qui veille à côté de lui, prête à lui enlever la couronne et montrant déjà au peuple séduit, dans la personne de Henri de Guise, le défenseur du vieux culte, le futur modérateur des impôts et l'élu de Dieu.

La conduite politique d'Auguste de Thou fut celle d'un bon citoyen : son attachement à une cour immorale naissait d'un profond sentiment de l'ordre et du devoir. La moralité des peuples semblait éteinte. Jeannin servait la Ligue. Sully et Mornay étaient calvinistes. L'étranger conspirait dans les places publiques ; la révolte était en permanence dans les églises. Le seul palladium des libertés, le dernier point de ralliement des gens de bien, le trône, battu de tant

---

(1) V. ses Mémoires, liv. IV.

d'orages, et dont l'infortune n'est honorée par aucune résolution magnanime, le trône dont les derniers défenseurs ont tout à craindre, trouve en lui, non un satellite, mais un défenseur qui se dévoue à la patrie.

Chargé de rendre la justice dans le midi de la France, il continue à mêler aux occupations de sa place l'étude de son siècle. Il parcourt ces provinces couvertes de sang et de ruines, observe les hommes, prélude au tableau de tant d'horreurs, et approfondit les caractères singuliers qui s'offrent à ses yeux, comme un peintre d'histoire commence par esquisser des portraits : il réconcilie des ennemis ; accomplit des négociations épineuses ; ose consoler les misérables ; ne craint pas de s'arrêter chez les hommes disgraciés par la cour (1) ; enfin, médiateur toujours heureux pour une autorité en ruines, il n'épargne ni dévouement ni fatigues, et porte dans ces détours compliqués d'une politique pleine de ruses, une candeur, une droiture politiques.

Les longs détails de ses ambassades souvent plus difficiles qu'importantes rempliraient un volume. Cependant la mort de son père le rappelle à Paris. Seize hommes populaires ont juré de périr plutôt que céder aux calvinistes : leur glaive est suspendu sur les magistrats encore fidèles au prince. Le parlement, inébranlable dans sa loyauté, voit se dresser autour de lui les poignards ; c'est alors que de Thou accepte la charge de président du parlement, honorée par son père et son aïeul, et devenue un titre de proscription.

Henri III a combattu le Béarnais son allié naturel. Ses favoris couverts d'or sont tombés sous le fer des soldats de Crillon et de Lanoue. Les protestants l'ont vaincu ; les ligueurs vont l'écraser. La fortune paraît s'offrir à Henri de Guise, qui entre à Paris en triomphe ; et le roi qui vient lui disputer sa capitale ren-

(1) Chez De Simié, disgracié par Henri III.

contre dans ce chef de factieux un souverain plus puissant que lui. Là se place le bizarre tableau, auquel l'histoire a conservé le nom de *barricades*, de ces fortifications improvisées, piéges populaires où les soldats du roi sont forcés de déposer leurs armes devant les séditieux.

Du Louvre où frémit de crainte une cour incapable de résolution, à l'hôtel de Guise, d'où cet homme habile dirige les mouvements du peuple, de Thou, malgré les dangers attachés à sa place et à son nom, ne cesse de porter ses pas et ses conseils dont la sagesse n'est pas écoutée. Il traverse plusieurs fois Paris, sans armes, sans escorte, arrêté à chaque instant par les obstacles préparés à dessein et par les cris des furieux. Il rapporte dans ses foyers la douleur d'avoir vu ses efforts sans succès. Qui eût pu s'attendre au dernier résultat de tant de troubles? Guise, que la faveur publique nomme déjà roi de France, commande au Louvre comme à Paris : infidèle à son audace, à son crime; trop lent à suivre, le rebelle rend le sceptre à Henri III, qu'il allait détrôner. Une main mytérieuse semble arrêter l'usurpateur devant l'objet de tous ses vœux et lui défendre d'aller plus loin.

L'histoire offre peu de caractères aussi problématiques que celui du second des Guises. Souverain des catholiques et dominé par l'influence étrangère, il veut être roi, il est servile sans effort ; aussi brillant et moins magnanime, aussi courageux et plus souple que son père; plus habile dans l'art de séduire que dans l'art de mettre à profit la séduction; défiant de ses égaux, et leur prodiguant les caresses ; populaire par intérêt et non par goût ; assez téméraire pour humilier un roi, assez imprudent pour se contenter de l'avoir humilié, il prépare sa fortune et ne sait pas l'employer, perd un temps précieux à essayer le diadème, et ne le saisit pas.

Pendant que ce sujet trop grand pour la monarchie, trop généreux après avoir été si coupable, jouit insolemment d'un pouvoir qui lui sera bientôt arraché, Henri III se réfugie à Chartres. Auguste de Thou suit le monarque malheureux et repart pour lui ménager un asile en Normandie : il réussit, après avoir affronté des périls de tout genre. Pour récompense de cet éminent service, nommé conseiller d'État, il se rend à Blois, où se prépare cette assemblée des États, inutile remède aux maux de la France, et célèbre par une grande catastrophe, l'assassinat de Henri de Guise.

La fortune d'Auguste de Thou est presque détruite par les rebelles ; sa maison est pillée : son patrimoine disparaît au milieu de ces voyages coûteux et de ces missions multipliées. Sa femme, qui ne l'a pas accompagné, est exposée à mille dangers. Guise profite de ces malheurs domestiques pour tenter auprès du nouveau conseiller d'État d'inutiles séductions. Ses premiers efforts lui prouvent qu'il a trop présumé de sa puissance ; et le chef de parti ne les renouvelle pas auprès d'un homme qui les accueille par le silence et le dédain.

Un soir, dans les galeries du palais, sous une voûte peu éclairée (1), de Thou, qui allait demander congé au roi, rencontre Guise qui saisit sa main et veut lui parler. Un secret paraît vouloir lui échapper, il hésite longtemps : il lutte entre le besoin de révéler un terrible mystère, et la crainte que lui inspire cette conscience qu'il va épouvanter. Tout à coup il quitte brusquement de Thou. Trois jours après, Guise était mort ; il était roi, si le poignard ne l'eût frappé.

Mais à peine son sang a-t-il coulé sur les lambris du palais, qu'un long cri de vengeance sort des églises, des couvents, des conciliabules de la ligue : tout

---

(1) Voir, pour ce récit, les Mémoires d'A. de Thou, l. IV.

s'arme, tout s'émeut. Du pied des autels s'élève son fantôme. Les prêtres enflamment les esprits. Auguste de Thou, qui ignore le crime, se trouvait alors à Paris. Les plus grands dangers sont le prix de sa fidélité : on le soupçonne d'avoir trempé dans le meurtre. On cite sa conversation avec le roi. « Il n'est à Paris, dit-« on, que pour diriger les manœuvres de la cour et « avertir les amis du roi de la mort de Guise. » On le poursuit ; il fuit la nuit de maison en maison. Sa femme est conduite à la Bastille. Un de ces hommes qui, du dernier rang de la société, s'élèvent dans les révolutions, et se font une puissance de la grossièreté de leurs mœurs et de leur propre bassesse, le savetier Larue le cherche, le poignard à la main, jusque dans son hôtel qu'il a quitté. Alors des hommes généreux, auxquels l'esprit de faction n'avait pas arraché tout sentiment d'humanité, protégèrent de Thou et sa femme ; sous les habits d'un soldat de la ligue et d'une villageoise, ils parvinrent à s'évader par des routes différentes.

De Thou suit la fortune de son roi ; malade, et plus abattu par le sentiment de sa détresse et de sa honte que par la douleur physique, Henri III gardait le lit : autour de sa couche se tenaient en silence les lâches courtisans, dont les conseils l'avaient perdu. Un seul parti lui restait à prendre. Tout lui commandait une alliance avec le Béarnais dont la petite armée devenait une puissance. Mais comment reconnaître sa propre faiblesse ? comment oublier les plaies de Coutras ? Henri, âme pusillanime n'osait s'honorer, en unissant les débris de sa fortune à celle d'un homme qui l'écrasait déjà de sa grandeur naissante.

De Thou accourt ; il parle ; sa naïve éloquence, en décidant le monarque, en combattant et renversant ses scrupules, aide le premier pas de Henri IV vers le trône. Le roi qui a ordonné le meurtre de Guise et le chef des hérétiques unissent leurs drapeaux ennemis. Après ce nouveau service également utile au roi, au Béarnais et à la France, il repart, va négocier à Gênes avec Schomberg un emprunt d'argent et d'hommes et échappe par un long détour aux périls et aux embûches dont la route est couverte. A Venise il apprend le dénouement prochain de tant de troubles. Paris assiégé a envoyé un moine assassin au moins redoutable des deux princes. Henri III n'est plus.

Cependant la ligue manque d'un point central ; elle se débat et se déchire. Mayenne, le plus irrésolu des Guises, ne sait pas guider et contenir ce grand corps divisé : Henri IV paraît. Henri IV, que je vais enfin nommer roi, entr'ouvre et brise avec l'épée ces nœuds inextricables. La haine cède à la bonté, la politique au génie. La ligue est rompue. Henri IV l'étonne, la blesse, la dissipe, force l'Europe à le secourir, maintient son armée, combat, s'expose, parle, séduit, négocie, écrase, pardonne, se rit des poignards, refoule dans l'Escurial l'intrigue de Philippe II, se convertit, règne, éteint les factions et pacifie la France.

Pendant le règne trop court de Henri IV, dont le souvenir est devenu un culte, d'autres faits non moins remarquables remplirent la vie politique d'Auguste de Thou. Après avoir échappé au naufrage sur le lac de Garda, il passe par la Suisse et revient auprès de Henri IV lui donner des secours, des conseils et de l'argent. Le premier, il lui conseille cette abjuration qui devait terminer une carrière pleine de dangers. De Thou, associé dans plusieurs négociations au duc de Sully, justifie le choix du monarque : les deux hommes d'État les plus honnêtes du royaume contribuèrent à la pacification de la Normandie, à la conclusion du traité avec le duc de Mercœur, enfin à la rédaction et à la publication de l'édit de Nantes.

Trente-huit années de guerres civiles se terminent :

le gouffre se ferme ; et l'acte solennel qui pose le *sceau de l'abîme,* comme il est dit dans l'Écriture, Auguste de Thou le rédige. L'histoire n'a pas assez fait valoir ce beau titre d'Auguste de Thou à la reconnaissance des peuples. La fureur qui détruit occupe ses pages ; le mérite qui fonde et pacifie n'obtient que son silence.

Le bon roi, en déposant les dogmes de Calvin sur les marches du trône, n'avait point acquis un pouvoir entier et paisible ; les passions et les partis ne s'endorment pas ainsi. Les fanatiques déchaînèrent contre lui un Jean Châtel qui de son poignard cherchait la place de ce noble cœur : de Thou, plus attaché aux lois à mesure que l'horreur des temps en éloignait davantage l'idée, arracha ce misérable à l'inique justice du grand-prévôt et obtint qu'il serait jugé par le Parlement.

Cependant les protestants murmuraient, conspiraient même contre leur roi ; ils conspiraient par leur silence, leur inaction, leur apathie. Leurs sourdes menaces, du fond des provinces où ils se tenaient cachés, parvenaient jusqu'au trône. Henri IV choisit pour députés auprès des plus dangereux rebelles, d'anciens amis, Jeannin, le dernier ami de Mayenne ; Collignon, ministre de leur église ; Schomberg, enfin de Thou, esprit conciliateur qui comprenait toutes les idées sans se mêler à aucune passion.

On cède beaucoup aux anciens amis du roi : l'édit de Nantes est rédigé ; mais ce n'est pas tout. L'exécution des vues pacifiques du monarque et de ses ministres devait trouver de grands obstacles. Un Parlement opposé à toutes les innovations, les gémissements du clergé, le fanatisme qui n'était pas éteint chez le peuple, tout semblait repousser cette loi de laquelle dépendait le salut de la France.

Plaçons-nous au milieu de la scène qu'offrait le Parlement, lorsque l'édit de Nantes lui fut présenté. Des personnages bizarres et redoutables le composent : ici les derniers partisans de la ligue préparés à combattre l'équité par des ruses et à jeter des entraves dans la discussion ; dévots qui regardent comme un point de conscience l'anéantissement du calvinisme ; hommes austères qui craignent que le monarque pacificateur ne renverse d'un seul coup toutes les vieilles lois du royaume ; pédants qui viennent de dérouiller leurs armes et de fouiller dans les arsenaux théologiques pour trouver des raisons contre la raison, et des arguments contre l'humanité ; enfin, le front calme et riant, le vainqueur d'Ivry, d'Aumale, de Coutras, de Fontaine-Française, « venant, non point en habit « royal, ni avec l'épée et la cape, ni comme un prince « qui reçoit des ambassadeurs, mais comme un père « de famille en pourpoint, qui cause avec ses enfants « bonnement et simplement sur les affaires domesti- « ques. »

Auguste de Thou, rédacteur de l'édit, est chargé d'en développer les motifs, d'en défendre les causes. On résiste. Des clameurs s'élèvent contre cette loi de tolérance. Les arguments de sa raison demeurent stériles : l'esprit de parti, le préjugé, l'intérêt, lui opposent une masse inerte, contre laquelle les foudres mêmes de l'éloquence vont tomber sans rejaillir et s'éteignent d'elles-mêmes. On soulève le passé contre la justice prévoyante de Henri IV. A ce torrent de paroles et de menaces, à ces interprétations de l'Écriture et des Pères, les esprits faibles ne résistent pas ; le courage des amis de Henri IV chancelle. De Thou prend la parole :

« Vous citez l'histoire de l'Église ; vous apportez « des exemples de cruauté et de fureur. Verser tout « le sang hérétique vous semble juste ; donner la paix « à la chrétienté, est pour vous une affaire de peu de « prix. Souvenez-vous donc de ce voyage du pape

« Jean Ier, qui alla lui-même prier pour les hérétiques
« et demander à genoux à Valentinien, au nom d'un
« Être miséricordieux et qui est toute bonté parce qu'il
« est toute-puissance, d'épargner ces malheureux ! »

A ces mots, à ce spectacle si touchant, d'un évêque primitif de Rome, allant à pied accompagné d'un consul et d'un patrice implorer la clémence du souverain pour ceux qu'une fausse doctrine égarait, les nuages des préjugés s'évanouissent : la raison et la pitié reparaissent ; l'édit mis aux voix est enregistré.

Courtisan malgré lui, de Thou a passé sa vie au milieu des plus redoutables faits de la politique. Vainement chercheriez-vous dans ses actions et dans ses mœurs un seul reflet de la superstition extravagante, de la débauche effrénée, de la dissimulation profonde des Médicis et des Valois. Il ne partagea pas même la licence de mœurs du sensuel Henri IV, qui ne savait triompher *que de sa colère* (1). Aux travaux dont nous avons parlé de Thou joignit ces bonnes actions de citoyen et d'homme, trop souvent oubliées par ceux dont la destinée est agitée des orages publics. Il sauva l'imprimeur Obsopæus, protestant, appela en France le savant Casaubon et protégea Henri Estienne, que d'ombrageux docteurs voulaient exiler ; des presses de cet imprimeur jaillissait une lumière que redoutaient ces pédants barbares ; ils s'épuisaient en efforts pour l'éteindre. Mais la vérité est le feu électrique : essayez de l'étouffer, il s'échappe et revole à l'air libre. Une voix fut assez audacieuse pour prendre la défense d'Henri Estienne : « Vous avez beau faire, disait-elle,
« un général qui a gagné vingt batailles et pris cin-
« quante villes, a moins fait pour la France que cet
« imprimeur. » Mots vraiment admirables et qui appartiennent à Auguste de Thou.

(1) Mot d'Auguste de Thou.

§ IV

Auguste de Thou, historien de son temps. — Caractère de son ouvrage.

Observateur de l'Europe, acteur dans le drame confus de nos troubles, magistrat, négociateur, homme de cour, il a rassemblé pendant quinze années les matériaux qui doivent servir à élever son grand monument. Rien ne l'a distrait de cette résolution que nous avons vue naître dans son âme : ni les caprices d'une politique immorale, ni une attentive préparation des arrêts, ni les crimes du peuple, ni les vices des cours, ni la poudre du greffe, ni la vie aventurière du voyageur, ne l'ont ébranlé dans son dessein. Cette entreprise formée sous le tocsin de la Saint-Barthélemy, il l'a poursuivie dans les camps, dans les palais, dans les ambassades, à la lueur des bûchers, au milieu des cris de la populace, dans l'agitation des partis, dans les plaines sanglantes de la Belgique, au sein de Paris révolté.

Cet ouvrage l'isolera parmi ses concitoyens. Avec une nouvelle ère sociale une nouvelle école historique devait être fondée. Le Christianisme, auquel la moderne Europe doit tout, avait préparé par sa douce et charitable doctrine cette union des peuples, cette république européenne, qui en changeant les rapports des nations changea leur histoire. Tant qu'un ou deux peuples écrasèrent le monde ou du moins usurpèrent la gloire, les annales de ces peuples ont dû suffire. Il y eut des Hérodote et des Tite-Live. L'historien pensa moins à être vrai qu'à plaire ; un historien semblait encore un poëte dont les récits plus sévères et plus graves flattaient la vanité nationale, et le vieil Hérodote lisant aux jeux olympiques sa Clio et son Euterpe paraissait à ses yeux comme un autre Homère, racontant dans un langage plus simple les gloires de la nouvelle Grèce.

Tel est le système auquel toute l'histoire ancienne fut soumise. Mais quand la doctrine d'une charité universelle, jointe à une grande complication de mouvements politiques, eut effacé le souvenir de cet héroïsme farouche, de ce civisme exalté, qui fondaient la grandeur des sociétés antiques sur l'esclavage du genre humain, l'histoire ancienne périt en même temps que les sentiments qui l'animaient. Longtemps on ne vit paraître que des chroniques et des annales pieuses. L'histoire ne pouvait renaître sous une autre forme, tant que les nations, isolées et occupées à se déchirer elles-mêmes, ne communiquèrent pas entre elles.

Un homme d'une intelligence vaste et nette, Auguste de Thou, devine le moment où l'Europe aura sa nouvelle histoire : ce moment est celui où tant de causes dont nous avons admiré les effets vont établir dans ce grand continent un lien de famille. Il ne s'agit plus d'une nation ; il ne faut plus retracer quelques combats. Le devoir de l'historien est de chercher la vérité avec franchise ; il n'est plus le flatteur d'un peuple : il doit jeter sur toute l'Europe un réseau lumineux. L'équilibre entre les pouvoirs a pris naissance : tout change; et de Thou, après quinze années consacrées à l'étude de ce grand mouvement, passe quinze autres années à le reproduire.

Assistez au spectacle qu'il retrace ! Ces caractères que nous avons aperçus à mesure qu'ils se mêlaient à sa propre vie, ces mouvements des partis, ces malheurs de la France ne sont qu'une faible portion d'une si vaste scène. On y voit l'Amérique dévoiler aux yeux de l'avide Europe son sol vierge et ses mœurs primitives, et cette terre malheureuse, arrosée du sang des indigènes, boire le sang des conquérants : ici les assassinats et les complots de cette Italie, où la ruse est une habitude des mœurs et où toutes les ressources de l'esprit sont employées à chercher sans cesse de nouveaux moyens de nuire : là les révolutions sanglantes de l'Angleterre ; le caprice d'un roi éperdu d'amour, qui change la religion de son pays ; la vaste ambition de Charles-Quint trouvant enfin aux bornes du pouvoir le dégoût du pouvoir et le besoin d'abdiquer le sceptre ; la naissance de la politique profonde et stérile de Philippe II ; les Turcs recommençant à épouvanter l'Europe, et leur orgueil et leurs navires engloutis dans les flots de Lépante, où l'Europe et l'Orient s'entrechoquent sur la mer ; Marie Stuart et Jeanne Gray, deux victimes touchantes, l'une de sa vertu, l'autre de ses faiblesses ; les guerres folles et les honteux traités de Henri II ; Élisabeth, femme coquette, monarque absolu, pape de son église ; les premiers exploits de Guise ; les premiers éclairs de la guerre civile en France ; le génie des révolutions agitant les empires et remuant jusqu'aux États barbaresques ; Tripoli devenu république ; les troubles de la Norwége et du Danemark ; et à l'autre extrémité du monde, les derniers des Incas assassinés ; les querelles religieuses déchirant l'occident de l'Europe ; en Espagne, don Carlos et celle qu'il aimait frappés de mort par un père et un époux ; les Arabes se soulevant contre la tyrannie de ce fils de Charles-Quint ; — ici l'épouvantable duc d'Albe commandant le massacre de Harlem ; là Catherine, docile à ses avis barbares, exécutant la Saint-Barthélemy ; — après tant de sang versé comme une onde inutile, la France plus malheureuse et plus divisée que jamais ; la fuite, l'arrivée, les fautes, les malheurs de Henri III ; Guise tué à Blois ; Henri III assassiné ; Henri IV roi sans royaume ; le Portugal déposant son souverain ; le prince d'Orange expiant son héroïsme sous le poignard ; la Perse rendue à son intégrité par Schah Abbas; Magellan se préparant à faire le tour du monde ; Henri IV s'élevant au pouvoir par la bonté, la force et la vertu ; de nouveaux bouleversements en Danemark ; enfin Henri IV devenu roi, et l'esprit de faction quittant la France épuisée d'argent et d'hommes pour aller causer d'horribles guerres en Asie. — Quel tableau! quelle variété! quelle scène! le monde entier y joue son rôle ; et l'esprit s'étonne de voir ce grand théâtre avec tous ses détails, ses acteurs, ses épisodes, ses tragédies et même ses ridicules, s'ouvrir à la voix et sous la main d'Auguste de Thou.

Cet immense ouvrage, qui reproduit toutes les variations de la société civilisée depuis 1553 jusqu'en 1607, durée égale à la vie de l'auteur, commence dix années avant sa naissance et finit dix années avant sa mort. De Thou, arrêté au milieu de son travail par les ennemis de la vérité, mit un grand intervalle entre la première partie de sa composition qui se termine au moment où Henri IV saisit les rênes du gouvernement, et la seconde consacrée aux commencements de ce beau règne. Jetons un coup d'œil général sur ce grand monument, cherchons à en connaître l'esprit, les caractères distinctifs, le mérite et même les défauts.

« C'est ici, dit le Portugais Nogueyra, en parlant de « l'histoire universelle, de toutes les annales humai- « nes, celle qui est écrite avec le plus de candeur (1). » La postérité a ratifié cette sentence ; elle renferme le plus bel éloge et indique avec précision le caractère particulier qui sépare Auguste de Thou des historiens qui écrivirent avant lui. Il est véridique, il est juste, il a jusqu'aux scrupules de l'équité. Forcé de peindre les hommes sous de tristes couleurs, il se demande à

---

(1) Voir les Lettres familières d'Aug. de Thou, éd. de Buckley.

chaque instant s'il n'exagère pas ; il cherche quelque
débris de vertus dans les âmes les plus criminelles ; en
condamnant le criminel il veut relever la dignité de
l'homme. Partout il honore ces traces de bonté ou
de magnanimité que l'on voit apparaître dans la vie
des coupables. Henri II, Henri III, Charles IX, sous le
pinceau de l'historien, ne sont ni de grands hommes
ni des scélérats effroyables : ce sont des rois faibles,
trop avides de pouvoir, trop ardents pour le plaisir,
trop indiscrètement livrés à des conseils dangereux.
Également éloigné de la satire et du panégyrique, il
place dans le sanctuaire de l'histoire l'oracle d'une
impassible vérité ; jamais son esprit ne se laisse emporter à cette exagération, vice commun des esprits
vulgaires, à qui la raison offre trop peu d'espace et
qui se réfugient dans l'excès comme dans un
asile.

Aussi le cardinal de Retz, Voltaire et les esprits les
plus pénétrants ont-ils décerné à l'historien de Thou
les titres de *judicieux* et de *véridique*, qualités moins
brillantes que solides, qui ne l'abandonnent jamais
dans le cours d'un si long voyage. Par suite du même
système, dédaignant l'effet et se refusant à tous ces
ornements qui déparent l'histoire au lieu de l'orner,
il trace moins des portraits frappants que des résu-
més lumineux et simples qui invitent le lecteur à penser lui-même.

Il ne veut que raconter ; il retrace avec franchise
les événements et les hommes sans se charger, comme
dit Montaigne, « de vous tailler les morceaux. » Rapporteur des faits, il en appelle à votre justice, semblable en cela à Xénophon et à Plutarque. L'avantage
demeure même souvent à Auguste de Thou sur ces
élèves éloquents des républiques anciennes qui ont
mêlé à leurs plus nobles leçons les maximes de l'antiquité. Notre historien est chrétien ; il n'a qu'une

passion, la justice; une idolâtrie, la vérité; une doctrine, la tolérance.

On peut trouver sans doute, dans la masse d'événements que son histoire universelle embrasse, plusieurs opinions à rectifier, plusieurs faits à éclaircir : les parties qui composent l'ouvrage se suivent sans être liées; elles se succèdent par les dates et non par l'enchaînement des pensées. Cette marche peut devenir l'objet d'un reproche fondé : quel génie assez puissant eût établi un lien rigoureux entre tant de récits, et jeté dans six volumes, qui peuvent à peine contenir un demi-siècle fertile en catastrophes, l'intérêt simple, l'unité et la liaison du poëme épique ?

Telle est l'influence des idées généralement répandues, que la justesse de son esprit n'a pas toujours pu se soustraire à leur puissance. Tacite, que les actions vertueuses trouvaient souvent incrédule, ajoutait foi aux prédications des astrologues. Auguste de Thou, si pénétrant en politique, voyait dans la comète une flamme messagère des menaces du ciel. Il cède quelquefois aux opinions contemporaines : on voit qu'il est désolé d'être forcé de leur céder. Il se propose à lui-même des doutes; il se demande s'il ne serait pas possible d'échapper à des persuasions si communes et si absurdes : rien n'est plus intéressant que ce combat entre la raison innée et les opinions acquises.

S'il faut attribuer ces défauts à son siècle, c'est à lui-même qu'appartient l'équité presque divine de ses jugements. De la droiture de son esprit, de la rectitude de sa pensée, naissent cette pureté de style, cette simplicité, cette naïveté du discours, que l'on peut nommer *la bonne foi du langage*. Sa palette ne manque pas de couleurs vives, mais il ne les prodigue jamais : il se fait remarquer par une netteté extrême, coloris des grands maîtres.

Il écrivait en latin. Il craignait que le français ne lui offrît pas les éléments de grâce, de force, d'énergie, nécessaires pour son travail. On ne croyait notre idiome bon qu'à répéter des *puérilités naïves* (1). De Thou avait besoin de matériaux solides : elle était encore incertaine. Montaigne l'avait enrichie et Marot lui avait prêté de la grâce sans l'épurer. Amyot l'avait employée avec bonheur, sans la fixer. Auguste de Thou étudia la langue de Tite-Live et dans son imitation de cet historien, imitation qu'il se proposa constamment, il paraît avoir atteint cette diction majestueuse et lucide, ces tours heureux et élégants, qui ont fait admirer l'écrivain de Padoue. Cependant, il semble que l'on trouve moins d'apprêt, d'éloquence et de lenteur dans son style : tel est du moins le jugement que l'on peut hasarder, si trop fidèle à une coutume de collége, on ose soumettre à la critique les formes d'un idiome éteint depuis mille années.

Les gens de lettres ou plutôt les savants qui régnaient alors sur la littérature, professaient une vive admiration pour la belle latinité (2). Le fanatisme avait pénétré jusque dans leurs retraites : il avait changé le culte de Cicéron en une violente idolâtrie. De Thou aurait crû déshonorer la pureté de son style, en introduisant au milieu de ses phrases latines les noms bourgeois de ses contemporains. Il leur donna droit de cité dans la patrie de Romulus ; il les traduisit tous ; cette métamorphose, singulière mascarade de mots, jeta souvent de l'obscurité sur ses écrits. Le capitaine *Gaillard* disparut sous le nom de *Jucundus ;* et le savant *Chartier* sous celui de *Quadrigarius*. Aujourd'hui on peut croire que *Scévole de Sainte-Marthe*, qui eut le courage d'écrire six pages in-folio sur

(1) Expression de Charron. V. plus haut, p. 164.
(2) V. plus haut, *École italo-græco-latine*, p. 97.

une si grave matière, quand il s'agissait d'un grand écrivain et d'un grand siècle, regardait la vie comme un jeu puéril, et le temps comme un objet frivole et sans emploi.

C'est de vérité surtout, de justesse et de justice que brille l'œuvre de Thou. Quelquefois la marche de l'auteur est lente : il prodigue les détails, et son style plus clair qu'élevé coule avec une monotone abondance. Mais si une noble pensée, si le sentiment d'une injustice viennent agiter son âme, au milieu de la narration des faits, son langage se colore, son style s'élance ; son discours se passionne et se précipite. Contre tous les préjugés de son siècle il emploie l'éloquence comme une arme de la vertu. La muse historique quitte alors sa gravité : Némésis vengeresse, elle poursuit les usurpations du sacerdoce, l'hypocrisie cachant les poignards sous des étoles et menant les processions afin de dispenser des bonnes œuvres: la volage férocité du peuple alimentant les bûchers et les renversant, la vénalité des parlements, toujours prêts à tomber à genoux devant la puissance nouvelle, la vente des charges et la torture.

Lisez les récits de la captivité de Frédéric de Saxe, de la mort de Marie Stuart, des travaux de Henri IV. Ils sont remplis de ce mouvement et de cet heureux pathétique, qui naissent sans peine de la vérité et de la vivacité des émotions. Ouvrez la belle dédicace de l'Histoire universelle à Henri IV : la religion et la politique y viennent, comme dans un sanctuaire, témoigner ensemble en faveur de la tolérance. C'est là que, dans un langage plein de douceur, de grâce et de force, de Thou exprime des pensées que Fénelon a reproduites un siècle plus tard ; c'est là qu'il montre *les sectes renaissant plus nombreuses et plus fortes sous le glaive qui veut les détruire ; — le fanatisme invincible ; du sein des bûchers où un autre fanatisme le jette, acquérant plus de puissance encore ; la religion frappée de toutes les plaies que des furieux se portent ; les vains efforts de la puissance humaine pour forcer les retranchements du cœur ; la nécessité d'imiter l'Éternel, qui souffre l'erreur sur la terre ; et l'inutilité d'une persécution qui, en semant sur les champs des Vaudois les cendres de Wiclef, féconda l'hérésie.*

Auguste de Thou, cent années avant Fénelon, osa proférer ces maximes ; de Thou, qui avait embrassé la vérité comme un sacerdoce, devait en subir le martyre. Un nouveau spectacle se présente aux méditations du philosophe : c'est la lutte de l'homme juste aux prises avec son siècle.

Il a publié son Histoire universelle. Aussitôt tout s'émeut. Les vieux levains de la Ligue fermentent. Quelle audace ! Quel crime ! Un homme a dit la vérité ! Comme on vit plus tard tous les vices privilégiés se soulever contre Molière, une ligue de toutes les passions se forme contre l'historien. Son époque semble vouloir punir son audace. C'était le temps du pédantisme, des factions, de la sottise et de l'ignorance, en robes, en cuirasses, en camail. Que d'hommes la vérité offense ! Que de consciences frémissent devant l'histoire, conscience du genre humain !

Une conjuration contre la vérité s'est formée. Mille cris s'élèvent. Entendez-vous les vieux ligueurs réclamer l'indépendance de leurs haines et les fanatiques défendre contre Auguste de Thou leurs épouvantables maximes ? Hommes que le bruit des orages avertit de leur puissance malfaisante ; tartufes pour qui la religion, suivant l'expression familière de l'historien, était une *cape à l'espagnole*, dont ils couvraient leurs vices et la débilité de leur esprit ; étrangers, fléau de la France, lèpre d'un pays, qu'ils dévoraient en le corrompant, descendants avilis des vieux chevaliers, qui tenaient le brigandage pour un témoignage de noblesse et l'assassinat pour une sorte d'héroïsme ; pédants qu'Auguste de Thou avait dédaigné de placer dans sa liste des vrais savants qu'ils eussent déshonorée ; cette lie, cette écume d'une société agitée par des convulsions violentes, se soulève contre l'homme de bien.

On soudoie des libellistes. Sous des noms supposés, ces hommes, plus vils que le scélérat vulgaire qui se cache et qui frappe, lancent contre Auguste de Thou leurs invectives. JOANNES BAPTISTA GALLUS dont le véritable nom est Jean Machault, dénonce l'historien comme un calviniste déguisé, comme un sujet perfide, comme un citoyen rebelle. Une plume moins habile et plus violente l'attaque avec plus d'imprudence encore dans un style barbare, langage d'un bourreau qui aurait appris le latin : Gaspar Scioppius, nommé de son temps *le dogue de la grammaire* (1), promet à de Thou les tortures et les bûchers de l'Inquisition, sans compter les supplices de la vie éternelle. Machault de son côté le livre à la risée publique : il pénètre dans le sanctuaire de sa vie privée ; il le peint de couleurs grotesques ; il le nomme *uxorius*, l'ami de sa femme. Scioppius, ennemi moins habile, est moins fécond en épigrammes qu'en invectives : son attaque est plus franche : il voue l'historien au bras séculier, parce qu'il est hérétique, qu'il a médit des moines, qu'il a nommé Borgia infâme, et qu'il a commis trois solécismes.

La cour de Rome mal conseillée ne tarda pas à mettre le sceau à cette injustice. Le 14 novembre 1609, le maître du sacré palais lacère publiquement, sur les degrés du Vatican, l'ouvrage de tout le siècle, où la sagesse, la tolérance et le dégoût des factions ont laissé la plus noble empreinte. Les mêmes juges

---

(1) *Scripta contumeliosa* (Éd. de Carte).

venaient de condamner Érasme ; les mêmes juges allaient condamner Galilée. Ce fut entre le plus grand géomètre du seizième siècle et ce malin Érasme, le Voltaire des théologiens, que *l'Histoire universelle* fut mise à l'index. On veut empêcher la terre de tourner et la vérité de paraître. Vains efforts ! la terre tourne et la vérité se montre.

Outragé ainsi dans la personne de l'un de ses présidents, le Parlement de Paris s'avise de prendre sa revanche. Il fait brûler à Paris un livre composé par le cardinal Bellarmin, un des instigateurs de la punition infligée à l'ouvrage d'Auguste de Thou. Qu'il nous soit permis de sourire de cette double vengeance exercée sur des livres ; un ouvrage condamné à Rome est cause de la destruction d'un autre ouvrage à Paris ; comme s'il existait au monde une puissance capable de faire vivre un écrit détestable, comme s'il y avait une flamme capable d'anéantir la raison humaine.

Ce sont des gens auxquels les murs de leurs couvents ont caché le spectacle du monde, qui sont chargés de mutiler l'Histoire universelle et de retrancher en Espagne ce qui déplaît à la cour d'Espagne, à Rome les portraits qui blessent Rome. Ces censeurs méconnaissent jusqu'au nom des hommes de parti qui figurent dans nos Annales. Un éloge donné à la bravoure du catholique Anne de Montmorency est pour eux une preuve d'hérésie : ce farouche connétable devient, dans la censure de Carraccioli, un sectateur de Calvin.

Ainsi court risque d'être puni quiconque, marchant en avant des idées de son siècle, osera lui dire la vérité. Mais l'inflexible courage de notre historien devait être soumis à une autre épreuve. La populace littéraire ne fut pas sa seule ennemie. Un roi pédant qui avait trahi sa mère, Jacques Ier, fils de Marie Stuart (1),

(1) V. nos ÉTUDES SUR L'ANGLETERRE AU SEIZIÈME SIÈCLE, etc. — *Marie Stuart.*

voulut l'empêcher de publier la vérité sur le compte de cette infortunée. Rhéteur sans âme, comme sans génie, il s'était uni aux persécuteurs de cette malheureuse reine : du fond de la tombe de sa mère une voix accusatrice s'élevait contre lui. Il avait étouffé la nature et voulut étouffer la vérité. Jacques Ier écrivit à l'historien qu'il désirait que les torts de sa mère et les siens fussent palliés. Il voulait la défendre morte... que ne la sauvait-il vivante ?

De Thou résiste aux séductions et aux menaces. Il n'altère point la vérité ; il ne veut ni accuser, ni excuser Marie Stuart, il ne cherche ni des outrages comme Knox, ni des palliatifs comme Buchanan ; il montre les torts, les excuses, les malheurs de cette jeune femme, bercée par les voluptés qui lui cachaient un échafaud ; faible sous le poids de deux couronnes, plus faible sous les passions, héroïque sous le fer du bourreau, et nous forçant de mêler une piété tendre au souvenir de ses fautes et à la juste condamnation de l'histoire.

Le courage nécessaire à Auguste de Thou parmi tant de persécutions et d'obstacles l'abandonne à la fin. Les haines qui l'environnent devenaient chaque jour plus cruelles. « Vous ne sauriez croire, écrivait-
« il à ses amis, combien l'innocence de ma vie et mon
« amour pour la vérité m'ont fait d'ennemis : que de
« haines se sont soulevées contre ma candeur, mon
« indépendance, mon aversion pour tous les partis.
« Heureusement je suis trop attaché à ma patrie et
« j'ai trop souvent préféré à nos utilités privées l'hon-
« neur et la vertu, pour me laisser effrayer par leurs
« menaces. » Henri IV lui-même étend son sceptre pour protéger de Thou : « Je ne veux différer, lui écrit
« le roi, de vous témoigner l'estime que je fais de
« vous, de votre capacité, intégrité, preud'hommie,
« qui sont qualités si rares, en ce temps mesmement

« corrompu par la malice des siècles passés. » Le bon roi écrivit encore à Rome : « Le nonce a cogneu le dé-
« plaisir que je reçois des plaintes que l'on me fait de
« l'ouvrage du président de Thou, et comme j'ai
« commandé le débit et la vente qui en ont été fai-
« tes. » Bientôt d'autres soins occupèrent le monarque, et l'historien véridique fut de nouveau en butte à la haine.

§ V

Mémoires particuliers d'Auguste de Thou. — Son appel à la postérité. — Conclusion.

Alors la plume échappe de ses mains : il n'a pas le courage de continuer son ouvrage ; il l'interrompt pour répondre à ses ennemis et trace l'histoire de sa propre vie. C'est à la calomnie que nous devons ses Mémoires, l'un des ouvrages les plus remarquables de ce genre, où se plaçant, pour ainsi dire, à distance de lui-même, il a le courage de se désintéresser sur son propre compte et de s'apprécier comme on apprécie autrui.

Le juge et le narrateur de son siècle change de rôle et devient son peintre. Il se prend au berceau et met le lecteur dans la confidence de ses pensées, de ses desseins, de ses actions. Les souvenirs de sa vie font naître à chaque instant l'occasion de retracer en de vives esquisses quelques parties des mœurs de son époque. Aussi n'est-il pas d'ouvrage où se trouve une plus fidèle empreinte des habitudes domestiques du seizième siècle. De Thou crayonne en passant les portraits de ses contemporains, simples ébauches précieuses par la franchise du trait. Des détails légers indiquent l'esprit général du temps : les scènes de la vie commune donnent sur l'état de la France pendant les troubles des lumières plus exactes et plus piquantes que ne pourraient le faire des observations plus suivies et plus sévères ; scènes moitié burlesques et moitié barbares : l'astrologie mêlée à la licence, et la puérilité aux crimes ; des hommes frivoles, ayant recours à l'assassinat et au poison ; des concitoyens divisés par les opinions religieuses, s'embrassant avant d'aller s'égorger ; le brigandage et l'enthousiasme religieux ; des cardinaux factieux ; des curés capitaines ; des évêques mariés ; juges chefs de parti ; les bizarreries, les métamorphoses, et les monstres nés d'une grande révolution, où tous les éléments sociaux sont confondus.

Il n'avait écrit de sa vie que cette partie qui précédait la mort de sa femme, son grand ouvrage était resté interrompu ; une nouvelle catastrophe change sa résolution et le détermine à continuer son histoire. Henri IV meurt : une seconde Médicis règne ; avec moins de vices, elle n'est pas plus utile à la France que la première. La disgrâce de Sully est son premier acte. Fidèle aux conseils du pape, Médicis repousse Auguste de Thou de la place de premier président qu'il avait si bien méritée. A Rome, l'épithète *Eretico* est placée auprès de son nom : au Louvre on l'appelle le *philosophe ;* sobriquets qui ont fait couler le sang de plus d'un homme vertueux. Scioppius ne cesse de menacer ce DE THOU, *istum Thuanum*. A la fin de l'un des chapitres de son *Scaliger Hypobolymæus*, il montre Ravaillac tout couvert encore, dit-il, du sang de son roi. « Tremble, s'écrie-t-il en s'adressant à l'his-
« torien, puisque la suprême puissance n'a pas ga-
« ranti le monarque ; tremble en voyant le couteau
« sanglant, et ton roi frappé de la main sûre de Ra-
« vaillac, « *certâ manu*, » dit le pédant.

C'est au milieu de ces chagrins et de ces clameurs qu'il reprend la plume. Le cœur brisé, devant le tombeau du monarque, il continue sa grande histoire. Il veut que ce beau règne ne soit pas perdu pour la postérité. Il veut qu'elle connaisse quel fut ce roi honnête homme. C'est une dette qu'il acquitte ; c'est à elle qu'il a consacré ses forces expirantes. Sa santé s'affaiblissait ; jamais son talent n'eut plus de vigueur. Le commencement du vingt-unième livre de son Histoire, où il expose les motifs qui l'engagent à la continuer après la mort de Henri IV, est le morceau d'éloquence le plus touchant qu'ait inspiré cet événement horrible. Aux accents d'une sensibilité qui arrache des larmes, succèdent des images pleines de forces et d'énergie. On voit réunis dans une évocation sanglante tous les poignards dirigés contre le bon roi. Ce faisceau placé sur l'autel de la haine et béni par le fanatisme offre une des plus effrayantes leçons de l'histoire.

Il craignait que ces tableaux, dernier ouvrage d'une main mourante, ne fussent anéantis par les passions qui avaient intérêt à détruire la vérité. Il légua à un Allemand ce dépôt de ses pensées, cette seconde partie de son Histoire qu'il n'avait encore pu conduire jusqu'à la mort de Henri IV. La vie le quittait. La pensée du malheur de sa patrie, son inquiétude sur l'avenir d'un pays si longtemps agité précipitèrent sa fin. « J'aime mieux mourir sans délai, dit-il dans une « pièce de vers écrite sous la dictée de la mort, que « d'être en proie à ces idées funestes, qui me causent « mille trépas. » Il exhale dans quelques vers latins, remplis de douceur et de charme, les derniers soupirs de son âme pure ; et déjà il appartient à l'avenir.

L'avenir, pour le juger avec une parfaite équité, doit l'apprécier comme écrivain, comme magistrat, comme politique, comme poëte, comme citoyen, comme homme privé. Auguste de Thou fut le créateur d'un nouveau genre d'histoire, de l'histoire philosophique.

Il aima le trône et le peuple ; il défendit la couronne et la liberté ; il peignit avec un bonheur égal les tableaux de la vie privée et les grands spectacles de son siècle. Protecteur des lettres, il s'entoura pendant toute sa vie des savants les plus distingués de son époque : Il devina *Montaigne*. — *Liberi ingenii hominem*, homme dont l'indépendance égalait le génie. Il continua et acheva l'organisation du collége de France. Nommé conservateur de la Bibliothèque royale, il l'enrichit de trésors nouveaux, et prépara la gloire de cette collection unique dans le monde.

Là Auguste de Thou, habile par son commerce facile et son génie aimable à tempérer l'humeur âpre des savants qu'il réunissait autour de lui, forma une Académie, ébauche de l'Académie plus illustre qui devait, deux cents ans après, rendre un éclatant hommage à la vertu et au talent de l'historien. Au Louvre, où siégea longtemps l'Académie française, se rassemblaient à des jours fixes les Loysel, les Dupuy et Casaubon, qui discutaient ensemble des points d'érudition et de science, sous la présidence d'Auguste de Thou.

C'est au biographe qu'il appartient de peindre dans tous ses détails cette vie dont *l'incorruptible teneur* (si je puis emprunter à nos ancêtres une expression pleine d'énergie) embrassa mille devoirs à remplir, mille lumières à répandre. Si je cherche dans le siècle où il vécut un homme qui puisse lui être comparé, je ne trouve que Michel de L'Hôpital. Il semble que la destinée ait réuni ces deux bons citoyens par une noble et touchante harmonie, et qu'un ordre particulier de la Providence ait voulu que cette double image de la vertu se perpétuât en des temps affreux. L'Hôpital, auteur des ordonnances qui *passent d'un long entrejet* (comme dit Pasquier), tout ce que l'on avait fait jusqu'alors, prépara par les édits de Romorantin et d'Amboise l'édit de Nantes dont Auguste de Thou fut le rédacteur. Quand l'un, jeune encore, assistait aux suites du massacre de la Saint-Barthélemy, l'autre, retiré au fond de la terre de Vignay, expirait de douleur ; l'horreur qui précipitait la fin du vieillard s'imprimait en caractères ineffaçables dans l'âme du jeune homme qui devait exercer la justice de l'avenir sur un siècle effréné.

L'un plus grand jurisconsulte, l'autre plus célèbre écrivain : — L'Hôpital, doué d'une âme ferme et d'un caractère assez souple et assez fort pour voguer sans crainte à travers les orages des cours ; — Auguste de Thou, plus amoureux de l'étude que des honneurs, sacrifiant à ses devoirs son goût pour la solitude; tous deux nés avec le talent de l'observation ; s'ils offrent des dissemblances dans les grands traits de leur vie, ils présentent de singuliers rapports dans les détails de leur caractère. Ils confièrent à la Muse latine les diverses émotions de leurs âmes. De Thou et L'Hôpital écrivirent des vers latins pleins de grâce et d'abandon ; et par un rapprochement remarquable, de Thou fut l'éditeur des poésies de L'Hôpital. Tous deux exprimèrent souvent, dans la langue harmonieuse de Virgile et avec le rhythme facile d'Horace, la douleur que leur causaient les maux de la France et les persécutions de leurs ennemis. Ainsi de Thou, dans une pièce de vers intitulée *Posteritati*, à la Postérité, en appelle à ses descendants des injustices de son siècle.

Puissé-je ne pas effacer dans un extrait rapide de ce morceau l'énergie et la noble fierté qui le distinguent ! C'est le résumé, la défense et la peinture de sa vie entière ; c'est la voix du juste accusant ses contemporains.

> Où fuir? De quels transports à ma perte animée,
> S'avance d'ennemis une cruelle armée?
> L'un au pied des autels me maudit à genoux :

L'autre, serpent des cours, y glissant son courroux,
Du pouvoir abusé soulève l'injustice
Et demande à grands cris ma honte et mon supplice.
L'audace et le mensonge unissent leurs clameurs!
La cuirasse et la toge unissent leurs fureurs!
Des lieux les plus sacrés et des plus vils repaires,
De l'ombre des cachots, du fond des sanctuaires,
Les voilà.... — Qu'ai-je fait! mes fidèles pinceaux
De nos temps malheureux ont retracé les maux.
De mon siècle sanglant historien fidèle,
Je n'ai point altéré les traits de mon modèle.
Si devant son image il est saisi d'effroi,
Les crimes sont à lui : les pinceaux sont à moi.

Juste Postérité ! vengeresse des crimes,
Toi, qui d'un pur éclat entoures les victimes,
Noble fille du Temps, mère de l'Équité,
Viens ! prends soin de mon nom, juste Postérité !

Tu diras : « De son temps il brisa les idoles.
« Il osa réfuter ces sophismes frivoles,
« Prétextes meurtriers dont s'arment les bourreaux :
« Il pleura les vaincus, il vengea les héros.
« De ses plus chers amis il signala les vices.
« Le crime s'endormait au milieu des délices ;
« Parmi les voluptés, aux tables des festins
« Il dormait... et la coupe échappait de ses mains.
« Tout à coup il s'éveille à la voix vengeresse
« Du juge audacieux qui trouble sa mollesse.
« Le coupable puissant aux remords est rendu ;
« Sur son front pâlissant le glaive est suspendu.
O toi, Postérité, mon espoir, mon seul juge,
Des humaines vertus toi le dernier refuge,
Dis, comment j'accusai par mes cris courageux,
Ces frères, ces chrétiens qui s'égorgeaient entre eux.

« Arrêtez ! l'avenir contre vous se soulève.
« Chrétiens ! au nom du ciel, jettez, jettez le glaive.
« Pour convertir les cœurs armez-vous de vertus :
« Craignez Dieu, l'avenir ! » — Ils ne m'écoutent plus ;
— « Des ennemis de Dieu tu partages les crimes :
« Vieillard, ta place est prête au milieu des victimes ;
« Tu ne veux pas cesser tes cris accusateurs.
« Dans les flots de ton sang éteignons tes clameurs ! »
Monstres que je bravai, je vous défie encore !
Idole des grands cœurs, Vérité que j'adore,

Reçois une âme libre à son dernier soupir !
Je te donne ma vie... et j'attends l'avenir (1).

(1) On a rassemblé dans un espace resserré les pensées principales et les mouvements les plus remarquables de cette belle pièce de vers latins. (Voy. *Mémoires*, liv. V, p. 129, édition de Th. Carte.)

DE LA RÉVOLUTION
RELIGIEUSE AU XVIe SIÈCLE,

ET DE LA LIGUE EN FRANCE

QUELQUES DOCUMENTS

RELATIFS A L'HISTOIRE DE LA RÉFORME.

V. — Martin Luther. Tischreden.
    Erasmi Epistolæ.
    Bossuet. Variations, etc.
    Bayle. Passim.
    Camerarius. Vita Melanchthon.
    Ranke, Hist. de la Réforme (All.).
    Meiners, Mœurs du seizième siècle, etc. (All.).
    Merle d'Aubigné, Vie de Luther.
    Audin, Vies de Luther et de Calvin.
    Sleidan, Hist. de la Réforme, etc., etc.

DE LA RÉFORME
ET DE LA LIGUE

§ Ier

Lutte du clergé catholique contre la royauté. — Lutte de l'esprit germanique contre l'esprit romain. — Mêlée de ces éléments hostiles. — Leur fusion et leurs résultats.

Si la monarchie parvint à s'établir en France et à s'approprier les droits des anciens Césars romains, ce ne fut pas sans peine ; elle passa dix siècles pour arriver là. Elle eut à renverser l'esprit de clan keltique et à repousser la sauvage indépendance germanique. Sans le clergé romain, elle n'aurait jamais réussi. C'était l'intérêt du clergé, possesseur des lumières (1), d'annihiler les races sauvages et d'anéantir leur génie ; il n'y manqua pas ; quand il eut fait triompher les rois, il vit qu'il allait être à son tour écrasé.

Le clergé romain et tous les autres clergés catholiques s'aperçurent que la suprématie conquise par le pouvoir temporel avec l'aide de Rome, resterait définitivement entre les mains des rois. De là lutte entre la domination papale, héritière spirituelle de l'orga-

---

(1) V. nos Études sur le Christianisme et le Moyen Age. Sidoine Apollinaire, etc.

nisation romaine, et l'autorité royale, héritière temporelle de la même discipline. Ce fut sous Louis XI que le poids du trône commença à se faire sentir durement au clergé épouvanté. Depuis cette époque jusqu'au règne de Henri IV on vit une portion du clergé s'associer aux peuples contre les rois, et essayer de disputer au trône la conquête du pouvoir. Le point culminant de cette révolte ecclésiastique fut la Ligue ; — non une démocratie réelle, mais une démocratie menteuse ; un effort, nous ne disons pas de la religion, mais d'une partie du clergé, pour abaisser le trône à son profit et confisquer dans son intérêt personnel l'établissement définitif de l'organisation romaine en France.

Où était alors l'élément d'indépendance teutonique et de sauvage rêverie ; l'élément libre de la race teutonique, si contraire à la discipline romaine ; — l'idée germanique enfin, que faisait-elle ? Sous forme de protestantisme religieux, elle repoussait le joug romain, bouleversait l'Allemagne, s'emparait de Genève et pénétrait en France. Luther protestait contre l'obéissance passive de la discipline romaine, contre l'organisation des impôts ecclésiastiques prélevés par Rome sous forme d'indulgences. Luther a été terrible et puissant, non pas en qualité de théologien, d'orateur, de penseur, mais comme organe germanique et comme symbole énergique et victorieux de l'indépendance du Nord, toujours irritée contre Rome.

En effet les soutiens principaux de la cause protestante en France furent précisément les gentilshommes de province qui se rapprochaient le plus de l'organisation féodale ou germanique, les Duplessis-Mornay, les d'Aubigné et les Sully. Ce qui les effrayait et les révoltait, c'était à la fois Rome impérieuse et triomphante comme autorité spirituelle, le roi despotique et absolu comme autorité temporelle. Le roi et le pape étaient pour eux deux formes de l'Ante-Christ. La querelle a coûté du sang.

Les trois partis engagés dans cette lutte confuse nourrissaient, sans les montrer, des exigences incompatibles. Les rois voulaient bien que le clergé eût sa part d'autorité secondaire. Le clergé ne demandait pas mieux que de laisser aux rois leur trône soumis à la suprématie pontificale. Les seigneurs, représentants de la féodalité, irrités contre le trône et le clergé, deux manifestations de la discipline romaine, profitaient du conflit soulevé entre ces deux pouvoirs détestés. Les seigneurs devaient succomber dès qu'il plairait au trône et au clergé de s'unir ; en effet un prince protestant montant sur le trône tua du même coup son propre parti et les prétentions du clergé. Le génie germanique et féodal se trouvait alors tellement vaincu en France, et les efforts simultanés du clergé et du trône avaient si complétement effacé des âmes le souvenir de la liberté individuelle, la monarchie se trouvait tellement enracinée, que tout se classa facilement sous Henri IV, Richelieu, Mazarin et Louis XIV. Les gentilshommes, symboles naturels et nécessaires de l'indépendance farouche et germanique, devinrent des valets de chambre. Le clergé ligueur, après avoir protesté par le poignard de Ravaillac, se rangea docilement sous la loi gallicane de Bossuet ; le trône demeura maître.

Alors une transformation singulière des idées germaniques s'opéra dans une portion du clergé ; sous le nom de jansénisme, on vit naître en Belgique une espèce de protestantisme mitigé qui se détacha à la fois des idées romaines et de l'autorité royale. Ce fut à peu près là le seul sillon de liberté de pensée qui traversa les règnes brillants, funestes et absolus de Louis XIV, du régent et de Louis XV.

Cependant le génie germanique avait continué son

œuvre dans d'autres pays ; œuvre religieuse en Allemagne, religieuse et politique en Angleterre et en Hollande. Quand les troupes catholiques de Louis XIV et les soldats calvinistes de Guillaume III se heurtèrent sur les champs de bataille, ce fut encore un conflit de l'esprit du Nord et du génie romain. Rome fut vaincue par Guillaume III ; si la monarchie protestante et septentrionale de Guillaume ne s'était pas établie sur le trône d'Angleterre en 1688, la révolution française n'aurait pas eu lieu. Louis XIV le sentait fort bien, et sa générosité envers Jacques II, qu'il logeait à Saint-Germain, n'était pas désintéressée. Il avait une grande raison d'État pour ne pas vouloir que le trône absolu, la discipline romaine dont avaient hérité les rois de France fussent battus par ce principe antagoniste et sauvage amenant sur la scène le protestantisme, les assemblées délibérantes, les pouvoirs pondérés et le jury.

Qu'arriva-t-il en effet? Le principe défendu par Louis XIV fut vaincu ; l'élément protestant, donnant à l'Angleterre une impulsion gigantesque et créant l'indépendance de l'Amérique septentrionale, entraîna dans son cours invincible la France affaiblie par les dilapidations de ses rois, les fautes de son clergé et l'abaissement de ses seigneurs. Voyant qu'il n'y avait de force et d'avenir que dans le nouveau et sauvage principe que Louis XIV n'avait pu étouffer, la France répudia en 1789 le principe ancien de l'autorité monarchique et de la discipline romaine ; elle eut à son tour un Charles Ier qui mourut sur l'échafaud ; elle eut un jury, une convention, des élections libres. Au moment où j'écris (1), elle emploie les cinquante premières années du dix-neuvième siècle à s'arranger, comme elle peut, dans ce vieux lit teutonique qui n'a pas été fait à sa taille gauloise et romaine.

(1) 1840.

Cette filiation teutonique de l'esprit d'indépendance luttant contre la règle romaine peut être contestée ; on peut dire que l'homme de la Germanie est naturellement obéissant et soumis aux lois, tandis que le Gallo-Romain, le Français, éclate en satires capricieuses et véhémentes. Cela est vrai ; mais on ne réfléchit pas que le Français aime la discipline comme indispensable à sa fougue mobile, tandis que la liberté est nécessaire au calme sévère de son rival. Le catholicisme strict et régulier a été banni du Nord ; le protestantisme, c'est-à-dire l'indépendance personnelle du jugement, n'a pu s'acclimater au Midi.

§ II

Chefs du mouvement septentrional. — Luther. — Calvin. — Rôles de l'amour et de la négation dans le monde.

La pente de la civilisation moderne depuis le seizième siècle est facilement appréciable ; elle procède tout entière de l'examen et de l'expérience. Elle va du Midi au Nord suivant la route et le sillon tracés par l'Allemagne et l'Angleterre ; elle rejette dans l'ombre les zones méridionales, Italie et Espagne. Ce n'est point là un système, mais un ensemble de faits corrélatifs, enchaînés par la logique des événements et des idées, ou plutôt par les idées dominant les événements. On ne niera pas la prépondérance toujours croissante des États protestants et de la force septentrionale depuis l'édit de Nantes ; on ne peut révoquer en doute l'influence progressive de l'examen, le perfectionnement des arts de la vie et la décroissance parallèle de la foi commune, du dogme convenu, du groupe social. Ce mouvement comment s'est-il annoncé ? De quelle manière le doute est-il entré comme élément constitutif dans les sociétés modernes? Quel fut réellement, par son caractère et ses œuvres, l'homme qui donna l'impulsion première à l'ébranlement européen?

Ce fut Luther. Un philosophe du dix-huitième siècle le traiterait comme un prophète et un initiateur divin. D'autres diraient que les sociétés modernes ont commencé à mourir en 1510, lorsque Luther se fit moine. Je regarde ces deux jugements comme erronés. Dominons le champ de bataille du protestantisme et du catholicisme.

« Dieu (dit un Allemand) a donné à l'homme le sentiment et la raison, deux éléments qui constituent l'énigme de l'histoire. » Ces deux puissances ennemies, Doute et Foi, — sentiment et raisonnement, — amour et ironie, — sympathie et critique, — sont indispensables à la vie du genre humain; éléments corrélatifs et inévitables, le monde marche par leur antagonisme.

L'amour fonde, crée, établit et propage; il soutient une éternelle guerre contre la haine, la défiance, le doute. On voit se former une double filiation à laquelle rien n'échappe. De la sympathie naît l'amour, de l'amour la croyance, de la croyance la continuité de la foi; la foi elle-même voulant détruire et anéantir le raisonnement, la superstition commence; l'équilibre est rompu, tout se brise. C'est alors que le raisonnement individuel s'insurge contre le suicide qu'on lui commande et fait naître à son tour l'examen, puis le Doute critique, d'où l'ironie, d'où le scepticisme ou le Doute universel. Ce dernier ne peut durer; il est le néant. Bientôt les facultés aimantes et sympathiques recommencent la lutte, et au milieu de ce travail, combat incessant, lutte interminable, les destinées du genre humain grandissent toujours et s'élèvent sous l'œil de Dieu.

Il suffit, pour avouer le Progrès, de comparer la situation morale et matérielle de notre race à ce qu'elle était sous les Romains, sous les Grecs, sous la théocratie égyptienne. Plus vous remontez le cours des âges, plus le cercle lumineux va se rétrécissant. Il y a dans cette conquête perpétuelle des époques douloureuses; il y en a de lâches et de faibles. La conquête s'opère toujours.

A la tête de la civilisation sceptique et expérimentale, qui, depuis le seizième siècle, constitue la civilisation nouvelle, apparaît Luther. Cette civilisation moderne je ne la blâme et ne la loue pas; je la raconte. C'est l'application du raisonnement individuel et de l'analyse à toutes les choses de la vie. C'est la critique, la recherche de l'utile, en dehors des cadres tracés par l'autorité et la tradition; c'est la faculté de douter et d'expérimenter; la préférence accordée au réel, au tangible, au matériel, à ce qui est visible et palpable, sur l'immatériel et l'invisible. Toutes ces choses se déduisent les unes des autres par une nécessité que rien ne peut vaincre. Luther renferme Bacon, et en même temps Descartes, Gassendi, Locke, Huyghens, Jean-Jacques, Voltaire, d'Alembert, Condorcet. Luther se retrouve enfin tout entier dans Mirabeau, qui clôt le cercle par sa singulière apparition; Luther politique, Sosie du premier Luther, qui avait été un Mirabeau théologien.

Cette similitude n'a rien de fantastique. L'analogie des deux caractères naît de la marche même de l'histoire; il fallait que le petit-fils ressemblât à l'aïeul; destructeurs tous deux, chargés de missions terribles, concentrant toutes les sympathies de leur époque, sensuels, brillants, éloquents, sans scrupule, pleins de défauts utiles à leurs desseins, doués d'une force de Samson pour ébranler le temple de la croyance et de la hiérarchie, ils se ressemblaient enfin sous un dernier rapport, c'est qu'ils ne savaient pas complétement ce qu'ils faisaient et ce qu'ils détruisaient.

En 1550, comme en 1790, toute l'Europe s'ébranle; l'anathème tonne du haut des chaires, le canon du haut des châteaux; on voit dans la plaine les cuirasses des soldats, les bannières des ducs, les mîtres des évêques et les hoyaux des paysans révoltés. Au milieu de ce grand bruit, l'âme furibonde de Luther ne fait pas moins de fracas que celle de Mirabeau sous la Constituante.

Celui qui suit Luther est plus calme. C'est Calvin, figure glaciale, style d'acier, âme de bronze, vie froide, dont le résultat se concentre et se résume dans une législation durable et cruelle. Peu d'incidents, peu de fautes, seulement des crimes; austérité sans enthousiasme; point de passion, si ce n'est celle de la domination.

Le mouvement de la réforme qui va se calmer environne la grande et terrible figure de Calvin : c'est lui qui est l'organisateur, le pontife et qui arrête le flot dans sa course; il bâtit avec des ruines; il institue et crée une république religieuse et bourgeoise, fondée sur cette doctrine d'examen destinée à tout détruire. C'est précisément ce besoin que le génie de Calvin éprouve de contrarier le principe même de la réforme, de tirer de ce qui est essentiellement désorganisateur un parti d'organisation, de faire servir le doute à la création, l'examen à la stabilité, le protestantisme à un nouveau catholicisme, un dogme destructeur à une fondation; c'est cette situation étrange qui le rend féroce envers Servet, inexorable pour ceux qu'il croit opposés à son œuvre. Il est cruel dans le sens de Robespierre et de Marius, comme tous ceux qui appuient des rancunes sur des doctrines, et qui, en faisant une révolution, veulent l'arrêter. Un poignet d'airain est nécessaire à une telle œuvre; Calvin s'est montré de force à l'accomplir.

Luther est l'homme de la tempête; Calvin est

l'homme de la fondation. L'esprit de Luther est turbulent et violent ; l'esprit de Calvin est dogmatique et rigide. L'un détruit, l'autre organise. Les passions faciles et ardentes qui charment et séduisent l'humanité appartiennent à Luther : il semble qu'il n'y ait aucune méchanceté dans sa violence et qu'il soit poussé à bouleverser par son instinct.

L'habileté et l'austérité dominent chez Calvin, vertueux à faire peur ; il trouve tout simple de faire mourir ou mettre à la gêne quiconque n'est pas aussi vertueux que lui. Il n'a d'indulgence ni pour les idées ni pour les hommes. Sans entrailles ; génie disciplinaire ; ce qu'il a fondé subsiste ; sa génération intellectuelle couvre l'Angleterre et l'Allemagne ; il possédait l'instinct de l'ordre.

§ III

Des biographes en général. — De la biographie dénigrante et de la biographie eulogistique. — De la biographie analytique et des dangers qu'elle entraîne. — Des éloges et du blâme chez certains peuples. — Biographies de Luther et de Calvin.

On voudrait étudier de près et sous tous leurs aspects les deux révolutionnaires religieux du seizième siècle ; le bon homme Luther, si violent et si joyeux, et cette froide, triste, impériale figure de Jean Chauvin, qui s'est nommé Calvin. Les biographies de l'un et de l'autre sont nombreuses ; la plupart sont des libelles.

Les meilleures, les plus riches en faits et en anecdotes sont celles que M. Audin a écrites (1). L'érudition y abonde et la verve n'y fait pas défaut.

Le catholicisme auquel l'écrivain est dévoué eût été mieux servi par un ton plus calme et une manière his-

---

(1) 1840-45.

torique moins mêlée de l'éloquence du plaideur. En attaquant sans cesse par des anecdotes et des épigrammes le protestantisme et ses fondateurs, il donne grande envie de prendre en main la défense de ceux que sa critique harcèle si vivement. Je ne connais rien qui prouve moins contre une idée, un homme ou un parti, que les injures qu'on leur jette au visage ou les médisances que l'on répète contre eux. S'il fallait ramasser toutes les infamies que les hommes se renvoient dans leurs combats, surtout aux époques de grande lutte politique, il n'y aurait point assez de bibliothèques pour recueillir ces immondices de la passion, de la crédulité, de l'oisiveté et de la calomnie. Eh ! bon Dieu ! notre histoire personnelle n'est-elle pas la miniature de la grande histoire ? Qui de nous n'a pas son atmosphère de médisance et de mensonge ? Les hommes s'accusent mutuellement de tous les crimes ; — peut-être ont-ils raison. Si ces crimes sont réels, ce n'est pas parce que les uns sont catholiques et les autres protestants ; ils sont hommes.

Quand vous auriez prouvé que telle ou telle opinion a produit des monstres, qu'auriez-vous prouvé contre l'opinion même ? Pas de secte, de parti, de famille qui n'ait ses folies, ses erreurs et ses crimes. Quelque fleur odorante n'a-t-elle pas épanoui sa beauté au milieu de ce fumier de sottise et de fureur ? Quelque pensée pure et féconde ne plane-t-elle pas au dessus de tant d'erreurs ? Comment le progrès de l'humanité s'est-il opéré ? Voilà ce qu'il faut nous apprendre. Ne répétez pas les invectives des factions ; c'est bien assez que dans les époques de troubles politiques et dans l'ardeur des controverses théologiques, les hommes les plus impartiaux soient forcés de les entendre. On peut marcher dans la boue ou se laisser battre de la pluie ; on ne les recueille pas. Soyez les voyageurs et non les balayeurs de l'histoire. Laissez aux grands chemins leur fange et à la vie des peuples ses misères.

Il faut d'ailleurs de l'indulgence pour la pauvre humanité qui a des temps de crise, de fièvre et de folie. Justice morale, équité inflexible deviennent injustes, si vous les consultez en certaines circonstances. N'appliquez pas la loi contre le meurtre au soldat qui tue dans un combat. A une époque où les plus sensés et les plus sages écrivaient de gros livres sur la nécessité de punir les hérétiques, où Rome se réjouissait de la Saint-Barthélemy, où Jean Knox livrait au bourreau Marie Stuart, ne vous étonnez pas du bûcher de Servet ; blâmez ces aveugles et montrez leur folie. Tous les détails curieux, grotesques, odieux, que M. Audin a recueillis avec un amour particulier et dont il a environné le berceau de la Réforme et les premiers jours de l'institution calviniste, trouveraient leurs analogues, ou je me trompe bien, dans les actes, les violences et les ruses du parti contraire. Ce détail est curieux ; on trouve bien des aspérités et des souillures dans ce que l'on observe curieusement. Ce sont des rides et des taches que découvre la loupe de l'observateur sur le visage le plus parfait.

L'analyse ramène l'homme au sentiment de sa petitesse ; ne s'arrêtant pas à la surface des objets qu'elle examine, elle creuse les profondeurs, dissèque les chairs, met à nu les muscles, ouvre les veines et tue. L'examen détaillé des choses humaines en ravale l'importance, en ne les présentant pas sous leur véritable point de vue ; vous comptez un million en pièces de six liards. Rien ne paraît plus pauvre et plus mesquin que la Rome des Césars chez Suétone (1), si ce n'est la France de Louis XIII chez Tallemand des Réaux.

(1) V. Brantôme, etc.

Être analyste et embrasser l'ensemble d'un caractère humain ; être sagace pour le vice et enthousiaste du beau moral ; unir à la puissance de critique la puissance de sympathie ; c'est se placer dans la plus haute région des esprits : en ce genre, je connais trois écrivains dignes d'un éloge qui va jusqu'à l'adoration quand on les comprend bien ; intelligences qui ont tout analysé sans rien flétrir. Ils se nomment : Tacite, Shakspeare et Saint-Simon.

La biographie sans réserve dans l'éloge me satisfait aussi peu que la biographie vouée à la critique. Chose étrange, l'éloge biographique se multiplie aux époques de parti et s'allie très-bien aux idées démocratiques. « Il faut, dit à ce sujet fort gaiement un Américain du « Nord, homme de beaucoup d'esprit, il faut aux ré- « publicains plus de flatteries qu'à ceux qui vivent en « monarchie ; c'est tout simple. Chaque démocrate « est un roi. Avec un peu de *poudre de perlimpinpin*, « (soft sawder) on fait tout passer. Tout le monde « craint tout le monde, et tout le monde loue tout le « monde. »

J'aurais grande envie à ce propos d'être aussi franc que l'humoriste américain, et de dire comme lui la vérité à notre dix-neuvième siècle. Les biographies de notre temps devienent laudatives jusqu'à la nausée ; on loue tout ce qui plaît à son parti, et l'on perd toute impartialité ; c'est une des bizarreries dans lesquelles notre désœuvrement tombe, dont notre vieillesse s'amuse. On renonce à ce vif exercice de l'esprit, à cet usage de la pensée libre qui juge même ce qu'elle admire ; quand Montesquieu ou Fontenelle régnaient, personne n'aurait pris à mal les velléités mordantes de Grimm ou de Lamothe-Houdancourt. On savait alors admirer et blâmer. Je ne dirai pas comment cela s'est fait ; mais le blâme a fini par se fondre dans l'éloge, et l'admiration dans la critique. Nous sommes devenus si bons, si indulgents et si honnêtes, que nous ne voyons pas saigner, sans être émus, le moindre atome littéraire ; notre âme est merveilleusement tendre, et notre goût a conquis une élastique sympathie et une indulgence philanthropique pour toutes les choses qui touchent nos amis. Nous acceptons Vadé comme Pierre Corneille et sur la même ligne. Ne sont-ils pas français et égaux devant la loi ?

Les Américains du Nord l'emportent seuls sur nous à cet égard, et c'est la seule nation à laquelle nous cédions le pas en fait d'apathie, d'indifférence, en fait d'aptitude à dévorer tout ce qui s'imprime, et de mépris ou si l'on veut d'admiration pour le voisin. Cette insouciance générale s'étend plus loin que le style écrit. Que l'on vous appelle grand homme ou coquin, parricide ou demi-dieu ; cela ne compte plus. Au Sénat de Washington, un orateur répéta six fois de suite : « L'honorable préopinant est un mauvais gueux ! » (*A d..... blackguard!*) Ce dernier, dans sa réplique, et après avoir écouté gravement l'autre *honorable*, orna six fois corrélativement sa période de ces mots : « L'honorable préopinant est un galeux ! » (*A mangy dog!*) Voilà qui est logique. Comment s'étonner que dans trois biographies anglaises et allemandes, on ait excusé le meurtre de Servet ? Ainsi employée, la parole humaine n'a plus de valeur (1).

Sous ce déluge de panégyriques et d'injures, il n'éclôt pas aux États-Unis un seul auteur satirique ou comique. C'est par la même raison que depuis vingt ans, et sans que nul réclamât, tous les vices de composition ou de style ont été successivement érigés en systèmes et édifiés en théorie. Je ne supputerai pas ici ces théories qui bâtissaient chacune leur petite

---

(1) Écrit en 1832.

chapelle à une laideur et à un défaut, comme le paganisme élevait la sienne à la déesse *Crepundia* ou à quelque chose de plus laid. Un de mes amis me tire par l'habit et par l'oreille, afin de m'avertir des grands malheurs qui vont m'arriver si j'attaque l'une de ces chapelles ou de leurs idoles (1).

Ni les biographies rédigées en apothéose, ni les biographies-libelles ne méritent d'être comptées. Une autre méthode assez ridicule a été mise en œuvre en Angleterre et en Allemagne. Je veux parler des biographies dans lesquelles on traite de tout longuement et très-peu de celui dont on écrit la vie. La vanité de l'écrivain prétend ramener le monde et l'univers au seul objet de son étude.

Assurément, peindre une époque en racontant une vie est un travail utile et légitime. Les monographies dans lesquelles un historien habile et consciencieux se plaît à grouper autour d'un personnage central les faits et les idées de son temps, ne me semblent point condamnables. On doit exiger seulement du monographe qu'il ne grossisse pas follement l'importance de son héros ; qu'il n'accumule pas autour de ce point une multitude d'objets disparates rattachés à peine au centre ou n'y tenant que par un fil très-léger.

Ces deux défauts de jugement suffiraient pour rejeter parmi les livres médiocres plusieurs biographies étrangères de Luther et de Calvin. L'impulsion avait été donnée à ce genre faux par deux ouvrages anglais qui se distinguent par des mérites divers, mais dont les auteurs ont abusé du privilége de leur genre et enflé démesurément l'outre de leur composition. La *Vie de Salvator Rosa* par lady Morgan et l'*Histoire de Chaucer* par Godwin peuvent passer pour des modèles de cette double faute. Lady Morgan, se trompant com-

---

(1) Écrit en 1852.

plétement sur son héros et prise pour dupe comme tant d'autres par ce charlatan qui s'est donné le faux air du génie en peinture, en poésie et en musique, a écrit un livre mensonger. Elle a fait mieux : elle s'est emparée d'un demi-siècle et l'a fait tourner autour d'un mensonge. Au lieu de montrer le vide de ce conspirateur, le creux de cette gloire, les stériles répétitions de ce peintre, les fougues oiseuses de ce déclamateur, le néant de ce talent qui donna son ombre pour un colosse, lady Morgan a pris cette mystification du dix-septième siècle au pied de la lettre ; elle s'est constituée le Plutarque de ce César et l'Homère de cet Ulysse. Forcée d'agrandir les proportions de tous les objets qui se rapportaient à lui ; de l'échauffourée napolitaine dans laquelle le pêcheur Mazaniel a pris le premier rôle et à laquelle Salvator s'est associé, elle a fait une grande, noble et poétique conspiration. De la facilité comique d'improvisation, qualité départie ou plutôt prodiguée aux Italiens, elle a fait le génie. Son livre est tout gonflé de ce gaz romanesque ; c'est l'hydropisie qu'il représente, non la santé. Ayant enlevé au principal personnage ses proportions naturelles, elle établit un accord factice entre lui et tout ce qui l'environne. Covielle devient grand, Scapin aussi, et Mazaniel aussi ; les plus pauvres esquisses de Salvator, telles jaunes et dures qu'elles soient, deviennent grandes. En vain jette-t-elle sur cette fiction une certaine chaleur de style, une certaine vivacité de verve, une scintillante facilité de langage ; le gaz comprimé dont elle a rempli les entrailles du fantôme, crève et ne laisse qu'une enveloppe vide. Le livre meurt. Vous cherchez une chose organisée et vivante ; voici une peau desséchée, plate et sans forme.

Godwin a gâté la biographie par une autre espèce de travers. Il n'a point agrandi ou exhaussé son héros. Il ne l'a pas abaissé non plus ; mais il a rassemblé autour de lui tant d'objets étrangers et de si diverses sortes, que le héros a disparu. Le procédé employé par Godwin dans sa *Vie de Chaucer* a créé une espèce d'école. Chaucer avait peut-être un père Normand, qui se nommait sans doute Chaussier ; c'est probable. Godwin saisit cette occasion ; trois chapitres sur le nom du poëte, trois dissertations sur les noms français, sur la profession de *chaussier*, sur les corporations en France. Chaucer a sans doute voyagé en Italie ; les historiens n'en donnent aucune preuve, et peut-être a-t-il rencontré Boccace. Godwin part de là, et il décrit la maison de Boccace, son intérieur, ses occupations et sa manière de vivre. Chaucer a imité en anglais le *Roman de la Rose*, qui jouissait d'une grande vogue en Europe. Dissertation sur la Rose, sur le Roman, sur la chevalerie, sur Jean de Lorris et Jean de Meung, sur les Universités de France et les poëtes français. Chaucer a connu le prince Noir: biographie complète du prince, description de son hôtel, de ses amusements et de ses exploits guerriers. Ainsi se traîne, à travers quatre énormes volumes in-octavo, la vie interminable de ce poëte, perdue comme un grain de sable dans la mer.

Oh! que Plutarque, autrefois, ce bonhomme qui n'était pas plus naïf que La Fontaine, ce rhéteur subtil et raffiné, cet esprit charmant, délicat et causeur, comprenait autrement l'étude du caractère humain! Il avait le grand avantage de vivre assez loin des passions et des partis, dans une solitude élégante et littéraire, qui ne lui imposait, n'étant ni sénateur ni tribun du peuple, aucune violente partialité.

§ IV

Quelques mots sur la vie et le caractère de Luther. — Luther dans son ménage. — Catherine.

Cherchons un peu la petite maison de Luther, sa table joyeuse, son ménage fécond, ses fantaisies de père, de mari, de théologien et de savant; suivons-le un moment dans son expérience héroïque de la vie conjugale.

Nous ne partageons pas plus les idées de M. Audin *contre* Luther, que nous ne pouvons partager les préjugés hostiles de M. Merle-d'Aubigné *contre* Léon X. La sagesse de l'histoire nous semble ne pas admettre ces deux exagérations. Le grand réformateur, dont la figure puissante a été admirée même de Bossuet, n'était pas seulement un bouffon grossier, un moine sensuel et un ambitieux sans principes. Il n'est pas non plus un ange et une intelligence pure; *Sanctus Lutherus*, comme le disaient plaisamment ses disciples qui proscrivaient les saints. La vérité se trouve, non entre les deux camps, mais au-dessus. Étudions le vrai Luther et Catherine sa femme.

Catherine de Bora, la religieuse, était une fort jolie femme, s'il faut en croire le pinceau sévère et fidèle du grand Holbein. On a écrit une trentaine de pamphlets pour et contre la beauté de Catherine : il faut s'en rapporter là-dessus à Luther lui-même, que Dieu avait doué d'une organisation sensuelle et qui ne déguisait pas son penchant à la volupté. D'une famille ancienne, Catherine répudia le cloître et brisa sa chaîne pour épouser Luther. — Un moine et une religieuse! L'Antéchrist va naître d'un tel mariage, s'écriaient les ennemis de Luther! — Une grêle d'épithalames, d'épigrammes, de dithyrambes, d'hymnes et de railleries tomba sur le nouveau ménage. Savants et beaux esprits firent de leur mieux. Le chœur satirique qui saluait les nouveaux époux éclata d'un bout de l'Europe à l'autre. Ne croyez pas que Luther soit homme à fléchir. Il repousse cet orage d'invectives par un tonnerre de sarcasmes: ses réponses recueillies sous ce titre significatif : *Le lion et l'âne*, subsistent pour perpétuer la mémoire de cette querelle redoutable. « Mes ennemis, s'écriait-il, croient triompher; ils s'écrient : *Io! Io!* mais, moi, je suis résolu de leur montrer que, tout vieux et tout faible que je suis, je ne bats pas en retraite si vite. Qu'ils prennent garde, je pourrais bien troubler leur joie. »

Voilà comment Luther défendait ce mariage imprudent et scandaleux. Il disait encore (que ne disait-il pas pour sa défense!) « qu'après avoir combattu la vie monastique et insisté sur la nécessité du mariage des prêtres, le monde attendait de lui un grand exemple. Donc, lui, moine, devait épouser une religieuse. » L'enchaînement logique n'était pas rigoureux. D'arguments pour se défendre, d'invectives pour attaquer, de bouffonneries pour soutenir la défense et l'attaque, Luther n'en manquait jamais. Si son mariage était une faute, il en fut sévèrement puni. La belle Catherine était acariâtre comme une prude, et babillarde comme une femme longtemps condamnée au silence. Elle se chargea de harceler le pauvre homme, le troublant au milieu de ses méditations théologiques, et jetant dans le sanctuaire de l'homme de lettres et du dialecticien, les passions inquiètes d'une femme. Il supportait admirablement cette dure épreuve, et les mille piqûres de la vie domestique le blessaient sans l'irriter. Du respect pour la femme, il avait fait un dogme, que ses penchants naturels achevaient de transformer en culte. Il pardonnait tout aux femmes, et disait que c'était chose naturelle : « Car on ne doit voir dans la femme que la mère. Lorsque la première femme reçut de Dieu son nom, il ne la nomma pas *l'épouse*, mais *la mère :* mots plus éloquents, ajoute-t-il, que tout ce que Démosthènes a jamais prononcé. »

En homme indulgent et affectueux, le babil de sa femme ne lui arrachait qu'un sourire ; les reproches de Catherine n'excitaient point le courroux de Martin

Luther ; à l'expression de ses inquiétudes il répondait par de douces paroles, la calmait par sa gaieté et opposait une fermeté riante à la tempête des fureurs féminines. C'est quelque chose de touchant que ce redoutable personnage devenu bonhomme dans la vie commune : corps athlétique, âme violente, appétits ardents, caractère puissamment armé par la nature pour l'offensive et la défensive ; ce Samson de la controverse devenait doux et timide comme un agneau sous le joug domestique.

Vous croyez peut-être que c'était un mariage d'inclination: pas du tout. Les passions romanesques n'y entraient pour rien. Jérôme Baumgärtner avait inspiré à Catherine de Bora une préférence marquée ; Luther aussi avait longtemps soupiré pour la belle Awe Schonfelden ; l'un et l'autre ne s'étaient pas fait mystère de cette double inclination. Awe épousa un médecin prussien ; peu de temps avant son mariage, Luther écrivait à Jérôme que le cœur de Catherine n'avait pas oublié son ancienne affection pour Jérôme, et que ce dernier pouvait encore, avec un peu d'activité et d'adresse, le conquérir pour toujours. Jérôme ne se sentait nullement pressé de contracter ce lien éternel. Ses prétentions s'effacèrent devant celles de son puissant rival, qui ne se dissimula pas à lui-même et ne cacha pas à ses amis la nature raisonnable et modérée du sentiment qui le dirigeait.

Quelques-unes des innocentes gronderies du bonhomme contre Catherine se sont conservées dans ses lettres : « Si je redevenais jeune, dit-il, et que le désir d'aimer une femme s'emparât de moi, je taillerais la mienne dans le marbre pour la voir obéissante, désespérant d'y réussir autrement. » — « Pendant la première année de mon mariage, ma femme, dit-il encore, ma femme avait un besoin extraordinaire de parler. Elle venait s'asseoir près de moi quand je travaillais, et, n'ayant rien à me dire, elle me demandait si, à la cour de Prusse, le margrave n'avait pas son frère pour maître-d'hôtel. — Catherine, lui répliquais-je, avant de commencer ce sermon-là, avez-vous dit votre *Pater?* J'en doute. » — La gaieté de Luther cherchait tous les jours des sobriquets nouveaux pour amuser Catherine : c'était *Catherine la reine, Catherine le docteur, l'empereur. le roi. la noble suzeraine Catherine, la suzeraine de Zeilsdorf.* Notez qu'il possédait à Zeilsdorf un ou deux pouces de terrain. Son intention sans doute était de corriger par la raillerie l'impérieuse humeur de sa compagne ; et c'était toujours l'homme qui, dans sa jeunesse, assis à la table de la bonne dame Ursule Schweickhard, s'était écrié dans son enthousiasme : « Non, non ! rien au monde n'est comparable à l'amour d'une femme. »

Six enfants naquirent de ce mariage ; il faisait d'eux des arguments de théologie. Jean *le Petit-Diable* et Madeleine *la blonde* ne venaient point se placer sur les genoux paternels sans qu'il trouvât dans leurs jeux et leurs caresses d'excellentes raisons pour soutenir ses thèses. Le théologien était père, et le père théologien. Si Catherine donnait le sein à un nouveau-né, le Réformateur se plaçait auprès d'elle et disait :

« Voilà un petit bonhomme qui, comme tout ce
« qui vient de nous, est détesté par le pape, le duc
« Georges, leurs adhérents et tous les diables de l'en-
« fer! Ce cher petit cependant est plus courageux
« qu'un philosophe ; il ne se trouble et ne se dérange
« pas ; il tette, il est gai, il est joyeux ; rassasié, il re-
« tourne sa tête blonde et rit ; l'orage des choses hu-
« maines ne le trouble point. Faisons comme lui :
« bonne leçon ! »

Alors Catherine lui reprochait ce qu'elle nommait son insouciance : elle l'accusait de ne pas songer à sa famille et de braver le péril. Catherine était de ces femmes qui font volontiers dans le ménage le métier d'accusateur public.

« La chère Catherine, s'écriait Luther! Elle se
« tourmente et se passionne beaucoup trop! que la
« grâce et la paix du Seigneur soient avec vous, mon
« noble Docteur. Relisez donc saint Jean et le Caté-
« chisme où il est dit que l'on doit mettre en Dieu
« sa confiance. Vous vous agitez comme si Dieu tout
« puissant n'existait pas, et comme si sa main ne pou-
« vait susciter mille autres Martin Luther, en suppo-
« sant que le vôtre se noie dans les eaux de la Saal. »
Là-dessus elle éclatait en sanglots.

Le vieux docteur reprenait : « Votre Luther a en-
« core bien des jours à vivre. Il y a quelqu'un qui
« veille sur moi et qui me garde mieux que vous,
« mieux que tous les anges. Il s'assied à la droite de
« l'Éternel. Soyez donc calme. » Puis il ajoutait : « La
« plus grande faveur que Dieu puisse accorder à une
« femme, c'est un mari bon et pieux, auquel elle
« puisse confier son sort, son bonheur, sa vie dont les
« enfants soient les vôtres, et dont le bien-être soit
« le vôtre. Catherine, vous avez ce mari pieux qui vous
« aime ; vous êtes impératrice. Remerciez Dieu. »

La querelle conjugale tournait, comme on le voit, à l'homélie : la mort de sa fille Madeleine abattit le courage de Luther et triompha de sa persévérante bonne humeur. — « Rien n'y peut faire, dit-il ; je
« pleure, et je me sens le cœur mort dans la poitrine ;
« au fond de mon âme sont gravés ses traits, ses ges-
« tes, ses discours. Je la vois comme je la voyais vi-
« vante, comme je l'ai vue à l'agonie. Ma fille ! ma
« douce, mon obéissante fille ! La mort du Christ
« (et que sont toutes les autres morts près de celle-là ?)
« ne peut m'arracher à cette pensée. Elle était rieuse,
« elle était aimable et pleine d'amour ! »

L'étude de cette forte nature est d'un intérêt puissant. On la voit accessible surtout aux affections de famille.

Luther savait souffrir comme il savait frapper. C'était un homme de combat, boxeur théologique. Rien n'ébranlait sa volonté et ne faisait vaciller sa robuste foi dans sa propre pensée. Tenant à l'humanité par toutes les passions, tous les penchants, tous les liens et par plusieurs vices, il venait s'asseoir et se reposer, poudreux et couvert de sueur, près de l'âtre de la famille ; là, essuyant son front, jouant avec ses enfants, bouffon, naïf, de facile humeur, faisant des contes, disant des fables, commentant des proverbes, cultivant des fleurs, abjurant toute prétention, il n'était plus qu'un bon rustre, trivialement gai, aimant la table, nourrissant des oiseaux ou chantant des psaumes. Ses compositions musicales font encore les délices de ses compatriotes ; partout en Allemagne on répète ses hymnes. Bon chanteur, il appréciait le talent musical au point de lui assigner la première place après la controverse. Lui qui niait Érasme et Cajetan, il admirait Albert Durer ; les arts charmaient cette âme ardente servie par des organes puissants. Les amours, les habitudes et l'innocente vie des oiseaux de sa volière lui plaisaient : « Voici un petit personnage, disait-il « en montrant un rouge-gorge endormi, dont la patte « tient ferme à sa branche, et qui doucement, tran- « quillement, se berce et se balance lui-même, insou- « ciant de son sommeil et de son logis du lendemain « et mettant toute sa confiance en Dieu seul. » Sympathie de poëte, d'homme sensible et d'observateur.

Il y a de l'artiste et du musicien dans cette sensibilité sensuelle, accessible à toute impression extérieure. Une de ses lettres adressée au comte Spalatin décrit minutieusement les corneilles des bois, leur vie, leurs cris, leur sénat funèbre ; et tout cela est tourné de la façon la plus plaisante :

« Moi, dit-il, je suis au milieu des comices, devant
« de glorieux monarques, en présence de rois, ducs,
« margraves, princes, gentilshommes qui débattent so-
« lennellement leurs intérêts, se consultent, se répon-
« dent et font retentir l'air de leurs délibérations et
« de leurs décrets. Au lieu de s'emprisonner dans ces
« cavernes royales que vous appelez palais, ils tien-
« nent leurs séances en plein soleil, l'arche du ciel
« pour voûte, les gais feuillages pour draperies, libres
« et maîtres à la fois. Ils détestent le luxe absurde des
« broderies et des dentelles, ne portent que du noir,
« et se ressemblent tous par le costume. Au lieu de se
« confiner dans un asile de marbre, ou dans les mu-
« railles d'un parc réservé, ils voyagent à leur gré
« d'un bout du monde à l'autre : rien ne les arrête.
« Ce sont des musiciens que ces messieurs; ils chan-
« tent ensemble et dans le même ton ; ils n'ont
« qu'une seule mélodie et forment un chœur dans le-
« quel on distingue la voix grêle des enfants et la voix
« grave des vieillards, je n'ai jamais entendu parler
« de leur empereur. Ils se moquent du canon, du fu-
« sil et de toutes les mousquetades ; ils ne peuvent
« s'empêcher de rire quand ils voient nos cavaliers et
« leurs chevaux essayer de se soustraire par la fuite
« aux attaques de l'ennemi qui les poursuit. Autant
« que j'ai pu comprendre, à l'aide d'un interprète, les
« résultats de leur délibération politique, ils ont ré-
« solu de faire pendant un an la guerre la plus achar-
« née à toutes les graines et semences, au blé, au fro-
« ment, au seigle et aux meilleurs fruits. Il y a lieu de
« craindre que la victoire ne leur reste partout : c'est
« une race industrieuse, prudente, habile, qui em-
« ploie pour faire son butin la violence et la ruse. Vous
« assisterez au triomphe de ces pères de la patrie, et
« vous verrez les dévastations qu'ils auront produites.
« Certainement je voudrais, pour leur honneur et pour

« le plaisir des oreilles, qu'ils ne portassent pas le vi-
« lain nom de *Corbeaux*. Passez-moi ces plaisante-
« ries, elles m'aident à chasser la sombre humeur
« qui me domine. »

La bouffonnerie de Luther, mêlée de poésie sévère et de sentiment artiste ; — familière, un peu ironique ; — cache un fond sérieux qui de temps en temps perce malgré lui-même. Imagination forte, enveloppée dans sa jeunesse des terreurs de la superstition teutonique, elle en avait gardé la trace. Dans ce ciel orageux et coloré, les nuages étaient sombres et lourds ; le rayon qui les traversait était ardent. Au faîte de sa gloire théologique, il faisait encore asseoir près de lui, entre la querelleuse Catherine et la jolie Madeleine, les démons domestiques si terribles aux populations saxonnes. Luther a vu le Killkroppft, enfant supposé, issu des puissances sataniques, et qui est venu prendre la place d'un fils des hommes. Luther l'a vu, il l'a touché, il n'en doute pas et le dit à sa femme. Dans le cloître de Wittemberg, il a entendu distinctement la venue du diable. « Son pas ressemblait tout à fait, dit-il, au pétillement des fagots que l'on jette dans l'âtre. » Il n'y a pas de bonhomme plus crédule que ce révolutionnaire. Toute sa maison est pleine de génies malfaisants qui lui enlèvent ses balais et dérangent son tourne-broche. Dans ce château de la Wartbourg, qui fut le Pathmos du nouveau saint Jean, où lui servit des noisettes à son dessert. Il en mangea beaucoup, trop peut-être ; le vin du Rhin accompagna les noisettes et facilita la digestion. Mais le vin du Rhin et les noisettes produisirent un effet extraordinaire et nouveau. Les noisettes se mirent à danser dans le plat aux yeux de Luther étonné, qui se leva, ouvrit de grands yeux et entendit dans les escaliers de la tour qu'il habitait retentir sous le fracas de trois mille tonneaux roulés par une main infernale de haut en bas et de bas en haut. Il ne s'amusait pas de sa crédulité, comme Voltaire l'a prétendu ; il en souffrait. La folle du logis était alors maîtresse. Il faut le voir dans sa cellule, en face de sa porte de fer, assurée par des barreaux et des chaînes du même métal, défier solennellement l'esprit malin, répéter le huitième psaume et s'endormir courageusement. A Nuremberg, une seconde visite de Satan à Luther fut moins bravement repoussée ; le théologien prit la fuite et alla demander refuge à ses amis.

Il faut avoir vécu en Allemagne et dans certains cantons de l'Allemagne pour comprendre ce mélange de crédulité sombre et d'énergique raison : Henri Heine l'a très-bien observé, la légende et la tradition démoniaques planent sur les mines de Mansfeld, sur Eisenach et sur Erfurt. Là le monde invisible est peuplé comme le monde visible : il y a des diables dans le bûcher, dans la cave, sous la casserole et dans la poêle. Certains paysans se croient cousins germains du mauvais génie, fils ou neveux de sorcières. On s'attend toujours à voir entrer sous leur porte basse Babo, courbée, ridée, haillonneuse, sordide, affamée, haïssant les hommes et les maudissant. C'est sur ce patron grossier que Luther a taillé son esprit de ténèbres, son Satan ; cette noire et grotesque superstition a pénétré à la fois dans sa vie domestique et dans son système de réforme. Il l'a mêlée à la grande épopée de la révélation chrétienne.

Obsédé par son imagination fantastique, il vivait dans une république de démons et disait à Catherine qu'on a tort d'attribuer le suicide à l'homme ; c'est bien réellement un envoyé du diable qui arme le pistolet ou dispose la corde fatale ; en jetant une pierre dans le puits voisin, on éveille le mauvais esprit qui dort au fond ; un étang d'eau croupissante au sommet du mont Pilate est consacré aux puissances infernales; enfin les hurlements des damnés arrivent jusqu'à nous, lorsque dans les nuits d'hiver le vent siffle, gémit et crie.

Tout cela, il le croyait dévotement. Le paysan saxon vivait sous le froc du moine et sous l'orgueil du réformateur. Au lieu d'un révolutionnaire violent et grossier, il faut voir chez Luther une organisation forte, poétique, sensuelle, dont l'énergie même constitue la faiblesse et qui porte la peine des qualités mâles et brillantes dont l'a doué la nature. Moins créateur que susceptible d'impressions; moins sensible que sensuel; moins ambitieux qu'impétueux, il a cédé à la fougue de son penchant logique comme d'autres cèdent à l'entraînement de leurs sens. N'attendez pas de lui délicatesse, choix ou grâce; laissez à Érasme ces qualités. Luther obéit à une impulsion invincible, ses nerfs, son sang et ses muscles sont engagés dans le grand combat théologique; il est sans pitié.

Spalatin, au nom de l'électeur Frédéric, l'avait conjuré de ne pas attaquer l'archevêque de Mayence. — « Non, s'écria-t-il, pour défendre la bergerie du Christ, je résisterai de tout mon pouvoir à ce loup dévorant, comme j'ai résisté à d'autres; je vous envoie mon livre, qui était prêt avant que votre lettre me parvînt; elle ne m'a pas déterminé à changer un seul mot. La question est décidée, et vos objections sont inutiles. » — Il écrivait à un autre : « Croyez-vous que Luther soit mort ? Il vit. Il vit sous la protection de ce Dieu qui a déjà humilié le Pape et il va en faire voir de cruelles à l'archevêque de Mayence. Le christianisme est chose honnête et ouverte; il aime les choses comme elles sont, et les dit comme elles sont. Je veux arracher tous les masques, ne rien ménager, ne rien atténuer, donner la vérité pure et sans mélange. Croyez-vous que Luther se contentera de fermer ses yeux, séduits par quelques cajoleries ? »

Que l'on juge, d'après ces traits, le caractère et l'esprit de Luther, sa véhémence indomptable et non turbulente, son intelligence plutôt impétueuse que gigantesque : torrent qui tombe de haut et ne s'arrête qu'après avoir écrasé l'obstacle. Je voudrais le voir à table avec Carlostadt, lorsque ce dernier lui expose ses doctrines de mysticisme, si étrangères à l'organisation ardente de Luther.

« Quels rêves ! dit Luther.

— Vous craignez la vérité ! s'écrie Carlostadt.

— Moi ! je repousse cette imputation. Je vous mets au défi de publier rien contre moi ; et comme gage du combat auquel je vous provoque, voici un florin ! »

Le gage du combat fut résolûment accepté ; les combattants se serrèrent la main, burent dans la même large coupe une rasade solennelle, et se quittèrent pour se préparer à des hostilités plus sérieuses qu'on ne pense. Luther tint promesse ; il y avait en lui du persécuteur et du martyr. Battu par la terrible parole de son adversaire, traqué et chassé de ville en ville, Carlostadt finit par trouver sanctuaire à Bâle ; de là il ouvrit sa batterie de pamphlets sur Luther, qu'il appela *double-pape*, *triple antechrist*, *essence du démon*, et autres gentillesses. La canonnade de Luther ne fut ni moins bruyante ni moins nourrie. « On ne savait pas, disait-il, que le diable était dans Carlostadt ; avec un florin je l'ai fait parler. » Les deux boxeurs mêlent l'invective à la lutte et la force aux coups de poings. Carlostadt soulevait les passions démocratiques. « Prenez garde, lui dit Luther, ne jouez pas avec *Monsieur Tout-le-Monde*, c'est un personnage qui ne plaisante guère ; on l'a soumis à une autorité légale, et Dieu veut qu'elle subsiste, pour que le maniaque ne fasse pas d'horribles choses. » Carlostadt s'appuie sur l'autorité de la Bible pour troubler la société. « La Bible, dit Luther, Babel ! des bulles ! des billes ! des balles ! des ballons ! »

Ce lion déchaîné que vous regardez aujourd'hui comme un simple théologien, et qui s'en allait fièrement combattre les princes d'Allemagne, leurs ministres, Léon X, Charles-Quint, Clément, Adrien, les Universités de Lyon et de Cologne, les sacramentaires, les anabaptistes, les aristotéliciens et les mystiques; cet aïeul de Voltaire, de Tindal, de Cromwell et de Franklin, ce destructeur revient auprès de Catherine de Bora, et faisant danser son petit enfant, il lui parle de la façon suivante :

« Mon cher petit enfant, je vous fais mon compliment de la manière dont vous apprenez vos leçons : persévérez, mon enfant, et vous serez bien récompensé. Je sais un magnifique jardin peuplé d'enfants en habits d'or qui courent sous les arbres, mangent des pommes, des poires, des cerises, des noix et des prunes ; ils dansent, ils sautent, ils vivent heureux et joyeux, et ils ont de délicieux petits chevaux avec des brides d'or et des selles d'argent. Lorsque j'allai visiter ce beau jardin, je demandai au propriétaire à qui étaient ces enfants ; il me répondit que c'étaient des enfants sages, ceux qui avaient bien étudié, qui aimaient à dire leurs prières, et qui craignaient Dieu. Eh bien ! répliquai-je, je me nomme Martin Luther : j'ai un petit enfant nommé Jean Luther, que j'aime beaucoup ; est-ce qu'il ne peut pas venir se promener aussi dans ce jardin, manger ces belles pommes et ces belles poires, monter sur ces jolis chevaux, et jouer avec les autres enfants ? — Oui, me répondit l'homme ; s'il est bien bon, qu'il amène avec lui Philippe et Jacques ; il trouvera ici des tambours, des fifres, de jolis instruments de toute sorte, on les fera danser et tirer de l'arc. »

Luther bonhomme fait ainsi aux enfants de jolis contes à dormir debout.

§ V

Quelquesmots sur Calvin. — Pourquoi Calvin et non Luther est devenu le guide des protestants en France.

Tel ne se montre pas Jean Calvin, dont nous avons parlé plus haut (1), et qui occupe un double rang si élevé parmi les prosateurs et les législateurs de son temps. Calvin, c'est l'homme de la discipline romaine appliquée au protestantisme, comme Luther est le symbole populaire de la liberté saxonne. *Hluder, Hlotar, Clothaire*, c'est le même mot teutonique; *Calvinus, Calvin, Chauvin*, le *Petit-Chauve*, c'est le nom d'un affranchi, c'est le même mot latin.

M. Audin dans ses amusantes biographies a traité Calvin comme il a traité Luther, avec une partialité très-suspecte, mais avec une érudition très-variée, très-vive, très-piquante. Je ne pense pas, avec de bons et grands esprits, que l'impartialité soit impossible à l'historien, non une impartialité faible et indifférente, mais une impartialité haute, animée d'un grand respect pour l'humanité et d'un sincère amour du bien. Trop résolûment adverse aux protestants, d'ailleurs judicieux et honnête, M. Audin plaît parce qu'il n'a pas négligé ces détails d'autrefois, qui nous charment aujourd'hui; une société aplanie, égalisée, nivelée, que sa propre uniformité fatigue, est bien aise de retrouver le spectacle varié des castes diverses, avec leurs couleurs, leurs saillies et leurs singularités. Quand même Calvin ou Luther vous intéresseraient

---

(1) *Histoire littéraire du seizième siècle en France*, page 120.

peu, vous trouveriez dans leurs annales intimes mille détails qui vous amuseraient. Ainsi, en étudiant la vie de Calvin, vous connaîtrez la façon de vivre de l'écolier parisien au commencement du seizième siècle : la location de sa chambre ; quand il doit payer son bail ; son droit d'évincer les locataires qui font du bruit, son exemption des taxes, et spécialement de l'excommunication à laquelle il n'était jamais soumis ; ses droits civils, dont l'un des plus importants consistait en ce que ses livres ne pouvaient être saisis. Vous pénétrerez dans l'Université de Bourges, où vous rencontrerez Théodore de Bèze et Mélanchthon ; puis à la cour de Nérac, où Marguerite, reine de Navarre, donne asile aux écrivains satiriques, aux femmes galantes, aux poëtes et aux évêques. Vous visiterez Orléans, Bâle, Strasbourg, et observerez ce mouvement effréné de la jeune Réformation. De là vous passez à la cour de François Ier, où l'influence des femmes, toujours amoureuses de nouveautés, favorise la Réforme. Les pérégrinations de Calvin le transportent partout où les nouveautés commencent à poindre ; il s'arrête à Ferrare, ville fidèle comme toute l'Italie au culte de la forme et de l'éclat extérieur ; puis en Suisse, où la révolte contre Rome prend un caractère politique plutôt que religieux, et où la guerre civile éclate bientôt.

C'est là que se montre la véritable grandeur de Calvin, homme politique. A Genève, république turbulente qui n'est ni française, ni allemande, ni italienne, et qui a besoin de lutter contre les vices des trois pays pour n'être pas abîmée et perdue ; Calvin se place au centre et au sommet du pouvoir par une austérité de vie et de doctrine qui seule peut assurer l'existence future de cette république isolée.

Le caractère spécial de Calvin est tout politique ; il faut rapporter à cela ses vices comme ses vertus. Calvin n'argumente pas pour argumenter, mais pour fonder. On trouve du Richelieu en lui. Il est acerbe, cruel, inexorable. Si vous consultez la vie des grands conquérants et des révolutionnaires, vous reconnaîtrez que ces gens-là ont acheté fort cher le droit de remuer de grandes choses; vous trouverez, hélas ! écrit en caractères de feu et de sang, chez la plupart, le profond mépris des hommes. Leur absolution, aux yeux de l'histoire, c'est le succès. Calvin l'a obtenu. Il faut le compter parmi les Richelieu, les Ximenès et les Cecil ; il obtint le succès complet, couronne très-équivoque de la vie politique. Mêlant aux dures passions que cette ambition comporte les aigres ressentiments et les amères rancunes du dialecticien et du théologien, on peut le montrer sous la forme triplement odieuse de ces trois caractères. Mais qui l'éclaire de cette lumière vive et haineuse est infidèle à la vérité de l'histoire. L'organisateur Calvin, l'homme de l'ordre, moins intéressant à étudier que Luther, parce que le caprice lui manque, doit être jugé comme on juge William Pitt ou Richelieu.

Luther est plus historique que politique. Il représente la révolte d'une race longtemps sauvage. La liberté teutonique, chez ce personnage extraordinaire, est bizarrement mêlée de mélancolie sombre et de gaieté vive. C'est un humoriste. Je ne sais, en vérité, pourquoi Luther reprochait à l'un de ses contemporains, au spirituel Ulrich de Hutten, la bouffonnerie et la satire. Le grand réformateur a passé toute sa vie à fourbir pour son usage les mêmes armes dont il blâmait l'emploi chez les autres. « C'était (dit un de ses amis), un âpre et terrible moqueur, avec lequel il ne fallait pas jouter. » Un mélange singulier d'ardeur et de subtilité, de verve plaisante et d'élégie court et se propage dans tous les replis de la vie de Luther : vie pour laquelle M. Michelet, dans ses heures de loisir, a recueilli d'excellents matériaux. Une correspondance particulière, aussi considérable que celle de Voltaire ; l'égoïsme permanent qui a semé de particularités personnelles ses discussions théologiques ; enfin les innombrables pamphlets de ses ennemis et de ses amis, gens non moins bizarres, qui n'écrivaient pas pour vivre, mais qui vivaient pour écrire et confiaient à la presse alors naissante les plus petits détails de leurs journées querelleuses et de leurs studieuses nuits, ne peuvent initier au singulier groupe germanique dont Luther était le centre.

Chose singulière, ce mouvement de révolte germanique n'a pu accomplir toute son œuvre qu'en se soumettant aux formules sévères et à la discipline d'un Gaulois, élève de Rome, Français de naissance, Jehan Calvin. L'Allemagne seule a voulu accepter le Luthéranisme proprement dit. Quant à la France protestante, il lui a fallu Calvin, c'est-à-dire l'Ordre.

NOSTRADAMUS

ET

SES COMMENTATEURS

QUELQUES DOCUMENTS

RELATIFS A NOSTRADAMUS.

V. — La Démonomanie de Jehan Bodin.
Bekker, le Monde enchanté.
J. de Chavigny, Explic. des Centuries.
Cardan, de Vitâ propriâ.
Discovlry of Witchcraft.
J. Dorat, Traité des Pronostications, etc.

NOSTRADAMUS

ET

SES COMMENTATEURS

§ Ier

Pourquoi tout le seizième siècle croyait à l'astrologie. — Luc Gauric. — Cardan. — Nostradamus.

Vous n'auriez pas un seizième siècle complet, si Nostradame le fou, l'imposteur, le prophète, n'y prenait sa place, au milieu des Cervantes, des Rabelais, des Calvin, des Bacon, des Shakspeare, des Copernic ; parmi tous ces rénovateurs d'empires et destructeurs de croyances, poëtes, artistes, religionnaires, observateurs, philosophes, guerriers, il faut un charlatan.

Cette marche impétueuse et désordonnée de la civilisation vers un nouveau but, cet élan universel vers un monde inconnu ; cette grande course des peuples àtravers les décombres du moyen âge, les demi-clartés du scepticisme naissant et les déserts d'une érudition âpre, je les admirerais moins sans Nostradame. Sa présence m'est nécessaire. Tout serait incomplet, si le plus extravagant symbole de la crédulité, de la niaiserie et de l'absurde ne venait s'y mêler. A côté du génie divinateur de Bacon, je veux trouver le génie

27.

ignare, aveugle et idolâtré de Nostradame. Oh! le beau spectacle, et comme l'alchimie et la chimie, comme les adeptes de l'oneïroscopie et de la grammaire, comme la vraie et la fausse science, amateurs confus de folies et de découvertes, troupe scolastique, réformatrice, ridicule, sublime, se précipite à travers la forêt magique, emportée par le mouvement qui entraîne toutes les intelligences ! Elles sont enthousiastes et prophétiques alors même qu'elles s'appliquent à l'algèbre et à la jurisprudence, à la science des accents hébreux et à celle des mètres grecs ! Sublime chasse aux idées, si effrénée et si étourdie, renversant les trônes et les religions sur son passage, sonnant l'appel de la Ligue, l'éveil du monde protestant dans le monde catholique, et donnant en passant la première atteinte à la vieille synthèse, le dernier coup de massue à la féodalité qui se débat !

Dans ce fracas d'armes et de voix savantes, vous aimez surtout à entendre résonner au loin le cor magique du sorcier Nostradame, la voix oraculaire qui veut percer les âges futurs ! Sans Nostradame, une large portion de l'humanité dans ce siècle ne serait pas représentée ; portion respectable qui constitue le fond et le *substratum* de la société ; qui vit, heureuse et niaise, sur les préjugés d'autrefois et ne dépasse jamais son siècle ; qui impose la loi aux esprits d'une forte trempe et les oblige à se taire ou à lui payer tribut. C'est elle qui méprise Copernic et s'agenouille devant Nostradame ; qui ne croit pas à Galilée, mais qui a foi à Jérôme Cardan ; qui donne un morceau de pain au Tasse et des trésors à Ronsard. C'est encore elle, en d'autres temps, qui dresse les autels de Pradon, qui fait une apothéose tantôt à la stupidité tantôt à la folie. Par elle Nostradame est populaire comme un vieux saint du calendrier, mystérieux comme l'Apollon Delphique et immortel comme Barême. Il mérite sa gloire. Quel beau sang-froid ! quel emploi hardi de l'énigme et du calembour, du coq-à-l'âne et de l'amphigouri ! Sur ce fonds il a vécu pendant trois siècles.

C'était un pauvre médecin de Salon de Craux, en Provence, qui s'ennuyait dans sa solitude et qui, manquant de clientèle se mit à faire des almanachs. Il y annonçait (comme notre ami Mathieu Laënsberg) des épidémies, des épizooties; la mort des grands, des révolutions d'empires, des tremblements de terre, des ouragans et des inondations ; le tout en quatrains sybilliques, remarquables par la barbarie du style et l'absence de toute espèce de talent, de pensée, de sens ou d'esprit. En 1510, les Provençaux de Salon n'étaient pas sceptiques.

Le médecin vendit ses almanachs, dont les prophéties infaillibles ne manquèrent pas de s'accomplir bientôt. On cria au miracle ; Nostradame se laissa faire, et puisqu'on voulait qu'il fût prophète, il prophétisa : sa fortune fut assurée.

Alors on cherchait des prophètes partout, comme en d'autres temps on veut des législateurs. Nos humbles ancêtres demandaient appui et secours contre l'avenir menaçant, contre leur foi que le doute commençait à ébranler, contre Dieu, le destin et le diable. Cette belle confiance dans la force humaine qui s'est emparée de notre époque ne leur appartenait pas. Ils faisaient route en tremblant sous un nuage qui enveloppait tout. Affaires publiques et privées, batailles, conspirations, révolutions, le sérieux et le tragique de la vie se mêlaient de théosophie et de cabale, de magie et d'astrologie. Érudits et artistes, esprits d'ailleurs éclairés et vigoureux, princes aux volontés de fer, guerriers qui vivaient et mouraient les pieds dans le sang, professaient le même respect pour les sciences occultes, sciences que le philosophe ne manquait pas d'étudier : personne, s'il les eût négligées, n'aurait cru à son propre savoir. C'était le complément nécessaire et le corollaire du christianisme mal compris. Écoutez le prêtre chanter ses exorcismes dans la vieille cathédrale, répéter les mots sacramentels qui font fuir le démon, et vêtu de ses habits pontificaux, sous ces voûtes que l'encens obscurcit, accomplir ses rites mystérieux dans une langue inconnue. Est-ce un prêtre ? est-ce un magicien ? L'astrologue est banni, écartelé, brûlé par les gens d'église ; ceux qui l'égorgent, lui rendent hommage ; ils le tuent parce qu'ils le craignent. Le Parlement verbalise contre lui ; et le roi lui fait compter de beaux écus au soleil, dans l'espoir qu'il voudra bien arrêter l'armée ennemie, qui est maintenant en marche, et soulever les flots de la mer pour engloutir une flotte qui vient de faire voile. De graves sénateurs apprennent que la vie du monarque est menacée, qu'on a moulé une statue de cire à son image, et qu'on l'a enterrée la tête en bas. Ils tremblent sur leurs siéges, et prononcent la mort contre le magicien conspirateur. Avant de lever l'ancre, le matelot consulte sa carte nautique pour savoir exactement dans quel parage se trouve le démon qui jette les navires sur des écueils ; et les princes, sans que personne s'en étonne, livrent au bourreau le malintentionné, qui, pour compromettre leur santé et leur vie, a jeté sur eux un mauvais œil.

Cette vapeur de crédulité s'étend bien avant dans le seizième siècle. A peine un ou deux génies supérieurs essaient-ils de l'écarter ; encore s'en rapprochent-ils souvent malgré eux. La merveilleuse sagacité de Bacon ne le protége pas ; le Moïse de la philosophie moderne honore la science de Nostradame, Bacon classe l'astrologie parmi les sciences incontestables et lui assigne une belle place dans son Arbre Encyclopédique ; il rapporte gravement plusieurs interprétations de rêves qu'il daigne commenter (1). On lui écrit d'Italie que la terre tourne, selon Galilée ; il s'arme de toute sa colère contre Galilée et se moque de ceux « qui ajoutent foi aux billevesées de cet Italien. »

« Je me souviens (dit-il dans une lettre), qu'étan
« à Paris, tandis que mon père était à Londres, deux
« ou trois jours avant sa mort, je rêvai que notre
« maison de campagne était toute enduite d'un mor-
« tier noir. » Il raisonne ensuite savamment sur la vertu occulte des sympathies. Voulez-vous un exemple plus singulier de cette crédulité étrange chez un philosophe, chef de la philosophie expérimentale ? Nous rapportons fidèlement un passage extrait de la *Sylva Sylvarum*, ouvrage peu connu et curieux :

« J'avais, dit Bacon, une verrue au doigt dès l'âge
« le plus tendre. Me trouvant à Paris, à seize ans en-
« viron, il m'en vint aux deux mains plus de cent au-
« tres dans l'espace d'un mois. L'ambassadrice d'An-
« gleterre, qui pourtant n'était pas superstitieuse, me
« dit un jour qu'elle se chargeait de me débarrasser
« de toutes ces verrues. En effet, elle se fit apporter
« un petit morceau de lard recouvert de sa couenne,
« et frotta toutes mes verrues avec le gras, surtout
« celle que j'avais depuis mon enfance ; puis, ayant
« suspendu le morceau de lard à un clou en dehors
« d'une fenêtre de son appartement, à l'aspect du
« midi, elle le laissa dans cet endroit, où, se trouvant
« exposé aux rayons du soleil, il se putréfia. En cinq
« semaines, toutes mes verrues disparurent, même
« celles qui dataient de presque aussi loin que moi. »

Bacon donne ce fait comme preuve d'une corrélation sympathique ou d'une action réciproque entre les corps qui ont fait partie d'un même tout, ou qui

---

(1) *Nos Études sur le seizième siècle en Angleterre, en Allemagne et en Italie.* FRANÇOIS BACON.

ont été en contact l'un avec l'autre. Voilà ce qu'est devenue cette raison ; elle est subjuguée par une apparence équivoque, par la putréfaction d'un morceau de lard qui coïncide avec la disparition d'une verrue! Chez de Thou, esprit sage et froid, il y a des traces de cette maladie universelle. Le fameux Guy du Faure, sieur de Pibrac, célèbre par ses quatrains, « l'un des hommes de France, dit-il lui-même, qui ont le plus méprisé l'art d'astrologie, » écrit à la reine Marguerite, dont il était fort épris : « J'ai fait tirer
« votre nativité, Madame, par un gentilhomme ro-
« main très-curieux, studieux et exercé aux supputa-
« tions astronomiques. Je le connaissais pour avoir
« auparavant dressé la nativité de M. le maréchal
« d'Aumont à sa prière, peu de mois avant qu'il fût
« blessé. Or, le susdit gentilhomme avait prédit au
« maréchal le jour et la façon qu'il devait être assailli ;
« et il se trouva que cela était vrai. Cette rencontre de
« vérité avait donné telle foi et créance à cet homme,
« qu'il n'y avait petit ni grand à la cour qui ne dési-
« rât le connaître et l'employer. Donc, je lui fis me
« montrer votre nativité. Son jugement sur icelle
« était entre autres que, depuis le vingt et unième de
« mai jusqu'au vingt-huit dudit mois, vous étiez en
« danger de mort violente, *per conto dell' honore*.
« Comme il vit mon cœur saisi et troublé, il me dit
« que non-seulement Dieu était par-dessus telle chose,
« mais aussi la prudence et la sagesse humaine,
« et qu'il avait expérimenté plusieurs fois que les
« effets malins des affections et des impressions
« des astres étaient facilement évités et détournés par
« ceux qui en étaient avertis et daignaient y prendre
« garde. »

Si les philosophes du siècle en sont là, je demande indulgence pour Nostradame. Il avait beau jeu, lui et ses camarades, et la cour de Catherine leur offrait une splendide moisson. Non-seulement il en a profité, mais, ce qui mérite que la postérité se souvienne de lui, il a su éviter les dangers de sa gloire. D'autres, plus savants et moins habiles, Cardan, composé du fou et du génie, Paracelse, fou aux trois quarts, se sont brisés contre les écueils sur lesquels Nostradame a planté son pavillon victorieux.

Les autres astrologues « qui abondaient au sein de cette cour vertueuse et honneste par-dessus toutes, comme dit Brantôme, » avait soutenu l'honneur de la divination sidérale par de bonnes prophéties positives. Luc Gauric et Cardan avaient gagné leur argent en conscience; Gauric osa prédire que « Henri II vivrait jusqu'à soixante-quatre ou soixante-cinq ans; qu'un grand péril le menacerait alors, et que, s'il le surmontait, il arriverait jusqu'à soixante-neuf ans et dix mois. » Malheureusement Henri II mourut à quarante ans sous la lance de Montgomery ; Gauric fut déconsidéré. Cardan tira l'horoscope d'Édouard VI, roi d'Angleterre, qui, selon lui, « devait vivre longtemps et constamment heureux. » A peine la prédiction était-elle faite, Édouard expira. Cardan recommença son calcul, affirma qu'il s'était trompé dans la supputation des nombres, et sauva de son mieux l'astrologie et l'astrologue. « Tout calcul bien fait, dit-il dans ses Mémoires, le prince a eu raison de mourir quand il est mort : un moment plus tôt ou plus tard, son départ n'eût pas été dans les règles. » L'expédient était bon pour une fois ; Cardan n'osa pas le renouveler. Il avait fixé d'avance l'époque de sa propre mort : et comme elle n'arrivait pas au temps marqué par lui, il se laissa tout bonnement mourir de faim. La vraie science a trouvé peu de pareils séides.

Il y avait plus de finesse chez Nostradame le Provençal, et il connaissait mieux les hommes. Il commence par faire de simples almanachs : aucune prétention chez lui ; il ne comprend pas seulement les mots oraculaires que Dieu met dans sa bouche. Il sibyllise et ne sait ce qu'il fait, comme la Pythie. Ses Centuries sont un tissu de mots sans suite, dans lesquels les curieux trouveront tout ce qu'il leur plaira d'y trouver. Par exemple :

> La lune, au plein de nuit, sur le haut mont,
> Le nouveau Soph, d'un seul cerveau l'a vue,
> Par ses disciples estre immortel Semond.
> Yeux au midi : en seins mains : corps au feu.

C'est la seizième strophe de la troisième Centurie. Avec des oracles de ce genre il ne court pas risque de se tromper jamais. C'est cependant fort clair. Ne voyez-vous pas que *la lune*, c'est la France ; le *grand Soph*, Louis XIV ; en *seins mains*, la galanterie de sa cour ; et *corps au feu*, les massacres des Cévennes ! Quelqu'un a trouvé cela en 1688.

Le grand Nostradame ne hasarde rien, n'explique rien ; il s'enveloppe d'une obscurité mystérieuse ; il jette pêle-mêle dans ses quatrains des mots de jargon, des termes d'astrologie, des phrases coupées, des oracles ambigus qui, ne se rapportant à rien, peuvent convenir à tout. « J'ai (dit-il dans sa préface) retiré « ma langue au populaire, et n'ai déclaré que par *ob-* « *truses et perplexes sentences les causes futures même* « *les plus urgentes*. Le tout escrit sous figures *nébu-* « *leuses* plus que du tout prophétiques. » Ces figures *nébuleuses* ont fait ta gloire, ô Nostradame ! tu ne risquais rien : toutes les chances étaient pour toi. Il est impossible qu'au milieu de toutes les paroles ridicules et enfilées bout à bout, il ne s'en trouve pas quelques-unes qui doivent un jour cadrer avec les événements réels. Il a dit « que le jeune lion serait frappé dans une cage d'argent. » Assurément le *lion* est Henri II, et la *cage d'argent* est son casque : personne n'en doute. Il a parlé de *sang rouge qui doit couler sur un trône ;* c'est bien évidemment la mort de Charles Ier qu'il annonce. Voici la prophétie de la Saint-Barthélemy :

> Le gros airain, qui les heures ordonne,
> Sur le trépas du tyran cassera ;
> Pleurs, plaintes et cris, eaux, glace, pain ne donne,
> V. S. C. paix, l'armée passera.

Le *gros airain*, n'est-ce pas la cloche de la Saint-Barthélemy ? Le *trépas du tyran*, n'est-ce pas la mort de Coligny ? Il est vrai que la cloche n'a pas cassé ; mais on ne doit pas s'arrêter à si peu de chose. *Pleurs, plaintes et cris* s'expliquent aisément ; *eaux, glace* indiquent l'hiver rigoureux, et *pain ne donne,* la disette qui ont suivi le massacre. D'honnêtes gens ont écrit à peu près un demi-volume de commentaires sur la question de savoir ce que signifient les lettres V. S. C., qui, selon les plus habiles, doivent se traduire par *vieux sang coulera ;* enfin, *l'armée qui passe* est l'armée espagnole. Tout cela est clair comme le jour.

Ce Nostradame nébuleux, gascon malin, fut pris au grand sérieux. Catherine l'Italienne fit venir à sa cour l'illustre centuriateur, qu'elle combla de bienfaits, d'honneurs et d'argent. Toute la cour lui rendit hommage. Jean Dorat, professeur de langue grecque, écrivit un Traité sur ses « Pronostications. » Il manquait encore à sa gloire un séide, un disciple, un apôtre ; cet apôtre se trouva.

§ II

L'élève de Nostradamus. — Chavigny. — Commentateurs divers de Nostradamus. — Destinées de son livre au dix-septième et au dix-huitième siècles.

Dans la ville de Beaume vivait alors un gentilhomme nommé Jean de Chavigny, esprit faible et ardent, qui avait puisé à l'école de Jean Dorat une immense vénération pour Nostradame. Il couva longtemps son enthousiasme secret et finissant par y céder s'achemina vers Salon comme un pèlerin vers le saint lieu. Le prophète de Salon l'accueillit bien, l'admit dans son intimité et fut désormais le commensal de cet honnête disciple beaunois, qui avait abandonné pour lui son pays natal, sa famille et le soin de ses domaines. Nostradame mourut dans les bras de Chavigny : l'imposteur absurde trouva un ami plus fidèle, un admirateur plus dévoué de sa personne et de ses écrits, que vous, qui n'étiez que des hommes de génie et non des prophètes, Shakspeare, Cervantes, Leibnitz ! Chavigny eut la douleur de perdre son maître, et quittant précipitamment la Provence, il passa le reste de sa vie à commenter les Centuries de Nostradame et « à combattre, dit-il, les ignorants qui mettent en doute la science immortelle du prophète. » Chavigny se sacrifia tout entier à ce beau travail, qui lui « a coûté, dit-il, l'infini labeur de vingt-huit années, » et qui occupe plusieurs volumes ; demandez plutôt aux bibliophiles. C'est Chavigny qui nous a conservé les détails relatifs à la vie de son maître, c'est lui qui nous dit comment Nostradame a prophétisé sa propre mort ; il cite, entre autres preuves de la divine mission de Nostradame, la petite anecdote suivante, qui doit imposer silence aux incrédules et que je donne ici dans sa naïveté.

« Un jour Nostradame se promenait avec moi. Nous
« aperçûmes deux cochons de lait, l'un blanc, l'autre
« noir. Quel sera leur sort? demandai-je à Nostradame.
« Nous mangerons le noir, me répondit-il ; le blanc
« sera dévoré par un loup. Afin d'éluder la prédiction,
« j'ordonnai en secret qu'on préparât le cochon blanc
« pour le dîner. Le cuisinier obéit ; mais, ayant affaire
« ailleurs, il laissa le cochon blanc sur table : un petit
« loup domestique profita de l'occasion, et le mangea.
« Le cuisinier, à son retour, fut contraint de substi-

« tuer le cochon noir au cochon blanc : ainsi s'accom-
« plit la prophétie de l'infaillible Nostradame. »

Vraiment on est épris de cet excellent Nostradame ; et l'on aime à s'arrêter longtemps sur le prophète, sur ses commentateurs, sur ses disciples, sur sa gloire posthume, sur la petite bibliothèque des auteurs qu'il traîne à sa suite. Car Nostradame est une planète qui a ses satellites et augmente son cortége à mesure qu'elle avance dans l'espace et dans le temps. Non-seulement on le commente, mais on commente ses commentateurs. Pas de siècle qui ne produise quelque nouvel ouvrage sur Nostradame. En 1811, on a publié une nouvelle explication des *Centuries*.

Il ne se fait pas une petite révolution sur le globe sans que les partis aillent chercher dans cet obscur et vieil arsenal quelque prédiction à leur usage. En 1816, un journal du Languedoc rapportait le quatrain suivant de Nostradame à la vie de Bonaparte et à sa captivité :

> Classe gauloise, n'approche de Corsègne,
> Ni de Sardaigne, tu t'en repentiras ;
> Trestous mourrez, froustrez de laide grogne
> Sang nagera ; captif ne me croiras.

Classe gauloise, c'est la *flotte française*, dit le journaliste : si elle n'avait pas conquis *Corsègne* ou la Corse, Bonaparte ne serait probablement pas venu en France et n'aurait pas régné ; *trestous mourez*, c'est la conscription bien certainement ; la *laide grogne*, c'est la république ; on *nagera dans le sang*, tout le monde comprend cela. Napoléon sera captif, et certes il ne croira pas à Nostradame. Tel est le commentaire de quatre vers faits en 1630, expliqués en 1816.

On voit combien il était facile, en rapprochant des mots et des syllabes, en parlant au hasard de révolutions, de princes chassés, de peste, de famines et de guerres, enfin en consultant l'immuable et prophétique passé des peuples, de tracer le vague tableau de leur avenir. Les imaginations rêveuses et ardentes furent frappées de quelques coïncidences et attachèrent toutes leurs pensées à l'explication de ces prophéties. Au visionnaire Chavigny, qui eut pour adversaire le sieur Couillard du Pavillon, succédèrent d'autres fous de même calibre. Dès 1655 un petit livre anonyme avait donné des *Éclaircissements curieux sur les véritables quatrains de maître Nostredame*.

La Fronde ne manqua pas de recourir au livre immortel : un nouvel anonyme publia les *vraies Centuries de Nostradamus appliquées aux affaires de ce temps*. Ce dernier commentateur est un peu plus heureux que les autres ; le hasard lui donne des explications piquantes, et sa malice lui fait rencontrer des allusions qui nous étonneraient si nous ignorions qu'avec un peu de complaisance on trouve des palais de nacre dans les nuages et des figures d'homme dans le marc de café. « D'abord, dit l'auteur, je vous présenterai « monseigneur le cardinal de Richelieu peint d'après « l'original cent ans avant sa venue :

> Celuy qu'estait bien avant dans le règne,
> Ayant chef rouge, proche à hiérarchie,
> Aspre et cruel, et se fera tant craindre,
> Succédera à sacrée monarchie. »

Vous comprenez que le *Chef rouge*, c'est la Barette, et que la *sacrée monarchie* aura pour chef Richelieu, premier ministre ; le reste est facile. Ce premier ministre sera « aspre, cruel, se fera craindre, » etc. Passons maintenant à Olivier Cromwell :

> De soldat simple parviendra en empire,
> De robe courte, parviendra à la longue ;
> Vaillant aux armes, en Église, ou plus pire
> Vexer les prestres comme l'eau fait l'esponge.

Grammaire à part, la prophétie n'est pas trop mauvaise, et l'on peut, absolument parlant, reconnaître à ces traits grossiers le Protecteur d'Angleterre. Qu'est-ce que cette *robe courte* ? le juste-au-corps, dit l'explicateur. Et cette *robe longue* ? le manteau de cérémonie. Que signifie *ou plus pire* ? que Cromwell sera encore plus adroit théologien que bon militaire. O brave explicateur !

Cette fureur d'explications nostradamiques, ce culte de *Nostredame*, ne s'éteignent pas sous l'influence de la raison, quand le siècle de Louis XIV, le salon de Ninon, les œuvres de Molière, les discours de Gassendi ont frayé la route au scepticisme moderne. A la fin du dix-septième siècle, on voit reparaître un nouveau prosélyte de Nostradame. Celui-là s'appelle Guynaud, écuyer, gouverneur des pages de la chambre du roi. Il publie en 1693 sa *Concordance des Prophéties de Nostradamus avec l'histoire, depuis Henri II jusqu'à Louis le Grand*. Cette belle concordance doit marcher de pair avec le commentaire du Beaunois Chavigny. Guynaud voit tout dans les *Centuries* de Nostradame : la mort de Henri II, la Ligue, la Fronde, les robes rouges, messieurs des enquêtes, le coadjuteur, le mariage de Louis XIV, son propre mariage, l'infidélité de sa femme, à lui Guynaud ; enfin la condamnation de Charles Ier, le passage du Rhin et la révocation de l'édit de Nantes. Le spirituel Lamotte-Houdard a écrit un sonnet en faveur de Guynaud et de son commentaire :

> Nostradamus est sans nuage :
> Guynaud le dévoile à nos yeux, etc.

En est-ce assez ? Non. Un reflet de ces éternelles prophéties est venu rayonner sur le dix-neuvième siècle peu crédule. M. Bouys a publié en 1806 son ouvrage sur la *Vuè instinctive des prophètes, des sybilles et sur celle de Nostradame*. Enfin, en 1811, un autre écrivain (le dernier qui, à notre connaissance, se soit occupé de ce grave sujet) découvre chez Nostradame non-seulement Cromwell et Richelieu, mais Bonaparte, Marat, Charlotte Corday et Louis XVI. Exemple :

> Le trop bon temps, trop de bonté royale ;
> Fais et deffais ; prompt, subit, négligence.
> Légier croira faux d'espouse loyale,
> L'un mis à mort par sa bénévolence.

Vous ne pouvez douter un seul instant que ce ne soient là « Louis XVI, Marie-Antoinette, la chute de la monarchie et le 21 janvier » ; ainsi le veut le commentateur, dont on nous permettra de ne pas citer ici le diffus et ridicule travail.

Que sur la limite extrême du moyen âge, dans le chaos du seizième siècle, dans ce fracas des trônes, des idées, des révolutions, des armées en marche, des religions au berceau, Nostradame le Provençal, monté sur son cheval de l'Apocalypse, ait jeté ses prophéties au nez du peuple et qu'on les ait recueillies avec vénération ; nous comprenons cela, rien de plus naturel ; mais qu'un lambeau de ces quatrains oraculaires soit venu tomber au milieu du dix-neuvième siècle, et qu'on ait ramassé ce lambeau ; qu'il se soit retrouvé deux Chavigny en 1806 et 1811, voilà le miracle.

§ III

Prédictions singulières qui se sont accomplies. — La crédulité est éternelle. — Le Régent.

En fait de rencontres et de prédictions singulières, on pourrait en citer de beaucoup plus frappantes que celles de Nostradame ; et puisque ce chapitre frivole et antique, plein de vieilles folies et de futilités peu connues se trouve commencé ; puisque nous voilà en train de remuer du bout de la plume ces débris de l'imbécillité humaine, comme on passe en revue chez le brocanteur les vieilles médailles verdâtres, les armures fêlées, les pots à beurre des ancêtres, les soucoupes fendues, les éventails avariés et les gouaches éteintes des aïeules, autant vaut continuer : tâche inoffensive. Il y a même je ne sais quelle poétique tristesse dans cette histoire de nos infirmités séculaires, qui ne changent guère que de forme, alors même que nous avons soin de les cacher.

Un livre publié en 1688, à Lille, par un nommé Lefèvre, prévôt et théologal de l'église d'Arras, prouve qu'il y a eu des prophètes, aujourd'hui oubliés, et qui ont rencontré plus juste que n'a fait Nostradame. Ce livre rare, intitulé *Du Destin*, traite de toutes les prédictions qui se sont réalisées. L'auteur place en première ligne la prédiction des guerres malheureuses de François Ier et la prophétie de la Réforme protestante, contenue, dit-il, dans le *Mirabilis liber*, souvent réimprimé au commencement du seizième siècle. Il prétend que le *Mirabilis liber* annonce la naissance de Luther et les malheurs de l'Église catholique.

L'auteur du livre *du Destin* rapporte la prophétie suivante, extraite du *Chant du Cocq français*, où sont rapportées les prophéties « d'un ermite, Allemand de nation, lequel vivait il y a six-vingts ans. — Quand l'Espagne, dit ce *Cocq gaulois*, sera réunie à la France, alors sera détruite la puissance ottomane. » La prophétie est parfaitement juste. Mais voici une prophétie qui s'est accomplie encore plus littéralement. Elle est extraite de la *Pronostication de Lichtemberg*, livre rare, imprimé à Cologne en 1528, aux frais de Pierre Quentel.

« Un *aigle* (*Napoléon*) viendra de l'Orient, étendant ses ailes et cachera le soleil... La terreur sera grande dans le monde... Le *lys* (*la famille des Bourbons*) perdra la couronne, et l'*aigle* la recevra... » Telles sont les paroles expresses de Lichtemberg.

Dans un autre ouvrage, non moins rare que le précédent, qui a pour titre : *Présage de la décadence des Empires* (Mecklembourg (1), 1687), se trouve une autre prophétie plus philosophique. L'auteur affirme que « d'après toutes les suppositions, les plus grands Em-
« pires ne peuvent durer plus de quatorze siècles, et
« par conséquent le terme total et le dernier âge de
« la Monarchie française est marqué de 1700 à 1800. »
A ces faits et à ces dates remarquables par leur précision, ajoutons un oracle plus précis encore. — « Il
« court de notre temps, dit le sieur Couillard du Pa-
« villon, dans ces *contredits* dirigés contre Nostrada-
« mus (Paris, Abel Langelier, 1560), une prophétie,
« d'après laquelle le monde planétaire, emblème du
« monde politique et social, est menacé d'une im-
« mense révolution qui doit commencer en 1789 et ces-
« ser vingt-cinq ans après. » Remarquons bien que le sieur du Pavillon se moque de cette prophétie qui devait s'accomplir avec une exactitude assez singulière.

Revenons à Nostradame, qui n'a jamais hasardé de prédictions aussi nettes et aussi frappantes que ces dernières. Il a conquis une belle réputation de prophète, précisément parce qu'il n'a jamais rien prophétisé ; l'espèce humaine est faite ainsi : la puissance des charlatans n'est pas abolie ; j'ai vu la haute société de Londres en mouvement à propos d'un second Nostradame qui demeurait dans Pall-Mal, et tous les salons de France s'entretenaient en 1815 de mademoiselle Lenormand. La grande roue de la philosophie moderne passait sur les croyances et sur les institutions pour les broyer, quand nous avions Mesmer et Cagliostro. Au milieu des lumières du dix-

---

(1) La prophétie de Lénine.

huitième siècle, Swedenborg a vu le ciel et les anges, et l'enfer et les limbes, aussi nettement que je vois la chambre où je suis assis ; Swedenborg était un illuminé, Mesmer un empirique, Cagliostro un charlatan. — J'ai quelque chose de plus curieux à raconter.

Saint-Simon, le Tacite du dix-septième siècle, et Philippe d'Orléans, régent de France, méritent assurément une place entre les hommes spirituels et désabusés de leur temps. Philippe était quelque chose de plus qu'un philosophe ; tout le monde connaît ses réparties, sa nonchalance, sa finesse d'esprit et son dédain. Quant à Saint-Simon, où trouver un homme plus véridique, un plus sage esprit, une raison plus minutieuse, un courtisan plus difficile à tromper, un satirique moins prêt à pardonner à aucun vice ; l'œil toujours ouvert sur les sottises d'autrui ; intelligence perçante, mordante, taquine ; serrant dans les tenailles de son anecdote jusqu'aux folies de ses amis, jusqu'aux fautes des prélats et du roi ; écrivain scrupuleux, même religieux dans tous ses récits, et rapportant à la plus grande gloire de Dieu les vérités qu'il se permet. Celui-là vous ne l'accuserez pas de crédulité sotte, pas plus que vous n'attribuerez à faiblesse d'esprit la théurgie du prince. Écoutez ce que dit Saint-Simon :

« Entr'autres fripons de curiosités cachées, dont
« M. le duc d'Orléans avait beaucoup vu en sa vie, on
« lui en produisit un, chez sa maîtresse, qui prétendit
« faire voir dans un verre rempli d'eau tout ce qu'on
« voudrait savoir. Il demanda quelqu'un de jeune et
« d'innocent pour y regarder, et une certaine petite
« fille s'y trouva propre. Ils s'amusèrent donc à vou-
« loir savoir ce qui se passait alors même dans les
« lieux éloignés, et la petite fille voyait et rendait
« ce qu'elle voyait à mesure. Cet homme pronon-
« çait tout bas quelque chose sur ce verre rempli

« d'eau, et aussitôt on y regardait avec succès.....

« Les duperies que M. le duc d'Orléans avait sou-
« vent essuyées l'engagèrent à une nouvelle épreuve
« qui pût le rassurer. »

Saint-Simon décrit la scène de l'épreuve, d'ailleurs intéressante, et il continue :

« M. le duc d'Orléans voulut savoir ce qu'il devien-
« drait. Alors ce ne fut plus dans le verre. L'homme
« qui était là lui offrit de lui montrer comme peint sur
« la muraille de la chambre, pourvu qu'il n'eût point
« peur de s'y voir ; et au bout d'un quart d'heure de
« quelques simagrées devant eux tous, la figure de
« M. le duc d'Orléans, vêtu comme il l'était alors, et
« dans sa grandeur naturelle, parut tout à coup sur la
« muraille comme en peinture, avec une couronne
« fermée sur la tête. Elle n'était ni de France, ni
« d'Espagne, ni d'Angleterre, ni impériale. M. le duc
« d'Orléans, qui la considéra de tous ses yeux, ne put
« jamais la deviner ; il n'en avait jamais vu de sembla-
« ble. Elle n'avait que quatre cercles, et rien au som-
« met. Cette couronne lui couvrait la tête. . . .
« . . . . Il était
« assurément alors bien éloigné d'être régent du
« royaume et de l'imaginer. C'était peut-être ce que
« cette couronne singulière lui annonçait. Tout cela
« s'était passé à Paris chez sa maîtresse, en présence
« de leur plus étroit intrinsèque, la veille du jour
« qu'il me le raconta, et je l'ai trouvé si extraordi-
« naire, que je lui ai donné place ici. »

Dupe comme le régent de quelque fantasmagorie, et ne sachant comment l'expliquer, Saint-Simon attribue cette illusion aux ruses du Diable, chef général et grand-maître universel de tous les escamoteurs, sorciers et prophètes.

Nostradame, que nous avons encore quitté une fois,

ne se prétendait pas l'ami du Diable ; il savait bien que s'il s'avisait par malheur d'avouer ce patronage, il courait risque d'être *ars* et ses cendres jetées au vent ; aussi repousse-t-il cette intimité dangereuse.

Habile à se mettre parfaitement en règle, il ne dit pas que le démon l'inspire ; il ne veut pas être brûlé ou pendu. — « Moi Sorcier ! (s'écrie-t-il dans son « incroyable dédicace à Henri II), je ne prétends pas « à tel titre : je ne m'attribue rien de tel, jà, à Dieu « ne plaise ! Je confesse bien que le tout vient de « Dieu simplement, et lui en rends grâce, honneur et « louange immortelle. Je n'y mêle rien de la divina- « tion qui provient *à fato*. Cela vient *à Deo, à Naturá*, « et la plupart du temps accompagné du mouvement « du cours céleste ; tellement que voyant comme dans « un miroir ardent, comme par vision obnubilée les « graves événements tristes, prodigieux, et les prin- « cipales adventures qui s'approchent.... je les répète « comme un pauvre enfant. »

Voilà le secret des triomphes obtenus par le sorcier du seizième siècle.

Il n'est qu'un *pauvre enfant* qui voit quelque chose d'*obnubilé*, de *douteux ;* on l'expliquera comme on voudra.

Cette longue série de bizarres curiosités ne semblera pas tout à fait inutile, si l'on se rappelle que l'histoire de la folie humaine est encore à faire, et que nos insanités mêlent leur trame au tissu des événements, aux conjurations, aux grands intérêts, aux renversements des trônes, au progrès même de l'esprit humain ! Pour avoir mal rimé des amphigouris baroques auxquels d'ingénieux faussaires ont voulu prêter un sens, un homme meurt glorieux, puissant et riche, il se survit dans la mémoire des peuples, passe devant Shakspeare, Montaigne, Cervantes, Bacon, et ressuscite ici, entre Calvin, Luther et Brantôme.

BRANTOME, PÉPYS

ET

SUÉTONE

QUELQUES DOCUMENTS

RELATIFS A BRANTOME, PEPYS ET SUÉTONE.

V. — L. de Golbéry, Vie de Suétone.
M. de Barante, sur Brantôme.
Leigh Hunt, Man, Women and Manners.
Pepys, Life and Diary, etc., etc.

BRANTOME, PEPYS

ET

SUÉTONE

§ Ier

D'une espèce d'homme qui apparaît dans tous les temps. — L'anecdotage. — Suétone. — Pepys.

Les types humains se réduisent à un assez petit nombre de caractères que l'on retrouve à toutes les époques. Dangeau sous Louis XIV, Tallemant des Réaux sous Louis XIII, Pepys sous Charles II, Brantôme sous les Valois, c'est le même homme ; un être bavard, commère, rapporteur, médisant, sans mauvais vouloir, n'ayant d'autre vice que la curiosité et d'autre passion que l'*anecdotage*.

Le causeur le plus familier et le plus intrépide de l'antiquité, le Tallemant des Réaux de la cour impériale, le Dangeau de cette Rome violente et affamée de volupté, c'est Suétone ; écrivain célèbre et obscur, souvent cité, loué rarement, fort utile, assez méprisé ; d'un crédit équivoque et cependant nécessaire à l'histoire. Son style sans couleur raconte bien et se prête à tout. Assez semblable à ces personnages qui n'ont pas grand esprit, mais que l'on reçoit volontiers, il fait naïvement de méchants récits, ne s'intéresse qu'à l'anecdote, n'imagine pas qu'il y ait au monde une moralité, babille comme une commère, et finit par devenir une autorité, non pas dans son quartier comme les commères, mais dans les annales du genre humain. Le sort des gens qui s'occupent beaucoup du prochain est de rester eux-mêmes dans l'ombre; ils se cachent derrière la porte et l'entr'ouvrent pour écouter ce que l'on dit au salon. Personne ne les voit au moment où ils épient; et lorsqu'ils racontent, on n'aperçoit plus l'homme, mais seulement l'anecdote.

Aussi ne savait-on presque rien sur le compte de Suétone, avant qu'un savant de nos jours (1) reconstituât la vie perdue de ce biographe. Le petit nombre de traits de lumière qu'il a recueillis avec beaucoup de soin et rassemblés avec beaucoup de talent sur le compte de Suétone, ont cela de remarquable que, sans satisfaire pleinement la curiosité sur tous les points, ils correspondent bien avec l'idée que nous avons pu nous former de cet annotateur des mœurs impériales. D'après des remarques et des déductions fort justes, Suétone serait né dans les premières années du règne de Vespasien, d'une famille initiée depuis longtemps au secret de la cour. « Mon aïeul, « dit-il, a connu intimement les domestiques du « palais. » Le père de Suétone, tribun de légion, tribun *angusticlave*, c'est-à-dire un de ces tribuns qui commandaient alternativement une partie de la légion, avait servi avec honneur. Tout jeune encore (et c'est lui qui le dit), il écoutait avec attention les anecdotes de son aïeul : un peu plus avancé en âge, il sentait se développer en lui ce sentiment de curiosité qui devait

(1) M. de Golbéry.

animer toute sa vie : car, à ce qu'il rapporte, « il as-
« sista exprès à la visite d'un agent du fisc qui s'assu-
« rait de la légalité d'une réclamation mise en avant
« par un Juif, se prétendant *circoncis*, et voulant payer
« un peu moins. »

C'est une scène fort curieuse que l'enquête pra-
tiquée sur cet Hébreu, enquête ayant pour témoin
Suétone adolescent. Ne reconnaissez-vous pas la passion dominante qui se développe d'elle-même ? Cet
homme sera curieux toute sa vie. On sent Caleb William sous le masque de l'historien. Il grandit, toujours
sans doute flairant et quêtant les anecdotes de la cour,
où elles se disent à l'oreille et n'en ont que plus de
charme; enfin, il devient secrétaire de l'empereur
Adrien. Admirable place pour un homme comme lui,
avide de tout savoir et de tout annoter. Avant cette
époque, il avait déjà servi comme tribun, et il était
l'ami de Pline le Jeune, qui l'aidait et l'appuyait dans
ses affaires particulières.

Les hommes médiocres et curieux qui savent toutes
les affaires des autres, qui n'ont ni enthousiasme pour
la vertu, ni haine contre le mal, qui sont exacts dans
la vie privée et qui possèdent une foule de petites
qualités sans avoir de grands vices, ne manquent pas
en général d'amis et de partisans. L'estime qu'on
leur porte n'est jamais mêlée d'envie, leurs talents
ne font pas peur et leur probité rassure. Aussi tous
les témoignages des anciens sont-ils en faveur de
Suétone : à peine le grand Tacite est-il l'objet d'autant d'éloges.

Pline le Jeune, son ami, qui lui rendait souvent service, le dépeint comme un savant honnête qui a besoin d'un petit jardin avec une allée étroite pour se
promener, quelques arbustes qu'il puisse compter,
une petite maison dont il sache par cœur tous les re-
coins et qu'il puisse arranger avec grand ordre. Il

semble que l'ingénieux Pline mesure aux bornes mêmes de l'esprit de son ami les bornes du domaine qu'il veut lui faire acheter ; il regarderait Suétone comme perdu dans un grand parc. Le rapprochement de tous ces traits caractéristiques est plus vrai encore qu'ingénieux. Ce bonhomme de Suétone, si exact, si rangé, si soigneux, qui avait besoin de posséder le catalogue complet de tous ses pommiers et de tous ses poiriers, et dont la vie était réglée comme un papier de musique, nous paraît le prototype de cet Anglais du dix septième-siècle, de Pepys, secrétaire de l'amirauté, qui nous apprend dans ses Mémoires combien il avait de perruques, et quel jour il allait au spectacle entre sa gouvernante et sa femme.

Comme Pepys, Suétone n'avait pas d'enfant. C'est ce que Pline le Jeune paraît indiquer par ces mots : *parum felix matrimonium ;* les Romains regardaient une nombreuse famille comme un bonheur. Toujours son ami Pline l'oblige et le sert, et nous ne voyons pas qu'il oblige Pline à son tour. Bien que la loi romaine n'attribuât qu'au père de famille qui avait trois enfants certains avantages et certaines exemptions très-considérables et très-désirées, les démarches de Pline procurèrent à Suétone, secrétaire de l'empereur, les avantages auxquels il fait allusion. J'ai quelque envie de croire que le plus savant et le plus exact des deux amis exploitait la complaisance de son élégant et jeune confident, qui lui était supérieur à tant de titres, et que l'homme médiocre mettait à profit l'homme de talent, comme c'est la coutume.

La confiance de Pline avait quelque chose de charmant et d'ingénu ; il consultait naïvement Suétone pour savoir s'il lisait bien, s'il devait réciter ses vers lui-même ou les faire réciter par un affranchi. Enfin, il avait toutes ces défiances de soi-même qui annoncent à la fois un peu de susceptibilité, de vanité, de bonne grâce, d'amabilité, non sans un mélange de niaiserie assez commune aux hommes d'esprit. Je vois d'ici mon Suétone assumer gravement la supériorité qu'on lui laisse prendre et devenir l'arbitre de celui dont il n'était pas même l'égal.

Enfin il y eut une catastrophe dans la vie si bien arrangée de ce tranquille Suétone. Adrien se trouvait au fond de la Bretagne, occupé à protéger les colonies romaines et à les empêcher d'être entièrement détruites par les Écossais sauvages. Il détestait sa femme, qui d'ailleurs possédait un caractère très-acariâtre et très-aigre. Comme elle était impératrice, il ne voulait pas la répudier ; il se contentait de la tolérer dans le palais et d'aller loin d'elle, le plus souvent possible, guerroyer contre les Barbares. L'humeur de l'impératrice pendant l'absence de son mari ne savait où se prendre ; n'ayant plus ce mari sous la main, elle faisait enrager le secrétaire Suétone et le préfet du palais Septicius. Ces deux hommes, poussés à bout, se fâchèrent un beau jour contre l'impératrice et la rudoyèrent de paroles. Le bruit de ces dissensions vint aux oreilles de l'empereur, et lorsque, dans son camp de Bretagne, Adrien fut instruit des guerres civiles du palais, tout en gémissant de ne pouvoir se défaire d'une femme aussi désagréable, il chassa les deux courtisans qui avaient oublié leur devoir.

Suétone, privé de sa place et n'entendant plus raisonner à son oreille ce doux bruit d'anecdotes, disons le mot véritable, des *cancans* domestiques dont abondent les palais comme nos maisons, se consola de cette privation cruelle en rédigeant les Vies des Empereurs que nous possédons. Je ne pense pas qu'il y ait mis la moindre méchanceté. Il ne ressemblait pas à ce Procope, accoutumé à écrire des deux mains, et qui de la main droite se confondait en panégyriques ; puis, de la main gauche et en secret, noircissait abominablement les objets de ces panégyriques. Rendons justice à Suétone, qui ne s'abaissait pas jusque-là. Il était né comme Pepys, *écouteur*, rapporteur et raconteur ; son esprit était petit et étroit ; mais il aimait le vrai : l'exactitude était pour lui le résumé, le complément ou le supplément de toutes les vertus.

Avant de rien publier, il se consultait et se tâtait, ne livrant rien au hasard, scrupuleux, attentif, patient, polissant et repolissant tout ce qu'il écrivait. Malgré ce soin excessif que Pline blâme amicalement, je ne crois pas qu'il soit parvenu à bien écrire; et je partage à ce sujet l'opinion de M de Golbéry : « La « diction de Suétone, dit ce dernier, est souvent brus- « que, saccadée, incohérente... Il conte sans cesse et « ses tournures triviales sont celles d'un anecdotier. »

Le véritable démérite et la misère de Suétone, c'est de manquer d'âme et de sympathie pour ce qui est honnête et noble. Il appartient à la race des Dangeau, des Brantôme et des Pepys. Mais Pepys était puritain ; il tenait par le sentiment religieux aux plus honorables éléments de la vie anglaise. Il faut l'entendre rapporter les exemples de dévouement puritain, qui venait du peuple ; il faut voir combien la lecture de la Bible lui semble touchante et nécessaire ! Suétone ne possède rien de ces nobles sympathies ; il n'est jamais ému, jamais attendri, jamais courroucé ; il fait sa gerbe d'anecdotes et cela lui suffit. Il est superstitieux et rapporte avec beaucoup de soin et d'importance un rêve, un présage, une vaticination. Il n'y croit pas seulement comme presque tous les anciens et beaucoup de modernes, par cette vague terreur qu'inspire aux esprits les plus puissants le mystérieux enchaînement des choses humaines. Il compte ses rêves et les suppute avec autant de plaisir et de bonheur, que si c'étaient des faits indispensables et des dates pleines de gravité. C'est un esprit puéril, dénué de critique, incapable d'une réflexion sévère ; le trésor de minuties que sa main a réunies n'en offre pas moins un extrême intérêt et ne pourrait être remplacé.

§ II

Brantôme. — Importance de son œuvre.

Il en est de même de Pepys et de Brantôme, mais surtout de Brantôme, dont les nombreux volumes sont dramatiques, sanglants et confus, comme les règnes sous lesquels il a vécu. Ce vieux courtisan déchu et coquet, portant ses cheveux encore frisés à l'ita-« lienne et une perle à l'oreille gauche », s'amusait à écrire dans sa tourelle, ouverte à tous les vents, la fantasmagorie de son passé et celle de son siècle. A un volume de débauches succédaient deux autres volumes de souvenirs militaires, trois autres d'anecdotes mêlées, — vertu, assassinat, dévotion, libertinage, érudition, ignorance, — le tout pêle-mêle ; — admirable livre s'il avait la moindre moralité.

Tel qu'il est, il montre sous leur vrai jour, trop négligé des historiens, la France du seizième siècle en face l'Italie du seizième siècle, c'est-à-dire les deux pays les plus dissemblables, et l'action mutuelle ainsi que la réaction de leurs influences. L'œuvre de Brantôme, brutale et raffinée, grossière et recherchée, dépravée et rustique, est le résultat de ce conflit, dont j'ai retracé plus haut les détails littéraires (1).

Ici, joyeuse vie, un pays d'amour, de pompe, de plaisirs et de cérémonies extérieures ; puissance accordée aux arts, à la poésie, à tout ce qui fait l'orne-

(1) V. *Histoire de la littérature et de la langue française au seizième siècle*, § Ier, page 6.

ment de la vie, à tout ce qui rayonne brillamment, à cette belle et flottante draperie qui couvre les misères de l'existence réelle, et prête un air de fête et de volupté à la religion la plus austère.

Là une contrée sans art, où l'érudition n'était pas encore sortie des limites du pédantisme, où la poésie n'avait pas pris d'essor au delà des jeux de mots, des quolibets, des équivoques et des froides allégories ; suzerains occupés à empiéter sur le monarque, à se défendre contre lui, à écorner le domaine du voisin, à faire et défaire des ligues de chevaliers qui ne connaissaient au monde que le métier des armes ; bourgeois sans lettre ; moines dont l'horizon se bornait aux murs de leur cloître ; une rusticité générale ; de grands caractères sans doute, âmes vives, esprits faciles, courages hardis comme la France en a toujours eu ; — du reste la continuation pure et simple de la féodalité.

Les femmes se mêlaient peu à la vie commune ; un poëte, ou ce qu'on appelait alors un poëte, se croyait très-habile, quand il avait fait sonner à l'oreille étonnée deux mots qui se faisaient écho l'un à l'autre, et qui joignaient la similitude des lettres à la différence du son. Sous une couche épaisse de grossièreté campagnarde et de rudesse soldatesque, les germes de tous les talents gisaient ensevelis.

Dans les contrées septentrionales d'Europe, l'art s'était manifesté au moyen âge par de merveilleux développements qui appartenaient moins au génie individuel des artistes qu'à la puissance féconde du catholicisme même. Une cathédrale n'est pas l'œuvre d'un homme, mais l'œuvre d'un temps ; tout le monde s'y mettait, personne n'imprimait son nom au grand monument, personne ne lui demandait la gloire ; confrères maçons, chanoines, imagiers, bourgeois, tout le monde pouvait réclamer une part de l'œuvre que l'esprit public inspirait, éclose dans le sein du génie catholique, destinée à protéger de ses arceaux tout le peuple chrétien, cette architecture semblait le résultat moins d'un travail isolé que de la pensée commune. Ces mille beautés d'ensemble, ces mille beautés de détail ne favorisaient point le progrès des arts. Il y a de l'égoïsme dans l'amour de la gloire ; et quel artiste pouvait espérer cette récompense en apportant son tribut à l'œuvre pieuse ? peintres sur verre, doreurs, sculpteurs, fondeurs de cloches, tous concouraient au grand œuvre, tous, confondus dans le même travail, se sacrifiant à la même entreprise, — trop heureux s'ils pouvaient, comme cet architecte de Nuremberg (1), poser leur statue dans un petit coin de la nef sacrée !

Quittez la France, passez en Italie avec les troupes de Charles VIII : quel luxe, quelle vie joyeuse ! quelle rivalité de politesse, d'élégance et de somptuosité ! J'imagine un chevalier français, sortant de son manoir dont les murs ont sept pieds d'épaisseur, de sa grande salle voûtée et sans lambris, ne connaissant encore que les amusements rustiques de la Picardie ou de la Normandie, que la science ennuyeuse de ses clercs, et l'ingénuité fade de ses demoiselles. Il traverse Florence, s'abrite sous ses portiques, s'assied aux banquets des princes et se laisse couronner de roses par des commerçants plus puissants que les rois, de quel étonnement va-t-il être saisi ? S'il met le pied à Milan, à Parme, à Mantoue, il trouve de toutes parts des courtisans et des courtisanes, de splendides jardins qui ont servi de modèle aux jardins d'Armide, des nuits brillantes qui resplendissent de clartés semées sous le feuillage, qui retentissent du chant des femmes et de l'harmonie des flûtes et des luths, des théâtres imités des latins, où l'on ne joue pas des Mystères sacrés comme en

---

(1) Peter Fischer.

France, mais où l'on se moque de tout : de la religion en face des cardinaux ; de la puissance en face des princes ; de la pudicité devant les femmes ; de l'amour honnête ou malhonnête et surtout de la probité.

Notre gentilhomme ne peut en croire ses yeux. C'est la terre promise assurément : on y joue, on y danse, on y boit en liberté ; les marquises ne sont guère plus sévères que les ribaudes de Paris ; mais elles sont belles, éclatantes, et les diamants éclatent sur leurs poitrines nues. Quel est ce beau palais où l'on joue la comédie ? c'est le Vatican. Quel est ce vieillard qui applaudit et dirige les acteurs ? c'est le pape. Et toutes ces vénérables têtes qui se détachent d'un fond de soie et de velours cramoisi ? ce sont les cardinaux. Les préceptes de morale contenus dans la pièce applaudie par l'auditoire austère ne sont pas d'un genre orthodoxe. Nos théâtres les moins sévères, quant à la décence, n'oseraient représenter ni la *Calandra*, qui est d'un cardinal, ni la *Mandragore*, qui est de *Machiavel*, et que les cardinaux admiraient. Tout est si graveleux dans la *Calandra*, les mœurs y sont si mauvaises pour le fond et pour la forme, que l'on peut à peine analyser aujourd'hui ce qui faisait alors pâmer de rire les chefs de l'État. Il s'agit d'un pauvre gentilhomme imbécile, chez lequel l'amant de sa femme trouve le moyen de s'introduire sous le nom et sous les habits d'une jeune fille. Trompé par le déguisement et par la jeunesse du héros, il le prend pour ce qu'il paraît être, et devient sérieusement amoureux de l'amant de sa femme. Ce dernier a une sœur jumelle qui lui ressemble complétement ; si bien que, dans une absence qu'il a faite, la femme mariée qui vit en intrigue avec lui, rencontrant la sœur, croit retrouver le frère, l'embrasse et lui adresse des propositions qui lui semblent aussi étonnantes que son ardeur lui paraît déplacée. Jetez sur ce canevas impudique les quiproquos les plus obscènes, les jeux de mots les plus libres, les scènes de licence les plus nues, et vous aurez à peu près la fameuse *Calandra*.

Cette joyeuse pièce n'est pas plus immorale que toutes celles auxquelles la bonne société prêtait son appui. On sait quel est le sujet de la *Mandragore* de Machiavel; La Fontaine en a fait un de ses contes les plus immoraux. Au quatrième acte, Ligurio, qui range en bataille un faux officier, un valet, un faux médecin, tous destinés à une expédition amoureuse et comique, s'exprime ainsi :

« A la corne droite, on placera Callimaque; je me
« placerai au bout de la corne gauche; le docteur en-
« tre les deux cornes; il s'appellera saint Coucou. »

Un interlocuteur : « — Quel est ce saint-là ?

« — Le grand saint de la France. »

Quand on a rappelé ces comédies, honorées alors d'un applaudissement universel, on n'a plus rien à dire sur l'Italie de ce temps. Elles étincellent d'esprit, de facilité, de verve, d'observation, d'originalité; sous le rapport moral, elles parlent plus haut que l'histoire.

Lorsque Balthazar Peruzzi peignait les décorations de la *Calandra*, représentée dans une fête donnée dans le Vatican par Léon X, à la princesse de Mantoue, les *enfants sans souci* amusaient encore le peuple de Paris. On ne connaissait pas de Quimper à Saint-Jean-Pied-de-Porc, un personnage plus dramatique que la Mère-Sotte; et le bon Dieu, représenté par un capucin à barbe blanche, prononçait, à la grande joie des Parisiens, des vers comme ceux-ci :

> Or Mathieu,
> Prends ton épieu
> Et vas-t'en en Galilée !

Voici donc deux civilisations qui n'ont point le moindre rapport et qui se heurtent. La civilisation italienne ayant inventé des raffinements de volupté inouïs, devenue presque républicaine par l'égalité de plaisir et d'idolâtrie générale pour les arts, reçoit dans son sein les guerriers de France, et se moque d'eux.

Pour nous, au lieu de railler l'Italie, nous l'imitions et nous accueillions tout ce qui venait d'elle. Un essaim de parasites qui nous méprisaient, de joueurs de luth pauvreteux, de petits poëtes honnis dans leur pays, de diplomates, d'historiens prêts à tout dire et à tout écrire, venaient nous apprendre l'élégance et nous débarrasser de nos écus. Lorsque les Médicis, la famille qui représente le mieux l'Italie de cette époque, nous eurent envoyé le funeste cadeau d'une femme accomplie dans tous les arts dépravés, il se fit une importation bien plus considérable encore d'astrologues, de danseurs, de joueurs, de musiciens, de bateleurs, qui tombèrent sur la France. On se plaisait à les copier et ce qu'on leur prenait plus aisément, c'étaient leurs vices. Brantôme le courtisan exprime cette imitation souvent gauche, exagérée et incomplète.

Il n'était pas facile, en effet, d'imiter les douces et exquises recherches de la volupté, cette grâce du langage couvrant la témérité réfléchie des mauvaises actions : il était plus commode de répéter des contes obscènes ; de s'armer d'impudence à la manière de l'Arétin ; de tuer son ennemi par derrière, comme cela se pratiquait à Venise ; de jeter son argent à tous les vents du Nord et du Midi, selon la mode des princes de Ferrare et de Modène ; de consulter les astrologues et de répéter des chansons égrillardes, que de transporter d'un seul coup en France la magnificence de Rome, la vie artiste et élégante de Raphaël, les plaisirs choisis, l'activité intellectuelle, le goût littéraire de Léon X et des Médicis. La France, avant de devenir polie, fut donc violente et brutale dans ses plaisirs ; ou plutôt elle se mit à faire brutalement de l'élégance ; comme ces gens qui, sortis du fond de leur province, se trouvent jetés dans une capitale opulente, s'étonnent de tout, se précipitent dans les plaisirs, ne savent pas s'arrêter, et croient avoir corrigé leur grossièreté, quand ils ont acquis des ridicules.

Ce caractère et cette situation assez comiques se retrouvent tout entiers dans Brantôme. On y voit l'alliance singulière de la rusticité et de l'élégance affectée, caractère véritable des mœurs françaises au seizième siècle. Les cours de François Ier, de Henri II, de Henri III, de Charles IX, qui n'ont fait qu'essayer ardemment, follement, assez grossièrement la grâce italienne et dont les historiens ne se rendent pas compte, se reflètent chez Brantôme, qui raconte sans penser à mal tous ces essais de perfidie et d'astuce mêlés de férocité, fêtes dont le massacre est le dénouement, galanteries qui voudraient être raffinées et ne sont que licencieuses, orgies qui voudraient avoir de la grâce et qui tombent dans la fureur.

Ronsard et ses amis offrent une expression particulière de ce travail de civilisation de l'Italie représentant l'antiquité et agissant sur la France. Autant le Tasse et l'Arioste étaient faciles et souples, autant Ronsard était laborieux. Il fallait le voir forger ses dithyrambes sur l'enclume des anciens et couler péniblement son élégie dans le moule de Properce. Les bons esprits s'apercevaient du ridicule de cette imitation ; *Henri Étienne* se moquait à juste titre du *langage français italianisé* et des coutumes ultramontaines. Il fallut que, sous la régence d'un autre Médicis, l'influence espagnole vînt à son tour donner à la France un caractère nouveau pour que l'on oubliât cette prépondérance de l'Italie. Sous Richelieu tout s'était assoupli et formé ; on n'en était plus aux premiers essais ; on pouvait, après de longs tâtonnements, faire de la coquetterie sans trop d'indécence. La trace gauloise était effacée ; Henri IV en avait été la dernière expression. L'hôtel de Rambouillet, avec ses aimables ridicules, annonça une civilisation particulière.

Brantôme, c'est l'indécence italienne imitée par les seigneurs de France ; non plus la gaudriole française avec son mélange de malice piquante et de moralité secrète ; mais ce désir ardent qu'avaient nos seigneurs d'être élégamment immoraux : un vernis de prétendue politesse jeté sur des obscénités ; un souvenir d'héroïsme barbare allié à une finesse et une ruse inoculées récemment ; c'est un incroyable effort pour avoir l'air de n'attacher aucune importance à la pudeur des femmes et à l'honneur des maris, c'est un mélange des idées les plus contradictoires.

Telles femmes se conduisent bien, et Brantôme les loue ; telles autres sont galantes ou quelque chose de mieux, il les loue encore. Quand il garde malgré lui son respect pour la vertu, il est vieux Gaulois ; quand il raconte, avec une complaisance affectée les impudicités des *honnêtes dames* de la cour, il se fait étranger et se met à la mode. Voguant ainsi entre toutes les idées, battu par tous les vents, fanfaron de licence et de volupté, se prétendant et se croyant très-homme de cour et très-raffiné lorsqu'il a dit des contes gras, il serait moins utile et beaucoup moins amusant s'il était plus sensé ou moins prétentieux. Comme Brantôme n'avait pas de caractère personnel, pas d'esprit et d'âme qui lui appartinssent, il reproduit admirablement l'âme et l'esprit du seizième siècle.

DES
VARIATIONS GRAMMATICALES
DE LA LANGUE FRANÇAISE
DEPUIS LE XVIᵉ SIÈCLE.

QUELQUES DOCUMENTS

RELATIFS A L'HISTOIRE DE LA LANGUE FRANÇAISE.

V. — Villemain. — Préface du Dict. de l'Académie.
  Geoffroy Thory. — Le Champfleury.
  Meigret ou Meygret. — La prolacion françoyze.
  Ménage. — Dictionnaire Étymologique.
  Dubellay. — Précellence du langage français.
  Mercier. — Dictionnaire néologique.
  Cl. Somaize. — Grand Dictionnaire des Précieuses.
  Henry. — Histoire de la Langue française.
  Duclos. — Observations Grammaticales.

DES

VARIATIONS GRAMMATICALES

DE LA LANGUE FRANÇAISE

DEPUIS LE XVIᵉ SIÈCLE.

§ Iᵉʳ

Que la grammaire n'a pas inspiré confiance à tout le monde. — De ses mauvaises chicanes. — De ses taquineries ridicules.

> Qui se fye en sa grammaire,
> S'abuse manifestement :
> Combien que grammaire profère,
> Et que lectre soit la grand'mère,
> Des sciences et fondement, etc., etc.

Ainsi parle, en son chapitre de la grammaire, l'auteur du *Regnars traversant les voyes perilleuses du monde*, livre imprimé *le 25 janvier* 1530, *par Philippe Lenoir, l'un des deux relieurs jurés de l'Université de Paris*. On voit qu'il y a trois cents ans la grammaire n'inspirait pas confiance entière.

Si la grammaire s'est trouvée en butte à plus d'une défiance et d'un quolibet, elle l'a bien mérité. Il faut avouer que les grammairiens ont eu d'étranges imaginations. Depuis l'imprimeur Geoffroy Thory, qui publiait au commencement du seizième siècle son *Champ-Fleury*, dont les fleurs sont fleurs de syntaxe et les plates-bandes semées de gérondifs, jusqu'à

M. Lemare qui condamne hardiment tous ses prédécesseurs, les cultivateurs de la syntaxe ont souvent prêté à la plaisanterie. On ferait une longue liste de leurs folies et de leurs absurdités.

Vaugelas pose en principe (quel est son motif, je l'ignore) que l'on ne peut et ne doit pas dire *les père et mère*. Cela n'empêche pas, depuis trois cents ans, les fils de parler de *leurs père et mère*, malgré Vaugelas.

Les rudiments affirment unanimement qu'après un comparatif, le subjonctif est indispensablement nécessaire. Cependant Pascal écrit cette excellente phrase : *Il faut donner aux hommes le plus de liberté que l'on peut.* Tout le monde avoue la légitimité de cette manière d'employer l'indicatif. *Que l'on puisse* serait une faute grossière.

L'auteur du *Dictionnaire des Dictionnaires* cherche l'étymologie de l'interjection *bah!* et il l'explique ainsi, fort gravement :

Bah ! interjection, qui équivaut à *mon étonnement est bas!* c'est-à-dire *j'y mets peu d'importance.*

Voilà une bien jolie étymologie !

Du temps de La Bruyère, les grammairiens et les gens du monde formèrent une ligue contre le mot *car* ; le mot *car* survécut aux grammairiens et aux marquis. Souvent les écrivains jaloux ont fait cause commune avec les pédants, pour jouer pièce aux hommes de génie. Montesquieu avait dit : *Le peuple jouit des refus du prince, et le courtisan de ses grâces.* Cette sentence si lucide, si concise, si belle, Marmontel la condamne au nom de la grammaire : il prétend que l'ellipse est trop forte. La clarté de la phrase prouve le ridicule de la critique. Mais n'était-il pas naturel et nécessaire que l'auteur des *Incas* se montrât injuste envers l'auteur de l'*Esprit des Lois*?

Il est arrivé à Voltaire même, dans son *Commentaire*

sur *Corneille,* de se livrer à de mauvaises chicanes grammaticales qu'il soutient par des bons mots. Il soutient que ces vers

> Trois sceptres, à son trône attachés par mon bras
> Parleront au lieu d'elle et ne se tairont pas :

rivalisent en niaiserie avec les vers de M. de la Palisse : *Hélas ! s'il n'était pas mort, il serait encore en vie.* Voltaire est de très-mauvaise foi ; il sait que le langage prêté par le poëte aux sceptres qu'il anime, acquiert dans le second hémistiche une éloquence foudroyante, une voix éternelle *qui ne se taira plus !* C'est une beauté, non une faute. La taquinerie grammaticale abaisse au niveau des esprits médiocres les esprits supérieurs et les génies les plus brillants.

Les seules fautes de français véritables ce sont les locutions qui rendent le langage obscur, pénible, équivoque, établissent confusion, embarrassent le sens, ou détruisent ces teintes et ces acceptions délicates qui constituent le génie de notre langue et la principale source de ses richesses. Le génie de la langue se développe sous la main des grands hommes. Les Bossuet et les Pascal valent bien les Beauzée et les Court de Gébelin. Les enseignements de ces écrivains supérieurs démontrent le ridicule et l'arbitraire de mille prétendues règles qu'il faut savoir violer pour savoir bien écrire. Les chefs-d'œuvre ont été créés non d'après ces règles, mais souvent malgré elles et en dehors du cercle magique tracé par la grammaire sacro-sainte. Les faits sont là qui parlent plus haut que les règles.

§ II.

Du style au dix-neuvième siècle. — Décadence des langues. — Vieux principes de notre grammaire. — Ces principes sont latins. — Le genre neutre existe-t-il en français ?

Cependant les grands écrivains se trompent aussi. Cette phrase de Buffon : *les animaux ont en soi*, n'est-elle pas d'une incorrection frappante ? On dit : *chacun pense à soi ;* on ne dira pas : *les hommes attachent à soi les animaux.* Je sais que l'analogie latine du mot *semetipsum* peut justifier jusqu'à un certain point les grammairiens ; mais l'usage est roi ; ses sentences veulent être écoutées et respectées. Au dix-neuvième siècle on parle en France une quarantaine de langues différentes ; qui, le gaulois de Villehardouin ; qui, le français de Marot ; qui, un autre français à la Shakspeare, à la Schiller ; qui, un idiome de taverne, de rue, de café, de coulisse. Aujourd'hui tous ces styles s'impriment ; aujourd'hui chacun s'évertue à créer, comme sous Louis XIII, un petit barbarisme nouveau (s'il est possible, on a usé le barbarisme). Le grammairien doit-il ouvrir la porte toute grande, et jetant les deux battants à droite et à gauche, proclamer que tout est permis ? Ce qui a fait la gloire de Malherbe, génie peu poétique, c'est que, dans un temps littéraire assez semblable à celui-ci (1), il s'est armé de sévérité. M'accusera-t-on, à ce propos, de pédantisme ou de contradiction ? J'ai loué le principe : j'en blâme l'abus.

En fait de style et de langage comme en politique et en philosophie, la lutte est entre la liberté d'une part, et d'une autre la puissance d'ordre et d'organisation ; deux excellents principes qui ne doivent

---

(1) 1830.

pas s'annuler, mais se soutenir ; ils s'accordent malgré leur combat. Tout écrivain supérieur est à la fois néologue et puriste. Veut-on fixer à jamais la langue ? on arrête le progrès; on est pédant. Donne-t-on une liberté effrénée aux mots, à leurs alliances, à leurs caprices ; on expose un idiome au plus grand malheur qui puisse lui arriver, à la perte de son caractère propre, à la ruine de son génie. La langue grecque va mourir, lorsque l'empereur Julien se sert d'un grec asiatique ; elle n'existe plus, lorsque la princesse Anne Comnène introduit dans la langue de Platon toutes les circonlocutions orientales. Saint Augustin et Tertullien sont des hommes de génie et d'esprit; mais leur langage romano-africain annonce la chute de l'empire ; voilà bien les inflexions et les désinences latines ; cela ressemble un peu à l'idiome de Cicéron ; similitude éloignée et trompeuse ; le latin ne renaîtra plus. C'est une remarque fort curieuse que les langues se forment, croissent, se renouvellent, mûrissent et atteignent leur perfection au moyen des idiomes étrangers qu'elles s'assimilent ; que cette assimilation seule les soutient, et qu'à la fin de leur carrière l'élément de leur vie devenant l'élément de leur mort, les corrompt, les étouffe, les écrase et les tue.

Notre langue a de vieux principes, assez mal expliqués jusqu'ici par les scolastiques, d'ailleurs fondés en raison et que les nouveaux grammairiens ont tort de détruire.

Ces principes sont latins. Pour le prouver, il faudra bien entrer dans quelques discussions dont le pédantisme et la sécheresse m'effraient d'avance. Il est faux que la langue française n'a pas de genre neutre. Nous le retrouvons effacé, il est vrai, et peu reconnaissable, mais doué de sa signification et de sa valeur propres, dans les verbes *il pleut, il tonne, il importe ;* dans les locutions *il y a, il fait beau, il faut ;* dans les mots *en* et *y*, sur lesquels nous ne partageons pas l'avis des grammaires nouvelles ; dans *je le veux, je le dois, je l'emporte,* où le mot *le* joue le rôle du pronom neutre des latins *illud.* Pour expliquer ces diverses locutions, quelques grammairiens ont recours à des procédés analytiques trop savants selon nous. Une phrase excellente de La Bruyère prouve que l'acception du mot *le* est bien celle d'*illud,* du pronom neutre latin : « *Les fourbes croient aisément que les autres* le *sont.* » Qui peut rien reprendre à cette phrase d'une clarté parfaite et où le pronom *le* est évidemment pris pour *illud, cela?*

L'analogie des langues étrangères modernes suffit pour décider la question. Les Allemands et les Anglais ont un neutre distinct qu'ils emploient à tout moment, *es* et *it.* Pour traduire dans ces deux langues les phrases que l'on se donne tant de peine à expliquer, au moyen de longues et savantes analyses, on n'a qu'à employer le neutre allemand ou anglais. *Il pleut,* « es regnet, it rains; » *il faut,* « es muss, it must; » *il est vrai,* «es ist wahr, it is true. » Les grammairiens nouveaux commentent subtilement l'expression *vous l'emportez,* qu'ils regardent comme un gallicisme embarrassant. Ce qui les embarrasse, c'est le système qu'ils défendent et la persuasion où ils sont que *le* n'est pas un pronom neutre, et que nous n'avons pas de neutre. Mais *l'emporter* n'est pas un gallicisme ; c'est la contraction de la locution latine : *Palmam tulit, emporter la palme.* Les Allemands et les Anglais possèdent aussi cet idiotisme, et ils rendent précisément ce *le* par leur pronom neutre *es* et *it.* — « Eh bien ! (demande Hamlet dans le drame de Shakspearé) sont-ce les enfants qui *l'emportent ?* — Do the boye *carry it away ?* » La traduction est littérale (*l'emporter,* — *carry it away*), et le neutre s'y trouve. J'ai peine à croire que la véritable explication de *il pleut* soit *le ciel pleut*. L'analogie la plus étroite lie cette locution aux locutions du même genre, *il faut, il vaut mieux, il doit être beau de*, etc., que les Anglais traduisent par : *it must, it is better*, etc. Je sais que le roman de la *Rose* a dit :

> Li air pleut et tonne :

Mais alors même que Jehan de Meung aurait employé activement le mot *pleuvoir* (comme cela est arrivé à Bossuet), l'analogie des locutions que nous venons de citer, et le fait de leur existence et de leur groupe ne seraient pas détruits. Quittons la théorie ; remontons jusqu'à l'origine de ces tournures.

Il faut, il pleut, il y a, sont évidemment l'expression d'une sensation subite et positive, qui révèle les idées *Pluie, Nécessité, Présence d'un objet*. Un sauvage dirait : *Pluie, nécessité, voici !* De ces mots, on a fait des verbes. Dans l'origine, ces verbes n'étaient précédés d'aucun pronom ; le style marotique a conservé cette primitive et rude forme : *Faut être sage*, disent encore les paysannes.

> Alors tonnait, pleuvinait à merveilles,

dit le *Vergier d'honneur*. Mais, comme tous les verbes français se trouvaient précédés d'un pronom ou d'un nom, et que le verbe neutre impersonnel était seul de sa classe, on voulut le régulariser, le faire marcher de front avec le reste de la syntaxe, et on lui donna pour affixe, vers le commencement du quinzième siècle, cet *il* (*illud*) qui correspond exactement au *it* des Anglais.

Well, it must be so ! (*illud*) « Bien, *il* doit en être ainsi ! » Décidément il faut rendre le neutre à notre grammaire, qui est déjà bien assez irrégulière comme cela ; et ce neutre, émané de la langue italienne, prouve que notre idiome est essentiellement latin.

J'ai un second procès pédantesque à intenter aux grammairiens : il s'agit de deux petits mots très-durs à l'oreille, très-nécessaires, d'un difficile emploi, mais de grande ressource, comparses utiles et déplaisants, les mots *en* et *y*. *Y* vient du mot latin *illic, illuc, là*, « en cet endroit ». *En* vient du mot latin *indè* ou *de illo*, « de là et de cela ». Quelques grammaires veulent que ces deux mots ne soient pas des neutres, en dépit de l'origine et de l'usage ; les arguments qu'ils emploient ne nous persuadent pas : Dire : *J'aime cet homme et je m'y attache i*, au lieu de *je m'attache à lui*, c'est commettre une des fautes les plus graves possible : faute contre l'étymologie et faute contre le génie de la langue française, dont la délicatesse ne confond jamais des nuances distinctes. *Je traînai ma barque jusqu'au rivage et je l'y fixai*, est une bonne phrase qui ne frappe l'oreille et l'esprit d'aucun sens désagréable. — *C'est ma place et j'y tiens... C'est mon ami ; je tiens à lui*. La distinction est claire. — *C'est un homme honnête ; fiez-vous-y*, me déplaît, quoique cette phrase ait été sanctionnée par l'Académie française. J'en demande pardon à l'Académie.

Que l'on place à côté l'une de l'autre cette phrase : *Vous avez sa parole ; fiez-vous-y ;*

Et cette autre phrase : *Vous avez vu M. tel. Vous vous y fiez ?*

L'oreille, un instinct secret, d'accord avec le sens véritable des mots et le génie du langage, vous avertiront que la première des deux est excellente ; mais qu'il y a dissonance, faute et incorrection dans la seconde. Pour peu qu'on ait de goût, on changera presque involontairement cette dernière, et l'on dira ; *Vous avez vu M. tel ? Vous fiez-vous* A LUI ? Il y a donc nuance ; c'est cette nuance empruntée à l'étymologie latine qui fait du mot *y* un pronom neutre et l'applique aux choses inanimées. Personne n'oserait dire :

Sa fille l'avait quitté ; je l'y ai rendue. On dira : « Je la *lui* ai rendue. » Quand madame de Sévigné écrit à sa fille : *Votre petit chien est charmant ; je m'y attache ;* on n'est pas blessé de cela ; tout charmant qu'il est, ce n'est qu'un chien. Cet *y* est neutre ; les Anglais diraient de même en parlant d'un animal favori : *I am fond of it ;* employant le neutre pour les animaux, *the brute creation ;* et nous réservant à nous, bipèdes, qui ne le méritons guères, l'honneur du pronom des deux genres.

Même remarque sur le mot *en. Je m'en doute,* signifie je me doute *de cela (de hoc).* En parlant d'une femme, il faut dire : *Je doute d'elle,* et non pas : *J'en doute.* On ouvre une carrière très-large aux fautes grammaticales (fréquentes de notre temps), quand on essaie de détruire le sens neutre des mots dont nous parlons. Personne n'oserait s'exprimer de la manière suivante : *Mon père m'appela ; je m'en approchai.* On dira : *Je m'approchai de lui.* Donc le mot *en* ne remplace pas *de lui,* mais *de cela.* On dit très-bien : *Je vis un chêne à peu de distance, et je m'en approchai* (du chêne, de cela). Voilà une nuance bien marquée et nécessaire ; il faut la conserver dès qu'elle existe. Notre langue ne vit que de nuances. Dans ces deux vers d'Andrieux :

> Quelle amie oserait m'ouvrir une retraite,
> Je n'en ai pas besoin !

tout le monde voit que ce n'est pas de l'*amie,* mais de la *retraite* qu'il est question, et que cet *en* est bien neutre. *Ne vous en déplaise ! il faut s'en moquer !* prouvent le sens neutre du même mot. Les poëtes, je le sais, l'ont employé souvent au lieu de *lui* ou *d'elle,* mais par licence, par extension, et toujours dans un sens méprisant et odieux :

Un vieillard amoureux (dit Corneille) mérite qu'on *en* rie.
Pour punir un méchant (dit Voltaire), pour *en* tirer justice.

Ces deux personnages si maltraités sont assimilés à des choses, et non pas à des hommes. Quand Marivaux dit : *Elle fait la passion des gens, et son mari en est jaloux*, la phrase signifie : *Son mari est jaloux* de cela, et non pas : *Est jaloux* d'elle.

Dans les écrits du dix-neuvième siècle, on a souvent confondu les acceptions de ces mots : *en* et *y*, avec celle de *lui* et d'*elle :* il y a corruption dans cet emploi, non parce que M. de Vaugelas ou M. Dumarsais le veulent, leur autorité ne m'est de rien ; mais il faut conserver avec soin le signe distinctif qui isole de la chose matérielle, de l'être brut, de l'abstraction, l'homme vivant, notre semblable. C'est une richesse du langage. Soyez indifférent quant au sort des règles qui ne nous donnent pas une beauté ; bannissez celles qui nous appauvrissent, battez-les en brèche et en ridicule ; — gardez et protégez celles qui étendent le cercle de nos ressources, qui offrent de plus nombreux matériaux à la pensée et au style !

Que d'inutiles et pointilleux détails, va-t-on dire ? C'est de cette menue et faible monnaie que se compose le trésor grammatical.

§ III

Révolutions du langage et de la grammaire depuis le seizième siècle. — De la langue au seizième siècle. — Des néologismes réparateurs. — Des néologismes destructeurs.

Quel obstacle opposerez-vous aux révolutions des langages, vous qui ne pouvez enclouer pour un seul moment les révolutions des modes ou des mœurs ? Les idiomes ne sont que l'organe, le *verbe* de la civilisation humaine : c'est une voix qui mue, un accent qui se modifie avec les phases vitales de la société. Tantôt notre orgueil nous fait croire que notre époque est la seule où le langage soit parvenu à sa maturité complète ; tantôt, dégoûtés et rassasiés de nous-mêmes, nous nous rejetons en arrière, pleurant la décadence de notre idiome national. Reconnaissons donc que le cours des idées et les évolutions matérielles de la vie sociale entraînent le langage avec eux et lui font subir d'inévitables altérations. Quand Froissart écrivait, les paroles lui manquaient-elles ? Montaigne, dans la solitude de sa tourelle, se plaignait-il de l'indigence du langage ? N'y avait-il pas assez de nuances pour La Bruyère ? et dans l'état de mœurs le moins favorable au développement de l'imagination pittoresque, Diderot ne trouvait-il pas les couleurs chaudes que réclamait son pinceau ? Ces couleurs ne se sont-elles pas avivées et enflammées encore sur la palette de M. de Chateaubriand, quand l'esprit analytique régnait en despote sur les écoles françaises ? Les langues font des acquisitions et des pertes, comme les peuples ; elles achètent les unes au prix des autres comme les peuples.

De grands génies paraissent, et l'on dit que l'idiome dont ils se sont servis est immuable. Ils meurent, une nouvelle moisson de paroles inconnues et de tournures inusitées fleurit et verdoie sur leur tombe. Si l'on procédait par exclusion, s'il fallait condamner les révolutions du langage ; si l'on ne voulait accepter qu'une seule époque littéraire dans toute la vie d'une nation, Lucrèce d'une part, et de l'autre Tacite ne seraient que des écrivains barbares ; il ne faudrait lire ni Shakspeare ou Bacon, riches de toute l'éloquence du seizième siècle ; ni Mackintosh, Erskine ou Byron, néologues du dix-neuvième siècle. En France, on répudierait la langue admirable et pittoresque de Montaigne, et l'idiome bizarre, ardent, emporté de Diderot, de Mirabeau ou de Napoléon II.

Il est vrai que tout s'épuise, la séve des sociétés et celle des idiomes. Dans les sociétés en décadence, les langues s'éteignent, la parole perd sa force et sa beauté, les nuances s'effacent, la phraséologie devient folle ou radoteuse ; c'est le rôle des littératures ; ce sont les derniers accents, les gémissements brisés de l'agonie. L'effort de tous les rhéteurs, le cri de détresse de tous les grammairiens, ne sauveront pas un idiome qui périt avec un peuple. Anne Comnène se sert d'un style prétentieux et lourd, enveloppé de draperies superflues, vide et pompeux comme la cour byzantine. Sans doute cela doit être. Si vous voulez ressusciter le lexique et la grammaire, si vous prétendez que ce mourant retrouve la voix, jetez un nouveau sang dans ces veines qui se dessèchent, ressuscitez le cadavre, il parlera.

Quelques langues, échappant au mouvement vital qui soutient et renouvelle tout dans le monde, sont restées stationnaires ; ce sont celles qui ont le moins produit. L'idiome provençal, père d'une littérature passagère dont la lueur a servi de signal à la poésie moderne, a brillé un instant et n'a pas laissé de grandes œuvres. S'il faut en croire les savants d'Allemagne qui se sont occupés des idiomes de la Lithuanie, de l'Illyrie et de la plupart des régions que les races slaves habitent, ces races ont conservé leurs idiomes purs d'altération et n'ont guère créé que des chants élégiaques et pastoraux. La fécondité semble attachée au mouvement, la stérilité à l'inaction. Il en est des langues comme de tout ce qui a vie : ruine et renaissance, mort et réparations constantes, jusqu'à la mort, qui est le silence et le repos total.

Les vrais grammairiens, les seuls grammairiens, ce ne sont ni Beauzée, ni Dumarsais, ni le vieil imprimeur Geoffroy Thory, ni les honorables membres de Port-Royal, ni Vaugelas, à qui une fausse concordance donnait la fièvre ; ni Urbain Domergue, connu par son inurbanité envers les solécismes qui éveillaient sa colère ; ni M. Lemare, le Bonaparte du rudiment et le Luther de la syntaxe : les vrais grammairiens, ce sont les hommes de génie.

Ils refont les langues ; ils les échauffent à leur foyer et les forgent sur leur enclume. On les voit sans cesse occupés à réparer les brèches du temps. Tous ils inventent des expressions et hasardent des fautes qui se trouvent être des beautés ; ils frappent de leur sceau royal un mot nouveau qui a bientôt cours et exhument des locutions perdues qu'ils polissent et remettent en circulation. Tous néologues et archaïstes, plus hardis dans les époques primitives, plus soigneux et plus attentifs dans les époques de décadence, ne se font jamais faute d'une témérité habile, d'une vigoureuse alliance de mots, d'une conquête sur les langues étrangères. Les écrivains qui parmi nous se sont le plus souvent servis de l'archaïsme, ceux qui ont renoncé difficilement à l'ironie bonhomière des tournures gauloises, à la vieille et bourgeoise naïveté, ce sont La Fontaine, madame de Sévigné, Molière, La Bruyère, au dix-septième siècle ; Jean-Jacques Rousseau, au dix-huitième ; Paul-Louis Courier, de notre temps. Bossuet a osé (lui seul pouvait oser ainsi) faire pénétrer dans une langue analytique et de détail les tournures hébraïques ; c'est un prodige : rien n'est plus hostile à l'idiome gaulois que la concentration et la synthèse elliptique de l'hébreu. La phraséologie grecque se trouve chez Amyot, Fénelon et Racine. Montaigne et Rabelais ont jeté dans leur style une infusion italienne très-marquée ; tous les auteurs qui ont vécu sous Richelieu parlaient un français-espagnol. Les interminables périodes de madame de Motteville sont calquées sur celles de Gracian. Balzac, ennuyeux et grave prosateur, impose à ses phrases l'étiquette castillane ; enfin c'est Pierre Corneille qui nous a forcés d'adopter quelques traits puissants du génie espagnol (1). Rousseau ne s'est pas contenté de renouveler et de dérouiller les fortes expressions de Montaigne ; il a fait des emprunts semi-teutoniques à sa petite patrie, dont les idiotismes spéciaux ont été consacrés par lui. Ainsi, de faute en faute, d'audace en audace, toujours téméraires, toujours réprouvés par le pédantisme, ils fournissaient des aliments nouveaux à leur vieille mère, à cette langue française qu'ils empêchaient de mourir.

Ce sont là des vérités historiques que je ne conseille à personne de redire ; mais j'aime la vérité, toute rude et périlleuse qu'elle est. Ouvrir la porte au néologisme dont la plupart de nos écrivains abusent misérablement ; excuser ou encourager les fredaines de style qui font tant de bruit autour de nous ; augmenter cette rage de vieilles expressions, de phrases mal faites, d'emprunts maladroits à Ronsard et à Jodelle, ce n'est pas mon intention. A côté du talent qui invente, près de l'habile artiste qui rajeunit les débris du langage, se trouvent toujours les manouvriers dont la gaucherie et l'exagération sont fertiles en essais ridicules. Pendant que le puissant Corneille cloue pour ainsi dire dans la langue française les hardiesses les plus incisives et les plus ardentes de la langue espagnole, un poëte alors à la mode, Saint-Amand, fait follement la même tentative.

Ouvrez les versificateurs du temps de Louis XIII, dont quelques amateurs possèdent la collection si utile pour l'histoire de notre langue, vous reconnaîtrez qu'alors on était aussi fou de néologisme qu'aujourd'hui. Les héroïnes de l'*Astrée* baragouinent beaucoup de phrases italiennes et espagnoles.

---

(1) V. nos ÉTUDES SUR L'ESPAGNE.

Comparez au néologisme de Jean-Jacques Rousseau celui de Sébastien Mercier ; aux expressions antiques renouvelées par Paul-Louis Courier ou conservées par La Fontaine, opposez le mauvais patois gaulois imité par le comte de Tressan ; vous verrez qu'il y a fagots et fagots, que tout dépend de l'habileté de l'artiste, et qu'il ne faut frapper d'un anathème exclusif que la sottise et la maladresse. Certains esprits distingués, non supérieurs ; fins, gracieux, délicats et peu obscurs, dont la pensée prudente reste toujours dans les régions moyennes, n'ayant besoin ni d'émouvoir ni de convaincre, ne voulant frapper leurs lecteurs d'aucun ébranlement profond, se contentent d'employer avec talent les ressources de la langue existante. Pourquoi les mépriser ? Ils expriment ce que leur intelligence a conçu. Les richesses acquises leur suffisent ; ils se tiennent à leur place ; ils échappent au ridicule d'une tentative dont le succès leur échapperait : tels sont Lamotte et Fontenelle sous la régence ; l'abbé Desportes et quelques versificateurs sous Henri IV ; d'Alembert, Suard, La Harpe et le pesant Marmontel au dix-huitième siècle. S'ils n'enrichissent pas leur idiome, du moins ils ne le flétrissent et ne le corrompent pas. Ce mérite (c'en est un réel) appartient à la plupart des écrivains célèbres entre 1800 et 1815, écrivains spirituels, souvent élégants et brillants, contre lesquels on s'est armé récemment d'une colère inexcusable.

Quel parti prendre entre le néologisme et le puritanisme du langage ? Quelle ligne sépare les libertés permises des licences condamnables ?

Il n'y a qu'une règle en cette matière: un homme d'esprit, un homme du monde, d'un tact infiniment délicat, d'une rare netteté d'intelligence, l'a posée depuis longtemps, c'est Horace. Il veut que l'on sache d'abord ce que l'on veut dire, que l'on affecte ni la rouille de l'antiquité ni la prétention des nouveautés ; en d'autres termes, il exige que la pensée commande à l'expression ; qu'elle la fasse jaillir du fond même du langage ordinaire, ou d'une création inattendue, ou du sein de la vénérable antiquité. Il veut surtout que l'on connaisse ses forces,

... Qui valeant humeri, quid ferre recusent,

et que l'on ne s'impose pas de tâche supérieure à son pouvoir.

Après tout, il n'y a dans les préceptes du poëte aucun système arrêté, point de dogme, point de symbole de foi ; Horace ne défend absolument ni les innovations ni les renouvellements. Il ne donne que des préceptes ondoyants comme les variations des choses humaines ; semblable à cet égard à Michel Montaigne, à Shaftesbury, aux plus sagaces observateurs, qui n'ont pas dicté de lois au monde grammatical, mais qui ont laissé cet honneur à MM. Vaugelas et Restaut. En France cela réussit peu : nous avons besoin de dogmes.

Tous les esprits impératifs et dogmatiques nous ont imposé ; ils ont exercé une facile influence sur la nation la plus spirituelle de la terre. Si l'on ne nous commande, nous croyons qu'on est faible : il nous faut des axiomes comme aux enfants des lisières et aux vieillards des béquilles. Qu'un bon guide se contente de nous indiquer les obstacles ou les abîmes à droite ou à gauche, nous tomberons effrayés. Dogmatisez, commandez, décidez-vous, soyez absolu, prenez parti : ainsi ont fait tous les écrivains orgueilleux qui préfèrent le succès actuel à la vérité, et le plaisir de l'empire à celui de l'étude. Ronsard a dogmatisé, puis Vaugelas, puis l'abbé d'Aubignac, puis Lamothe-Houdart. Ce pauvre Pierre Corneille a essayé de bâtir aussi des systèmes, et Dieu sait avec quelle maladresse! Ensuite est venu le tour du dix-huitième siècle : chacun a fait son œuvre. Le baron d'Holbach frappait bien plus fortement les esprits que Vauvenargues : Vauvenargues était profond et modeste, d'Holbach creux et insolent; l'un, observateur sans faste, exposait avec simplicité des résultats, quelquefois des doutes; l'autre, hardi comme Dieu, arrêtait des principes et bâtissait un monde.

En France cet air d'outrecuidance soit grammaticale, soit politique, nous rassure contre nous-même : c'est ce qu'une école de gens d'esprit et de novateurs modernes appelle *se poser*, mot heureux, théâtral et bien drapé, qui convient merveilleusement à la chose exprimée : on se *pose* Dieu, on se *pose* roi, on se *pose* victime. Napoléon Bonaparte avait senti cette faiblesse invétérée des organisations françaises dont la légèreté réclame un appui; il a aussi dogmatisé, souvent très-follement et de la façon la plus contradictoire ; pourvu que l'axiome eût l'air géométrique et impérieux, cela suffisait. On ne pourrait se créer parmi nous une existence souveraine, libre, riante, puissante comme celle de Jules-César à Rome, dépouillée de charlatanisme et de mensonge, de paroles de théâtre et de sentences foudroyantes. Napoléon remarque lui-même quelque part que nous demandons à être *mattés* (c'est son terme), « et qu'en France un libre et confiant laisser-« aller engendre une familiarité dangereuse. »

Nos grammairiens ont usé largement de ce droit de pédantisme que le génie de la nation leur donnait. Ils ont tranché dans le vif et fabriqué des codes sévères, ils ont environné de palissades et de bastions les participes et les conditionnels. Travaux perdus, fatigues sans résultat! Leurs principes tombaient aussitôt qu'établis. C'est une liste interminable que celle des échecs de la grammaire. Le budget de toutes les lois inutiles qu'elle semble n'avoir formulées que pour les laisser violer; le compte de toutes les atteintes portées tour à tour par Corneille, Bossuet, Pascal, Fénelon, Voltaire, à Vaugelas, Beauzée, Dumarsais et l'abbé d'Olivet n'en finirait pas. Plus les règles étaient absolues, plus elles étaient fragiles. C'est que la vérité ne se trouve jamais dans l'absolu ; elle n'est pas au milieu des questions ; elle est au-dessus. Pendant que les esprits communs la cherchent dans ces axiomes tranchés, soutenus avec aigreur par les partis en lutte, la vérité supérieure plane sur les deux camps.

§ IV

Caractère propre de la langue française. — Voyelles et diphthongues mitoyennes. — Sobriété et souplesse fine de cet idiome.

« L'inversion est-elle permise à la langue française? Est-il licite d'innover dans le langage? Doit-on employer les mots anciens dans un idiome plus moderne? » Aucune de ces questions ne peut se résoudre par *oui* ou par *non;* l'amateur de la vérité, de la science et de l'art creuse plus avant, pénètre dans les entrailles mêmes des idées et des faits historiques, pour y découvrir les principes fondamentaux qui réconcilient les contradictions apparentes : il s'explique pourquoi l'inversion, excellente dans telle circonstance donnée, est impossible dans telle autre ; il voit quelles lois supérieures aux règles en permettent ou en ordonnent le déplacement ; il n'arrive pas à l'indifférence et au vague sur toutes les questions, mais à un système lumineux et simple.

La loi suprême des idiomes, c'est le génie propre de chacun d'eux.

Tout ce qui répugne à ce génie est inadmissible ; tout ce qu'il permet, on doit l'oser. En vain les grammairiens multiplieront les fantaisies, les injonctions, les définitions, les sévérités, les folles délicatesses ; fidèle par instinct au génie de sa langue et de sa nation, l'écrivain supérieur découvrira toujours en dehors du cercle grammatical et du code convenu quelque beauté légitime et nouvelle conforme à la règle suprême,

Quel est le génie propre de la langue française ? De quels éléments matériels et métaphysiques s'est-elle formée ? Quelles phases historiques ont déterminé et soutenu sa formation ? Quels caractères spéciaux doit-elle aux révolutions qu'elle a traversées ? Quelles sont les bases sur lesquelles elle repose et les vrais principes de sa force ? Ces questions s'étendent très-loin et ne peuvent se résoudre qu'au moyen de l'histoire, d'une étude attentive des mots et de leurs destinées et d'une sagacité rarement unie à l'érudition. L'histoire des variations de la langue française n'est pas faite et probablement ne se fera pas. C'est dommage. Monument précieux, non-seulement à la philologie, mais à l'histoire des mœurs et à celle des faits, ce travail serait le travail littéraire de notre siècle. On s'en passera bien, comme de tant d'autres choses.

Latine d'origine, notre langue s'est formée par contraction ; un peuple sauvage et plus septentrional que celui dont il empruntait l'idiome, mutilait et contractait la plupart des mots qui lui étaient transmis : il faisait de

Quare ou *Quamobrem* — le mot *Car*;

De *Indè* — *En*;

De *Illic-illuc* — *Y*;

De *Unus* — *Un*;

De *Homines* — *On*, etc., etc.

La nation gallo-romaine a-t-elle opéré elle-même ces contractions du latin, ou les doit-elle (comme le pense M. Raynouard) à l'imitation du provençal, fils aîné de la langue romaine? Je ne sais ; mais il est certain que la plupart des expressions empruntées au Lexique de Rome, se trouvent abrégées dans le français et réduites à leur racine primitive. En raccourcissant les mots, on allongeait les phrases : les articles ou affixes naissaient pour remplacer les désinences et les inflexions. D'un idiome synthétique les Gaulois faisaient une langue analytique, chargée de petits mots et de pronoms qui devaient remplir l'office des terminaisons variables du latin. Un peuple sans littérature et qui n'écrit pas ses pensées a toujours recours aux pronoms et aux articles. Quand la civilisation intellectuelle ne donne pas de produits, les langues réduites à l'usage populaire perdent le caractère de la synthèse, répudient l'inversion, se chargent d'affixes, et adoptent le mode direct et analytique. Avant Homère, la langue grecque n'a pas d'articles ; elle les adopte entre l'époque d'Homère et celle d'Hésiode. La langue allemande des plus anciens monuments teutoniques procède synthétiquement ; ne se trouvant fixée par aucune littérature, elle dégénère bientôt, penche vers la forme analytique, et adopte les affixes pendant l'espace de temps qui s'écoule jusqu'à Luther.

Toutefois une ligne de démarcation profonde resta tracée entre les idiomes du Nord, issus de la souche teutonique et les langues nées de l'imitation romaine (1). Les premiers, malgré l'emploi des articles, conservent leur génie de synthèse : c'est leur puissance. Les seconds, à la naissance desquels le génie de l'analyse a présidé, s'en tiennent au mode direct, et n'adoptent qu'avec réserve l'inversion libre.

Le mode analytique une fois adopté, les articles une

---

(1) V. dans le premier volume de ces Etudes, DES DESTINÉES ET DES SOURCES DES LANGUES TEUTONIQUE ET LATINE.

fois admis comme modérateurs et guides du discours, le développement de l'esprit français s'opère naturellement : les penchants nationaux et la disposition même des organes influent sur notre langue. Délicatesse, nuances, clarté, facilité, ironie, délicatesse surtout, voilà les premiers caractères que l'on distingue dans sa formation matérielle. Ce qui lui appartient en propre, quant à la partie musicale ; se compose de nuances si déliées qu'elles ne sont pas perceptibles pour les étrangers. L'*e* muet, qui se retrouve dans toutes nos phrases et que les autres nations ne connaissent pas, n'est qu'une *demi-voyelle;* ou plutôt c'est la vibration d'une consonne qui finit et se prolonge. Le son nasal produit par la fusion de la lettre *n* avec d'autres sons, est *demi-diphthongue;* une diphthongue étouffée, privée de sa sonorité ; espèce de terme mitoyen et de compromis entre les consonnes et les voyelles. Ne faisons pas compliment de cette invention à nos respectables aïeux ; nos syllabes *on, en, in, un*, sont la tache originelle du vocabulaire français : elles jettent dans notre clavier beaucoup de notes fausses et sourdes qui désespèrent les musiciens et les orateurs.

Le même caractère mitoyen, le même génie de nuances et de délicatesse, qui a fait entrer dans la partie vocale de la langue des demi-voyelles, des demi-consonnes, des demi-diphthongues, influe encore sur la syntaxe française, sur la formation des phrases, sur l'arrangement des mots, sur leur synonymie. Il multiplie les finesses, les ellipses, les sous-entendus et favorise ainsi notre goût national pour l'ironie qui vit de sous-entendus, de réticences et de demi-voix.

Voilà les événements métaphysiques et matériels de la langue. Aucune de ces nombreuses nuances n'aurait été sentie, si l'idiome, déjà fort simple, grâce à sa marche analytique, n'avait adopté pour premier principe une clarté extrême, une lucidité parfaite ; c'est depuis son origine le fonds de son génie, l'axiome fondamental de sa grammaire : il a horreur de l'obscurité.

Toute locution obscure ne sera donc pas française. On supprimera ce qui embarrasse les périodes, enchevêtre les phrases, obscurcit l'acception des mots, fait naître des équivoques pénibles à l'esprit ; on établira des concordances exactes et minutieuses ; on s'opposera fortement à ce que le conditionnel ou le *possible* se confonde avec le présent ou le *réel ;* on bannira les nombreux adjectifs juxtaposés des Espagnols ou des Italiens, les enlacements synthétiques de la phrase allemande, les énergiques syllepses de la phrase anglaise ; on déblaiera le terrain de manière à ce que l'esprit français puisse saisir toutes les finesses, s'emparer de toutes les nuances, jouir de toutes les délicatesses de la pensée et du discours. Il en résultera une langue très-pure, très-chaste, très-limpide, admirable par les détails, facile et souple instrument de conversation quotidienne ; privée aussi d'une grande partie des ressources énergiques, des tournures véhémentes, des inversions foudroyantes, des ellipses passionnées et des couleurs fortes que d'autres nations possèdent. *Gueuse-fière*, comme dit Voltaire, elle trouvera des écrivains hardis qui la forceront à recevoir l'aumône ; elle ne cessera jamais de se tenir sur la réserve, de crier à la violence et de vivre de ces aumônes.

§ V

Il y a plusieurs langues françaises. — Langue du seizième siècle, du dix-huitième, du dix-neuvième. — Divers exemples.

Nous avons cinq ou six langues françaises tout à fait

distinctes ; et il ne faut pas remonter bien haut pour trouver dans nos écrivains les traces de ces idiomes différents, dont les couches superposées ont fini par produire l'idiome dont nous nous servons. Corneille est suranné ; Molière l'est aussi. Mais la langue écrite a bien moins varié que le langage de la conversation ; les traces (peu nombreuses d'ailleurs) que l'idiome parlé a laissées après lui, prouvent que sous Louis XIV même il s'éloignait infiniment de notre idiome actuel.

Voici par exemple une phrase du dix-septième siècle, toute composée de mots dont on se sert encore aujourd'hui ; ce n'est plus une phrase française, c'est une phrase barbare. « Elle a, dit Tallemant des Réaux, un frère qui a *l'honneur d'être un peu fou par la tête.* » — Cet homme qui est *fou par la tête* et qui a *l'honneur* d'être fou nous semble passablement bizarre. La mode espagnole qui s'était emparée de la France mettait *l'honneur* à toute sauce.

On disait du temps de Tallemant : *Petite jeunesse,* pour *Première jeunesse.* Les genres de beaucoup de substantifs n'étaient pas fixés : Une *grande amour* se disait très-bien au lieu *d'un grand amour ;* on retrouve cela chez Corneille. « *Happeur* » (*gastronome*), « *veau* » (*imbécile*), expressions familières, manquaient de bon goût et non d'énergie. Le notaire n'était pas encore né, non plus que le pharmacien. Il n'y avait que des *garde-sacs* et des *apothicaires* qui se coudoyaient fraternellement. *Garde-sacs !* quelle injure ! *apothicaire !* quel blasphème ! Nous avons perdu ces deux races. Quant à l'orthographe, elle avait ses incertitudes. La consonne s, vieille consonne parasite et gauloise qui a longtemps à remplacer l'accent grave de la voyelle précédente (dans les noms propres *Basle* pour *Bâle, Chastenay* pour *Châtenay*), maintenait obstinément son empire. On écrivait indifféremment *fistes, fîtes.* Perrot d'Ablancourt, qui venait d'avoir sur cette grave question une querelle animée avec Conrart, « l'homme au silence prudent » lui porta un de ses manuscrits : « Tenez, dit d'Ablancourt, mettez les *fisstes* et les *fusstes* comme vous voudrez. » Il avait doublé l's pour qu'on n'en manquât pas.

Après le seizième siècle, tandis que Perrot d'Ablancourt et Conrart examinaient, la loupe en main, tous les détails du langage, les hommes de génie achevaient de le pétrir et de le mouler. Madame de Sévigné consacrait dans ses lettres les finesses de la conversation, ces délicatesses familières si chères aux esprits d'élite, quand elles sont d'accord avec le bon goût. Elle écrivait à sa fille : *je suis toute à vous;* et à ses connaissances : *je suis tout à vous.* Patru et Vaugelas ne lui avaient pas enseigné cette nuance déliée. La Fontaine introduisait dans ses vers naïfs ce qu'il pouvait dérober de meilleur à la plus ancienne langue française : suppression des articles, emploi de l'infinitif comme substantif, renouvellement des expressions gauloises, il se permit tout en fait d'archaïsmes, et se fit tout pardonner : ce bonhomme qui semble laisser échapper ses vers négligemment est notre plus laborieux ouvrier d'antiquités rajeunies.

§ VI

Audace des grands écrivains. — Racine. — Bossuet. — Finesses nées du mode analytique. — La langue du dix-septième siècle. — Changements d'acceptions.

Racine, élevé à l'école des Grecs, met un art infini dans ses hardiesses et dans ses emprunts. A l'exemple de ses maîtres, il ose tout, sans paraître rien oser; les ellipses les plus extraordinaires que l'on ait forcé notre langue d'accepter, viennent de lui et de Bossuet :

Je t'aimais inconstant; qu'aurais-je fait *fidèle ?*

C'est la suppression d'une phrase entière, et d'une phrase sans accord avec la phrase énoncée, gouvernée par un autre sujet, inattendue, imprévue, dont rien ne donne l'idée et ne fait deviner la construction. Bossuet, nourri des livres saints, formé par l'étude du plus concis et du plus énergique des dialectes orientaux, entraîne la langue française vers d'incroyables audaces.

Personne n'ignorait que le mot *pleurs* était *féminin* et *pluriel;* qu'il n'avait pas de singulier ; que le *pleur* était interdit et n'existait pas. Mais voici Bossuet, l'orateur hébreu, qui monte en chaire, et dans une de ses oraisons funèbres, s'écrie : *Là commencera ce pleur éternel ; là ce grincement de dents qui n'aura jamais de fin.* » L'enfer s'ouvre à cette terrible expression ; la dureté, la terreur de la vieille Bible ressuscitent dans un seul mot. Le *pleur*, ce n'est pas une larme. Vous entendez le long sanglot qui ne finit pas, le gémissement d'une âme brisée que rien ne console ; mot inouï pour une douleur inouïe. La Grammaire, greffière patiente qui fait semblant de régner sur les mots qu'elle enregistre, aura beau se récrier contre Bossuet : Bossuet parlera plus haut qu'elle.

Qui ne sait aussi que *pleuvoir* est un verbe neutre ; que l'employer comme un verbe actif est la faute la plus grossière, la plus impardonnable, la plus impossible ? Dans ses « Élévations sur les mystères, » le même Bossuet voulant faire comprendre l'immense bonté du Très-Haut, s'exprime ainsi : « Dieu fait luire « son soleil sur les bons et sur les mauvais, et *pleut* « sur le champ du juste comme sur celui du pécheur. » La pluie qui tombe, le soleil qui brille, le monde qui se renouvelle, le méchant et le bon qui subsistent à la fois, l'univers, la vie, la mort, tout, c'est la volonté de Dieu, c'est Dieu. Ainsi les langues appartiennent au génie, qui les brise et les moule, qui les fracasse et les reconstruit comme il lui plaît.

Plus tard l'abbé de Saint-Pierre donnera à la langue des mots qui, traités d'abord de barbarismes, sont reconnus nécessaires : *bienfaisance, humanité*. Rousseau emploiera avec succès les plus belles expressions de Montaigne, et Baumarchais imitera les augmentatifs et les diminutifs énergiques et gracieux des peuples méridionaux. Il faudrait noter ces variations et ces conquêtes si l'on faisait l'histoire de notre langue; il faudrait aussi indiquer les nuances que le mode analytique et direct a fait naître, enfin les richesses inconnues aux anciens dont la langue française s'est armée et que les bons auteurs ont fait valoir.

Les langues analytiques dont on blâme l'indigence, la faiblesse, la marche froide et géométrique, ont trouvé des ressources dans cette indigence même. Au lieu du gérondif des Romains : *scribendum, amandum, bibendum*, les peuples modernes, privés de cette forme si brève, emploient trois ou quatre mots maladroitement enchaînés : *Il faut écrire, we must write ; — on doit aimer, one must love; — on doit boire, we must drink*. Les latins ne pouvaient exprimer par la terminaison *endum, andum* qu'un besoin futur ou possible ; les Français, les Anglais, les Allemands, privés de gérondifs, possèdent une couleur spéciale pour toutes les nuances de la possibilité. Parmi les idiomes modernes, c'est la langue anglaise, la plus pauvre et la plus nue à son origine, qui a poussé le plus loin cette conquête de détails. Le seul mot latin *scribendum* peut se traduire de douze manières : *It ought to be written, we ought to write it, it must be written, it could be written, it may be written, it can be written, it might be written, we may write, we must write, they must write, we should write, we could write*. Aucune de ces locutions n'a le même sens ; chacune d'elles est une nouvelle modification de la nécessité de l'art d'écrire. — « Je pensai avoir

« découvert, dit Southey, le sujet d'un livre sublime,
« la source de la gloire et de la fortune. Je posai mes lu-
« nettes sur la table et je m'écriai : *On pourrait écrire
« cela (it could be written)*. Ma vieille sœur prit sa taba-
« tière, et s'écria : *Ma foi, oui, il faudrait l'écrire (it
« ought be written)*. Encouragé par cette voix approba-
« trice, je dis à mon tour : *Il faut que cela soit écrit (it
« must be written* »).

Les anciens avec leurs variétés d'inflexions, leurs désinences souples, leurs modes savamment balancés, avec cette synthèse puissante qui favorisait les mâles audaces de l'éloquence et de la poésie, ne seraient point parvenus à rendre les nuances imperceptibles que les idiomes modernes ont créées.

Nous avons vu plus haut (1) l'Italie nous fournir de nouvelles locutions, de nouvelles tournures et des mots nouveaux. La troupe commandée par Ronsard parvient, mais difficilement, à greffer sur la tige française quelques locutions grecques ; ensuite s'annonce le règne de l'Espagne sur notre style, règne qui commence avec Louis XIII et s'arrête à Louis XIV. Confondues et modifiées sous l'empire des Pascal et des Racine, toutes ces influences disparaissent : l'œuvre est terminée. Depuis cette époque, nous acceptons quelques mots étrangers, quelques formes exotiques sans nous astreindre à aucune domination spéciale ; c'est nous qui faisons la loi à l'Europe.

Quant à la place des mots, à leurs concordances, à leurs acceptions, elles ont beaucoup varié, quelquefois par caprice, plus souvent entraînées par le cours des mœurs. Molière disait très-bien *un chacun*, comme les Anglais disent *every one ;* c'était une expression énergique et populaire qui spécialisait l'individualité dans la masse. *Un chacun* était déjà suranné sous le

(1) V. p. 20 à 35.

régent. Buffon, à la fin du dix-huitième siècle, écrivait : *Les Chinois sont des peuples mots.* Ce pluriel serait inadmissible aujourd'hui. Pourquoi ? Nul ne peut le dire.

On rend aisément compte de plusieurs autres variations du langage. Une *coquette* du temps de Loui XI, c'était une femme *perdue :* la sévérité des habitudes n'établissait aucune différence entre la coquetterie et le libertinage, le désir de plaire et la débauche :

> Coquette immunde et mal famée
> Et de tout bon poinct desgarnie,
> Détale, sus !......

dit une vieille Moralité. A mesure que les mœurs se sont adoucies, la *coquette* s'est réhabilitée. La *prude*, au contraire, a perdu de sa valeur. Les contemporains de Marot estimaient la *prude* femme et le *prude homme* ou *prud'homme*, synonymes d'*honnête* femme et d'honnête homme. Aujourd'hui la *prude* est une tartuffe de chasteté. Cette civilisation dont le progrès tournait en ridicule l'honnêteté devenue *pruderie*, excusait la galanterie qu'elle parait d'un titre élégant, et qui n'était plus qu'une *coquetterie* pardonnable.

Au moment où s'opèrent ces altérations dans le sens des mots, personne ne s'en aperçoit. La nation qui enrichit ou appauvrit son Dictionnaire ne change de vocables que parce qu'elle change de qualités et de vices, révolution qui s'accomplit à l'insu de tous ceux qui y contribuent. Dans les premiers temps de la monarchie féodale, la condescendance pour le faible, l'affabilité envers ses égaux, le bon accueil réservé aux étrangers, l'hospitalité donnée avec grâce, étaient des qualités d'autant plus estimées que la force brutale régnait sur l'Europe, et qu'avec un bon cheval, une armure de fer, un poignet vigoureux, trois cents vassaux armés et une citadelle sur un rocher, on bravait le monde et la loi. C'était faire le plus grand éloge possible d'un gentilhomme ou d'un souverain de dire qu'ils étaient *accorts ;* mot charmant qui n'exprimait pas seulement l'aménité extérieure, mais le bon-vouloir et la générosité de l'âme. L'*accortise*, l'amabilité née d'un sentiment réel, se changea en *courtoisie* au seizième siècle.

Courtoisie fut une seconde nuance plus faible, une expression pâlissante de la même qualité, un mérite réservé à l'homme rompu aux élégantes mœurs des *cours ;* dès le siècle de Louis XIV le mot *courtois* paraît de vieille date : on le rejette. On dit d'un homme qu'il est de *bon-lieu* et qu'il a *bon air*. Ce n'est déjà plus une qualité vraie que l'on reconnaît en lui, c'est une forme extérieure, un *air ;* il suffit de louer sa naissance, ses manières et son droit à visiter Versailles.

Bientôt après il faut trouver encore une nouvelle modification plus énervée pour satisfaire des mœurs nouvelles. *Accort*, *courtois*, de *bon air*, de *bon-lieu*, tout cela meurt et disparaît. Voici le règne des mots *poli* et *politesse*. La *politesse*, expression froide qui trahit la recherche, le raffinement, et qui suppose non la sincérité, mais l'étude délicate des convenances sociales, domine tout le dix-huitième siècle ; elle se trouve en honneur sous Napoléon Bonaparte. Aujourd'hui elle se discrédite ; à peine s'en sert-on ; elle perd chaque jour sous nos yeux le sens flatteur qu'elle avait autrefois : on peut parier à coup sûr que dans vingt ans l'expression sera tombée en complète désuétude. Nos grand'mères avaient beaucoup de vénération pour un homme d'une *politesse achevée ;* ce serait en 1815 un ridicule compliment. Nous avons donc perdu *accortise*, *courtoisie* et *politesse*.

§ VII

De quelques nuances ironiques de la langue française.

Voici un mot que nous avons bien injustement flétri. Après avoir permis aux femmes d'être *coquettes*, leur avoir défendu d'être *prudes*, et détruit peu à peu toutes les nuances de la *courtoisie*, la langue française a décidé qu'un *bonhomme* serait un sot (1).

J'en suis fâché pour nous, mais cela ne nous fait point honneur. Nous sommes le seul peuple qui ayons découvert un terme palliatif pour la méchanceté (*malice*), quatorze variétés d'expression pour la satire, ses alliés et sa famille (*satire, ironie, raillerie, rire sardonique, épigramme, moquerie, persifflage, quolibet, lardon, brocard, mystification, parodie*, sans compter *malveillance, malignité* en mauvaise part, *espièglerie, plaisanterie* en bonne part), et qui ayons tourné en dérision la reine des vertus, la vertu sans effort, la *bonté*.

Buono en italien a presque la noble signification du *to kalon* des Grecs ; il exprime l'excellence, la beauté, la perfection ; le *buon pittore* vaut cent fois plus que notre *bon peintre*. Le *Good fellow* des Anglais et le *gute mensch* des Allemands sont des compliments très-agréables que le génie et la puissance ne refuseraient pas. Si nous voulions traduire dans ces deux langues la méprisante expression contenue dans la phrase *pauvre bonhomme*, il se trouve que le *poor good man*, réunissant l'idée du malheur et celle de l'excellence (deux choses sacrées et vénérables), exciteraient la pitié et l'estime et point du tout l'ironie. La *bonhomie* prise en mauvaise part, la bonté du caractère assimi-

(1) V. plus haut *Appendice*, p. 147.

lée à la niaiserie, le dévouement ou la bonne foi flétris, la profanation de la plus précieuse qualité du cœur humain, ne datent que de cette époque où le seizième siècle italien nous prête ses corruptions, et ne s'établit parmi nous qu'au moment où l'hypocrisie de Mme de Maintenon et la décadence de Louis XIV dépravaient notre caractère national. Bussy-Rabutin, ce lâche fat, ce calomniateur des femmes qui résistaient à ses avances, aimait à railler *l'homme bon :* ce qui était bien digne de lui. Sa cousine, Mme de Sévigné, dont il a fait un portrait odieux, faux et ridicule, après avoir essayé vainement de la séduire, ne manque jamais d'appeler le grand Arnaud le *bonhomme*, parce qu'elle l'aime et qu'il est bon. Les lettres de Malherbe et de Peiresc, de Guy-Patin et de Lhospital, donnent le même sens au mot *bonhomme*. On conçoit que sous le cardinal Dubois, sous le financier Law, sous le chancelier Maupeou, sous les règnes de Mme de Pompadour et de Mme Dubarry, dans la longue orgie de la monarchie mourante, lorsque les *Liaisons dangereuses* et *Figaro* représentaient la société, le titre *d'homme bon* ou de *bonhomme* soit tombé dans le dernier mépris.

Cette teinte d'ironie, cette contre-vérité mordante, se retrouvent dans le fond même et dans les origines de la langue française. C'est chose curieuse de voir l'épigramme au berceau de la syntaxe. Quelques gallicismes singuliers ne peuvent s'expliquer que de cette manière :

— *Vous nous la donnez belle !* dans le sens de : *Vous vous moquez !*

— *Vous êtes bon !* exclamation populaire qui signifie : *Je me moque de ce que vous dites !*

— *Vous aurez beau faire !* pour : *Vous vous fatiguerez en efforts inutiles !*

sont autant d'exemples des mots *bon* et *beau* détournés tout exprès de leur signification propre et aiguisés par l'ironie. *Il fera beau voir* signifie : *Ce sera un spectacle ridicule de voir !* Les grammairiens ont tort de chercher l'exacte analyse de la locution bizarre, *Vous avez beau faire :* là, *beau* est pour *ridicule ;* tous les efforts perdus sont ridicules, ce sont de *beaux* efforts ! Nul autre idiome moderne ne présente ces phénomènes. Les expressions négatives abondent dans notre langue ; c'est un instrument monté pour la raillerie, accordé par elle, possédant les nuances les plus déliées de la satire : voyez quel usage en font Voltaire, Lesage, Molière et Pascal, et essayez de les traduire en quelque langue que ce soit.

Je le répète, la loi supérieure, la véritable règle souveraine d'un idiome, c'est le génie de cette langue. Le grand écrivain, l'homme de talent s'y associe par instinct. Les grammairiens auront beau condamner ce que le génie d'une langue permet, il se trouvera une plume audacieuse qui leur prouvera qu'ils se trompent.

§ VIII

Des pertes et des gains de la langue française depuis le seizième siècle.

« Esvitons (disait Rabelais au commencement du « seizième siècle), esvitons les mots *espaves* (perdus, « égarés, inconnus), en pareille diligence que les pa- « trons de navire esvitent les rochiers en la mer. »

L'auteur de *Pantagruel* prêchait dans le désert. Ses contemporains et ses successeurs immédiats ne l'écoutèrent pas. Enivrés de science, avides de renommée, nous les avons montrés, au commencement de ces Essais (1), soumettant le vieux langage à leur éru-

---

(1) V. p. 65 à 80 du même volume.

dite alchimie. Maladroits, mais vigoureux innovateurs ! si leur main était pesante, elle était puissante : leurs traces sont restées. On a ri de leurs efforts ; le sceau de leur grave érudition se fait encore apercevoir dans la langue que nous parlons. Accepter leur œuvre et renier le bienfait en frappant leurs noms d'anathème, c'était ingratitude. Cette imitation fidèle du génie latin et grec, ce goût *classique*, comme on veut l'appeler, dont le sillon profond, constant et fécond marque l'histoire de notre littérature, date de leur école. Empressés de copier étourdiment, aventureusement et aveuglément, Pindare, Virgile, Homère, ils avaient fait leur butin de tout le lexique romain et hellénique. Au grand plaisir de leurs contemporains, ils avaient transvasé, sans plus de soin ni de scrupule, toute la poésie et toute la science antique dans notre idiome indécis et naïf que Villon et Comines avaient parlé avant le seizième siècle. On commença par les admirer, puis on se moqua d'eux ; et, tout en les blâmant, on suivit leurs pas. On évita leur violence d'innovation, leur outrecuidance grammaticale, leurs élans éruditement pindariques. On se piqua de bon goût et de choix. Cependant on profita de leurs travaux ; on conserva beaucoup de mots créés par eux. L'ode et le sonnet, la tragédie et l'épigramme eurent pour premiers professeurs ces hommes si décriés. Malherbe et Balzac furent des élèves habiles qui châtièrent orgueilleusement leurs maîtres.

La langue devint de plus en plus choisie, timide, élégante, et prit le pli nouveau de la société française ; ce que l'on oublia le plus, fut l'ancien langage. Mots vraiment français, de souche gauloise et tout antique, se perdirent. Déjà La Bruyère et Fénelon déploraient, au milieu du règne de Louis XIV, cet appauvrissement du vocabulaire. Bossuet, pour qui l'éloquence était moins un but qu'un moyen, moins un instrument qu'une foudre, allait prenant partout et selon son bon plaisir, tantôt créant, tantôt rajeunissant, tantôt traduisant les mots surannés, étrangers, nécessaires, que sa pensée réclamait. Saint-Simon, ce Montaigne de l'histoire anecdotique, dont l'âcre éloquence a éclaté dans toute sa verve cent ans après la mort de Montaigne, en usait comme Bossuet. Il traitait son idiome en esclave, l'entraînant, le ployant, le brisant, le contournant à son gré. Molière et La Fontaine, esprits ingénument français, essayaient de faire reverdir encore quelques rameaux de ce vieux langage que les Picards avaient jadis enté sur le tudesque et que les Trouvères avaient cultivé. Leurs efforts furent vains ; toute la vigueur et toute la grâce de leur talent ne sauva pas de la proscription ce petit nombre de mots surannés qu'ils avaient pris sous leur tutelle. Vaugelas et ses pairs étaient là, qui, aidés par les courtisans damerets, passaient au crible les éléments du discours écrit ou parlé, fondaient une aristocratie de la parole, décimaient cet idiome originairement si beau de franchise et de fécondité, et marquaient de réprobation plus du quart de nos richesses philologiques.

Pendant qu'on laissait se perdre une multitude de mots nécessaires dont j'ai donné plus haut la liste incomplète (1), pendant que le génie social, l'esprit de conversation et de raillerie conspiraient avec le pédantisme à augmenter l'élégante pauvreté du langage, le dictionnaire usuel se grossissait d'expressions nouvelles, souvent inutiles. Vous n'aviez plus de mots pour rendre l'italien *innamorar*, notre ancien *énamourer* (rendre amoureux); mais vous aviez *mystification* et *persifflage*. Vous ne pouviez plus dire : *Dieu est exorable, ce danger est évitable ;* mais vous possé-

---

(1) V. p. 150.

diez les termes nouveaux *roué*, *rouerie*, *gueleton*, (mots de la régence) ; vous ne pouviez plus dire qu'une forêt était *ombreuse*, ni parler de la *tortuosité* d'un fleuve ou d'un peuple *invaincu*, d'un talent *inhonoré* ou d'un bonheur *espérable ;* c'étaient des barbarismes, en dépit de l'analogie et de la raison. En revanche, vous pouviez dire d'un homme, *c'est un pantin ;* d'un pauvre bourgeois, *c'est une espèce ;* d'un crime de grand seigneur, *c'est une noirceur ;* d'une boîte plate, *c'est une turgotine ;* d'une liaison d'amour, *c'est un arrangement.* Tout le monde vous comprenait. Le langage devenait riche de frivolités et indigent du nécessaire.

Voltaire, Rousseau, Montesquieu, Diderot, voulurent opposer une digue à cet abus. Comme madame de Sévigné, comme Fénelon, Molière, Pascal, Bossuet, La Bruyère, Louis XIV, ils rompirent le ban des rigoristes, et vinrent au secours de cette langue qu'on ne cessait de dépouiller. Elle était semblable à l'homme entre deux âges et entre deux maîtresses : tel lui arrachait ses vieux mots, parce qu'ils étaient trop vieux, tel ses expressions nouvelles, parce qu'elles étaient trop jeunes. Ensuite un ébranlement immense confondit tout : la révolution vint, qui jeta du haut de la tribune et de l'échafaud sa masse de néologismes ardents, sanglants, systématiques, bizarres, nécessaires. Cette convulsion terminée, ou du moins assoupie, une réaction antinéologique eut lieu ; on épura de nouveau, on *tamisa* encore le dictionnaire. Puis, le romantisme arriva ; enfin le gouvernement représentatif et le régime parlementaire nous apportèrent leur tribut. Les lexiques des différents peuples vivants nous prêtèrent à l'envi des expressions que la facilité récente des communications et les nouveaux rapports établis entre les nations d'Europe ne tardèrent pas à naturaliser parmi nous.

Tel est notre langage, bâti de toutes pièces.

Que d'influences diverses ! Merveilleux spectacle de métamorphoses continues ! D'abord le latin, modifié par le tudesque et le celtique, dépouillé de ses terminaisons, privé de sa syntaxe inversive, aplani et comme *étiré* par l'usage des prépositions et des verbes auxiliaires ; puis, quelques termes arabes importés par les Croisades et l'Espagne ; une foule de mots guerriers, voluptueux ou d'art, venus de l'Italie tant de fois conquise et perdue, *amusoir de nos rois et tombeau de nos armées,* comme dit éloquemment Pasquier ; ensuite les innovations successives du pédantisme de Ronsard, de l'emphase castillane, de l'esprit de salon, de la philosophie moderne, de l'anglomanie, de nos troubles politiques et de notre gouvernement représentatif ! Ces diverses et continuelles influences, ces agrégations accumulées par les âges se retrouvent dans le langage dont elles attestent les changements, comme les différentes stratifications dont le sol du globe se compose en attestent les révolutions successives.

Plusieurs langues sont ainsi renfermées dans le seul vocabulaire français ; — d'abord la langue archaïque entièrement hors d'usage, dialecte perdu, monument curieux et traditionnel ; puis le véritable fond du dialecte, les vieux mots qui ont survécu à toutes les variations et se tiennent seules debout sur les ruines de l'ancien langage ; ensuite les termes empruntés aux nations étrangères ; ceux que des circonstances passagères ont fait naître ; ceux qui exprimaient une nuance des mœurs, qui ont péri avec elles ; ceux qui rendaient témoignage d'un nouveau mouvement d'idées, comme *bienfaisance* au dix-septième siècle, *libéralisme* au dix-neuvième siècle ; enfin ceux qui nouvellement éclos, et se trouvant, pour ainsi dire, en candidature, peuvent vivre ou mourir, déchoir ou subsister.

Classer les mots d'une langue, non plus par ordre alphabétique, mais par ordre de dates ; les distinguer en autochthones et indigènes, les montrer tous, ou transmis par un peuple voisin, ou émanés d'une conquête, ou jaillissant d'un renouvellement des mœurs et des idées, importés par le pédantisme et la mode, — ce serait dresser l'inventaire complet et philosophique des idées d'une nation.

§ IX

Réhabilitation des vieux mots. — Du néologisme.

Il faudrait que la langue française fît le catalogue de ses richesses enfouies, de ses trésors perdus. Ce serait inviter à les reconquérir. On serait surpris de l'énergie, de la grâce, de la précision de ces mots frappés d'ostracisme. On ne remarquerait pas avec moins d'étonnement que nos écrivains les plus purs sont ceux qui ont le plus osé, qui ont inventé avec le plus d'audace, et voilé sous le charme d'une diction habile et d'une pensée puissante l'élan des témérités les plus inouïes, tandis que les néologues de profession, Mercier et Rétif de la Bretonne, ont peu donné au langage qu'ils dénaturaient en prétendant l'enrichir.

Le style est un art : cet abandon, ce laisser-aller, cette incurie calculée du style, cette manière de jeter au vent sa pensée et de l'abandonner au gré de tous les caprices, sont des signes de décadence. Le style est un *art* — dont les grammairiens et les rhéteurs voudraient faire un métier.

Ceux-là vous enseignaient en quelle place chaque mot devait être mis, et de quelles fleurs vous pouviez orner votre discours. C'est de la dégénérescence des études en Grèce, de la prépondérance acquise par les sophistes, c'est de l'École d'Alexandrie et de son pédantisme raffiné, que cette malheureuse habitude de considérer l'art d'écrire comme un mécanisme servile s'est répandue dans l'Europe chrétienne. Nous avons hérité de la décadence de l'ancien monde et les maux inhérents à sa décrépitude se sont mêlés aux défauts et à la grossièreté d'une civilisation naissante. Tous les grands génies des temps modernes se sont développés, en dehors et en dépit de la rhétorique ; Camoëns, Shakspeare, J.-J. Rousseau, Molière. Les véritables fils des rhéteurs anciens, leurs descendants directs, ce sont les Lilly en Angleterre, les Gottsched en Allemagne, les Bouhours et les Vaugelas en France. Ils ont rétréci l'art, ils l'ont abaissé jusqu'à je ne sais quelle observation vulgaire de combinaisons minutieuses : ils ont arbitrairement exilé du langage une foule d'excellents mots, et n'ont donné pour raison de cette condamnation que la désuétude prétendue de ces vocables ; — comme si le devoir de la critique et de la philologie n'eût pas été de les faire revivre, puisqu'ils étaient nécessaires. Étranges gardiens de nos richesses, ils rayaient successivement du catalogue nos plus valables acquisitions, et considéraient comme nulles toutes celles dont leur sceau pédantesque n'avait pas légalisé l'emploi.

Parmi les mots dont j'ai donné le catalogue à la fin de l'*Essai sur la littérature du seizième siècle* (1), comme dignes d'adoption ou de réhabilitation, je citerai les suivants : *Abuseur* (abuseurs du peuple (Rabelais) ; *accort, accortise, accoutumance, affoller, affranchisseur* (Amyot) ; *désaimer* (cesser d'aimer) ; *alègre, allanguir, s'amoindrir* (l'éternité s'amoindrit à nos yeux) ; *amusoir* (fêtes publiques, amusoirs de la populace) ; *s'apparier* (Montaigne) ; *aviver* (rendre plus vif) ; *biendisance*

---

(1) Page 150.

(qui n'est ni l'éloquence ni la faconde); *bienvenner* (*to welcome*, accueillir bien); *blandissant* (des paroles blandissantes); *blondir, blondoyer* (Ronsard); *charmeur* (Montaigne); *chevaucher* (remplacé par la mauvaise périphrase *aller à cheval*); *compasseur, conforter, connecter, contourner, découronner* (une tête découronnée); *décaster* (bannir de la caste); *défeuiller* (qui n'est pas *effeuiller*); *définissable, défendable, défléchir* (Rousseau), *retourner* (offre un autre sens); *déformateur, dépersuader, se desprendre, désaccoutumance, désabusement, désolateur, discourtois; se douloir* (mot qui n'est ni se plaindre ni *souffrir*, et qui renferme ces deux sens); *empouper* (belle création de Ronsard), *le vent empoupa nos voiles; énamourer* (mot indispensable; *la terre était énamourée*, Régnier); *endolori* (Rousseau); *enfiévrer* (remis en usage par Beaumarchais); *enseigneur, enumérateur, épreindre; esclaver* (qui n'est pas *asservir;* les Polonais, qu'on ne réussit jamais à *esclaver*, ont été *asservis*); *esjouissance* (jouissance calme et profondément sentie); *floridité, formateur, gothicité, guirlander, haïsseur, herbageux, inapte à..., jarreter; latineur* (pédant qui ne sait que du latin); *mépriseur, mépriseur du peuple* (Amyot); *méplacer* (qui n'est pas *déplacer*); *murmurateur* (beau mot qui se trouve dans Amyot et Bossuet); *naufrageux* (une côte naufrageuse); *nuisance, occupateur, offenseur* (Corneille); *œillader; orphelinage* (état de l'orphelin); *oseur* (mot renouvelé par Beaumarchais, le plus grand *oseur* d'un temps où l'on osait tout); *ostentateur, pardonneur; parâtre* (masculin de marâtre); *parentage* (qui n'est ni *parenté* ni *famille*); *plantureux, rampement* (Bossuet); *rancœur, ravageur, raviver, rebaiser, regrettable* (Desportes); *remueur, régenteur, renverseur, scrutateur; sereiner* (rendre serein; l'anglais et l'italien possèdent ce mot dont Montaigne a fait un si bel usage); *sifflable* (Voltaire); *stériliser* (que nous rendons par une périphrase, *frapper de stéri-*

lité); *subalternité* (Mme de Sévigné); *tempétueux* (qui n'est pas *orageux*); *tortuosité* (Bossuet); *tardiveté* (Mme de Sévigné, ce n'est pas la *lenteur*).

Pas un de ces mots qui, en dépit d'une proscription injuste, n'ait sa puissance et ne porte avec lui une signification distincte et marquée; pas un qui ne manque au langage, lorsque la pensée qui le sollicite se présente à l'esprit ou sous la plume; pas un qui ne fasse faute au traducteur de ces langues étrangères, moins riches ordinairement que la nôtre, mais qui n'ont pas imité notre dédain ni répudié leurs trésors. Les Italiens ont *disamare;* les Espagnols *desamar;* les Anglais *dislike;* comment rendrons-nous ces mots si simples? L'expression *désaimer* nous manque; nous l'avons exclue, comme si nous n'étions pas le peuple du monde qui aime et désaime le plus vite!

Il nous faudra employer la périphrase, qui allanguit et décolore toujours la pensée.

— Un jour plus doux *sereine* l'univers,

dit Ronsard; « la philosophie, selon Montaigne, doit *sereiner* les tempêtes de l'âme. »

Essayez de changer dans ce beau vers, le vieux et excellent mot qui en fait tout le prix!

— Ce plaisir tant *regrettable,*

Au lieu de cette parole claire, douce et poétique, faut-il parler lourdement des *regrets que cause le plaisir perdu*? Où est l'harmonie? Où est la grâce? Où est la brièveté?

Bossuet nous montre ces RAVAGEURS *de province, qu'on nomme conquérants;* — Jodelle représente sa Cléopâtre *toute* PANTELANTE *de colère;* — Montaigne se rit des *baisemens de mains affectés et des révérences* SERPENTÉS; — La Bruyère dépeint ces gens qui *n'apportent dans la société que du dédain et du* RENGORGEMENT ; — *Je hais*, dit Rousseau, *les* RUSEURS *de cette espèce*. Ce sont autant de barbarismes excellents.

La périphrase et l'euphémisme, si fréquents parmi nous, sont nés des ménagements sociaux et du raffinement des mœurs. On ne veut pas dire simplement sa pensée, on cherche à en voiler la nudité, à en émousser la vive saillie, à en polir les aspérités. Les mots naturels, les seuls qui soient poétiques et éloquents, deviennent durs et *hargneux*, comme dit Charron ; le laconisme semble populaire, l'énergie est rejetée comme triviale, la naïveté comme niaise. Dire d'un homme qu'il est *oseur, mépriseur, ruseur, offenseur, abuseur, ostentateur*, c'est ne ménager rien. Dire d'une femme qu'elle s'est *énamourée* du roi, est beaucoup trop simple ; cependant *amouracher* est burlesque : *rendre amoureux* est traînant. *Loyse Labé*, la Cordière de Lyon a si bien dit :

> Le Dieu qui tout enflamme
> *Enamoura* le plus pur de mon âme !

Et Régnier, avec une grâce inimitable :

> ..... Le printemps sous ses pieds florissait,
> Tout riait auprès d'elle : et la terre parée
> Estait *énamourée*.

Le même motif qui dépouilla la prononciation française de toute espèce d'accent, déshérita la langue des diminutifs, des augmentatifs, des privatifs ; on la dompta de toute manière, on lui imposa la bride, le mors, le frein et la martingale ; on voulut qu'elle fût avant tout de bon ton, bien disciplinée, bien morigénée. Les hommes de génie marchèrent à la gloire sous ces entraves ; la puissance de leur talent a grandi dans la lutte.

Le mot *haïsseur*, qui semblait dur et violent, a subi

l'ostracisme. Mais comment traduirez-vous la phrase connue de Samuel Johnson ; « *J'aime un bon haïsseur* (I love a good hater)? » Conforme à toutes les règles de l'analogie, *haïsseur* n'a qu'un défaut, c'est d'être trop expressif.

Vous voulez exprimer le dommage ou la gêne causés par un objet nuisible ; de quel terme vous servir, si ce n'est du mot *nuisance*, malheureusement perdu ? Un violon criard, qui retentit sans cesse à vos oreilles, un atelier ou une fabrique dont le bruit ou les exhalaisons vous importunent, constituent des *nuisances* insupportables. La chose est commune ; notre langue polie a perdu le mot, que les Allemands et les Anglais ont conservé.

Pour distinguer les exercices et les jeux auxquels on se livre en plein air, de ceux qui peuvent être en usage, dans l'intérieur des maisons, nos pères avaient emprunté le terme latin *ombratile*. Pasquier conseille à son fils les *exercices ombratiles* ; je ne sais comment nous remplacerons aujourd'hui cette expression surannée. *Outrepercer* vaut mieux que *percer d'outre en outre*. Le *courroux*, la *colère*, la *rage*, la *fureur*, ne sont pas synonymes avec l'*ire*, mot admirable ; on conçoit l'*ire sublime* de Dieu, non sa *colère*. *Portraire* ou *pourtraire*, est plus bref et meilleur que *faire le portrait*. Jamais les mots *haine*, *animosité*, *violence*, *hostilité* ne rendront le sens profond du mot *rancœur*, indélébile et juste ressentiment d'un outrage. Les Anglais ont enchéri sur cette expression : ils possèdent *rancour* et *rancourous*. Qui pourrait préférer au noble mot, la *superbe*, le mot *orgueil*, et même le mot *fierté ?* Comment se fait-il que toutes les paroles énergiques et poétiques se soient effacées peu à peu du dictionnaire ? C'est, nous le répétons, que nos mœurs se sont elles-mêmes effacées ; c'est que, renfermées dans le boudoir et le salon, elles ont eu peu de l'énergie pittoresque, et choisi pour muses la réticence, la précaution oratoire, la délicatesse et l'euphémisme.

Montaigne, Pascal, Fénelon, La Bruyère, Bossuet, Voltaire, Rousseau, Montesquieu, tous nos grands écrivains ont renouvelé des mots anciens, ont évoqué les expressions dont ils avaient besoin. Le pur Racine est l'un des poëtes qui ont le plus osé, non peut-être comme créateur et *forgeur* de mots, mais comme inventeur de tournures et d'alliances d'expressions inconnues avant lui. Les idiomes appartiennent aux hommes de génie; ils en font ce qu'ils veulent, et connaissent leurs droits. Les *affres de la mort* chez Rousseau; ces *âcres baisers* qu'on lui a tant reprochés; *les oiseaux clameux* chez Buffon, ceux qui *clament* (clamitant) au lieu de crier; les *pantoufleries* même de madame de Sévigné (les lettres qu'on écrit sans quitter ses pantoufles); les *rampements* de la flatterie dans Bossuet, sont des expressions insolites, dont ils avaient besoin une fois, et qu'ils ont rejetées ensuite. Qu'on lise ces mots à leur place, on verra combien ces nuances du langage, bizarres en apparence, étaient nécessaires pour compléter le tableau.

Ce n'est pas qu'il faille admettre au hasard tous les barbarismes qu'il plaît aux mauvais écrivains et même aux hommes de génie d'inventer : *emperruquer la lune de cheveux blancs,* avec Dubartas ; adopter les mots composés dont on fit un abus si étrange au seizième siècle, parler du dieu *chèvre-pied* (Pan) et de la mer *doux-flot-flottante,* comme Ronsard; se courroucer avec Mercier le néologue contre la *criticaille,* la *finançaille* et contre ceux qui *barbarisent* le peuple; ou semer son style d'archaïsmes devenus inintelligibles, comme *essimer* (amoindrir), *ains, jaçoit, pieça,* et autres mots tombés dans le domaine des langues mortes. Plusieurs conditions nous semblent indispensables à l'adoption ou à la rénovation d'un mot :

d'abord la nécessité, ensuite une analogie parfaite avec les lois de la langue, enfin l'harmonie et la clarté de l'expression.

Voltaire hasarde le mot *déséborgner* : expression dure à l'oreille, barbare, inutile et fausse en elle-même ; l'homme *éborgné* n'est pas l'homme borgne : le premier des deux a perdu l'œil par accident. A moins de le rendre aveugle, on ne peut pas le *déséborgner*. Madame de Sévigné se plaint du *dévergondement* des femmes ; nous avons le *dévergondage* qui vaut tout autant ; peut-être même cette terminaison péjorative (age), empruntée aux Italiens (*accio, accia*), signe de mépris, comme dans *libertinage, gribouillage, parlage, tripotage, commérage*, ajoute-t-elle à l'énergie dédaigneuse du mot. Linguet parle des *extravasions* de l'éloquence des avocats ; nous ne voyons là qu'une affectation métaphorique, plus prétentieuse que brillante. Puisque nous avons *nébuleux* et *nuageux*, à quoi sert le mot *nubileux* de Ronsard et de Scarron ? Duclos forge le terme *particularisme*, pour « intérêt particulier ; » *personnalité* est plus clair sans être moins expressif.

Lugubrer un drame (Mercier) ne vaut pas *assombrir*. Le même néologiste propose *malléabiliser*, barbarisme et non-sens ; ce mot signifierait, non pas *assouplir*, mais travailler au marteau ; *marteler* est plus simple et plus court. L'académicien Conrart essayait d'introduire le mot *maniéreux*, pour *faiseur de façons* ; *maniéré* suffit et renferme la même idée. L'*ost* des Anglais, pour *le camp des Anglais* (Voltaire), est un *archaïsme* inutile : on en peut dire autant du mot *platise* (platitude), que J.-J. Rousseau affectionne ; du mot *plongement* (Voltaire), dont nous possédons le synonyme *immersion*, corrélatif d'*aspersion*. Nous avons le mot *traduire* : *translater* devient superflu. *Equipoller*, dont Boursault s'est servi, n'est qu'un synonyme obscur et inutile du mot *équivaloir*.

Voici quelques *archaïsmes* échappés aux recherches de la plupart des philologues :

Teneur. Estienne Pasquier parle de Michel L'Hospital et dit : *Admirez la teneur de cette incorruptible vie.* Changer cette grave et forte expression, ce serait détruire le sens de la phrase.

Entrejet. Le même écrivain loue *Marc-Aurèle dont l'âme passe d'un si long entrejet,* dit-il, toutes ses âmes contemporaines.

Avachir. Montaigne se plaint de ce que son âme est *allangourie* et *avachie* par la vieillessse.

Appâteur. Selon Joachim Du Bellay, les poëtes sont grands *appâteurs d'oreilles.*

Façonnette (petite façon). Coquillart, le gai chanoine, vante dès le quinzième siècle *les façonnettes sadinettes* (douces) des petites femmes de Paris.

Éprouveur. Ce mot est dans Diderot. On a vu à la cour de Catherine II *une éprouveuse* en titre, dont l'office n'était point sinécure.

Advenir, advenu. Loysel a composé un *Traité des maux advenus pendant les troubles.* Le mot *survenus* n'exprimerait pas le même sens. Le mot *arrivés* serait impropre.

Princier, princière. Belle expression de Ronsard ; *arrogance princière.* Il mérite d'être remis en honneur.

Courtisanesque. Montaigne et Charron se moquent des *airs courtisanesques.*

Despotiser, employé par Ronsard, Dubartas et d'Aubigné ; on l'a ressuscité tout à coup pendant la Révolution française.

Frisotter est dans les poésies de ce Coquillart, le plus exact observateur des minauderies de son temps (**1480**).

Gorgette se trouve dans le même écrivain.

Mingrelet (chétif, mince et faible). On trouve ce mot, non-seulement chez Tabourot sieur des Accords, mais chez La Fontaine, grand imitateur de nos anciens poëtes.

Mirelifique est connu de tous les lecteurs de Rabelais.

Poupine est dans Coquillart.

Nuager (verbe) est un beau mot perdu. Ronsard se plaint de ce que le front de sa *maîtresse se nuage de soupçons*.

Patoiser, parler patois, est dans d'Aubigné.

Faire rage répond au *debacchari* des Latins; La Fontaine s'en est servi, comment le remplacerons-nous ?

L'une des plus étranges alliances de mots que l'on ait inventées au seizième siècle, est celle que Béroalde de Verville hasarde dans son *Moyen de parvenir*. Il appelle les courtisans *seringues de flatterie*.

Cueillette. Mot inventé par Olivier de Serres; s'il s'est conservé.

Ecacher. La pointe de l'esprit s'écache, devient mousse (Tabourot).

Raffiné d'honneur. A la cour de Henri IV les duellistes de profession se nommaient ainsi. Le grand-père de madame de Maintenon, Agrippa d'Aubigné, se moque beaucoup de ces personnages.

§ X

Mots exotiques passés dans la langue. — Egotiste. — Humeur.

Je ne sais si, en essayant de faire passer les mots anglais *égotiste*, *égotisme* dans la langue française, quelques auteurs n'auraient pas dû définir plus exactement le sens de cette expression étrangère et les nuances qui la séparent du *selfishness*. L'*égotist* se place en première ligne, il rapporte tout à lui; le *selfish* se concentre en lui seul, s'enferme en lui-même. L'*égotisme* ne voit les objets qu'à travers ses propres idées, ses passions et ses préjugés, qui peuvent être honorables et vertueux. Le *selfishness* ne voit rien que sa propre existence. L'un dit : *Moi*, avant tout *ego*, l'autre dit avec Médée : *Moi seul, et c'est assez !*

Montaigne parle sans cesse de lui ; ses humeurs, ses passions, ses fantaisies, son tempérament, ses souvenirs l'occupent toujours ; il ne juge, il ne médite que d'après les données que sa personnalité lui fournit ; comme Byron, Jean-Jacques Rousseau et Alfieri, c'est un *égotiste*, ce n'est pas un *égoïste*. L'*égoïsme* tel que nous l'entendons contient tous les germes du crime : c'est lui qui met le feu à une maison pour y faire cuire ses œufs ; c'est lui qui sacrifie constamment les autres à lui-même. L'*égotisme* au contraire a quelque chose de naïf qui ne saillie pas mal au génie, au talent, à la vertu. L'abbé de Saint-Pierre, dont la vie s'écoula conforme à sa devise admirable (*donner et pardonner*), n'en était pas moins un très-honnête et très-ennuyeux *égotiste*. Mirabeau, l'ami des hommes, qui ne parlait jamais de lui, et semblait s'oublier pour ses semblables, était un *égoïste* atroce. Les Anglais ont en outre *egotistical*, « égotistique. »

On peut s'étonner de ce que l'acception des mots les plus usités chez un peuple voisin, soit inconnue ou mal comprise de la nation voisine. *Egotisme* vient de nous en offrir un exemple : *respectable*, *fashionable*, *fashion* sont également intraduisibles. Voltaire. lui-même s'est mépris sur le mot anglais *humour*, humeur ; et la définition des dictionnaires manque de justesse. L'*humour* n'est pas, comme le prétend Voltaire, *une plaisanterie naturelle*, c'est le « caprice d'une originalité marquée ; » c'est la fantaisie dominante de chacun. Les *Originaux* de Fagan ne sont que des *humourists*. Cet Anglais qui, pour effrayer les gens réunis dans un bal masqué, se déguisa en cercueil et entra sous ce costume dans la salle du bal, était un *humourist* (1) genre sombre. Une phrase encore usitée en français prouve que cette ancienne acception nous était commune avec les Anglais : *c'est mon humeur*, disons-nous tous les jours : *'tis my humour*, s'écrie le soldat Nym, compagnon de Falstaff. Cette *humour* est le point saillant du caractère, le côté bizarre de notre individualité. Au seizième siècle, les courtisans et les fats n'avaient que cette parole à la bouche. Dans le *Baron de Feneste*, la plus spirituelle satire de mœurs que cette époque ait produite, Agrippa d'Aubigné a réuni toutes les *humeurs* de son temps : le *raffiné* d'honneur ; le courtisan *dameret;* le gentilhomme rural ; le *mignon* des dames. Ben Johnson, dans une de ses comédies, donne la définition philosophique, exacte, profonde même quoique très-peu dramatique, du mot *humour* et du sens que l'on doit y attacher.

« L'*humeur*, dit-il, est chose fluide et humide de sa
« nature, comme l'air et l'eau. Jetez de l'eau sur la
« terre; elle va s'écouler et fuir. Faites passer de l'air
« dans un tube, il s'échappera bruyamment. Tout ce
« qui est sans solidité, tout ce qui ne peut se contenir
« et rester ferme, est *humeur :* nos colères, notre mé-
« lancolie, nos impatiences, nos caprices. Que chez
« un homme quelque inclination particulière en-
« traîne et absorbe toutes les autres ; que ses facultés,
« ses idées, ses affections, dominées et emportées par
« cette idée spéciale et unique, se dirigent violem-
« ment du même côté, vers le même but, ce sera là
« son *humeur*. Oh ! les comiques *humeurs* que nous
« voyons de par le monde ! Oh ! les originales indivi-
« dualités ! Celui-ci porte une aiguillette à la Suisse ;
« cet autre une collerette à trois étages ; celui-ci une
« plume de vingt couleurs ; ce quatrième, des jarre-

(1) V. nos Études sur les HUMORISTES ANGLAIS AU DIX-HUITIÈME SIÈCLE.

« tières de France; ce dernier un chapeau galonné!
« le tout pour avoir une *humeur* à soi. Je veux fouet-
« ter ces singes *humoristes;* je veux qu'on les voie au
« naturel, dans un miroir grand comme le théâtre sur
« lequel je suis monté (1). »

Bouquin, comme on sait, vient de l'allemand *buchlein; rosse*, de l'allemand *ross;* — *ganache*, de l'espagnol *gavacho*.

Galopade (danse du dix-neuvième siècle) mérite une place à côté de la *pavanne* de Charles IX, du *menuet* de Louis XIV, et de la *chaconne* de Louis XV.

Méthodisme (secte religieuse, sévère et exaltée), puritanisme du dix-neuvième siècle, nous vient d'Angleterre.

Négatif (*un talent négatif, une beauté négative*, un talent, une beauté qu'on ne peut louer qu'en énumérant les défauts qui leur manquent, et non les qualités qui les distinguent). Cette acception toute nouvelle, dont nous ne garantissons pas la propriété, nous vient de la philosophie allemande.

Patronnage, expression anglaise, est indispensable aujourd'hui.

Le *pittoresque* (substantif), expression anglaise, est devenue commune.

Plumitifs, plaisanterie anglaise de Voltaire, qui appelle ainsi les gens de lettres : *Nous autres plumitifs*.....

Réfléchir. Madame Roland et madame de Staël ont donné à l'allemand un régime à ce verbe. — *Réfléchir sa sensibilité*, ont-elles dit : barbarisme énergique ! Mais est-ce un barbarisme ? *Raisonner sa sensibilité* n'est pas l'équivalent de l'expression que nous venons de citer.

Touriste, mot anglais ; voyageur par métier : expres-

---

(1) *Every man out of his humour.*

sion déjà usitée et préférable au mot *voyagiste*, qui se trouve dans plusieurs Dictionnaires.

Nous pourrions citer encore le mot *artistique*, mot anglais qui s'est introduit récemment, et qui nous semble barbare ; le mot *artiste* (adjectif, une âme *artiste*, un esprit *artiste*); *essayiste* (écrivain d'essais, mot emprunté aux Anglais).

Le mot allemand *espiègle* se rapporte à *Tyll Eulenspiegel*: son tombeau existe encore aujourd'hui près de Dam en Belgique. Il fit comme notre Villon beaucoup de bonnes ou de mauvaises plaisanteries dans sa vie; et de même qu'on appela *villonerie* un trait d'adresse frisant la corde, on donna le nom *d'espièglerie* aux tours plus innocents de ce loustic flamand.

Le mot *califourchon*, dont nous ignorons la source, n'est pas le *hobby-horse* de Sterne. Il est vrai que les traducteurs de Tristram se sont servis de cette expression ; mais elle est fausse : le *hobby-horse* n'est point un *califourchon*. Le sens véritable de ce mot, sens peu connu même en Angleterre, remonte à une époque éloignée et se rattache à une particularité curieuse des mœurs des treizième et quatorzième siècles. Sterne, très-versé dans l'ancienne littérature de son pays, savait bien ce qu'il voulait dire.

Avez-vous vu pendant le carnaval quelqu'un de ces Pantalons ou de ces Polichinelles, montés sur un cheval de carton couvert de draperies flottantes ? Les jambes de l'animal semblent courbetter, galoper, voltiger, sans que ses gambades fassent broncher seulement le cavalier intrépide. C'est un simulacre de cheval, *hobby-horse*. Vous attachez à votre corps un mannequin d'osier à tête de cheval, qui se fixe autour de la ceinture, vous cachez vos jambes sous les caparaçons et vous faites mouvoir la partie inférieure de la machine qui représente les jambes de l'animal. Ainsi l'homme conducteur du *hobby-horse* n'est point à *califourchon*, en exécutant une danse grotesque, dont le moteur apparent est un cheval, il ne quitte pas la terre. C'est un mensonge d'équitation.

Le *hobby-horse* jouait le rôle le plus important dans une espèce de scène dramatique et dansée, fort populaire en Angleterre pendant deux ou trois siècles : elle se nommait la danse moresque (*morris-dance*). On y voyait paraître l'indispensable bouffon, un moine amoureux, Marianne l'objet de ses amours, un joueur de flûte, deux maures et le *hobby-horse;* tous, chargés de sonnettes, faisaient, comme dit Rabelais, « un tintamare du diable; » ils se donnaient tant de peine pour amuser leur public, qu'on avait toujours soin de préparer d'avance des serviettes pour étancher la sueur dont ils allaient se couvrir. « Allons, dit l'un « des acteurs d'une comédie anglaise du seizième siè- « cle, préparez les serviettes; le *hobby-horse* arrive. » Les cris obligés que poussait le prétendu cavalier du *hobby-horse* se nommaient, en termes de l'art, *Whighhieing* (Ouaï-haï-ingg); et c'est sans doute de cette agréable onomatopée que le docteur Swift a fait dériver ses *Houyhnhms*, nation de chevaux philosophes. Le même auteur que je viens de citer, Fletcher, introduit dans une autre de ses pièces un dévot nouvellement converti, qui se repent d'avoir caracolé avec le *Hobby-Horse*.

« *C'est une bête de l'Apocalypse*, dit-il, *un animal d'a-*
« *bomination; je ne m'en servirai plus, ses pas sont mau-*
« *dits, ses sonnettes profanes, et son hennissement est le*
« *chant des Amalécites.* »

Sterne, en ravivant cette vieille expression, voulait indiquer une fantaisie de carnaval, un caprice bouffon, une marotte de prédilection, une folie adoptée; le mot familier *califourchon*, employé par les traducteurs, ne rend aucune de ces significations; il fait même contre-sens, puisque le cavalier du *hobby-horse* n'était monté sur rien, et portait son cheval de carton, au lieu d'être porté par lui.

§ XI.

Quelques études philosophiques sur les acceptations de divers mots.

La philologie, dans son rapport avec l'histoire et les mœurs des peuples, est une science à créer. Les occupations, les préjugés, les idées d'une nation constituent son langage.

En Italie, la dernière de toutes les occupations, la science qui n'en est pas une, l'art et la manie des curiosités, devient pour une race très-civilisée, la vertu par excellence, *virtù*. Le calme de l'apathie, le calme plat, qui tue tout, qui ne permet ni à la vertu ni au courage de se développer, c'est la *bonace*, *bonacia*, chose qui n'est bonne que pour les derniers temps de la civilisation.

En Angleterre, douceur (*softness*), c'est folie. Une tête douce (*a soft head*), c'est une tête idiote.

Au contraire, en Italie, la douceur morbide est une qualité ; *morbidezza*, morbidesse ; cette douceur maladive et voluptueuse est devenue un mérite.

Les Latins et les Grecs, exclusifs dans leur patriotisme, ne disaient pas « une nation étrangère, » mais une nation *barbare*. Les Italiens, privés longtemps de patrie, font du mot *pellegrino* le synonyme d'excellent.

Dans leur magnifique indigence, les spirituels descendants des Romains nomment quatre acres de terrain avec une chaumière au milieu, *un pouvoir*, « podere. » Quelle puissance !

Les Anglais appellent l'industrie un *pouvoir*, « powèr ; » c'est d'eux que viennent les machines à « tant de puissance. »

J'ai vu un journal annoncer qu'un repas donné à un cardinal par un cardinal avait été soumis par une Excellence à la *contemplation de Son Excellence*. « *Alla contemplazione della sua Eccelenza.* » Telle est l'idée qu'on se fait de la « contemplation » et des objets auxquels on l'applique.

En Angleterre, les journaux vous apprennent que cet homme qui a tué sa fille après l'avoir violée est un homme *respectable*, *a respectable* man. Cela veut dire un *homme aisé*. Tout homme *money'd* a droit au respect.

Galantuomo en Italie, c'est un homme vêtu ; *valentuomo*, c'est un homme robuste. L'habit, c'est l'honnêteté ; la force, c'est la valeur.

La femme bien vêtue, *donna di garbo*, l'homme sous un costume riche, *uomo di garbo*, sont des personnes bien élevées, des gens d'honneur, *gentlemen*.

Ces transformations du sens selon le caractère des peuples se retrouvent dans tous les idiomes.

Chez les Romains, dont la morale était toute barbare, *facinus* est crime et grande action.

Dépouiller, en Italie, veut dire déshabiller. *Spogliare*.

En Italie, aucun marchand ne vend. Vous entrez chez un mercier et vous lui demandez pour combien il *donne* son aune de ruban, *dà, non vende*.

Pour les Italiennes et les Françaises, un bijou, un anneau, ce sont des *joies, gioie, joyaux*.

On dit en France et en Italie qu'un homme est *justicié, giustiziato*, quand on l'a tué. Vous diriez que le seul devoir de justice, c'est de « tuer. » Vieille barbarie des lois.

Meschino, pauvre, veut dire *méchant*. *Mischievous*.

de *mechef*, malheur, veut également dire « méchant » en anglais. Tous les peuples d'Europe ont confondu l'indigence avec le vice. C'est un *méchant* payeur, disent les Français. *Wretch* en Anglais signifie misérable et détestable.

Pour les Italiens, *captif, prisonnier*, c'est un méchant homme, *cattivo*.

La poésie était morte en Italie après l'Arioste ; mais d'un homme qui fait des grimaces, des contorsions, des gestes, on dit encore : *fa tanti versi*.

Opera, c'était « travail » pour les Romains : « operæ pretium est, » dit Cicéron. Pour les Italiens, c'est je ne sais quel mélange de tous les arts, divers exercices des jambes et du gosier : un bel *opéra*.

Les jurons ne sont pas moins caractéristiques. Les Italiens, amoureux de la beauté, jurent par leurs fruits, par leurs vieux dieux, par leurs arbustes. *Per Bacco, fe di Bacco, corpo di Bacco : cappari ! Corbezoli !* Les Français se moquent de Dieu. Les Anglais flétrissent vos yeux, brûlent vos paupières, damnent tous vos membres l'un après l'autre ; rien n'est plus épouvantable que leurs malédictions de sauvages.

Les Italiens ne réclament pas de la justice les droits qu'ils croient avoir. Ils *humilient leur supplique*. « Umiliare *una supplica*. » Les Français envoient leurs *remontrances*. Les Anglais *pétitionnent*, « petere, » demander la chose due.

En Italie, se moquer d'un homme, c'est le *chanter*, « canzonare. » En Angleterre, c'est le *couper*, — *to cut one's friends*. En France, c'est le *mystifier*, le jouer mystérieusement et sans qu'il s'en doute ; — seule manière convenable à un peuple très-sociable et qui veut revoir les gens dont il s'amuse.

Un bal en Angleterre, c'est une *déconfiture*, « rout ; » tant cette foule pressée dans les salons magnifiques ressemble à une armée en déroute.

Les Romains, comme les Italiens modernes, bâtissaient leurs jardins : *Hortos ædificat Cneïus noster* (Ad Atticum *Ep.* 16, 1. 9). En effet, dans un jardin d'Italie, vous voyez plus de pierres que d'arbres, plus de marbres que de gazons. Les Anglais *plantent* un jardin : *The art of planting gardens.* L'ombre d'un parc anglais descend sur le *Drawing-rom*, et intercepte le faible soleil d'automne. Les Français *dessinent* un jardin ; la régularité des lignes de Le Nôtre était fort admirée. Chez les uns, l'amour de la magnificence, chez les autres celui de la retraite, chez les troisièmes, élégance et goût.

L'idiome d'un peuple, c'est son Verbe, son âme.

APPENDICE[1]

DES VARIATIONS DE LA LANGUE FRANÇAISE PENDANT LE SEIZIÈME SIÈCLE.

§ Ier

Des mots créés ou employés pendant le seizième siècle et que la langue française du dix-septième siècle a perdus.

Le caractère spécial du seizième siècle, nous l'avons dit plus haut, est la fécondité des efforts et la multitude des tentatives. Aussi le dictionnaire complet des mots dont notre seizième siècle a fait usage embrasserait-il des milliers de vocables grecs, latins, italiens, espagnols, allemands, gascons, périgourdins, belges, basques, allemands, jetés confusément dans la circulation par les écrivains hardis de cette époque. Quelques-uns de ces mots nous sont restés ; l'idiome les compte aujourd'hui parmi ses acquisitions heureuses. D'autres ont remplacé, sans y suppléer, de vieux

---

[1] M. Godefroy a publié un travail sur ce sujet.
De même, M. Brachet : *Grammaire historique de la langue française.*
Voir aussi Littré : *Histoire de la langue française,* et *Dictionnaire historique de la langue française.*
De Chevallet : *Origine de la langue française* (2e édit.).
Ethnologie gauloise, 2 vol. in-8 (1872). Couronné par l'Académie des Inscriptions.

vocables d'un sens plus énergique et d'une valeur plus française. Un assez grand nombre ont disparu, emportés avec le tourbillon d'idées, de faits et de disputes qui a occupé les cent années orageuses qui commencent au règne de François Ier et finissent avec celui de Henri IV.

Les mots suivants sont rentrés dans la langue :

Accointer.
Acquêt.
Affinement.
Affoler.
Affret.
Allanguissement.
Allécher.
Ambidextre.
Amoindrir (s').
Apanager.
Affrioler.
Advenu.
Assombrir.
Aucunement.
Avachir.
Aviver.
Batailleur.
Bocageux.
Bourde.
Branle.
Capturer.
Charmeur.
Chevaucher.
Coi.
Compasseur.
Confluer.
Contourner.
Couard.
Courtisanesque.
Coût.
Coutumier.
Crosser.
Cueillette.
Dam.
Daubeur.
Décevant.
Décideur.

Déclarateur.
Décloîter.
Découronner.
Défavoriser.
Défendable.
Dénaturalisation.
Désabusement.
Dévideuse.
Discourtois.
Dupeur.
Efféminer.
Enamourer.
Encontre.
Enfiévrer.
Ébat.
Étoiler.
Explorateur.
Extincteur.
Fabricateur.
Feuillu.
Filoutage.
Fleurette.
Forgeur.
Franges.
Gâcheur.
Gausser (se).
Gorgette.
Hideur.
Indigénat.
Inapte, incoërcible, intenable, invaincu.
Jaugeur.
Jugeur.
Menu (par le).
Moderniser.
Noise.
Nonchaloir.

Offenseur.
Oseur.
Osu.
Ouvrer.
Paraître (le).
Parentage.
Pérennité.
Plantureux.
Pluviner.
Pommader.
Rage (faire).

Ravageur.
Raviver.
Regrettable.
Scintillement.
Scrutateur.
Semblant (faux).
Simulation.
Stériliser.
Trouveur.
Vertigineux.

Nous choisirons parmi les *espaves* de ce naufrage, comme dit Rabelais, quelques-uns des mots dont la perte est aujourd'hui regrettable, dont l'idiome moderne peut aisément reconquérir la richesse, et dont le renouvellement pourrait être utile dans le style soutenu ou le genre familier.

Abestir.
Accointer.
Accort — Accortise.
Accoustrer.
Accoutumance.
Acquet.
Adonc.
Adulatoire.
Adurant (brûlant avec un feu âcre).
Adventure (par).
Affinement.
Affoler.
Affronteur.
Affres.
Aguetter.
Affranchisseur.
Regarder d'aguignette (*guigner*).
Désaimer (*cesser d'aimer*).
Alègre.
Allanguir et ses dérivés.
Allanguissement.
Allégateur.
Allécher.
Alléchable.
Allongeable.
Allourder.

Ambidextre.
S'amignarder.
S'amoindrir. (L'éternité s'amoindrit à nos yeux.)
Amusoir. — (Les pamphlets amusoirs du peuple.)
Angoisseux.
Apanager (Pasquier).
S'aparesser.
S'aponchaler.
Apertise. — (*Adresse.*)
Apoltronir.
Aréneux. — (Plages aréneuses.)
Appâteur.
Affrioler.
Advenu (les maux advenus).
Arrondisseur de phrases.
Assagir.
Assotter.
Assombrir.
Attédier (de *tedium*).
Attraire.
Attremper.
Aucunement.
Avachir (Montaigne).
Avette, petite abeille.
Aviver.

Avrillier (fleur avrillière).
Bastant, tante (de l'italien *bas-tante*).
Batailleur.
Beluter.
Bénoist.
Biendisance.
Bienheusrer.
Bienvienner.
Blandir, blandissant.
Blondir.
Blondoyer.
Bocageux.
Bouquette (de l'italien *bocchetta*).
Bourde, bourder.
Bouter.
Bransle.
Bransloire.
Brulable.
Captureur.
Changeotter.
Charlataner.
Charmeur, charmeresse.
Chevaler.
Chevaucher.
Chevir.
Coi (se tenir coi).
Colombelle.
Colorement.
Compartir.
Compasseur.
Confluer.
Conforter.
Confusion (fusion ensemble).
Connecter.
Consécrateur.
Contregarder.
Contourner.
Coquiner.
Couard—ise.
Courtisanesque.
Coust.
Coutumier.
Crédulement.
Crosser (métaphorique).
Cueillette.
Cuider.

Dam.
Daubeur.
Débruitir.
Décaster.
Décevant.
Décharmer.
Décideur,
Déclarateur.
Décloîtrer.
Déconcertement.
Découronner.
Défavoriser.
Défeuiller (*ôter les feuilles*).
Défendable.
Défléchir.
Déformateur.
Défrayeur.
Délustrer.
Démeiner.
Dénaturalisation (coutume espagnole).
Dénieur (*qui dénie*).
Denuer (employé activement).
Dépersuader.
Dépopulateur.
Déprendre (se) de...
Désaccoutumance.
Désabusement, désabuseur.
Desconforter.
Désennui.
Déserter (*rendre désert*).
Déservir (*cesser de servir*).
Désestimer.
Déshabiter.
Désolateur.
Despiter,
Déspolier.
Destourber.
Désusité (*qui n'est plus usité*).
Desvoyer.
Détordre.
Dévaller.
Dévêtir.
Dévideuse.
Dextrement.
Divinateur.
Discourtois.

Disetteux.
Se douloir.
Dormart.
Droiteur (la qualité d'être droit).
Droiturier.
Druire.
Dupeur.
Écacher (une pointe écachée, un esprit écaché).
Écorneur.
Écrivaillerie.
Efféminer (employé activement).
Embesogner.
Esmoyer (donner de l'émoi; « Émouvoir » signifie donner de l'émotion).
Émouveur.
Empouper.
Enamourer.
Encager.
Enarrable.
Encontre.
Endolorir.
Enfermeur.
Enfiévrer.
Enfilure.
Engouffrer (employé activement).
Enjalouser.
Enseigneur.
Entrejet (ce n'est ni intervalle ni intermédiaire).
Entrelassure.
Entretenement.
Énumérateur.
Envieillir.
Époinçonnement (blessure à coups de poinçon).
Épreindre.
Éprouveur, éprouveuse.
Érener.
Esbahir.
Esbat.
Esbaudir.
Esclaver.
Esjouissance (*plaisir calme*).
Espérable.

Épieur.
Etoiler.
Estranger (*rendre étranger*).
Étrécir (ce n'est pas rétrécir).
Évitable.
Exceptionner (*faire exception*).
Exorable.
Explorateur.
Extincteur.
Fabricateur.
Fâcheusement.
Façonnette (*petite façon*).
Faux (de).
Fleuretis (ornement en fleurs).
Fantastiquer.
Fermir.
Feuillir (verbe neutre).
Feuillu.
Filoutage.
Fleurette.
Floridité.
Forgeur.
Formateur.
Franger.
Fourvoyement.
Frisotter.
Fuiter.
Se gaber.
Gâcheur, gâcheuse.
Gastrolâtre.
Gâterie.
Se gausser.
Gaudisseur.
Glossateur.
Gothicité.
Gorgette.
Gorgiaser (se).
Guenilleux.
Guirlander.
Haïsseur.
Herbageux.
Heurt.
Hideur.
Hommeau (diminutif).
Immodération.
Immolateur.
Implorateur.

Imployable.
Inaccoutumance.
Indigénat.
Inacheté.
Inapercevable, inapprivoisable, inapte, incorécible, incurieux, incurieusement, infréquence, inhonoré, injudicieux, injustesse, intenable, internissable invaincu.
Irraisonné, irraisonnable.
Jargonneur.
Jarreter.
Jaugeur.
Jugeur.
Latineur.
Lunage.
Malheure.
Maniériste.
Manouvrier (employé comme adjectif).
Mécompter (se).
Méconnaissant.
Méfiable (dont on peut se méfier).
Menu (par le).
Mépriseur.
Méplacer.
Mésoffrir.
Messéance.
Mielleusement.
Mingrelet (employé par La Fontaine).
Mirelifique.
Moderniser.
Montreur.
Mordacité.
Murmurateur.
Naqueter.
Naufrageux.
Noise.
Nonchaloir.
Nouveller.
Nuager (verbe).
Nuisance (employé dans la langue anglaise).
Numérable.

Occupateur.
Œillader.
Offenseur.
Ombratile (mot latin : *umbratilis*).
Ombreux.
Ordonnément (avec ordre).
Orpholinage (l'état d'un orphelin).
Ortier (enlever les orties).
Oseur.
Ossu.
Ostentateur.
Oublieur, oubliable.
Ourdisseur.
Ouvrer.
Le Paraître (employé comme substantif par Daubigné).
Pardonneur.
Parâtre (masculin de marâtre).
Parentage.
Patoiser.
Pauvreteux.
Perdeur.
Pénible (qui prend de la peine).
Perennité (Ronsard),
Pérenne (Montaigne).
Pertuiser.
Plantureux (employé dans la langue anglaise — *plenty*).
Plébecule,
Pluviner (pleuvoir à petites gouttes).
Polissure.
Pommader.
Faire rage.
Ramentevoir.
Rampement (*action de ramper*).
Rancœur.
Ravageur.
Raviver, aviver.
Rebaiser.
Rebours, ourse.
Réfutateur, rediseur.
Régenteur.
Regrettable.
Remueur.

Renardier, ère.
Renverseur.
Rosoyant (qui donne des reflets roses).
Routiner (ses élèves).
Ruisselet.
Scintillement.
Scrutateur.
Souloir (*solere*).
Faux-semblant.
Sereiner.
Serpentin.
Sifflable.
Simulation, simulateur.

Stériliser.
Subalternité.
Tardiveté.
Tempêteux.
Teneur (l'incorruptible teneur).
Tollir.
Tortuosité.
Traitreux.
Trigauder.
Trouveur.
Tueur.
Uxorieux (*uxorius*).
Vertigineux.

Tout n'est pas également bon dans cette liste ; mais comment remplacer aujourd'hui ces expressions charmantes : *enamourer, sereiner, aviver*, etc. ?

... D'un jour plus *doux sereine* l'univers,

dit un poëte.

... La terre parée
Était *enamourée*,

dit un autre.

Parmi tant d'expressions bonnes et mauvaises, contenues dans la liste qui précède (à peine le tiers des mots aujourd'hui *désusités*), il faut, pour employer le langage des géologues, distinguer quatre formations diverses, dont les couches superposées ou confondues constituaient le vaste et libre idiome du seizième siècle :

(1) Les mots d'origine gauloise, celtique, sont bien plus nombreux qu'on ne le supposait (voir les auteurs cités au n° 1).
Reste à résoudre une question préalable, si l'on veut déterminer au juste la part du latin dans la formation de la langue française : — Quel était l'idiome parlé par les habitants de la Gaule méridionale, des monts d'Auvergne aux Pyrénées et de l'Océan (Bordeaux) à l'Apennin, limite de l'*empire* gaulois ?
Évidemment, cet idiome (nous le savons par Strabon, César, etc.) n'était pas celui que parlaient les Armoricains, les Belges et autres peuples gaulois : la race méridionale (basque, ibérique, ligurienne) n'était pas une race *celtique*.

1° Les archaïsmes de souche gauloise et française ;

2° Les emprunts faits à la langue italienne au quinzième siècle par les gens du monde et les gens de guerre ;

3° Les importations des langues anciennes ;

4° Les néologismes nés des circonstances, créés par le caprice ou formés par analogie.

Je donnerai plusieurs échantillons caractéristiques de ces formations distinctes. La langue du seizième siècle, si on voulait l'étudier dans ses détails et son ensemble, demanderait un volume ; je me contente d'en tracer le plan et d'en indiquer les divisions.

§ II

Des archaïsmes antérieurs au seizième siècle, et que l'invasion de l'érudition a bannis du langage.

Ce sont les mots les plus intéressants pour nous et ceux que l'on doit essayer surtout de reconquérir et d'approprier aux convenances du dix-neuvième siècle. D'origine et de souche nationales, ils ont toujours une signification nette et forte, quelquefois ironique. Un grand nombre de ces vocables ont disparu dans la guerre acharnée que les érudits Du Bellay, Ronsard et leurs amis livrèrent au style et à l'idiome

Quelle était sa langue ? Mais évidemment la langue qui était parlée sur tout le littoral de la Méditerranée, sauf la grande Grèce et l'Afrique, c'est-à-dire une langue dont le latin était la branche cultivée, le sommet, la fleur.

La preuve, c'est que les deux colonies gauloises transplantées sur le Danube y déposèrent un idiome que tout méridional comprend aisément (le valaque).

Autre, le méridional n'entend pas un mot du bas-breton, le dernier idiome en date, et qui est un apport relativement moderne des Kymris ou Bolgt de la Belgique et de la Grande-Bretagne.

Conclusions : le français que l'on croit latin d'origine est une langue nationale, et le latin n'est qu'un idiome gallo-tusco-grec.

de Joinville, de Christine de Pisan et de Monstrelet. Notre trésor de vocables fut grossi par cette cohorte savante de beaucoup d'expressions heureuses empruntées aux anciens et à l'Italie ; mais aussi bien des mots, de source gallo-latine, pittoresques et puissants, remarquables surtout par la vivacité du mouvement, furent abandonnés tout à fait. Nous n'apporterons que deux ou trois exemples de ces mots :

Affiert (il) — (mot latin, *adfert, refert*), pour *il convient ; Il affiert* est plus énergique en ce qu'il indique non-seulement l'adaptation et la convenance, mais le *mouvement* d'attration et de sympathie — (*ferre ad*).

> « On dit que j'ai bien manière
> « D'être orgoilleusette;
> « Bien affiert à être fière
> « Jeune pucelette. » (FROISSART.)

Aigier (aisé, facile) — de agilis, agile. Ce mot très-agréable et très-vif est perdu aujourd'hui.

> Au premier, quand je proposais
> Du livre rimer la matière
> En ma pensée proposais
> Tot jours garder une manière ;
> Car le livre cuidai rimer
> Tout selon la rime première,
> Mais un peu trop fort la trouvai ;
> Si j'ai rimé en plus *aigière*.
>   (LEMAIRE de Belge).

Cuider (cogitare). — Ce n'est ni penser (*pensare*, peser), ni croire (*credere*, se fier), ni songer (*somniare*) ; c'est *estimer* après avoir réfléchi.

Cet excellent mot offrait une nuance nécessaire et perdue.

Douloir (dolere), avoir douleur. (La reine se dolut de la sentence. Comine.)

Ce mot, qui n'est pas remplacé, exprimait non l'idée métaphysique de la souffrance, mais la sensation douloureuse, le cœur qui se brise et les larmes qui coulent.

Engeigner (prendre au piége). Ce mot est meilleur que *tromper* ou *attraper*, en ce qu'il indique « le piége, » « l'engin » de la ruse. Il a été renouvelé par notre La Fontaine, qui comprenait si bien la valeur de ces vocables énergiques et tout français :

> *Tel* cuide engeigner *autrui*
> *Qui souvent* s'engeigne *lui-même.*

Férir (ferire) ; ce mot latin indique une action plus vive que *frapper*. (Nous férîmes des éperons, dit Joinville.)

Gaudir (gaudere) ; ce mot latin exprimait une joie naïve et spontanée. On ne peut se *réjouir*, qu'en sortant de la tristesse ; *Gaudir* au contraire, c'est « gaudere, » dans le sens ingénu de ce mot.

> *L'un veut railler, l'autre* gaudir *et rire.* (Marot.)

Gésir (jacere), être étendu et couché par terre ; cet excellent mot n'a plus d'équivalent complet.

Issir (exire, sortir avec vitesse). Ce mot latin n'est pas remplacé par *sortir*. *Sortir* vient de *sors* et indique l'idée métaphysique de la destinée, l'urne du destin où le *sort* mêle les noms des mortels. *Issir* exprime le mouvement et reproduit l'image. — (Les fleurs qui de moi *issent*, dit François Ier.)

Liesse (lætitia). Ce mot n'exprime pas la jouissance, la joie, ni un mouvement rapide de gaieté (gaudere), mais une plénitude de satisfaction complète et la dilatation de l'être humain. — (Le banny du royaume de *Liesse*.)

Nonchaloir (avoir en nonchaloir, ne pas tenir compte) ; ce mot d'origine et de source françaises est excellent. — (Ronsard a mis Marot en *nonchaloir*.)

Tout-outre, complétement. Ce mot, employé par Montluc, n'est pas remplacé.

« Capitaines, mes compagnons, quand vous serez
« à telles noces, pressez vos gens, parlez à l'un et à
« l'autre, remuez-vous, croyez que vous les rendrez
« vaillants *tout-outre*, quand ils ne le seraient qu'à
« demi. » Pasquier cite avec raison ce commencement des Mémoires de Montluc comme modèle de style soldatesque, franc et viril. — *Tout-outre*, c'est l *throughout* des Anglais.

Poignis (pugna), combat corps à corps, à coups de poing. Mot expressif et perdu. (Lors commença le poignys fort et grand. Joinville.)

Ramentevoir (remettre en mémoire). Ce mot admirable indiquait la nuance vague d'un souvenir éloigné. (Les cordeliers lui ramentevaient. Joinville.)

Semondre (faire une semonce, insister en pressant). Ce mot, qui ne signifie ni sommer, ni ordonner, ni inviter, est encore une nuance perdue.

Rober (voler) — exprime une action de rapt violent et de dommage causé; idées qui ne se trouvent plus ni dans *voler* (faire disparaître rapidement), ni dans *dérober* (enlever d'un endroit). — (Les choses robées. — Joinville.) C'est le *rauben* allemand, le *rapere* latin, le *gripa* islandais.

Souloir ou *Soloir* (solere). Ce mot s'est perdu, parce qu'il est trop facile de le confondre avec un mot ignoble (soûl, saoul, saouler). Il était excellent, La Fontaine le comprenait bien.

— Deux parts au fit (de sa vie) dont il *soulait* passer,
L'une à dormir et l'autre à ne rien faire.

Être habitué ne rend pas la même nuance.

Tollir (tollere). Ce mot latin est bien plus vif qu'*enlever*. — *Enlever* indique le fait, non la rapidité véhémente de l'action. (Quand nous fut tollue la vue de la terre. Joinville.)

Voilà quelques-uns des sacrifices auxquels les érudits du seizième siècle nous ont forcés, quelques-unes des expressions puissantes qu'ils ont fait perdre à notre lexique. Plus de deux cents vocables de même espèce ont subi l'ostracisme entre 1500 et 1620; tous ces mots ressortaient du caractère même et du génie de la race, étant comme elle prompts, énergiques et d'une vivacité toute française. Les nuances métaphysiques de la pensée ne valent jamais l'image populaire de l'action ou de l'objet.

Nous ne regrettons pas certains vocables inutiles ou parasites dont le seizième siècle a fait justice ; *Voire*, *maleir*, *hateiner* n'enrichissaient l'idiôme d'aucune nuance indispensable ou pittoresque.

Voire, *voirement*, explétifs assez inutiles, se perdent vers 1601 ; — *maleir* pour *maudire* ; — *endementiers* pour *cependant*, apparaissent encore, en 1615, pour la dernière fois.

On abandonne vers 1615 les vieux mots *pleuvir*, donner ; *goffe*, grossier ; *haleiner*, fréquenter. La suppression des articles devient rare. En 1520, on commence à remplacer bénisson par *bénédiction* ; cil par *celuy* ; hersoir par *hiersoir* ; repens par *repentant* ; froidilleux par *frilleux*.

On bannit les abréviations *hireté* (hérédité), *main* (matin), *forment* (fortement).

Enfin, tout ce qui peut donner de la solennité ou de l'aplomb au langage, et le rapprocher des beaux idiomes, on l'adopte. En même temps on rejette avec dédain les rustiques et vigoureuses expressions de la vieille France.

Une fois sorti de l'ardent foyer du seizième siècle, le langage redevenu fidèle à la lucidité du génie français marche constamment vers le mode analytique et métaphysique, vers la forme claire et disciplinée ; il se détache peu à peu des obscurités, des ellipses, des abréviations, et s'éloigne en même temps des tours pittoresques et de la vivacité expressive.

§ III

Des vocables empruntés à l'Italie par les hommes de guerre et les savants.

Henry Estienne, dans son curieux ouvrage intitulé *Du langage français italianisé*, en a donné la liste très-considérable,

Dès le règne de Louis XII, les guerres d'Italie avaient introduit *colonelle, cavalerie, infanterie, enseigne, escadron. Réussir* et *accort* viennent aussi de l'italien, et datent du douzième siècle. Les ridicules façons de dire « *terriblement* plaisant, » « *grandement* petit, » datent de loin et viennent d'Italie ; ce sont autant de mignardises empruntées au style affecté des petites cours de Ferrare et de Parme. Dans le *Verger d'honneur* on lit :

Je me tenoye terriblement *heureux !*

Cette mode italique créa plusieurs mots qui ne survécurent pas au seizième siècle : — Contraste, pour « division ; » concert, pour « conférence ; » accort, pour « advisé » ; en conche (concinnus), pour « en ordre ; » garbe, pour « bonne grâce, bonne tournure. »

D'autres mots italiens sont restés dans l'idiome, comme « *supercherie ;* » ce dernier mot, ainsi que les mots « *pédant* » et « *pédantesque*, » était du plus bel usage au seizième siècle. Entre 1620 et 1670, les gens du grand air ne parlaient plus qu'un italien orné de désinences françaises. Tout le monde tenait à dire, au lieu « de chevalerie, » *cavalerie ;* au lieu de « chevalier, » *cavalier ;* au lieu « d'embûche, » *embuscade ;* au lieu « d'attacher l'escarmouche, » *attaquer ;* au lieu de « bataillon, » *escadron.* Ces mots nés de la rodomontade des soldats qui tous voulaient avoir l'air d'avoir assisté aux guerres d'Italie firent rapidement leur chemin. Il n'y eut plus désormais de « chevalerie » que dans les romans et que dans les souvenirs. Ce que l'on appelait « aventuriers et piétons » se nomma *infanterie*, à l'italienne. On peut citer encore parmi ses importations :

Courtisan (de cortegiano, mot acclimaté sous François Ier);

De là *courtiser*, flatter, comme ceux qui entourent un roi. *Olivier de Magny* créa ce mot, devenu fréquent au seizième siècle.

Machiavéliser, se conduire d'après les préceptes de Machiavel. « Pour obtenir quelque honneur au présent siècle, il faut machiavéliser. » (Pasquier.) Ce mot s'est perdu ; *machiavélisme* est resté.

Près de cent cinquante vocables et leurs dérivés nous arrivèrent par cette voie ; en général, le sens de ces mots est raffiné et souple. De *schifar*, on fit *esquiver*, expression vive, fine, pittoresque. « Nessun, » « adès, » « lozenger » (*nessuno, adesso, luzingar*), furent rendus à l'italien après 1580, et ne reparurent plus chez nous.

§ IV

Des vocables empruntés aux langues anciennes par les érudits et les poëtes.

L'invasion des mots italiens avait occupé les trente premières années du siècle. Les cinquante années suivantes virent le lexique de la Grèce et de Rome usurper notre idiome. Les savants défigurèrent leur nom et l'enveloppèrent de voiles grecs et latins : « Parrhasius, Thuanus, Puteus, etc. ; » Bassompierre, devint « Humilis sonus a rupe. » Les acquisitions de mots grecs et latins faites à cette époque sont si nombreuses, qu'il faudrait un lexique pour les noter toutes. On n'en indiquera ici que deux ou trois qui portent le nom de leur introducteur.

Apostrophe (mot grec) est né au milieu du seizième siècle, des efforts érudits de Meigret et de Pelletier pour régler l'orthographe.

Analogie a été emprunté au grec, vers 1560, par Henry Estienne.

Astorge (sans colère), mauvais et pédantesque mot pris du grec par d'Aubigné, n'a pas pu se maintenir.

Jurisconsulte, mot latin, a été importé par Denys Sauvage et nous est resté.

Parquoi (propterea quod), mot perdu, est un peu regrettable.

Précellence, mot meilleur qu'*excellence*, exprime une supériorité relative ; — le « précellence du grec sur le latin. » Cette expression délicate et énergique appartient à Joachim Du Bellay.

Sophistiquer, tiré du grec par Rabelais, n'est pas maintenu.

Stratagème, emprunté au grec vers 1550, par Henry Estienne, a pris droit de bourgeoisie et l'a gardé.

C'est au seizième siècle que sont entrés dans l'idiome, pour s'y naturaliser définitivement, les termes métaphysiques, les mots nécessaires à la technologie, le dictionnaire tout entier des termes d'art et de science ; richesse considérable, acquisition exotique, dont l'influence a été mêlée de bien et de mal.

Les sciences, se servant en France de mots étrangers et archaïques, y sont devenues moins populaires. Ces termes savants, qui n'avaient aucun sens pour le peuple, rendaient la culture intellectuelle plus difficile et plus rare ; la littérature, s'éloignant des masses, devenait le partage exclusif des classes supérieures.

C'est un fait de la plus haute importance.

Les érudits du seizième siècle, en comblant notre Dictionnaire de vocables latins et surtout grecs, livrèrent à leurs successeurs, à Racine et à Bossuet, un idiome savant et solennel ; ces derniers ont eu besoin de tout leur génie pour mêler à cette érudition la simplicité et la grâce. Dans les langues originales et qui vivent sur leur propre fonds, les mots qui parlent à l'imagination des hommes illettrés sont nombreux. Un ouvrier allemand ne dit jamais *Psychologie*, mais « *science d'âmes.* » (Seelenlehre.) — Il dit « *science d'éducation* » (Erziehungswissenschaft); et « *expressions de métier* » (Gewerbkunde); il comprend tous ces mots. Un paysan français ne peut attacher aucune idée nette à *Psychologie, Pédagogie, Technologie*, — ce sont de très-beaux vocables grecs dont les lettrés seuls possèdent la clef et sentent la valeur.

§ V

Des vocables créés au seizième siècle par diverses circonstances et des changements survenus dans l'orthographe et la prononciation.

Presque tous les écrivains inventèrent et introduisirent des mots nouveaux. On doit entre autres à l'admirable prosateur Michel Montaigne :

Gendarmer, se *gendarmer,* mot très-hardi et très-beau.

Diversion, faire diversion, et *enfantillage ;* ces mots sont restés ainsi que la plupart des créations de Montaigne.

Avant-propos, mot créé par Charondas le Caron, est resté.

Barbe-rase, pour *pédant*, n'a pas vécu. Fœneste appelle ainsi Scaliger « qui, dit-il, aurait couru tout l'ancien monde sans truchement. » Ce mot grotesque a disparu.

Désespérades (mouvements désespérés). Ce mot singulier, employé par François d'Amboise ironiquement, est oublié.

Chrestienner, rendre chrétien. — « Comme tous les bons citoyens, M. de Thou et M. Du Bellay ne pensent pas qu'il faut chrestienner un huguenot par force. » Ainsi dit le bon et spirituel Estienne Pasquier.

Duel (pour épée). Ce mot mal inventé et amphibologique a disparu.

Entregloser (se battre à coups de gloses). Cet excellent mot est perdu. « Les jurisconsultes (dit Tabourot) ne font que s'entregloser. »

Espoinçonner (piquer d'un poinçon). Ce mot énergique, employé par Ronsard, est perdu.

Fleuretis (fleurettes de langage). Les Anglais ont gardé « flirtation, » *coquetterie légère*. — « Ce fleuretis d'un sémillant langage, que Henri IV détestait, » dit le Béarnais Olhagaray.

Escarbillat (qui patoise l'auvergnat). Ce mot perdu fut appliqué à Montaigne par Pasquier. Les patois étaient encore vivants chez les hommes de lettres les plus distingués. La fusion ne s'était pas accomplie dans le centre unique de la cour où devait venir aboutir et se perdre la féodalité.

Frelater (un des mots rares venus de l'allemand au quinzième siècle, de *Verfœlschen*) s'est conservé.

Italianiser. Henri Estienne l'a créé ; il s'est perdu.

Lambiner, procéder lentement à la façon de Denys Lambin, savant personnage. Ce mot s'est conservé.

Malader. Ce mot mal inventé par Ronsard a disparu. V. *Player*.

Ordonnément (avec ordre). Ce mot perdu qui se trouve chez Montaigne était excellent. « Ils n'allaient pas ordonnément. »

Pateliner, patelinage, sont nés de cette charmante farce de Pathelin, jouée au quinzième siècle, et vivent encore.

Pétrarchiser, imiter Pétrarque. Henri Estienne l'a inventé; il a disparu.

Les guerres de la ligue firent les mots *piafer, aller à la picorée, populace, affreux* (du vieux mot *affres*, que Jean-Jacques a renouvelé).

Player (faire une playe), mot mal inventé par Ronsard. — « Je ne trouve bons, dit Pasquier, ni *player*, de Ronsard, ni *malader*. Nous devons les mots au peuple et leur mesnage aux belles plumes. On peut quelquefois emprunter au grec, italien et latin, mais non pas les écorcher. » Pasquier a raison.

Pléiadizer (imiter Ronsard et la Pléiade). Ce mot employé par Pasquier est devenu inutile.

Proser (mettre en prose). Ce mot perdu est à regretter. « Proser de la rime et rimer de la prose, » dit Régnier. Les Anglais ont conservé « prosing. »

Les vins *ginguets* et la *coqueluche* datent du commencement du xvie siècle, et personne ne sait aujourd'hui à quoi attribuer leur naissance.

On fit des dérivés dont les uns tombèrent et les autres subsistèrent : *effectuer, occasionner, manifester, violenter, patienter, médicamenter, faciliter, nécessiter, tranquilliter* (*liser*) ont vécu; — d'autres sont déchus : *diligenter*, etc.

Drapeau fut inventé par les soldats, pour exprimer que leurs bannières avaient été déchirées.

Corps-de-garde et *sentinelle* remplacèrent « guet et écoutes. »

Barguigner, qui voulait dire « marchander, » s'appliqua vulgairement à une incertitude affectée. *Hosteler* devint « loger ; » *ambedeux*, « tous les deux. » *Encependant* fut remplacé par « cependant. » « Le *heaume* se changea sous François Ier en « armet, » en « habillement de tête » sous Henri II. Ce dernier caprice ne dura pas. Le *tabour* ne devint « tambour » qu'à la fin du siècle. On se servit du mot *caisse* moins expressif, vers 1540. Le mot *devancier* est de ce même temps.

Des mots perdirent cours : par exemple, « maistrement » pour *magistralement;* « ajourner, » qui voulait dire *appointer à un jour fixé*, et qui prit le sens de *délai*.

Coquette, qui jusqu'alors avait signifié *caqueteuse, babillarde*, puis « femme sans mœurs, » acquit la signification que nous lui donnons maintenant.

Marrien, qui était venu de *materies* (matière), disparut.

On quitta un moment le vieux et excellent mot « rival, » pour dire *corrival*, et l'on détourna de son vieux sens *ribaud*, qui fut pris en très-mauvaise part.

Enfin, dit un écrivain du temps, « il y eut des mots injustement élevés en honneur, d'autres tombés en défaveur injuste et vilipendés sans cause. »

Bonhomme, dans le sens de « dupe, » fut employé pour la première fois par Antoine Dusable (*Antonius de Arenâ*), dans ses poésies macaroniques. Le sens de *bon-homme* était autrefois le même que celui d'*homme-bon*; et c'est une singularité particulière à notre spirituel et ironique idiome que la *bonhomie* transformée en *stupidité* par un provençal, écrivant au XVIe siècle des vers satiriques en latin de cuisine.

Callida garsa suum properat cornare bonhomum,

dit *Antonius De Arenâ* (1).

« Elle se hâte de faire son *bonhomme*.....
« . . . . »

Nous n'en traduirons pas davantage; il s'agit de Vénus et de Vulcain, et *Vulcain* est ici le *bonhomus*, le « bonhomme. »

A la même époque, on employait *branloire, chière, contreporteur, montre*, plutôt que « escarpolette, » — « mine, » — « colporteur, » — « étalage. »

Branloire (oscillation), mot qui remplace l'idée métaphysique par l'instrument même du mouvement imprimé, a été employé par Montaigne.

Chière (cara, carne), pour visage (faire bonne chière, bien accueillir). Cette expression inutile et amphibologique s'est perdue.

Contreporteur au lieu de *colporteur* ne le valait pas; l'ancien mot a repris faveur au XVIIe siècle.

Montre (étalage), mot amphibologique, a disparu. « Mettre ses missives sur la montre » (Pasquier).

Varlet et *Chambrière* déchurent de leur rang. On les a réhabilités depuis sous les noms de « valet-de-chambre » et femme-de-chambre. »

La prononciation elle-même se transforma. Sous François Ier, Henri II et Charles IX, on allégea pour ainsi dire l'idiôme, que l'on se mit à prononcer moins rustiquement (2), et à l'italienne; quelques raffinés disaient même *coultoure, paroure;* ce qui ne dura pas.

Toutefois ces gens de cour servirent à faire la langue ce qu'elle est. Sous Henri III, ils prononcèrent les premiers *reine, allait, venait* (3); le peuple prononçait *rouène, allouèt*, etc. Pasquier blâme en 1610 la coutume de la cour, parce qu'il la trouve efféminée. On disait

---

(1) Meygra Entrepreysa Catholiqui imperatoris.
(2) V. Tabouréau et Pasquier.
(3) V. plus haut, Livre II.

à la cour *keitaine*, pour *capitaine*, mode qui s'est soutenue jusqu'à Louis XIV.

Il y eut beaucoup de variations dans l'orthographe. Desessarts voulut changer *admonester* en « ammonester, » *calomnier* en « calonnie, » etc. ; il échoua (1). Vers 1500, l'S se prononçait dans le mot *honneste;* dès 1610, l'ES s'etait changé en un E fort long. On ôta le *p* du mot « escripre » dans l'orthographe, puis l'*s* dans la prononciation, et ce fut là un des résultats de la grande guerre de Meigret et Ramus. Montaigne et Ronsard employèrent *ainsin* devant les voyelles et ne furent pas imités.

En général la prononciation comme la syntaxe et le dictionnaire de la langue se dirigèrent, à travers de nombreuses variations, vers la netteté, la clarté et l'ordre.

Réformes, acquisitions, innovations qui n'ont pas eu ces trois caractères d'ordre, de clarté, de netteté, sont tombées ; elles blessaient le génie de la race.

(1) V. ibid.

CHRONOLOGIE

DE

L'HISTOIRE LITTÉRAIRE ET DE L'HISTOIRE DES ARTS,

PENDANT LE SEIZIÈME SIÈCLE.

1451. — 1610.

L'histoire des mouvements intellectuels se compose d'influences très-délicates, souvent très-lointaines. — Aussi, pour obtenir une vue complète de variations du style et de la pensée en France et en Europe, nous a-t-il fallu remonter jusqu'au milieu du quinzième siècle et redescendre jusqu'à la mort d'Henri IV.

1451.

Gower en Angleterre, imitateur de Pétrarque, traite avec une subtilité fade la morale et la métaphysique d'amour. (*Confession de l'Amant.*) Il est préféré à *Chaucer*, plus simple de ton.

— C'est le règne des mystères et du Roman de la Rose, que toute l'Europe du Nord admire et que Chaucer traduit.

— Le *Roman du Renard*, d'origine belge, est imité en français par Pierre de Saint-Clost; c'est une épopée allégorique et satirique que le seizième siècle réimprima et refondit, que la France a négligée, mais que l'Allemagne n'a pas voulu perdre. Goethe n'a pas dédaigné de versifier le *Roman du Renard*.

— On réimprime le *Roman d'Alisandre*, d'après Quinte-Curce, par Lambert li Cors et ses successeurs. La chevalerie éteinte se ranime au souffle des guerres d'Italie.

1453.

— A cette année s'arrêtent les chroniques de Monstrelet, que continue Chastelain. Cet honorable *homs* est loué pour sa naïve fidélité, sa véracité et la clarté avec laquelle il raconte et détaille les faits. Attaché au duc de Bourgogne comme Comine l'est à Louis XI, Monstrelet est prolixe; il lui faut trois *in-folio* pour un demi-siècle. Mais il est exact. Il ne marche qu'appuyé sur des témoignages et marche languissamment. Rabelais, le grand moqueur, l'appelle *baveux comme un pot à moutarde* et lui attribue un chaperon vert et jaune à oreilles de lièvre, comme à un fou timide et bavard. Mauvais et diffus écrivain, mais utile.

1458.

GRÉGOIRE TYPHERNAS, élève de Chrysoloras, fait à Paris des leçons publiques de Grec, autorisé par l'Université. Jusqu'à ce moment, le latin seul avait été enseigné dans les écoles : un triste latin scolastique.

1461.

VILLON, le poëte escroc, fait son petit Testament, et Louis XI le sauve de la potence.

— Quand de grands intérêts sollicitent l'éloquence, elle se montre vigoureuse et naïve. C'est ce que prouvent les belles remontrances du Parlement de Paris à Louis XI, pour le maintien de la *Pragmatique sanction*, rédigées par le chanoine JEAN DE RELY. En 1483, député du clergé de Paris aux États Généraux de Tours, il présenta le résultat des travaux de l'assemblée. Charles VIII l'emmena en Italie. Rely traduisit la Bible en français.

1465.

Tel fut l'effet produit par la Renaissance italienne que l'on vit un guerrier, MATHIAS CORVIN, roi de la partie la plus barbare de l'Europe, jeter les fondements d'une ville toute savante sur les bords du Danube, rassembler cinquante mille volumes dans sa bibliothèque et entrenir à Florence quatre copistes des classiques.

CHARLES D'ORLÉANS, père de Louis XII, meurt après une captivité de vingt-cinq années. Imagination douce, candide, élégiaque.

1466.

P. MICHAULT, Franc-Comtois, un des bons poëtes du temps, le rhétoricien de Philippe duc de Bourgogne, attaché ensuite à Charles le Téméraire, écrit le *Doctrinal de Cour*, utile au roi René de Sicile, auteur de l'*Abusé en cour*. Le *Doctrinal*, satire en prose et en vers, suit la mode allégorique du temps. La *Vertu* éplorée est bannie des écoles : *Luxure*, *Orgueil*, *Fausseté* les occupent toutes. L'auteur les voit et les visite dans leur temple aux beaux pilastres, dont les fondements sont peu solides.

— La *Danse aux Aveugles*, du même auteur, n'est pas moins ingénieuse ; c'est *Amour*, *Mort* et *Fortune*, devant qui chacun doit danser. Réimprimé plusieurs fois dans le quinzième siècle, ce drame auquel assistent l'*auteur* et l'*entendement* comme personnages, offre le caprice et l'abus ingénieux de l'esprit, le dernier reflet adouci de la vieille danse des Morts.

— A la cour de Bourgogne éclosent alors les *Cent nouvelles nouvelles*, imitées de Boccace par Louis XI, dauphin, le duc de Bourgogne et son fils, le sire de Créqui, le maréchal de Chastellux, Pierre de Luxembourg et quelques beaux esprits de profession pour l'amusement de Philippe-le-Bon. Cette imitation très-libre de Boccace, prouve la fortune que ce conteur italien avait faite dans toute l'Europe.

ANTOINE DE LA SALLE contribua au même ouvrage. Il remania le roman du petit *Jehan de Saintré*, livre intéressant et bien narré, lequel, ainsi que la *Dame aux belles cousines* a fait grande fortune et la mérite. C'est un dernier éclair du vieux génie des romans d'aventures, se mêlant aux nouvelles élégances de l'Italie.

1467.

— C'est vers cette époque qu'un ingénieux inventeur a placé *Clotilde de Surville*, dont il est permis de récuser l'existence ; elle parle en 1470 des sept satellites de Saturne, observés pour la première fois cent cinquante ans plus tard par Huyghens, en 1635.

LEFÈVRE D'ÉTAPLES, après avoir parcouru l'Europe pour s'instruire, traduit le *Nouveau Testament* ; il offense la Sorbonne en voulant reconnaître trois Madeleines.

COMINES observe les faits politiques de cet *œil sec et froid* que *Bacon* demande aux philosophes. Il écrit ensuite avec indifférence ces luttes de gladiateurs, rapportant le sort du combat à Dieu et à l'habileté.

1470.

JEAN DE TROY, greffier, donne l'image naïve des mœurs de Paris sous Louis XI. — A l'entrée du roi, *cinq Dames représentant les cinq lettres du mot Paris lui disent des vers à sa louange*. — Luxe des chevaux, des housses, des fourrures, avec clochettes d'argent : — Goût allégorique des amusements et des fêtes ; et Louis XI criant au bourreau : « Battez-le fort ; il a bien pis mérité ! »

1473.

J. LAPIERRE professe la grammaire à Paris, TYPHERNAS, le grec, G. TARDIF et ROBERT GAGUIN la réthorique. L'Université de Paris attire beaucoup d'étrangers, le savant Reuchin y vient prendre des leçons.

1474.

GEORGES CHASTÉLAIN meurt ; chroniqueur médiocre, diffus, mais pittoresque, auteur de prose et de vers, pannetier de Philippe-le-Bon et dont *Molinet* fut le continuateur. *Chastelain*, célèbre dans son temps, ne prend aucune part au mouvement italien.

1476.

— Le bon roi RÉNÉ, que les lettres protégèrent contre Louis XI, fait représenter pompeusement les Mystères. Précurseur de François Ier et de Léon X, il compose l'*Abusé en Cour*, bonne satire de la vie des cours, et plusieurs autres ouvrages dans le goût symbolique que le Roman de la Rose avait répandu. Il faut voir l'enthousiasme de ses contemporains qui le représentent tout *diapré de science inventive*, sur un trône que les Muses soutiennent, environné de concerts charmants et de beaux clercs chantant des dictiez.

1483.

— Pendant que les Mystères amusaient la France, et que Dieu le Père et Satan, en grand costume, montés sur des tréteaux devant la porte Saint-Denis et sous les porches des églises, jouaient des pantomimes en tableaux presqu'immobiles (1). — Politien, dans le palais de Médicis, faisait jouer son Orphée, imitation du théâtre grec. Les pièces que Machiavel imita de Térence ne parurent que de 1510 à 1540. Gil Vicente, le Portugais, ne fit paraître sa première comédie qu'en 1504.

1484.

— Aux états généraux de Tours, MASSELIN et RÉNÉ POT montrent de l'éloquence, du courage, et la connaissance des affaires et des intérêts.

1488.

— Les discours de G. DE ROCHEFORT aux états généraux de Tours sous Charles VIII, pleins de conciliation et de raison, prouvent son talent et son honnêteté.

— Presque tous les princes de ce temps sentent que leur pouvoir a besoin d'être appuyé par l'intelligence et cultivent les lettres; Réné, Philippe-le-Bon, Louis XI, Mathias Corvin. Le marquis de Saluces fait la *Déclaration des douze vertus qu'un noble homme doit avoir en son cœur*. Léon X et François Ier continuèrent et n'inventèrent pas la protection donnée aux lettres.

1489.

— Alors paraît la première édition des poésies de VILLON, né en 1431, de parents obscurs ; écolier de Paris, pressé dans son

(1) V. dans JEAN DE TROY, la description de ces parades.

rhythme, vif, ingénieux, et dont Marot appelle la veine « *héroïque* et vraiment belle. » Marot s'est approprié beaucoup de ses tours. La Fontaine lui doit beaucoup.

BASSELIN, le Normand, compose ses chansons bachiques et les chante à ses amis rassemblés près de son moulin.

1492.

— Le prétendu MATHÉOLUS publie sa satire contre les femmes. *Christine de Pisan* lui répond. Ce sujet de controverse favorite attire l'attention générale, et prouve l'état de la civilisation : l'on débite contre le sexe des injures en style de halle, mêlé de scolastique : on y répond de même.

— Le crédule et peu judicieux NICOLAS GILLES, secrétaire de Louis XII, écrit ses *chroniques* qui commencent au règne de Charles VIII.

— Farce excellente de maistre Pathelin jouée à cette époque. Elle est, dit-on, de PIERRE BLANCHET.

La muse dramatique cherchait à s'évertuer. GUI JOUVENAUX fait paraître un commentaire latin sur Térence, livre qui eut le plus grand succès vers le milieu du XVIe siècle.

— Le *Roman des sept Sages*, qui a la même origine que les *Mille et une Nuits*, et qui présente une suite de contes successivement narrés pour sauver la vie d'un prince accusé injustement, est réimprimé sous le nom de *Dolopathos* et fait grande fortune à côté de Boccace, de Chaucer et des Nouvelles nouvelles.

— Par ordre de Charles VIII, TARDIF, professeur, qui a pour élève REUCHLIN, compose un traité de Fauconnerie.

— Alors ou quelques années plus tard (*de 1498 à 1500*) PHILIPPE DE COMINES écrivit ses souvenirs.

— Le *Champion des Dames*, par MARTIN LE FRANC, secrétaire de deux papes, défense des femmes contre *Jehan de Meung* et *Mathéolus*, est à la mode. L'*Estrif de Fortune*, procès jugé entre *Fortune* et *Vertu* par-devant le tribunal de *Raison*, est du même allégoriste, moins ingénieux que *Michault*, moins fécond que *Jehan de Meung*.

GREBAN, COQUILLARD, ROBERT GAGUIN, BRÉTIN et MARTIAL D'AUVERGNE s'essayent dans des genres divers avec quelque talent, sans génie.

1493.

— Un moine, ALEXIS, que La Fontaine estimait et qui n'était ni indécent, ni grossier pour son siècle, fait, toujours dans le mode allégorique, le *Grand Blason des faulses amours*. Il a de la grâce et de la naïveté.

— ANDRÉ DE LA VIGNE, orateur de Charles VIII, l'accompagne à Naples et écrit l'histoire de la campagne qu'il transforme en plate allégorie. Son *Journal de Naples*, exempt d'allégorie, est mêlé de vers et de prose, tant se faisait sentir vivement à cette époque le désir de l'élégance littéraire.

1494.

— On publie les poésies de Coquillard, prêtre, composées vers 1480, remarquables par la finesse, la facilité, le naturel et la licence, quelque chose entre Gresset et Grécourt. Il mourut de chagrin d'avoir perdu beaucoup d'argent au jeu. La plus complète édition de ses œuvres est celle de Lamonnoye (1723). Il précédait Marot et l'annonçait. Le *Plaidoyer de la Simple*, *l'Enquête de la Simple et de la Rusée* sont deux jolies esquisses dramatiques, dans le goût des Sirventes.

Olivier de la Marche termine ses Mémoires minutieux, tout remplis de tournois et nullement comparables aux admirables Mémoires de Comines. Les locutions wallones fourmillent sous la plume de ce seigneur, d'ailleurs sincère et naïf. Voué à l'Allégorie, il a fait sous le nom du *Chevalier délibéré*, l'histoire en vers de Charles le Téméraire : puis le *Parement et triomphe des Dames*, la *Source d'honneur des Dames*, etc.

Octavien de Saint-Gelais traduit Virgile et, quoique évêque, fait la *Chasse et le Départ d'Amours*. Sa gloire a été obscurcie par celle de son neveu. Sa rime est presque toujours alternée, et ses idées sont spirituelles. Il s'égare sans cesse dans les forêts de féeries et d'allégories.

1498.

— On imite de toute manière le *Navis Narragonia* de Brandt, qui met sur le vaisseau de la vie tous les sots, leurs vices, leurs défauts particuliers, pour les passer en revue.

A ce siècle appartiennent les *Quinze Joies du Mariage*, d'une malicieuse naïveté et reproduites vers la fin du xvie siècle par le romancier Rosset. Elles eurent beaucoup de succès. Notre amour pour le sarcasme sur les accidents matrimoniaux date de loin.

— Jean d'Auton, chroniqueur assez exact de Louis XII, narrateur sans philosophie, détaille les petits faits avec netteté, quelquefois avec précision. Marsile Ficin, l'ami de Médicis, meurt.

1499.

Ange Politien, Bibbiena, Machiavel, Pierre Arétin, renouvellent la tragédie et la comédie grecques.

1500.

— Le faiseur de pointes, Crestin essaye de remplacer nos

rhythmes antiques par l'allitération et l'assonance; essai gothique, dans le goût grossier des *Meister-Sænger* : Marot garde quelques traces de cette singulière invention.

— On imprime le roman de *Mélusine*, composé au XIIIe siècle par J. D'ARRAS.

1501.

— Nouveaux remaniements de l'ouvrage de Brandt, intitulé *la Nef des Fous* ; JOSSE BADIUS, beau-père d'HENRI ESTIENNE, avait fait la *Nef des Folles* que JEAN DROYN traduit.

ROBERT GAGUIN meurt. Favorisé des rois pour son savoir, réputé *le mieux diseur* de son époque, c'est un historien assez judicieux. Sa traduction des fameuses *chroniques de l'archevêque Turpin* eut plus d'influence que ses *histoires latines*. Le premier, Gaguin, harangua sans texte et sans développement scolastique.

JEAN RAULIN, prédicateur sec, trivial, laconique et méthodique répète avec une gravité ingénue les contes que *Barbette* débite avec une burlesque verve. Inventeur de la *Fable des animaux malades de la peste*, que La Fontaine a imitée, il est mort en 1514.

— On met en prose, sous le nom de *Fleur des batailles*, *Doolin de Mayence*, roman en vers d'HUON DE VILLENEUVE.

1502.

— Mort de MAILLARD, prédicateur populaire et cynique, qui avait bravé du haut de sa chaire les menaces de Louis XI. Il chantait des complaintes au milieu de ses sermons, sur des airs connus, et n'épargnait pas plus les vices des moines et des abbés que ne l'avaient fait *Rabelais*, le *Mantouan*, l'auteur de la Bible *Guyot* et *Marcel Palingène*. Ce déchaînement contre la nonchalance voluptueuse et grossière des mœurs ecclésiastiques datait de loin.

1503.

HENRI ESTIENNE commence à exercer l'imprimerie à Paris, où il est la souche de cette savante et curieuse famille.

Seconde édition des chroniques de Froissart.

1507.

— La chevalerie occupe les esprits. Trois *histoires de Duguesclin* sont publiées, toutes entachées de crédulité, pleines d'admiration pour ses prouesses.

1508.

— BOUGOINC, valet de chambre de Louis XII, publie l'*Espinette du Jeune Prince*, allégorie morale.

MARTIAL D'AUVERGNE meurt. Auteur des *Arrêts d'Amour*, recueil d'arrêts à l'imitation des Cours d'Amour ; — et des *Vigiles de la mort de Charles VII*, à neuf psaumes et neuf leçons (1490) ; — il est, comme toute son époque, Allégoriste ; — dans le premier de ces ouvrages, platonicien Provençal, — dans le second, symboliste chrétien. Les idées et les choses sont personnifiées par lui : tout parle et se meut : c'est une grande scène : il y a là de l'invention et au milieu d'une incorrection très-grossière un singulier désir d'accomplir un art nouveau.

1509.

— Premières feuilles volantes destinées à annoncer au peuple les événements politiques. L'original d'un de ces journaux primitifs est à la Bibliothèque Royale et porte ce titre : « C'est la très-« noble et très-excellente victoire du roi Louis XII de ce nom, « qu'il a heue moyennant l'aide de Dieu sur les Vénitiens. »

— Sous Louis XII et non sous François Ier, la maison de la reine se forme et introduit des femmes à la cour. Anne de Bretagne a ses dames d'honneur « qu'elle façonne à la vertu », dit Brantôme.

— Essais sur le langage. LE MAIRE DE BELGE publie les *Illustrations des Gaules*. Élevé par Molinet, estimé et encouragé par Crestin, LE MAIRE observe le premier que la césure ne doit pas tomber sur un *e* muet. Doué d'une ingénieuse facilité, il fit, comme Gresset, un poème sur *le perroquet* chéri *d'une princesse*, qu'il nomma l'*Amant Vert*. Tous les commentateurs l'ont pris naïvement pour un amant habillé de vert. Il essaya, sans y réussir, d'introduire les tercets italiens, fit une *Satire contre Venise* en faveur de Louis XII, et contre le pape un ouvrage de controverse. Dans ses *Illustrations*, il compile Annius de Viterbe, Darès le Phrygien, le faux Berose, et retrouve le langage troyen dans le bas-breton ; homme d'esprit d'ailleurs, qui a fait faire quelques progrès au langage.

1510.

ÉRASME vient à Paris. On y réimprime son *Éloge de la Folie*, une de ces satires allégoriques contre le génie humain, en vogue au moyen âge, et où toutes les conditions passées en revue montrent leurs masques grotesques.

JEAN MAROT, secrétaire de Louis XII et son poète en titre, homme de jugement, assez bon observateur, écrit le *Voyage de Gênes* et celui *de Venise*. Son expression est forte et naïve.

— La guerre entre dans les Universités ; Longueil, que ses élèves ne veulent pas admettre, chassé de sa chaire de Droit à coups d'épée, est obligé de les écraser à coups d'infortiat.

1511.

— A la halle de Paris, le jour du Mardi Gras, on représente *le Prince des Sots et Mère-Sotte;* essai de Gringore qui rappelle l'*Éloge de la Folie*, Sottie d'Érasme. Ce drame commandé par Louis XII est plein de personnalités contre le pape et contre Rome. Ce bouffon moraliste fait de mauvais vers de huit pieds qui ne manquent pas d'invention. Il se moque de Louis XII lui-même. Hérault d'armes, sujet et serviteur de la terre de Ferrières, sans lettres, mais spirituel et souvent comique, il a fait le *Château d'Amour*, le *Château de Labour (Temple du Travail)*, une des plus heureuses allégories de ce temps allégorique.

JOSSE BADIUS, attiré par Gaguin à Paris, y prospère; cette famille d'imprimeurs lettrés sert les progrès de la science.

— Engouement excessif pour les romans de chevalerie. On ne rêve que chevalerie : Marguerite et son frère François Iᵉʳ en raffolent; il s'habille à la mode des preux; on relit, traduit et remanie les romans du douzième, treizième, quatorzième siècle. D'HERBERAI DESESSARTS traduit l'Amadis espagnol, qu'il dédie au roi; quant à l'Amadis des Gaules, c'est une composition vaste, originaire du temps de Philippe-Auguste. Plus tard, sous Henri II, « qui eût voulu blâmer les Amadis, dit Lanoue, on lui eût craché « au visage. » Le vertueux et sévère Lanoue a fait un discours exprès pour blâmer les Amadis.

— Pour valets de chambre, François Iᵉʳ n'a que des poètes, VICTOR BRODEAU et JEAN MAROT.

SYMPHORIEN CHAMPIER, qui avait accompagné Louis XII en Italie et prétendait orgueilleusement descendre des Campesi, très-mauvais historien, sans critique et crédule, écrit les *Grands Cronicques de Savoye*, la *Vie du capitaine Bayard*, le *petit Livre du Royaume des Allobroges, dict longtemps après Bourgogne*, le *Miroir des Apothicaires*, etc., etc., etc.

Un autre valet de chambre du Roi, JEAN CHAPPUIS, contribue aux *blasons anatomiques du corps féminin*. C'était une mode née du renouvellement chevaleresque, que ces *blasons*, c'est-à-dire descriptions.

1514.

— *La Sophonisbe* du TRISSIN, jouée à Vicence, fait grand bruit en Europe.

1517.

— Les *Epistolæ obsecrorum vivorum* d'ULRICH DE HUTTEN et son ingénieuse satire de *Nemo*, attaquent les moines de front et servent le mouvement de réforme qui s'empare de l'époque.

1518.

— Mort du prédicateur MENOT, en vogue sous Louis XI, Charles VIII, Louis XII et François Ier. On le nommait la langue d'or. Il l'emporte en brusqueries et en indécences sur Maillard et Barletta. Demi-latins, demi-français, ses *Sermons macaroniques* sont célèbres.

1520.

BEDA, barbare scolastique, repousse l'étude du grec et de l'hébreu.

CLÉMENT MAROT suit François Ier à la guerre. Grâce, charme, délicatesse, tours heureux, malice souple et élégante; il a tout cela dans le vers de dix pieds qui lui va à merveille; c'est son idiome propre; il en manie le Rhythme avec une aisance étonnante. Boileau l'admirait, et sa séduction n'est pas éteinte.

1521.

— Un roi cruel, barbare époux, maître capricieux, faible ami, inconstant allié, amant grossier, mari jaloux, HENRI VIII rompt avec le pape, tranche la tête de ses femmes et se laisse railler par *Patch*, le fou de la cour, un de ces symboles du moyen âge, « qui avaient, dit Shakspeare, la parole libre comme l'air. »

— Le château de Fontainebleau s'élève : la Vénus de Médicis, l'Ariane et l'Apollon sont conduits par le Primatice dans le palais du Roi.

1523.

— Alors paraissent pour la première fois les admirables Mémoires du seigneur de COMINES.

1524.

— JEAN BOUCHET compose les *Annales d'Aquitaine*, remarquables par une certaine franchise et une naïveté diffuse et curieuse. Sa satire allégorique contre les vices du temps, sous le nom des *Regnards traversant les voies périlleuses*, témoigne d'une vive humeur contre son siècle; son *Labyrinthe de fortune*, son *Triomphe de la Noble Dame* (qui est l'âme), son *Panégyrique de la Trémoille*, vif tableau de la chevalerie qui ne manque pas de mérite, se rattachent à la fois à l'allégorie du quinzième siècle français et au platonisme italien. Ce *traverseur de voies périlleuses*, est de l'école qui suivit Marot et qui va être détruite par Ronsard.

— Jean Verazzani fait pour François Ier des découvertes importantes dans la partie nord de l'Amérique.

1526.

— Le cordelier Conrad publi son *Miroir des Pécheurs*, en vers française, pour qu'il soit plus utile.

1527.

Publication des poésies ridicules de Crestin; composées de jeux de mots, de pointes, d'équivoques, impossibles à lire sans dégoût, et dont Rabelais s'est justement moqué. Jean Lemaire lui dédiait un livre de ses *Illustrations des Gaules*. Thory le plaçait au-dessus d'Homère, Virgile et Dante.

Jean Chauvin, qui doit être un jour Calvin, étudie la jurisprudence sous Louis Létoile, surnommé alors le plus « aigu » des juristes.

Garamond, fondeur de caractères, exécute ses célèbres matrices; François Ie. le protége et l'encourage.

— A Grenoble, on jouait le beau *Mystère de saint Christofle*, élégamment composé en rimes et par personaiges, en termes d'argot, sales bouffonneries, calembours, par A. de Chivalet, gentilhomme dauphinois.

1528.

Fresnel fait faire des progrès aux mathématiques et à la médecine; et refuse obstinément la place de médecin du roi.

1529.

G. Tory publie son *Champfleury*, où il dit pour la première fois que nous avons trois sortes d'*e*.

— La mode des romans de chevalerie porte les poètes à se donner des noms magnifiques; au *Traverseur des voies périlleuses* s'oppose Michel d'Amboise, l'*Esclave fortuné*, c'est-à-dire le *Jouet de la Fortune*. Ce dernier *translate* Ovide, Juvénal et le Mantuan, assez mal, en rime française et fait des épîtres d'amour, pleines de mots métaphoriquement obscènes. Il *blasonne* la dent des femmes; c'est la mode de tout *blasonner*.

Jean Parmentier, qui découvre l'Ile de Fernambouc, pénètre jusqu'aux côtes de Chine; navigateur et poète, il traduit le *Catilina* de Salluste (1528); et perfectionne les mappemondes. — Sa *Moralité à dix personnages* ne vaut pas son discours des merveilles du monde (en vers. 1536).

1530.

Pierre Danès, professeur au Collége royal de France, forme Amyot, Brisson, Daurat, Cinq-Arbres, ses élèves.

— Publication de l'ouvrage de Copernic, de *Urbium cœlestium revolutionibus;* la Terre redevient planète et le système du monde change.

— En Italie, THÉOPHILE FOLENGO se constitue le bouffon de la littérature et de la philologie en titre d'office. Il se crée un langage ou patois à part avec les débris de tous les langages : prédécesseur de Fischhardt chez les Allemands et de Rabelais chez les Français, il cherche le comique dans la bizarrerie des formes et l'invention extravagante des mots. Ronsard va opérer sérieusement le même mélange pédantesque et le même *macaroni* (*Poesis macaronica*) qu'invente Merlin Coccaje, d'ailleurs ridicule à bon escient.

— On écrit avec naïveté de faibles chroniques, assez exactes et rimées. Tels sont les *faicts et dits* de MOLINET, et les « *Recollections des choses merveilleuses advenues en France depuis* 1480, par P. GROGNET. — *Les mots dorés de Caton* et *la louange des bons facteurs qui ont bien composé en rime*, sont de Grognet, admirateur de l'Italie, imitateur de Crestin, et qui loue Pétrarque et Dante, etc., en rimes grotesques, pleines d'équivoques|moins ingénieuses que celles de son maître.

— Un nommé MOUSSET traduit Homère en vers mesurés.

PALSGRAVE imprime à Londres une grammaire française en latin. Les Anglais reconnaissent ainsi l'infériorité de leur civilisation en face des peuples du Midi et des anciens.

1531.

— Un savant qui s'intitule le *Dévorateur de Digeste*, DRACON, ancien élève d'Alciat, met le Code en vers latins ; la science essaie de prendre toutes les formes (*Elementa Juris in carmen contracta.* 3 éditions).

— On publie en allemand et on remanie la légende de JEAN FAUST, traduite en français, elle produit en France peu d'impression ; celle de Flamel et de sa femme, tous deux donnés au diable, est plus populaire à Paris.

LE MARÉCHAL DE FLEURANGES, captif, écrit d'un style naïf et plein d'intérêt les *Mémoires* de ses guerres, premier développement causeur et ingénu de notre vanité historique.

SYLVIUS ou plutôt DUBOIS, publie en latin sa Grammaire française, invente l'accent aigu sur l'*é*, premier accent introduit dans notre langue; et distingue trois sortes d'*e*; G. Tory l'avait reconnu avant lui.

BUSBECQ, Allemand, écrit en latin ses Lettres, dans lesquelles la cour de Henri III est peinte avec une grande vérité d'observation.

BOUCHARD publie les *Grandes Chroniques de Bretagne*, en style et en caractères gothiques. L'antiquité grecque, révélée par l'Italie, pénètre avec peine en France.

1532.

A. DU SAIX, ambassadeur du duc de Savoie à la cour de France, écrit allégoriquement, comme Réné, comme Ollivier de la Marche, comme Michault et tous les beaux-esprits du quinzième siècle, l'*Esperon de Discipline*, préceptes sur tous les sujets, en style barbare et en vers de dix syllabes. Ses traductions de Plutarque le rattachent au nouveau mouvement.

— Le prêtre BOURDIGNÉ publie la légende de *maître Pierre Faifeu*, dans le genre semi-italien, semi-gaulois d'*Arlotto* et des vieux gausseurs; — inventeur de contes gras et de trivialités joyeuses, c'est un Angevin, né assez près du berceau de Rabelais.

1533.

FLORIMOND, dans son *Traité de l'Orthographe*, conseille l'usage de l'apostrophe, qui est aussitôt admise. C'est un pas; la langue en fait beaucoup dans ces années.

— Sur le théâtre du Collège de Navarre, on ose représenter MARGUERITE DE VALOIS, sœur du roi, sa *Mignonne*, son amie de cœur, comme une Furie, la torche à la main, parce qu'elle ne laisse pas égorger les calvinistes. Les professeurs que le roi veut faire arrêter arment leurs écoliers et repoussent les archers à coups de pierres.

MARGUERITE, élevée à la cour de Louis XII, parle l'italien et l'espagnol, sait le latin et même l'hébreu : « les joyeusetés et galanteries, » dit Brantôme, amusent ses loisirs, comme ceux de Louis XI, de Louis XII et de Philippe le Bon. Elle imite aussi Boccace dans ses *Contes*. Plus tard, Berquin et Dolet, qui furent brûlés comme hérétiques; ainsi que Jean Calvin, Ch. Sainte-Marthe, le savant d'Étaples (Lefèvre), Quintin, P. Caroli, Roussel, Érasme, surtout Clément Marot, l'eurent pour protectrice, et elle servit à la fois le mouvement protestant et le mouvement italien. La reine mère et Madame de Savoie s'essayaient comme elle à faire des contes galants; elles brûlèrent les leurs quand elles lurent l'*Heptaméron*. La *Servante justifiée* est tirée de ce recueil, plein de facilité, d'esprit et d'invention. Elle avait pour valets de chambre BONAVENTURE DESPÉRIERS, MAROT, SYLVIUS, DE LA HAYE, CLAUDE GRUGET. La *Marguerite des Marguerites* est le recueil de ses poésies.

1534.

— L'imprimeur COLINET publie ses belles éditions, remarquables par le type, la netteté et la correction.

— Continuation de la guerre littéraire pour et contre les femmes. Un nommé GRATIAN DUPONT, imitateur arriéré, publie sa *Controverse des sexes masculin et féminin*, où il prouve d'abord que les femmes sont d'une autre espèce que nous ; puis qu'il ne faut pas se marier; enfin qu'elles sont méchantes. THÉODORE DE BÈZE, qui faisait l'amour en attendant ses guerres religieuses, soutient vivement cette controverse et défend les femmes.

RABELAIS, Tourangeau sans fortune, va à Rome, où il lit le bouffon Folengo et ses *macaroni* poétiques. Les faits merveilleux dont il ornera son Gargantua, histoire miraculeuse et véridique, offriront comme l'Épopée de Folengo, une satire de romans de chevalerie, déjà raillés par Pulci. Railler la chevalerie, la dévotion, le spiritualisme, c'est railler le passé. Rabelais recueille à Rome les éléments de sa grande ironie.

CALVIN, dans son *Institution chrétienne*, commence l'œuvre de la réforme, et fait une peinture éloquente des maux soufferts par les protestants. Il fonde. Luther avait ébranlé. Esprit ferme, infatigable, dur, sévère, et malgré la rigidité de son style, un de nos plus grands écrivains, c'est le premier qui, après Comines, ait réuni pureté et force; les grands intérêts donnent toujours cette fermeté.

CARTIER découvre Terre-Neuve.

1535.

— Le savant COUSIN répand l'érudition en Bourgogne, province ruinée par le téméraire Charles et son ennemi Louis XI.

FRANÇOIS Ier imite l'étiquette des cours italiennes et prépare les formes monarchiques de Louis XIV.

— On confond encore la Pratique et la Jurisprudence. P. REBUFFI brille; il sera éclipsé par les grands jurisconsultes de la fin du XVIe siècle. Les praticiens passent pour jurisconsultes.

1536.

— Le peuple reste attaché à ses vieux plaisirs littéraires. On joue à Bourges et plus tard à Tours, en 1547, le *Triumphant Mystère de Greban*, poète du XVe siècle; la plus vaste et la plus gothique machine, à quatre cent quatre-vingts personnages, parmi lesquels sont Dieu, la Vierge, Jésus et Satan. La fécondité du poète, SIMON GREBAN, est extrême : la foudre gronde à tous les actes; l'histoire universelle est mêlée à celle des Apôtres. Mariages, morts subites, enchantements, résurrections, guerres; martyrs, courtisans, bouffons parlant ensemble; supplices et fêtes; tremblements de terre; licence; voilà le *Triomphant Mystère des Apôtres*. C'est Shakspeare en délire et sans génie.

ROGER BONTEMPS daté de cette époque. C'est à BOYER DE COLLERYE, bon prêtre, abbé des fous à Auxerre, que remonte cette étymologie. On lui doit un volume de « *joyeusetés,* » où les épitaphes sont ce qu'il y a de plus jovial.

BUDÉ, « ce Phénix qui ne renaîtra pas de ses cendres, dit Scaliger, » écrit dans un français qui annonce Ronsard, idiome tout savant, cru, énergique, bizarre, hellénistique, embarrassé de phrases grecques, son *Institution d'un Prince.*

1537.

— La Poésie macaronique, c'est-à-dire le *Macaroni* bizarre de l'Italien Folengo, séduit toutes les imaginations ; avant même que Rabelais ait écrit sa gigantesque *Macaronée*, imitée visiblement de Merlin Coccaïe (*le Cuisinier magique*), un Provençal se moque, dans ce style, de Charles-Quint et de sa chevalerie. C'est DU SABLE (ou DE ARENÂ) ; « Meygra entrepreisa catoliqui emperatoris, « quando, en 1536, etc. » C'est lui qui emploie le premier le mot *bonhomme* dans un sens ironique, en parlant de Vénus qui trompe Vulcain (1).

Il écrit aussi :

Pon, pon, bombardæ de totâ parte petabant.

LAZARE DE BAIF, savant ambassadeur, père de Jean de Baïf, traduit en vers l'*Electre* de Sophocle. L'érudition fait des progrès.

1539.

ROBERT ESTIENNE, le plus célèbre de cette famille, nommé imprimeur du roi, fait fondre des caractères par Garamond ; et malgré les persécutions les plus cruelles, imprime sa *Bible magnifique*. Obligé de se réfugier à Genève en 1552, « il fit plus de bien à la France, dit de Thou, qu'un de nos plus grands capitaines. » La grammaire est en progrès.

DUCHATEL, qui avait été correcteur d'épreuves, arrive par son érudition au rang de grand aumônier de France. Le roi le paye pour causer pendant les repas. Il succède à Colin dans cette place et sert les lettres et l'humanité en protégeant Robert Estienne et les Vaudois, et faisant sortir Dolet de prison. Il écrit l'oraison funèbre de François 1er (*Obsèques, etc., de François Ier*). Ce généreux et éloquent homme répondit au chancelier Poyet, qui soutenait que tout roi peut écraser son peuple d'impôts ! « Allez, « portez ces maximes tyranniques aux Caligula et aux Néron, et « si vous ne vous respectez pas vous-même, respectez du moins « un roi, ami de l'humanité, qui sait que le premier de ses devoirs « est d'en consacrer les droits. »

P. DUVAL, devient comme Duchâtel, évêque par sa seule érudition ; poète religieux et médiocre, il publie, en 1558, le *Triomphe de la Vérité* ; en 1555, *de la Grandeur de Dieu* ; en 1558, *de la Sapience de Dieu* : ces œuvres eurent plusieurs éditions ; puis on n'en parla plus.

(1) V. plus bas, sur l'emploi du mot *bonhomme*, p. 240 et p. 400.

FRANÇOIS Ier ordonne que les actes publics soient rendus en français : grand progrès.

— Le même roi fait venir l'écrivain VERGÈCE de Venise.

1541.

J. COLIN, un des utiles traducteurs du XVIe siècle, traduit Cicéron, Plutarque et Hérodien.

DUPINET, calviniste, a le courage d'entreprendre une traduction de Pline l'Ancien. Son style est assez doux et assez pur. Ses traductions de Guevara et de Dioscoride témoignent qu'il était savant et élégant pour ce temps.

— Une nouvelle école demi-marotique, demi-italienne et affectée, essaye de se former. Elle a pour soutien FRANÇOIS HABERT, que ses dettes avaient *banni de Liesse* (privé de joie).

Il traduit Ovide en vers français, qui ont de la grâce et quelque énergie. On a de lui le *Banny de Liesse* et la *suite*; les *Épîtres cupidiniques*, le *Temple de chasteté*, l'*Excellence de poésie*, etc. Il s'éloigne de l'allégorie, n'a pas la naïveté de Marot et cherche la subtilité.

DOLET enseigne l'usage de l'apostrophe dans son *Traité des accents* : Florimond l'avait indiqué.

1542.

ANEAU, ami de Clément Marot, mauvais imitateur des allégoristes et copiste des *Fanfreluches* de Rabelais, fait une pièce à neuf personnages, intitulée le *Lion marchant*, contenant des récits symboliques et obscurs sur les principaux événements survenus en Europe. Il écrit aussi *le Coq*.

LA BORDERIE, ami de Clément Marot, publie l'*Amye de Cour*, opposé à la *Parfaite Amye d'Héroët*; grande controverse littéraire.

J. DE LA PÉRUSE, poète tragique, ami de Ronsard.

1543.

— La vénération ignorante pour les sottises de la crédulité dure toujours. CLAUDE D'ESPENCE, qui avait mal parlé dans un sermon de la *Légende dorée*, est forcé de se rétracter publiquement. D'Espence, qui devint cardinal et qui était fort érudit, fait un bon *Traité de l'Instruction d'un prince chrétien* (1548), et plusieurs livres en faveur des lettres (1575).

DENYS JANOT est appointé imprimeur du roi, pour la langue française.

— Alors commence à briller le grand LA RAMÉE (Ramus), l'un de nos premiers et meilleurs prosateurs. Pasteur de troupeaux, puis domestique dans un collége, il apprend sans maître les langues antiques. Pour avoir combattu Aristote, il est déclaré vain, impudent, téméraire et arrogant, « qui condamne le train et art de « logique reçu de toutes les nations » : ses ouvrages sont supprimés, et l'arrêt lui défend d'enseigner contre Aristote sous peine de punitions corporelles. Il suit sa route, réforme la prononciation de la langue latine, distingue l'*u* du *v*, essaye de rapprocher l'orthographe de la prononciation, fait annuler l'arrêt de François Ier, continue son cours au milieu des fureurs de ses auditeurs avec un sang-froid supérieur ; et, découvert dans son collége à la Saint-Barthélemy, est égorgé et traîné dans les rues (1593). Avant qu'il eût distingué l'*u* du *v*, Meygret avait distingué l'*i* du *j*.

— Tous les DUBELLAY écrivent de bons ouvrages et sont des hommes marquants. Le capitaine GUILLAUME écrit des Mémoires naïfs, qui louent trop François Ier. JEAN DUBELLAY, homme éloquent, cardinal, évêque de Paris, a Rabelais pour ami et médecin. MARTIN DUBELLAY fait des Mémoires historiques moins bons que ceux de son frère.

BUCHANAN, maître de Montaigne, professe à Bordeaux, où il fait admirer ses tragédies imitées de l'antique.

1544.

CONAN, élégant jurisconsulte, essaye de son mieux de réduire en art la science du droit. Cujas lui accorde de l'esprit mais peu de jugement. La théorie du droit que Montesquieu et Bentham essayèrent de régulariser, attendra longtemps avant d'être assurée.

MELLIN DE SAINT-GELAIS, voluptueux courtisan, brille à la cour par la grâce et la finesse ; ses petits vers sont pleins de traits heureux et fort libres pour un aumônier du Dauphin. Il parodie la Bible, qu'il applique à des gentillesses profanes. Épicurien, successeur de Marot, poète, musicien, ami de Habert, il est chef de la seconde école du XVIe siècle et du *marotisme* raffiné, que l'érudit Ronsard détruira. Il est chargé de transporter à Fontainebleau les livres de l'ancienne bibliothèque de Blois, et adjoint à Duchâtel, maître de la Bibliothèque Royale. On n'a pas plus de grâce et de trait que lui. Sa traduction en prose de la Sophonisbe de Trissin, jouée en 1559 à Blois est médiocre. Fécond en traits délicats, d'un esprit fin, vif et brillant, il est éclipsé et disparaît entre Marot qui le précède et Ronsard qui le suit.

1545.

— MEIGRET, grammairien, veut tenter une révolution tant de fois essayée dans toutes les langues, de rendre la prononciation semblable à l'écriture, et créer une orthographe conforme au son des mots. Auteur de plusieurs traductions estimées, entre autres de celle de Pline le Jeune, il commence en 1540 à lever l'étendard de la révolte. En 1548 seulement, un imprimeur se trouve assez hardi pour faire paraître un ouvrage de Meigret, « q'adrant à la prolacion francoeze. » (ceci prouve que *oise* se prononçait *oese*). En 1550 paraît son *Traité de la Grammaire françoise*. Pelletier, autre innovateur, et G. Desautels ont avec lui une guerre de « furieuses réponses et de désespérées répliques. » A Meigret est due la distinction de l'*è* et de l'*é*. Il emprunte aux Espagnols la cédille qui distingue *maçon* de *macon* et invente la lettre *j*, qui se confondait auparavant avec l'*i*. Il voudrait aussi indiquer l'*l* mouillée par une barre à l'espagnole. Premier auteur d'une grammaire française écrite en français (1550), il avance que la langue française n'a pas de changement dans ses désinences, et que ses cas ne sont que des modifications par des prépositions. L'ordre convenable des lettres de l'alphabet français, inventé par Meigret (labiales, etc.), est dû à le sagacité et au travail de ce grammairien. Ses définitions sont adoptées par Lancelot. Il éclaircit et établit définitivement l'épineuse doctrine des participes, et pousse la recherche jusqu'à noter en musique l'accent français. ROBERT ESTIENNE s'aide beaucoup de cette grammaire pour composer la sienne : nos grammairiens modernes y ont puisé sans scrupule, et l'on y trouverait encore d'heureuses découvertes à mettre en œuvre. Estimé de P. La Ramée et de tous ses contemporains, il fait secte : il y a des Meygretistes.

— HEROET, LA BORDERIE, PAUL AUGIER, CHARLES FONTAINE, écrivains du groupe de SaintéGelais, se disputent au sujet de l'*Amye et la contr'Amye de Cour*. Tous poètes.

1547.

GALLAND, persécuteur de Ramus, fait en latin l'éloge funèbre de François Ier, qui vient de mourir.

— Première édition de *Joinville*, ami de saint Louis.

— Première traduction publiée par AMYOT. *Théagène et Chariclée* d'Héliodore. Domestique des écoliers du Collége, il étudie à la lueur des charbons embrasés (comme la Ramée), tant il est passionné de savoir. Jacques Colin, lecteur du roi, lui fait obtenir une chaire de grec. Il va en Italie pour collationner les manuscrits de Plutarque; est chargé d'une mission auprès du concile de Trente; revient terminer sa belle traduction de Plutarque et dédie les *Œuvres morales* à Henri II et le reste à Charles IX, son élève. « Personne, dit Vaugelas, ne connut mieux le caractère de
« notre langue; il usa de mots et de phrases naturellement fran-
« çaises, sans nul mélange des façons de parler des provinces,
« qui corrompent tous les jours la grâce et la pureté du vrai
« langage français. Tous nos magasins et trésors sont dans les
« œuvres de cet homme. » Racine ne l'admira pas moins.

GILLES D'AUPIGNY, poète italico-allégorico-chevaleresque et médiocre, se fait nommer le *Pamphile* et l'*Innocent égaré*.

1548.

FRANÇOIS DUAREN, contemporain de Cujas avec qui il a des disputes, joint l'étude des lettres à celle du droit, et aide ses rivaux à purger les textes et à remonter aux principes du droit romain.

SIBILET donne son *Art poétique de l'ancienne poésie gauloise*, essai tenté pour systématiser et régulariser notre poésie. Dans sa traduction d'*Iphigénie* d'Euripide, il fait un effort vers l'antiquité et emploie tous les rhythmes à la fois.

1549.

L'école de SAINT-GELAIS, continuateur de Marot avec un peu plus de pureté, reste encore en honneur à la cour. COLIN, secrétaire de François Ier, traducteur de fragments d'Homère et d'Ovide, publie dans ses poésies un charmant et ingénieux dialogue entre Vénus et l'Amour.

— La gaîté gauloise, excitée par l'exemple de Rabelais et des bouffons d'Italie, se donne carrière. NOEL DUFAIL, grave magistrat, publie ses *Discours d'aucuns propos rustiques* sous le nom de Léon Ladulfi et ses *Balivernes d'Eutrapel*, bizarres compositions qui, sous l'apparence de la folie et au milieu de trivialités, renferment de bons contes, du naturel, de la verve et de la grâce satirique.

— Grande explosion de l'imitation italienne et de l'érudition antique contre la poésie de Marot; ligue dont RONSARD fut le plus grand, si ce n'est le premier promoteur, et qui ne fut abattue que par Malherbe. Ronsard a trente et un ans en 1549; il ne publiera tous ses poèmes qu'en 1567. Des voyages, trois années passées en Angleterre remplissent sa jeunesse. Il revient; étudie cinq ans; il étonnera plus tard le monde par ses poèmes plus latins que français. Saint-Gelais lui cède le pas. Ronsard est proclamé d'avance le roi des poètes, le conquérant du Parnasse. Érudition, néologisme, imitation, il osera tout pour vaincre ses rivaux.

PONTUS DE TYARD, qui doit être évêque, écrit les *Erreurs amoureuses* et l'*Univers*. Enrôlé dans la Pléiade, c'est un des premiers auteurs de sonnets à l'italienne.

— Dans le même temps, LILLY, pour plaire à Élisabeth, gâte le langage anglais par l'affectation érudite et la rage de l'imitation italienne.

JOACHIM DUBELLAY, porte-drapeau du parti de Ronsard et son précurseur, publie son *Illustration de la langue française*, et annonce ainsi la levée générale de boucliers érudits.

— Le botaniste BELON, parent de Ronsard, ayant été fait prisonnier, un gentilhomme paye sa rançon en considération d'une parenté si glorieuse.

— Quelques retardataires demeurent fidèles à l'Allégorie. Ce sont les mauvais poètes, tels que JEAN CHAPERON, *Le lassé de repos.*

1550.

Une populace de poètes érudits inonde le Parnasse, et leurs œuvres, construites de débris grecs, ne méritent pas d'être rappelées. Le CARDINAL DELBÈNE lui-même faisait de petits vers amoureux. Les plus tristes imitateurs de Ronsard deviennent des objets de panégyrique ; enfin l'on serait tenté d'avouer, avec un poète de cette troupe (d'ESCORBIAC), auteur d'une *Histoire sérieuse de la chute de l'Homme*, que parmi les résultats du péché originel, l'un de ses plus tristes fruits c'est l'abondance des mauvais vers (*Christiade*, 1513).

GARZONI, Italien, imite Érasme.

CLAUDE GRUGET, traducteur qui a de la pureté et de la naïveté, traduit les *Épîtres de Phalaris.*

MILLET, homme savant, traduit *Lucien* et *Zonaras.*

— Pendant que Ronsard violente la langue française, SPENSER use de son idiome anglais et continue les vieilles féeries de la chevalerie allégorique, en donnant à la fois quelque chose de plus ingénieux et de plus poétique à son cadre et à son style. SPENSER est le poète du passé.

— Triomphe de RONSARD ; la PLÉIADE s'entoure d'un éclat surnaturel. « Personne qui ne *Pleïadizât*, » comme dit H. Estienne.

1551.

FONTAINE, élève de Marot, essaie de repousser Dubellay, promoteur de la réforme poétique. Fontaine, en 1515, avait publié d'abord ses *Épîtres à quelques gens de la cour*; sa *Contramye de cour*, 1547; puis le *Quintil Horatian*; puis les *Ruisseaux de Fontaine* (1555) ; puis des *Traductions et des Odes.* Le *Quintil* est digne d'être lu ; c'est le débat de l'*École de Saint-Gelais* et de celle de *Ronsard.*

DENYS SAUVAGE, sieur Du Parc, publie les vieux auteurs et les corrige. On lui doit le mot *jurisconsulte.* Il essaie d'introduire aussi des changements d'orthographe.

1552.

— Le théologien protestant VIRET, écrit de nombreux livres bizarres et oubliés.

— Les controverses religieuses fermentent et font naître des ouvrages hétéroclites ; tel est le *Moins que Rien, Fils aîné de la Terre* (l'homme). BARGEDÉ, l'auteur de ces poésies, chante la misère, le néant et la mort.

1553.

BENOÎT COURT, chanoine et jurisconsulte, publie en latin barbare les *Arresta Amorum*, vieux débris du platonisme provençal, ramené au sens de l'érudition à la mode.

— Les moralités à personnages ne sont pas tombées. Témoin celle de F. DEBEZ, recteur de l'Université, *contenant l'Institution, puissance et office du bon pasteur;* suivie de celle à cinq personnages, contenant les *Abus du mauvais pasteur*. Le peuple y revient.

FOURQUEVAUX écrit son excellente *Instruction sur la Guerre*, attribuée à Dubellay.

— On étudie beaucoup « *Guidonis Juvenalis, natione Cenomani, in Terentium familiarissima interpretatio.* » Bon commentaire accompagné de curieuses figures représentant le théâtre au quinzième siècle, et réimprimé à Venise, 1553. C'est le guide des nouveaux dramaturges.

MARIE STUART, à quatorze ans et belle, récite dans une salle du Louvre un discours de sa composition, où elle cherche à prouver, en latin, que le savoir est pour les femmes un charme de plus.

1554.

CHARLES ESTIENNE écrit sa *Maison rustique*, en latin d'abord, puis en français; et des traductions du grec et du latin.

BELIN et RONDELET, fondent l'Ichtyologie.

— Les bonnes ou mauvaises plaisanteries de STRAPAROLA font le tour de l'Europe. POGGE, SER GIOVANNI, autorités admirées, mêlent leurs gausseries aux bourdes françaises.

BÉRANGER D'ALBENAS écrit des poésies assez élégantes.

CARONDAS LE CARON, dont le vrai nom français était Loy le Caron, fait de mauvais vers facilement (*Claire ou la Clarté amoureuse*); il invente le mot *avant-propos*.

CINQ-ARBRES enseigne les langues orientales.

1555.

DE COLAS publie contre les femmes son *Enfer de Cupido*, imitation obscure du vieux genre allégorique.

— Les AMADIS restent à la mode; COLET publie son roman traduit de l'espagnol, ou *Histoire Palladienne*, contenant les faits et gestes de grands princes et seigneurs.

— Alors est aussi en grand honneur le *Songe de Polyphile*, ou l'*Hypnerotomachie*, ouvrage galant, mystique, inintelligible du dominicain Colonna: traduit trois fois en français dans le cours de cette époque. Ce Pantagruel sérieux offre un confus mélange d'histoire, de poésie, d'architecture, d'amour, d'antiquités, de mots italiens, grecs, hébreux, lombards, latins, chaldéens, arabes; c'est un labyrinthe sans issue.

— On revenait à ces discussions sur le cœur et les femmes qui étaient nées en Italie d'une bizarre application de l'argutie théologique à la galanterie. Dans cette scolastique de l'amour, les femmes étaient traitées, même par Ronsard, comme des entélechies. EQUICOLA avait publié, en 1525, son *Della natura d'Amore*; on le traduisit en 1554 (G. CHAPPUIS).

— Alors écrit VAUQUELIN DE LA FRÉNAYE, auteur d'un *Art poétique français*, que Boileau imita quelquefois et qui ne paraîtra qu'en 1612.

GROUCHY attire à Bordeaux, où il enseigne le grec, les élèves qui quittent l'Université de Paris.

LOUISE LABBÉ, la belle Cordière, Ninon du seizième siècle, publie à Lyon ses gracieuses poésies, empreintes du naïf génie gaulois, et qui contiennent ce joli *Débat de folie et d'amour*, dont La Fontaine s'est inspiré pour l'une de ses plus jolies fables. Elle avait servi comme capitaine et chantait bien.

— On croit naïvement à NOSTRADAME, qui publie ses prophéties et qui prétend avoir grande foi en lui-même.

— Les Plantins ont pour correcteurs et admettent à leur table les savants les plus célèbres.

— L'auteur du *Fort inexpugnable de l'honneur féminin*, T. DE BILLON, mauvais écrivain, continue l'École allégorique.

ROBERT ESTIENNE est obligé de s'exiler à Genève. Son *Thesaurus linguæ latinæ* est un immense travail d'érudition, Son Dictionnaire français-latin est le premier qu'on ait publié. Toutes les portes de la science sont ouvertes par ces nobles imprimeurs.

— Première représentation de la *Cléopâtre captive* d'ESTIENNE JODELLE, sieur du Lymodin, « le premier qui rendit *Gauloise la Grecque tragédie*. » C'était à l'hôtel de Reims. La seconde eut lieu au collège de Beauvais, devant Henri II : chose nouvelle et très-rare que le roi paya cinq cents écus. Jodelle jouait le rôle de Cléopâtre, *Remi Belleau* et la PÉRUSE les deux autres personnages. Ce n'étaient que pures déclamations avec chœurs en style barbare, affecté et italo-grec. Mais cela était nouveau. *La Rencontre*, comédie jouée et même temps et du même Jodelle, prouvait plus de mérite. Il y avait là un nœud, un plan et des peintures de mœurs, bien que mauvaises; c'est une sanglante satire. Jodelle fut couvert d'éloges; esprit flexible, aventureux, plein de ressources et de paresse, livré aux plaisirs, qui ne savait que le grec et le latin à fond, et qui dut un moment d'éclat à l'adoration des anciens. Sa poésie est moins contournée que celle de Ronsard.

— Le missionnaire errant POSTEL, qui faisait ses cours au collège des Lombards, avait tant d'auditeurs qu'il était obligé de les rassembler dans une cour, et lui-même se mettait à une fenêtre pour pérorer. — Amour de la science et du nouveau.

1556.

JEAN BOICEAU écrit contre les plaideurs une vive et bonne satire. Le monologue de *Robin qui a perdu son procès* est excellent.

CASTALION trouve piquant de remplacer son nom *Châsteillon* par celui de la Fontaine de Castalie. Professeur à Genève, il s'aliène Calvin et Bèze en prêchant la tolérance. Il fait parler à la Bible le langage le plus vulgaire et est soupçonné de socinianisme.

J. CORAS, l'un des savants jurisconsultes du temps, chancelier de la reine de Navarre, qui sera pendu par les ligueurs comme protestant, publie ses Œuvres de Droit.

— La tragédie d'*Abraham sacrifiant*, par Th. de Bèze, a un immense succès. Libelles publiés à Genève.

1557.

PIERRE DE COURCELLES, homme savant, et qui connaissait les langues anciennes, surtout l'hébreu, fait paraître sa *Rhétorique française*, qui témoigne des premiers progrès du langage. Il ne s'arrête pas tout à fait à la surface des anciens et à l'étude des mots, comme ses contemporains avaient tort de le faire : les œuvres grecques et latines, dans le genre judiciaire : lui étaient fort bien connues.

— Jusqu'au fond des provinces on fait des vers et l'on établit des imprimeries. JULYOT, à Besançon, est fidèle à la vieille école ; il compose sa *Lamentation de la belle fille :* c'est le siècle ; la *Virginité perdue :* c'est la vertu.

JEAN-BAPTISTE DUMESNIL, avocat du roi au parlement de Paris, entraîné dans la disgrâce de L'hôpital, donne le premier de la solennité aux harangues prononcées à l'ouverture de chaque session.

PHILIBERT BUGNYON, Ronsardiste ridicule, publie ses *Érotasme* (passions amoureuses), *pour Gélasine* (ou la riante).

— Les sculpteurs imitent le style grandiose et sauvage du Bandinelli et du Rosso.

VILLEGAGNON fonde au Brésil la colonie de Rio-Janeiro.

1558.

RICHARDOT prononce l'oraison funèbre de Charles-Quint. Ce théologien a quelque talent, et ses oraisons renferment des beautés d'éloquence réelle.

— Le crédule voyageur THEVET devient aumônier de Catherine. C'est lui qui, dans ses « Voyages », parle du géant « Quoniambec » faisant l'exercice avec un canon. La *Pléiade* croit à Thevet et l'adore.

1560.

L'HÔPITAL prend une part décisive dans le gouvernement de la France ; ses discours sont des modèles de simplicité, de naïveté ; c'est le Caton gaulois. Il veut que, « garnis de vertus et de bonnes « mœurs, on résiste à l'hérésie. » Son discours en faveur de la tolérance, au colloque de Poissy, est encore plus simplement grand. « Seul il se contriste, dit Pasquier, quand tout le monde « fourbit son épée et vole à la guerre civile comme à une fête. » — « Belle âme, riche de vertus et marquée à l'antique marque », comme dit Montaigne.

J. DUFOUILLOUX réduit en principes l'art de la vénerie. Il écrit simplement du temps de Ronsard.

1561.

— Les sottises débitées sur FLAMEL remplissent les esprits et les livres.

DENIS LAMBIN, professeur de grec au collége de France. De lui vient le mot *lambiner*. Il meurt de douleur en 1573, après la mort de la Ramée, son ami.

— Les domaines de RÉNÉE DE FRANCE, savante et courageuse, sont l'asyle de tous les proscrits. « Le noble cœur de Rénée ! dit Marot. »

BOUNYN donne la *Soltane* tirée de *l'Histoire turque*.

GL. D'ESPENCE écrit l'éloge de *Marie de Lorraine*, mère de Marie Stuart.

1563.

— Les guerres civiles introduisent de nouveaux termes dans le langage : la *piaffe* et la *picorée*, objets des satires des poëtes. Les vieux aventuriers de guerre écrivent leurs Mémoires et l'histoire naïve de leurs cruautés. D'ESTRÉES, qui « avait tête levée vis-à-vis « d'une batterie comme dans les champs à la chasse, et qui, « grand de taille, monté sur une grande jument, se tenait droit « à la tranchée, la moitié du corps dépassant et au milieu des « balles et de leurs sifflements » (Brantôme), dit comment il a pris « toutes ses forteresses, et le dit en trente pages.

— En face de MONTLUC et de DES ADRETS se montre le terrible capitaine MERLE, furieux protestant, « avec lequel le duc de Mont- « pensier eût attaqué l'enfer et ses cent mille diables. »

— Le ministre CHAUDIEU se dispute en vers avec Ronsard ; le

seul esprit de secte ose disputer à un si grand poëte sa haute supériorité.

1564.

— Les grands jurisconsultes pèsent alors dans la balance de l'État. DUMOULIN, appuyant L'Hôpital, donne son *Conseil sur le fait du Concile de Trente*. Son style ne fait faire aucun progrès à la langue ; souvent barbare, il sert cependant l'intelligence et la littérature par la netteté et la subtilité des définitions. Il contribue à réduire en système le chaos de nos institutions et à soumettre aux lois du droit romain la vaste et confuse masse de nos coutumes. Doué d'un esprit analytique, son érudition lui fait trouver dans des monuments ténébreux les vraies sources du droit français. Réconcilier entre elles les vieilles coutumes de la France, en détruire les ambiguités, en corriger les contradictions, tel est son but. Ce n'est point un des bons écrivains, mais un des grands esprits de ce temps.

MARTONVILLE, auteur de divers ouvrages, où se montrent des sentiments de bon citoyen, publie, en 1564, le résumé de la vieille querelle sur les femmes, de *la Bonté et mauvaistié des Femmes*.

1565.

COVARRUVIAS répand en Espagne la science du droit.

CALVIN, BÈZE, GUY DE BRÈS, protestants, châtient leur style, devenu une arme.

1566.

— Le plus bel esprit de la famille des ESTIENNE, qui se ruinera par amour de son art, HENRI, second du nom, publie son *Apologie pour Hérodote* ; livre bizarre et difforme comme les Satires qui renferment des liqueurs précieuses ; livre plein d'esprit, de causticité, de contes gaillards, descendant en droite ligne de Rabelais et de Boccace. Il dit que tout en le composant, il est occupé de vingt autres ouvrages grecs et latins. C'est une parodie diffuse et pleine saillies des mœurs catholiques de ce temps. Savant railleur, son style est vif ; quoique empreinte la goguenarde raillerie gauloise, il n'est pas sans pureté. Tout latin et tout grec qu'il s'avoue, il compose son livre de la *Précellence de la langue française* (1579) et son traité trop systématique de la *Conformité du grec et français* (1569) ; ses deux *Dialogues du langage français-italianisé* sont excellents (1579) ; sans parler de son *Trésor de la langue grecque*. Forcé de vivre errant et dans l'exil, l'un des premiers hommes de son siècle, il meurt à l'hôpital.

— En 1566, Charles IX fait jouer à Gaillon, devant lui, les tragédies de FILLEUL (*Théâtre de Gaillon*, Rouen). *Lucrèce*, une de ces pièces, a de l'intérêt. On a de lui le *Discours*, Paris, 1560 ; et

Achille, tragédie sans action, jouée au collége d'Harcourt. Poëte élégant.

1567.

— De cette époque date la gloire de Cujas. On accourt à Bourges pour entendre ses leçons; et Auguste de Thou témoigne que l'éducation ne passe point pour terminée sans ce voyage indispensable. La jurisprudence, espoir des peuples, sort à grand'peine de la barbarie et du chaos. On attend d'elle la pacification de tant d'intérêts opposés, le classement de tant de droits incertains, le progrès des idées d'équité et de raison. Homme d'un profond jugement, que servait une érudition vaste, Cujas corrige les textes; il fixe la signification des mots employés; il remonte des applications de la loi romaine jusqu'à ces principes d'où tout découle, et que Bacon nomme *les loix de la loi*. Tel est son mérite spécial. Comme Ramus, il aime la science pour elle, et lègue sa bibliothèque non à un seul homme, mais à tous les savants. Né en 1520, mort en 1590, il fait sa propre éducation, est encouragé par A. Duferrier et lutte longtemps contre l'envie. On se le dispute dès qu'il devient célèbre. L'Hôpital protége Cujas, le premier et dernier interprète des lois romaines en France.

Laboderie traduit les langues orientales.

1568.

— L'imprimeur Gilles Corrozet écrit le charmant *Conte du Rossignol*; il débrouille les antiquités de Paris; écrit l'histoire et fait des vers.

— Le premier pas vers le perfectionnement de la tragédie classique est dû à Robert Garnier, né en 1545, et qui avait quitté la jurisprudence pour la poésie. Sa *Porcie* est supérieure aux autres tragédies françaises et obtient un grand succès. Il en fait paraître sept autres (*Porcie*, *Hyppolite*, *Cornélie*, *Marc-Antoine*, tragédie où l'on trouve de la verve et de fortes images; *la Troade*, où il y a de l'action; *l'Antigone*, écrite avec chaleur; *Sédécie*; enfin *Bradamante*, qui eut un prodigieux succès). Le chœur grec accompagne toutes ces pièces; ses tragédies (1580) ont seize éditions en vingt ans. Il a des scènes touchantes, de l'enflure, de la barbarie et de la force. Charles IX, Henri III, Henri IV, l'estiment; ce dernier le nomma conseiller d'État.

P. de Saconay, véhément catholique, conseille dans tous ses ouvrages l'extirpation des protestants.

— Quelques esprits se moquent des sottises à la mode. Tel est Tahureau, poëte assez harmonieux, dont les idées sont en général du siècle précédent. Dans ses *Dialogues*, il raille tout son temps.

Charpentier, partisan fanatique d'Aristote et faussaire littéraire, accusé d'avoir contribué à la mort de *P. de La Ramée,* fait chasser de l'Université tous ceux dont les opinions lui sont suspectes, en philosophie comme en religion.

— Le jurisconsulte BAUDOUIN refuse une somme très-forte qu'on lui offre pour faire l'éloge de la Saint-Barthélemy.

1569.

DUTRONCHET, mauvais écrivain, écrit ses *Lettres missives familières*, et importe d'Italie le genre des *Dialogues platoniques,* imité par Est. Pasquier.

CAMOENS combat et écrit.

1570.

DU HAILLAN, historien médiodre, donne ses *IV livres de l'État et Succès des affaires de France*, et son *Histoire des Rois de France.* Très-goûté des rois et des princes, il n'a aucune critique et prodigue les récits et les discours traduits de Paul-Émile. Mais c'est le premier qui ait écrit en français et d'ensemble une histoire de France. Il adopte les récits de ses devanciers sur les premiers rois francs. Il a quelquefois la franchise, mais aussi, comme dit Taboureau, la *bravacherie* du style.

LIÉBAULT, bon médecin et agronome, destiné à mourir de faim sur une pierre, continue l'excellente *Maison rustique* de *Ch. Estienne,* si souvent imitée.

— Le président DE MESMES, ami de L'Hôpital, écrit ses *Mémoires* dans la retraite; ami de tous les savants, il garde chez lui Passerat pendant toute la vie de ce dernier. Ses *Mémoires* sont pleins de franchise et de simplicité.

— Oublié par un caprice de l'histoire littéraire, l'évêque SORBIN DE SAINTE-FOI écrit les Oraisons funèbres d'*Anne de Montmorency*, de *Cosme de Médicis,* de *Charles IX*, de *Marguerite de France,* de *Claude de France.* Prédicateur en titre de Charles IX, Henri III et Henri IV, il donne les fleurs de son éloquence à Quélus et Saint-Mégrin, et fait beaucoup de sermons et des vers. Flatteur de cour, ennemi violent des calvinistes, il ne réunit point la collection de ses œuvres.

CASTELNAU, longtemps employé dans les affaires, ambassadeur et soldat, guerrier et homme sagace, écrit pendant sa dernière ambassade en Angleterre ses *Mémoires*, curieux et utiles. C'est un homme véridique et impartial.

G. CHAPPUIS traduit précipitamment *Primaléon*, et beaucoup de romans espagnols et italiens, etc., etc.

— La belle CHATEAUNEUF, pour qui DESPORTES avait fait de si jolies poésies, interprètes de la passion du duc d'Anjou, et que le roi Henri III avait passionnément aimée, poignarde son mari infidèle.

JEAN DE BAIF fonde à l'italienne une Académie de musique et de poésie. Il retarde le vrai progrès littéraire par la bizarrerie exagérée de ses inventions. Vers mesurés, « baïfins, » « triphtongues, » etc. — Ce poëte barbare et dur traduit l'*Antigone* de Sophocle.

— Dans la médecine, comme dans toutes les sciences, on aime mieux étudier les livres que la nature, et l'on admet les faits au préalable, sans les observer. BAILLOU, dans la médecine, quoique entiché d'astrologie, marche sur les pas de Fernel, et fait faire quelques progrès à l'observation.

1571.

CL. NOUVELLET, chanoine, écrit ses « Joyeusetés, » *le Braquemart*, etc.

— Une année avant la Saint-Barthélemy, on voit le noble et triste TASSE paraître à Paris avec le cardinal d'Este, dont il grossit le cortége et qui le présente au roi. Témoin de la silencieuse attente des partis prêts à se dévorer, de la fourbe qui régnait au Louvre, et des excès lubriques de la cour de Catherine ; il blâme la folle confiance des chefs du calvinisme, qui, sur la foi des traités, affluent à Paris, espérant reprendre le timon des affaires. Le Tasse assiste aux chasses du roi et examine ses essais de poésie. Il a la faiblesse d'admirer trop Ronsard sur la parole de la France entière. Les Français lui semblent « hommes inconstants et légers, « n'ayant ni la barbarie du Nord, ni spirituels et faibles comme « au Midi ; » — les « femmes plus blanches et plus fines de traits « que les Italiennes ; » — campagnes belles, villes mal bâties, « paysans robustes, seigneurs à qui l'usage d'aller à cheval a fait « presque perdre l'usage des jambes ; — maisons souvent en bois, « grossières, sans goût d'architecture, où un escalier en colimaçon « conduisait à des appartements sombres et mal distribués. — De « magnifiques et nombreuses églises, peu ornéees, où nul objet « d'art ne flatte l'œil, mais où des vitraux superbes jettent sur « l'autel et le temple la splendeur de l'arc de Diane. — Des « grands, vivant au milieu de domestiques et de vassaux ; — « devenus d'impérieux tyrans, insensibles aux progrès des lettres. » A la cour de Charles IX, Tasse emprunte l'écu qui lui manque.

1572.

SAINT-BARTHÉLEMY.

PIBRAC justifie cette journée ; un nommé FAIVRET en fait l'éloge en vers et en prose.

— Mort de RAMUS, esprit hardi, logique, pénétrant et fort ; GOUJON, occupé à sculpter sur un échafaud du Louvre, tombe frappé d'un coup d'arquebuse.

— MONTAIGNE commence ses *Essais*, et DE THOU son *Histoire*.

MURET le cicéronien, auteur de détestables chansons françaises et de l'éloge de la Saint-Barthélemy, s'abaisse jusqu'à la langue française pour commenter Ronsard et faire des cantiques détestables.

— Une des victimes de ce jour est PIERRE DE LA PLACE, magistrat qui avait mérité par ses talents et ses vertus l'estime de François Ier et de Henri II, et qui a laissé de judicieux ouvrages, solidement pensés : l'un sur *la Nécessité d'agrandir l'éducation ;* l'autre sur *l'Union de la Philosophie morale et du Christianisme ;* enfin de bons *Commentaires sur l'Estat de la France,* de 1556 à 1561 : livres pleins de modération et de bonhomie.

— Les frères DE LA TAILLE écrivent beaucoup de poésies. Jean da La Taille fait *Saül,* la *Famine,* les *Corrivaux,* comédie en prose, traduite de l'Arioste, et l'Histoire assez mauvaise des *Singeries de la Ligue.* JACQUES, élève de Daurat, compose ce fameux *Daire* (Darius), où se trouve :

> Ma mère, mes enfants aye en recommanda.....
> Il ne put achever ; car la mort l'en garda.

ainsi qu'un mauvais *Alexandre.* Il soutient avec Baïf le parti du vers métrique.

FR. D'AMBOISE, chirurgien, écrit les *Néapolitaines,* comédie « très-facétieuse ; » et les *Désespérades de l'Amour* (imitation de l'italien) ; son frère écrit *Holopherne,* tragédie.

— Le curé JEAN DES CAURRES compose une ode à la louange de la Saint-Barthélemy et des vers contre le cadavre de Coligny ; il tonne aussi contre l'usage que les dames avaient de se friser (Recueil de ses œuvres morales, 1575-1584).

— Dans sa tragédie de *Gaspard de Coligny,* CHANTELOUVE montre ce dernier réveillé par les Furies. L'auteur ne connaît aucune règle du langage.

PIERRE CHARPENTIER, protestant, se charge d'excuser la Saint-Barthélemy près des cantons suisses et de prouver la justice du crime.

— Ce massacre chasse de France le savant hébraïste CHEVALIER.

1573.

Il faut lire dans les curieux Mémoires d'A. DE THOU le voyage de Paul de Foix en Italie. A côté de lui chevauche d'Ossat, son secrétaire, qui lui explique Platon en faisant route : Pendant les apprêts du repas, ANDRÉ DE CHOESNE lui lit les *Paratiles* de Cujas, composées d'après son conseil et à lui dédiées. PAUL DE FOIX les explique avec étendue. Ce prélat savant, pieux et doux, avait été admonesté par le Parlement en 1559, pour avoir penché vers la tolérance. Il mourut en 1584, conseiller du Parlement : « Je ne le

« quittais jamais, dit de Thou, sans me sentir meilleur. Il s'était
« élevé par les lettres à la fortune. »

1574.

GUILLAUME DES AUTELS, qui s'intitule Glaumalis du Vezelet, après avoir combattu le vieux Meygret, quant à ses changements orthographiques, imite Rabelais dans sa mauvaise *Mythistoire de Fanfreluche et Gaudichon*. C'est un de ces hommes sans génie qui marchent sur les pas de tout le monde et toujours sans succès.

1575.

JAMYN, élève de Ronsard et son ami, est hébergé et recueilli par les soins généreux du poëte. Il a peu d'imagination et de chaleur, mais du goût. Il traduit les treize derniers livres de l'*Iliade*, et continue Hugues Salel. Il comprend que l'alexandrin est notre mesure épique. Il y a de beaux passages et des périodes poétiques dans sa traduction (2 vol. 1579-1584).

MONTLUC, tout sanglant de la guerre civile, écrit ses Mémoires, la plume au poing. Le féroce capitaine semble jouir encore du sang qu'il a versé. Il raconte ses exécutions avec gaîté : « *Il faisait beau voir les chemins où je passais et où je laissais mes enseignes.* » (Des cadavres.) Son style est énergique, vigoureux, brusque, vif, plein de bonnes leçons militaires. — « Bible des soldats, disait le Béarnais; » *Eodem animo scripsit quo bellavit*. Le style de Montluc, de Montaigne et d'Olivier de Serres prouve combien la franchise est éloquente.

— Alors H. ESTIENNE fait paraître sa *Légende latine et française de Catherine de Médicis*; libelle violent.

1576.

— Le fougueux ligueur FEUARDENT ne manque pas de savoir, de verve, de subtilité.

— Un nommé LEJARS fait une tragédie de *Lucelle* en prose. C'est le temps des essais.

MIGNAULT, qui s'intitule MINOS, homme savant, traduit en vers empreints des vices du temps, avec hiatus, enjambements, épithètes ridicules, latinismes, invention de mots, les *Emblêmes ingénieuses* d'Alciat.

REGNIER DE LA PLANCHE, protestant, fait ses *Commentaires sur l'état de la France sous François Ier*; livre bien écrit, plein de particularités sur les Guises et Catherine de Médicis. Il est l'auteur de pamphlets vigoureux et de la piquante *Légende du cardinal de Lorraine* (1574).

PELLETIER, du Mans, veut, avec Meygret, reformer l'orthographe. Mathématicien, poëte, ami de Ronsard et de la Pléiade, il écrit *la Savoie*, poëme, 1572. — *Les Amours des Amours*, sonnets. — *Dialogue de l'Orthographe*, 1555. — *Art poétique français*, 1572. Judicieux écrivain.

1577.

— Une élégie en forme de sonnet, par CHRISTOPHE DUPRÉ, citée par Duverdier, prouve que ce poëte peu connu avait de la sensibilité et de la grâce (*Larmes funèbres*, 1577).

JEAN DUTILLET, greffier, compulse, par ordre de Charles IX et de Henri II, les vieux chartriers et les actes authentiques de France. C'est le premier auteur qui ait vérifié l'histoire de France sur les livres authentiques; sans élégance, mais non sans utilité, ses ouvrages sont nombreux et exacts.

DUPLESSIS MORNAY, qui était à la fois «*écritoire et capitaine* pour Henri IV,» compose ses Traités calvinistes au milieu du feu des batailles. Homme de guerre, de religion, de politique, il débute par deux éloquents écrits adressés aux Flamands pour les engager à ne pas se fier aux Espagnols. Admis dans les conseils d'Henri IV, il est son plus grand et plus ferme appui. Souvent, avec Lanoue, il sauve les affaires par de sages conseils; négocie auprès d'Élisabeth avec le blanc-signé d'Henri IV; administre les finances, et accomplit d'utiles négociations. Son style est véhément et clair. Ses Mémoires sont intéressants et bien écrits.

REMY BELLEAU, assez mal nommé le peintre de la nature, fait, d'après Térence, la comédie de la *Reconnue*. Il a moins de force et moins d'imagination que Ronsard.

1578.

ANTOINE DE COTEL publie sans scrupule et dédie à des magistrats, à des ecclésiastiques, à des femmes ses Gaîtés licencieuses (*Premier livre des gaies-poésies*).

— Des sociétés de frères de la Passion parcourent encore les villes pour y représenter les *Mystères et Sotties*. JACQUES DE FONTENY écrit sous le titre de *Boccage d'Amour*, deux pastorales, grossières tentatives pour introduire le genre de l'Aminte (*la Chaste Bergère et le Beau Pasteur*), ainsi que la *Galathée divinement délivrée;* ces pièces assez pures de style sont sans intérêt. Le même publie les *Bravacheries du capitaine Spavante*, autre imitation italienne et des *Esbats poétiques*.

JEAN DE HAYS fait une *Camma*, en sept actes.

— Le savant ligueur CHOPIN, contre lequel on écrit l'*Anti-Chopinus*, écrit le français si savamment, que ses contemporains ne le comprennent pas.

1579.

CL. FAUCHER approfondit les antiquités gauloises. Historien impartial, patient, scrupuleux, il abuse du privilège de mauvais style et de barbarie que les savants s'attribuent. Il éclaircit les premiers temps de notre monarchie et l'origine de notre poésie.

JOUBERT, bon médecin pour le temps et au-dessus des préjugés de l'époque, fait son *Traité des erreurs populaires en médecine* et son plaisant *Traité du Rire*; il essaie aussi de changer l'orthographe.

PIERRE LARIVEY, Italien de race (*Giunto, Giunti*), traduit des comédies italiennes et les publie en 1579; il est infiniment plus près de Molière que Garnier de Corneille. Il écrit ses comédies en prose; elles ne manquent pas de sel, de vérité, ni d'une certaine régularité. Son *Laquais* eut beaucoup de succès. Il a fait aussi la *Veuve* (trad. de Buonaparte), *les Esprits, le Morfondu, les Jaloux, les Écoliers, Constance, les Tromperies, le Fidèle*. Son dialogue est naturel, indécent, naïf; ses mœurs sont vives et grossières; ses intrigues sont assez comiques et fortes; Molière y puisa sans scrupule. C'est un des premiers bons comiques de France; mais c'est un traducteur.

CLAUDE DE PONTOUX, auteur d'un *Champ poétique* sans poésie, et d'une *Gélodacrye amoureuse*, qui ne fait rire ni pleurer, célèbre une maîtresse nommée l'*Idée*.

SPENSER publie ses poésies.

1580.

— Le *Traité des Danses*, de ROBERT DANÉAU, apprend aux chrétiens qu'il leur est permis de danser.

— On ne divise pas encore toutes les pièces en actes et en scènes. L'*Odieux et sanglant meurtre commandé par le maudit Caïn*, par LE COQ, est un Mystère, où le *Remords* et le *Sang d'Abel* sont des personnages.

— On traduit LÉON L'HÉBREU, dont les dialogues unissent bizarrement l'amour à la cabale.

— Alors paraissent, au milieu de cette confusion et de tous ces efforts bizarres de l'esprit humain, les *Essais* de MONTAIGNE, qui ayant de bonne heure jargonné le latin avec ses domestiques, le jargonne encore dans ses ouvrages, en le mêlant au patois gascon, ce qui constitue son originalité caractéristique. Cette allure hardie et éloquente d'un langage qui sent le Marot et le Sénèque vaut mieux que l'érudition de Ronsard.

— Nos voyageurs parcourent le monde et rapportent des idées nouvelles.

— Au même moment, LANOUE compose ses *Discours politiques et militaires* pour charmer sa captivité. Ce brave capitaine croit à l'astrologie judiciaire, erreur commune alors; mais la netteté, la franchise, la force de son style, son éloquence vive, naturelle, sa droiture, sa modération, sa candeur, font de lui un des plus beaux caractères du siècle. Le génie de l'expression appartient à Lanoue, comme à L'Hôpital et à Montaigne ; c'est que l'expression signale le caractère.

JEAN DE VITEL, dans ses *Essais poétiques*, montre de la chaleur et du talent.

1581.

DESPEISSES et MANGOT s'efforcent de faire renaître au barreau l'éloquence véritable.

DUVAIR, dans la prose, porte fort loin la beauté du style noble et fait de bonnes traductions, dont Huet vante la dignité et l'élévation. Son *Traité de l'Éloquence française* est excellent.

LAPOPELINIÈRE, qui avait pris part aux guerres civiles avec courage et probité, écrit sa *Vraie Histoire de France* et son *Histoire des derniers troubles*, assez diffuses, mais dignes de foi et d'estime par la modération, la liberté et la vérité.

RUBYS, ligueur, écrivain diffus, fait l'Histoire de Lyon.

MONTAIGNE voit Tasse dans un hôpital de fous sans le comprendre. Montaigne, grand douteur, n'est pas poète.

DUBARTAS, Gascon protestant, gentilhomme ordinaire de la chambre de Henri IV, rime sa *Semaine*, imitée de G. Pisidès. Il pousse plus loin que Ronsard et Baïf, la recherche des mots et des métaphores. De Thou attribue ces défauts à sa retraite provinciale. Il a de bons vers qui ne sont pas français.

1582.

ÉTIENNE TABOUROT, facétieux érudit, saisit l'esprit de son siècle, en imite à la fois les puérilités et le pédantisme et plaît généralement. Il crée lui-même sa seigneurie des *Accords* et fonde sa suzeraineté sur un calembour, parce que sa famille avait un tambour pour armoiries. Ses *Bigarrures*, dont le second livre est placé le quatrième, et où la gaudriole, l'érudition, la bizarrerie, le caprice, l'esprit, des épigrammes bien tournées et mille extravagances affectées se disputent le pas et se pressent, eurent la vogue. C'est un livre dans le genre des humoristes anglais. Le règne de Louis XIV a réglé et étouffé cette vive sève.

— Les deux frères d'AIGNAUX unissent leur talent pour une traduction de Virgile ; elle n'est pas mauvaise pour le temps. Ils étudient ensemble, vivent et meurent ensemble. Leur traduction de Virgile est la première complète en vers héroïques et l'alternement des rimes féminine et masculine y est observé.

— Les Italiens affluent chez nous ; JORDAN BRUNO, le fameux auteur du *Spaccio della Bestia trionfante*, qui sera brûlé dans le champ de Flore, vient à Paris en 1582.

— Dans le *Miroir des Français*, un anonyme que l'on croit le protestant BARNAUD, auteur du *Réveil-Matin*, propose la déportation des prêtres, le maximum, la garde nationale et la vente des biens du clergé ; tant les hommes se ressemblent dans tous les temps ; les mêmes principes se retrouvent dans le *Cabinet du Roi de France.*

1583.

— On essaye tout ; BELESTAT propose de substituer l'écriture hiéroglyphique chinoise ou égyptienne à notre système.

— On met en vers la *Médecine* (BRETONAYAU) et même la *Pharmacie* (CONTAUT).

1584.

— Le premier qui avec Duverdier ait fait de la bibliographie une science, LACROIX DU MAINE, rassemble, au milieu du bruit des armes, des milliers de volumes aux dépens de sa fortune et en donne le Catalogue. Il publie le premier volume du Catalogue de ses immenses recherches, précieuse lumière pour notre littérature antique, et meurt assassiné par les catholiques, quoique luimême le fût.

CL. MERMET traduit la tragédie de Trissin, *Sophonisbe.* Auteur ingénieux et épigrammatique, souvent naturel malgré son temps.

— Les Sérées de GUILLAUME DU BOUCHET sont du même ordre que les œuvres de Verville et Despériers ; sous la grossièreté et l'obscénité se cachent quelques bonnes rencontres.

— Secrétaire de Henri III, BLAISE DE VIGENÈRE, écrit beaucoup de traductions et a le mérite de prouver que la langue n'est pas formée. Ses nombreuses traductions ont un extrême succès, et sont préconisées au-dessus de celles d'Amyot. Il croit à l'Alchimie, et pressent la Ligue.

1585.

— De grandes réputations couronnent des poètes ridicules DUMONIN, *poète Gyanin,* parce qu'il est né à Gy, publie son *Phénix,* où se trouve une tragédie d'*Orbecce-Oronte* (traduite des *Orbecchi* italiens), dont tout le sujet est renfermé dans ces deux vers :

*Orbecce fréricide ! Orbecce méricide !
Tu seras péricide ainsi que filicide !*

Déjà il avait donné ses *Nouvelles œuvres* (1582), plus dures que celles de Dubartas : son *Uranologie* (1583). En 1584, il publia son *Quaresme contenant le Triple Amour,* tragédie allégorique dont le personnage principal est la Peste châtiant les humains. Accusée d'avoir dépassé ses pouvoirs, jugée par un tribunal en règle, elle est condamnée dans toutes les formes et décapitée. Imaginations effrénées.

— On brille par une érudition indigeste. Savant sans logique, éloquent par citations accumulées, GABRIEL DUPRÉAU écrit *Des*

Combats du Capitaine, Du Combat en Champ-Clos, Histoire ou *Chronique de l'Église*, et des traductions. C'est un auteur confus et qui se hâte ; il est savant.

DUVERDIER entasse une magnifique bibliothèque dont il donne le catalogue, devenu précieux pour les savants, quoique manquant de critique ; le même bibliophile écrit de mauvais vers et des contes gaillards.

— Il naît des spadassins de poésie ; tel le capitaine **LASPHRISE**, qui mène la muse au corps de garde et ne manque ni de talent ni de verve. Gascon, il sert sur terre et sur mer et fait partie de ces bandes armées qui débouchaient alors de tous les villages. Ses blessures le forcent à la retraite où il fait des vers incorrects, pleins de verve et d'insolence. Imitateur quelquefois des folles allitérations de Crestin, amateur de sentences morales entrelardées de licence, il a parlé pour et contre les femmes. Son *Carême prenant* est très-gai ; ce n'est pas un homme sans talent.

RICHELIEU naît.

P. DUBELLAY écrit son *Apologie catholique* contre les ligueurs, en faveur des droits de Henri IV, lumineux et excellent ouvrage, ainsi que son *Examen du Discours publié contre la Maison de France*. Sans fiel, sans colère, sans injures, rendant justice au talent des Guises, il réprouve leur ambition. Son style est clair et élevé sans enflure, son érudition vaste.

1586.

BINET écrit sa curieuse *Vie de Ronsard*, pour satisfaire les idolâtres du poète.

1587.

GILLES DURANT, sieur de la Bergerie, un des plus spirituels et naïfs poètes du temps, écrit sa charmante complainte de l'*Ane ligueur*. Dans ses poésies publiées en 1587, les diminutifs italiens abondent.

GOULART, écrivain laborieux, fit paraître ses *Histoires* et ses *Anecdotes* ainsi que ses traductions, d'un style assez pur. Il s'était réfugié à Genève.

— Vers ce temps, **PITHOU**, **LE ROY**, **DURAND**, **RAPIN**, **PASSERAT**, que **GILLOT**, chanoine de la Sainte-Chapelle, réunit chez lui pour discuter de la philosophie et deviser gaîment, trament la *Satire Ménippée*, ingénieux et piquant ouvrage, rempli de créations comiques et de ce génie d'une causticité accablante, par lequel les Français ont vaincu tous les peuples. L. **GILLOT**, auquel est due l'idée originale de la *Procession de la Ligue*, est arrêté par Bussy-Leclerc.

— De même que les guerres d'Italie avaient jeté en France le goût de la littérature italienne, la Ligue introduit en France l'influence espagnole qui régnera sous Louis XIII.

— On est un peu fatigué des mauvaises imitations du grec et l'on se rejette sur les mauvaises imitations de l'italien. Malherbe, qui avait trente ans et qui avait assisté au triomphe de la phalange de Ronsard, écrit en 1587, ses *Larmes de Saint-Pierre*, pleines de concettis et imitées du Tansillo. Son esprit sévère se régularisera plus tard, vers 1601.

LE POULCHRE MESSEMÉ fait de détestables vers et de non moins détestable prose, où il se dit issu d'*Appius Claudius Pulcher*. Ami de Charles IX, gentilhomme de sa chambre, c'est un brave militaire.

BONNEFONS écrit en vers latins ses poésies passionnées et gracieuses.

JEAN BOUCHER sonne le tocsin de son église pour exciter à la révolte. Dans une foule de violents pamphlets, il justifie Jean Châtel, Jacques Clément et pervertit tous les textes de la Bible.

— La ville de Toulouse voue un culte idolâtre à la BELLE PAULE DE VIGUIER, qui faisait de jolis vers et qui avait tant de grâce et de beauté que, pour empêcher le peuple de se révolter, il fallait qu'elle se montrât sur son balcon chaque semaine une fois. Un livre est publié en son honneur de son vivant (1586). « De la « beauté, discours divers, pris de deux belles façons de parler, « desquelles le grec et l'hébreu usent. L'*hébreu Job* et le grec « *Kalon;* l'*Agathon* voulant signifier ce qui est naturellement beau « et bon. Avec la *Paule-Graphie*, ou Description des beautés « d'une dame toulousaine. » — C'est la description de toutes les parties de ce beau corps, dédiée à Catherine de Médicis, et l'application la plus bizarre de l'érudition à l'érotisme.

1588.

— Le second des Guises meurt assassiné. P. MATHIEU écrit sa *Guisiade*, tragédie détestable, qui a cinq éditions en 1589.

MORELOT établit une presse à Besançon.

ADAM BLACKWOOD, Écossais, écrit en français avec une éloquence ardente son *Récit de la mort de Marie Stuart*.

BOURGUEVILLE écrit en style languissant et sans critique ses *Recherches sur la Neustrie*.

1589.

— Depuis 1574, c'est-à-dire du moment où la guerre civile avait été la plus violente, P. DE L'ÉTOILE avait raconté en style très-simple les petits et les grands événements survenus à Paris. Ce livre de bonne foi est un débris de l'école des Monstrelet et des chroniqueurs. Le style en est vieux et naturel, mais plat.

— Mort de Ronsard. Le cardinal Duperron, le « colonel-général de la littérature, » comme le nomme Longuerne, fait son oraison funèbre. DUPERRON écrit de détestables vers. Son érudition est superficielle et sa faconde brillante. Il écrit aussi l'oraison funèbre de *Mar e Stuart*, et gagne le chapeau rouge en servant Gabrielle d'Estrées. Son traité de la *Rhétorique française* est à consulter. On trouve dans son éloquence assez de majesté et de gravité. C'est le premier auteur catholique qui ait écrit la controverse en français. Ses ouvrages ont été recueillis en 1622, et Burigny a fait sa *Vie* (1768). D'une ambition sans bornes et sans scrupules, il aimait les lettres; il avait de l'esprit et parlait avec élégance.

— Les grands hommes de ce temps profèrent dans les troubles publics ces paroles courageuses qui sont les vraies saillies de l'éloquence. Dans l'éloquence écrite et déclamée, leur pédantisme les emporte. Il leur faut du latin, de l'arabe, de l'hébreu. « Pro« cureurs, dit ACHILLE DE HARLAY, dans une Mercuriale, Homère « vous apprendra votre devoir dans son œuvre de l'Iliade, *in libro* « *decimo*, et *Eustathius*, commentateur d'Horace sur ce vers. » C'était le style du bon CHRISTOPHE DE THOU. Ce style ridicule est remplacé par l'éloquence de l'héroïsme familier quand il faut défendre la justice et la vérité. « C'est grand pitié, dit le même « Harlay au duc de Guise, en se promenant dans son jardin (se « retournant à peine), c'est grand pitié quand le valet chasse le « maître. Au reste, mon âme est à Dieu, mon cœur est à mon « roi et mon corps aux méchants. Qu'on en fasse ce que l'on « voudra. Quand la majesté du prince est violée, le magistrat n'a « plus d'autorité. » La vie de ces hommes est pleine de telles paroles, prononcées au milieu du bruit des armes, des cris de la Ligue et des fureurs de tous, et sorties du fond de leurs entrailles.

— L'évêque de Reims, HENNEQUIN, prononce le *Panégyrique des deux martyrs* (les Guises) et exalte les passions frénétiques de la Ligue par des *exhortations enragées* (Montaigne).

— Le PETIT-FEUILLANT prêche; homme instruit.

ROLAND BRISSET imite de son mieux la tragédie antique et italienne.

DE CHOLIÈRES écrit ses *Contes et Discours bigarrés*, triviaux, indécents, grossiers dans la censure des mœurs, pleins d'érudition.

1590.

CRESPET le ligueur écrit deux livres de la *Haine de Satan et de ses tours*, et sa *Pomme de Grenade mystique*. On y trouve l'union bizarre du fanatisme politique et de la crédulité.

— Le savant GUY COQUILLE publie ses œuvres latines. Il donne des renseignements utiles à Marguerite de Valois et à Brantôme, ainsi qu'à Bacon. Il compose une histoire exacte du Nivernais. C'est l'un des plus judicieux et des plus solides esprits du temps.

— Alors commence la carrière dramatique de SHAKSPEARE en Angleterre. LOPE DE VEGA poursuit la même carrière en Espagne.

— La singulière, impudique, spirituelle et enjouée MARGUERITE, sœur de Charles IX, femme de Henri IV, élevée au milieu des troubles et partageant la perversité, mais non la perfidie sanglante de la cour, après une vie errante, agitée, passionnée, capricieuse, écrit d'un ton badin, léger, sans bassesse, ses singuliers Mémoires fort égoïstes et très-intéressants. Femme dissipée et studieuse, Pétrone femelle, elle a fait de jolis vers.

— On recueille peu les sermons. Ceux de SIMON VIGOR ne sont remarquables que par leur intolérance.

1591.

SAINCTES, ligueur, enseigne le meurtre des rois.

CAJETAN, PANIGAROLE et BELLARMIN sont en France.

HURAULT DE CHIVERNY, chancelier, plus adroit qu'intègre, écrit ses *Instructions* meilleures que ses *Mémoires*. Les Mémoires les plus curieux ne sont pas ceux des hommes politiques dans cette époque. La franchise leur manque.

1592.

P. DE DAMMARTIN écrit la *Fortune de Cour*, satire violente contre Henri II et ses favoris.

COLLUT écrit avec plus d'érudition que d'impartialité les *Mémoires de la République séquanoise*.

Toutes les antiquités sont explorées, mais sans discernement critique; le P. GUYSE écrit *sur le Hainault*.

BELYARD fait le *Guisien*, libelle dramatique éloquent contre Henri III; et *Charlot*, pastorale charmante, imitation de Virgile qui n'est pas sans bonheur.

FLORENT CHRESTIEN, bon commentateur, savant helléniste, concourt à la Satire Ménippée et fait de mauvais vers français.

DOMINIQUE BAUDIUS, excellent poëte latin, fait des ïambes contre les ligueurs.

1593.

— Une érudition vaste, une croyance ardente, jointes à peu de jugement et à la violence des idées, caractérisent les chefs de la Ligue savante, qui servent à Paris les chefs de la Ligue militaire. Tel GENEBRARD, traducteur, commentateur, théologien, prédicateur, plein de fougue et de science; tel FEUARDENT; — hommes attachés au catholicisme avec passion et le défendant par le crime, le savoir, la violence et l'injure, remplissant les chaires d'invectives, au milieu desquelles brillent quelques traits de cette éloquence terrible du fanatisme populaire; — riches de tous les lambeaux d'une érudition confuse.

— La route du trône est frayée à Henri IV par l'admirable Satire

Ménippée, publiée à Tours, réimprimée quatre fois en un mois. Le chanoine P. LEROY, homme d'esprit, en conçoit la première idée. Il écrit la harangue du duc de Mayenne et celle du sieur de Rieux. GILLOT, chez qui se réunissent les complices, fait la harangue du légat; FLORENT CHRESTIEN celle du cardinal de Pellevé; Nicolas RAPIN celle de Rose et de l'archevêque de Lyon; P. PITHOU l'éloquente harangue du tiers état; GILLES DURAND les regrets de l'âne ligueur; PASSERAT les autres vers. LEROY dispose le tout.

— Le ligueur ROSE, évêque de Senlis jusqu'à la mort malgré les remontrances du Parlement, continue son déchaînement; homme d'un talent fougueux.

RENAUD DE BEAUNE, archevêque de Sens, orateur à la mode, dans l'oraison funèbre de Catherine de Médicis, fait remonter la famille des Médicis à un descendant de Brennus, qui avait battu les Mèdes et s'était nommé *Medicus*; singulière érudition.

1594.

— La *Franciade*, par JACQUES GODARD, poëte absurde.

DENIS GODEFROY, savant jurisconsulte.

— Henri IV règne, combat et écrit en excellent style. OLIVIER DE SERRES seconde les vues du roi agriculteur. Le mûrier est introduit, les routes sont plantées d'arbres, le canal de Briare est ouvert. L'industrie est encouragée sans luxe; la manufacture des Gobelins créée, le Pont-neuf achevé, Saint-Germain embelli; la bibliothèque de Fontainebleau transportée à Paris et rendue publique. Continuation du Louvre. Collége de la Flèche. Hôpital Saint-Louis. Henri IV fait venir en France PIERRE FENOILLET, le premier orateur chrétien qui ait fait entendre dans notre chaire une éloquence onctueuse.

OLHAGARAY, auteur d'une mauvaise histoire du Béarn, dit que Henri IV n'a jamais aimé « le fleuretis d'un sémillant langage. »

A. ARNAULD, avocat général de Catherine de Médicis, plaide contre les Jésuites et pour l'Université de Paris.

BALZAC naît.

— Le conseiller MATHIEU, ancien ligueur, devenu historiographe et partisan de Henri IV, écrit son histoire ou plutôt ses *Histoires des Guerres civiles*, pleines de faits curieux, lâches, prolixes, diffuses, érudites jusqu'au dégoût. Son *Histoire de Louis XI* est mieux écrite, mais il s'appuie sur Comine. Sa tragédie en deux mille vers (*la Guisiade*) est détestable. Il a aussi fait *Clytemnestre*, *Vasthi* et *Aman*, également mauvaises. Tout le monde connaît les « doctes Tables du conseiller Mathieu. »

1595.

LOYSEL, élevé par Cujas, le suit à Bourges et à Cahors, ainsi qu'à Valence. Après le souper de quatre heures, Pithou, Cujas et Loysel s'enferment dans la bibliothèque et y travaillent jusqu'à trois heures du matin. Antiquaire, juriste, Loysel publie le poëte *Helinand.* Il écrit *De l'Oubliance des maux advenus pendant les troubles; De l'Accord des Sujets du Roi;* des *Mémoires très-curieux sur l'Évêché de Beauvais,* et surtout ses *Institutes coutumières,* résumé du vieux droit français épars; grand homme, aussi patient que vigoureux dans son application de la science.

HUBERT MEUNIER, très-savant sur les matières ecclésiastiques et ligueur fameux.

— Les deux frères TAVANNES, dont l'un (le Vicomte) commande la Ligue, dont l'autre (Guillaume) sert le roi, se font pendant trois ans la guerre. Tous deux écrivent leurs Mémoires. Guillaume est impartial et noble. L'autre, ligueur jusqu'à la mort, fait l'éloge de son père dont il écrit les Mémoires en même temps que les siens propres, attaque la loi salique, justifie la Saint-Barthélemy dont il a été témoin, excuse l'assassinat de Henri IV et accuse ce roi. Avec ces admirables sentiments, il s'étonne de n'avoir point d'emploi. Digressif et fastidieux, animé dans le récit de la vie de son père, il y joint un long commentaire, où se découvrent beaucoup de secrets politiques.

— Une éloquence franche anime le Discours en *Réclamation de la veuve Brisson contre les assassinateurs de son mari,* et l'admirable *Traité de la Puissance paternelle,* publié en latin et en français par PIERRE AYRAUT. Ses plaidoyers sont gâtés par les défauts du temps. Ici, c'est le cri d'un père au désespoir. On lui avait enlevé son fils; et, pour le soustraire aux réclamations de Pierre, on avait changé son nom.

1596.

GRANGIER traduit Dante, vers pour vers, « en se mordant les ongles plus d'une fois. » Il a besoin d'un traducteur qui le traduise.

— Henri IV appelle à Paris le bizarre CASAUBON, gendre de Henri Estienne.

1597.

— L'un des auteurs de la Satire Ménippée, J. PASSERAT, esprit élégant, piquant et docte, après une jeunesse vagabonde, se livre à une étude très-profonde, et va entendre Cujas à Valence; puis se retire, en 1569, chez Henry de Mesmes, protecteur des savants, et demeure vingt-neuf ans chez lui; professeur d'éloquence après Ramus, royaliste et antiligueur, il travaille tant qu'il devient paralytique et perd un œil. — (*Vers de chasse et d'amour.* — 1597.) Passerat a du naturel sans imagination.

DELAUDUN, mauvais poëte, écrit un *Art poétique.*

PIERRE CONSTANT, que Duverdier nomme gentil poëte français,

défend Henri IV, attaque les Jésuites et publie son poëme de la *République des Abeilles*.

SULLY est chargé des finances ; pendant douze ans de travaux, il enrichit l'État et s'enrichit ; la dette était immense, le trésor public obéré, l'argent du roi engagé d'avance. Douze années de paix et le travail de Sully favorisent « le labourage et le pastourage, les deux mamelles de l'État ; » l'amour de l'ordre, la fixité de la volonté, la rectitude du jugement comblent ce vide. Ami des lois somptuaires et de la rigidité républicaine, excellent guerrier, ingénieur et financier ; il est populaire comme Henri IV. Lui et ses secrétaires ne sont pas de bons écrivains ; mais ses *Économies royales* sont un curieux ouvrage pour la politique et l'histoire. Ses secrétaires lui racontent ce que lui-même a fait, forme assez grotesque. Il y a là des détails piquants sur la cour, la vie du roi et celle de Sully.

1598.

BARTHÉLEMY DE LAFFÉMAS, contrôleur du commerce, valet de chambre de Henri IV, trop peu connu, indique en de nombreux ouvrages les sources réelles de la richesse publique. L'uniformité des poids et mesures, la nécessité des exportations, la culture du mûrier, l'établissement des Gobelins, vues utiles et supérieures à son temps, sont développés par lui en style simple.

JEAN PAPIRE MASSON, historien savamment superficiel, ne publie ses histoires qu'en latin.

1599.

NICOLAS RAPIN, après avoir servi les rois comme lieutenant criminel et avoir contribué à la *Satire Ménippée*, passe sa vieillesse dans une solitude studieuse et lettrée. Esprit piquant, énergique et caustique, il tente les vers français rhythmés.

A. DE THOU écrit son histoire.

Nul ne se souvient de TIMOTHÉE DE CHILLIAC, auteur des *Amours de Lauriphile*, et à qui l'on décerna solennellement une couronne.

1600.

— *Maître* GUILLAUME, fou de Henri IV, amuse la cour. Une bibliothèque de pamphlets lui est attribuée.

MONCHRESTIEN fait imprimer ses tragédies qui ont quelque verve : *Sophonisbe*, *l'Écossaise* (Marie Stuart), les *Lacènes*, *David*, *Aman*, *Suzanne*. — Les Bergeries n'étaient pas abandonnées. Il en écrit une.

OLIVIER DE SERRES, seigneur de Pradel, publie son *Théâtre d'Agriculture*, longtemps oublié parce que l'on regardait le style comme suranné ; on ne chercha point à en connaître l'auteur. Cependant c'était le fruit d'une longue et utile pratique et d'une vaste érudition. Cultivant le sol paternel avec ses serviteurs, en ce temps de calamités, il est comme Montaigne, l'homme de son livre, et sa bonhomie est profonde et précise. Charles Estienne est moins diffus, plus ordonné, plus près du style actuel. De Serres est plus fort, plus vif, plus piquant. Patriarche de l'agriculture, son livre est, dit-il, dramatique; dans une éloquente conclusion, il lie ensemble tous les *lieux* ou livres de son Traité. Il a raison de nommer son livre *dramatique*. On voit partout le bon père de famille entouré de ses serviteurs; et ce caractère se retrouve dans tous les bons auteurs du temps. Les allocutions de Montluc, le piquant monologue de Montaigne, la farce grotesque de Rabelais sont dramatiques. A sa publication, l'ouvrage eut de la vogue, et Henri IV, qui n'était pas *liseur*, se le faisait apporter tous les jours après son dîner. Il n'est cité que par un seul auteur une seule fois dans le cours du dix-septième siècle. Arthur Young fit élever, sur la place de Villeneuve de Berg, un monument à Olivier auquel justice ne fut rendue qu'au milieu du dix-huitième siècle.

JEAN DE SERRES, son frère, écrit l'histoire de son temps en latin, fait un abrégé français de l'*Histoire de France*, assez bon pour l'époque, et une traduction de *Platon*, estimée.

BEROALDE DE VERVILLE, savant et homme d'esprit sans jugement, raconteur plaisant, écrit son *Moyen de parvenir*, où il y a de bons contes et des obscénités.

BERTRAND compose une mauvaise tragédie de *Priam*, avec chœurs.

1601.

— Un nommé CL. DUPRÉ, qui écrit un *Abrégé fidèle de la vraie Généalogie des Français*, adopte les contes de la descendance des Gaulois, de Francus, de Troye, etc., etc.

— Il n'y avait pas plus de douze ans que Ronsard était mort et que Duperron lui avait payé le grand tribut de sa prose et de son érudition en présence d'une foule en deuil. En 1601, ce cardinal, qui s'était constitué grand chambellan de la littérature, fait connaître au roi Henri IV, un gentilhomme « qui fait des vers mieux que personne et qui vit en Normandie. » C'est MALHERBE, homme sec, dur, caustique, avare, économe de son talent, et passant un an à faire une strophe. La langue à laquelle tant d'écrivains effrénés avaient lâché la bride, avait besoin de ce maître; il tyrannise les syllabes comme Sully les finances et ramène l'ordre par l'économie. « Dégasconnant » hardiment la cour, sans souplesse dans son talent comme dans sa vie, cynique, misanthrope, sévère de ton sans une haute moralité, il se brouille avec Racan son élève et avec Regnier son ami, qui lui reproche « de proser de la rime et rimer de la prose. » Il devine Balzac, et défend jusqu'à la mort la pureté de la langue française.

— En même temps brille le satirique et énergique REGNIER, neveu de Desportes, attaché à la vieille école, bon Gaulois cynique, observateur des hommes, d'une mordante et forte verve. Plein de facilité, de naturel, de vérité dans les portraits, imitateur des anciens, il a plus de génie que Malherbe, mais moins le génie qu'il fallait pour mettre de l'ordre dans la poésie du temps. Il est lu encore, quoiqu'il ait vieilli.

CHARRON, élève de Montaigne, avocat, puis théologal, esprit gravement sceptique, écrivain lourd et lent, mais phylosophe, continue Montaigne sans éclat, et publie son *Traité de Sagesse*, pour lequel il est persécuté.

1602.

BERTAUT écrit de jolies poésies, pures, un peu recherchées, italiennes, mais gracieuses ; plus de sensibilité que d'esprit et d'imagination. L'érudition, lasse d'elle-même, revient à l'Italie.

1603.

NOSTRADAMUS professe publiquement l'astrologie. Son élève, Chavigny, va étudier sous lui pendant vingt-six ans et imprime ses balivernes. JEAN DORAT s'entête de la même science.

1604.

— Toutes les sciences deviennent systématiques. ERRARD, que Henri IV nommait le premier des ingénieurs, publie son *Système de Fortification*, dont les principes n'ont pas vieilli.

MAIRET, qui le premier devait vingt ans plus tard unir la passion et la raison dans la tragédie, et être éclipsé par Corneille, naît en 1604.

CHARRON n'ayant pas pu faire une seconde édition de son *Traité de la Sagesse*, en confie le soin à Michel de LA ROCHEMAILLET, avocat au Parlement, son ami. L'Université, la Sorbonne, le Parlement, le Châtelet, s'opposent à cette réimpression. Le PRÉSIDENT JEANIN déclare que ces matières, étant au-dessus de la portée du vulgaire, ne peuvent être nuisibles.

— Il faut lire les ouvrages de SEB. ROULLIARD, avocat, pour savoir ce qu'était l'éloquence du barreau ; l'art de parler longtemps avec des citations. Rouillard mêle le burlesque au sérieux du pédantisme et publie la *Doxologie du festu*, les *Gymnopodes*, le *Lumbifrage*, etc.

— Plusieurs capitaines de ce temps ne sont connus que par leurs Mémoires : par exemple VILLEGAGNON, qui parle si légèrement de Henri IV et qui a écrit l'*Histoire des troubles de 1562 à 1602*. Ils sont assez bien écrits.

VILLEROY, ministre habile et ennemi de Sully, écrit ses Mémoires, qui ne sont que son apologie.

1605.

FLORIMOND RÉMOND fait une *Histoire de l'Hérésie*, pleine de fureur et de déclamation.

VICTOR PALMA CAYET, mauvais écrivain, tour à tour protestant et catholique, annaliste curieux, donne ses *Chronologies novennaire et septennaire*, pleines d'anecdotes. En 1603, il avait publié, contre Dumoulin, la *Fournaise ardente* et le *Feu de Reverbère pour évaporer les eaux de Siloë et corroborer le purgatoire, contre les hérésies, calomnies, faussetés et cavillations ineptes du prétendu ministre Dumoulin*.

CERVANTES publie son *Don Quichotte*, écrit dans la prison d'un village de la Manche.

— On publie l'ISLE DES HERMAPHRODITES, ingénieuse et licencieuse satire des mœurs de la cour.

1606.

CORNEILLE naît en 1606.

NICOT, qui avait introduit l'usage du tabac, publie son *Trésor de la Langue française*, premier modèle du dictionnaire, perfectionnement de celui de RANÇONNET.

— Les théâtres naissants sont l'objet d'une vive passion : NANCEL fait représenter avec un succès extrême dans l'antique amphithéâtre de René (Anjou), ses trois tragédies détestables, *Dina, Josué, Debora*.

D'AUDIGUIER traduit assez purement les livres espagnols qui commencent à s'introduire. L'Académie le classera parmi les modèles.

1607.

ÉTIENNE CLAVIÈRE fait le panégyrique du Roi, de la Reine, du Dauphin et du duc d'Orléans (« dans un carré, dit-il, contenant trente-cinq lettres dans tous les sens, lettres qui, suivant leur ordre combiné diversement, forment des phrases grecques, françaises et de toutes langues »). Cette belle œuvre a pour titre, *Figure emblématique en trois langues, et seulement en une visible de soi*.

MARGERET revient de Russie et en publie la première relation assez exacte.

1608.

— Le pédant JACQUES D'ANGLETERRE cherche à établir s'il était roi *in concreto* ou *in abstracto*.

— Le vieux courtisan ruiné BRANTÔME (avec ses cheveux gris cordelés), porté par son humeur à se mêler à toutes les guerres d'Europe, se retire et confie à de longs volumes ses souvenirs. Ce

Gascon vécut sous François Ier, Henri II, François II, Charles IX, Henri III, et Henri IV, et suivit la fortune des cours et les aventures des camps; sans jugement, même sans esprit, son livre est un miroir; il reflète, il répète; il est animé, licencieux, vif dans le récit des combats, lubrique dans le récit des débauches; sans lui nous connaîtrions mal et l'époque et l'esprit des courtisans.

1610.

— Mort de Henri IV.

Cospéan, devenu évêque de Nantes, grâce à son seul savoir, prononce à Notre-Dame l'Oraison funèbre du roi.

L'anti-cotton, de César Dupleix, contre les Jésuites, est suivi de beaucoup de pamphlets.

P. de Dixmier, ami de Crillon, et bien en cour chez Marguerite de Valois, publie son *Académie de l'Art poétique*, où l'on voit, malgré son admiration pour Ronsard, quels progrès avait faits la versification depuis un siècle.

— Nulle voix ne s'élève aussi touchante que celle de Goudouli à l'occasion de la mort de Henri IV; c'est le dernier triomphe de la langue d'*oc*.

— Le fécond Alexandre Hardy avait déjà fait représenter quelques-unes de ses pièces, qui montent à six cents. Tous ses personnages y parlent de même; l'amour dit tout sur la scène; l'unité de lieu est sans cesse rompue. Mais l'intérêt est plus vif que chez Garnier; et au milieu de ces déclamations emphatiques et triviales, il y a des situations bien posées. Sa *Marianne* est régulière et même assez bien conduite. L'art de combiner les effets du drame semble naître avec lui. Il suit une troupe ambulante et meurt pauvre en 1630.

— « *En l'air*, ma plume, *en l'air!* Deux et trois, trois et quatre,
« quatre tirades et plus s'il le faut; tirades à centaines, quintes
« sur quintes, élans sur élans, à l'honneur du grand roi... Qu'on
« juge du lion par l'ongle, et fasse mieux qui pourra! » Ainsi parle le sieur de l'Hostal en son éloge de Henri IV. Style gascon.

Molinier compose *le Discours pour le sacre* et déploie une vaine et confuse érudition.

Anne de Rohan écrit sur la mort de Henri IV une Élégie pleine de grâce, d'harmonie et de sensibilité.

Mézeray naît.

— La fureur des duels est telle, qu'en vingt ans huit mille lettres de grâce ont été octroyées à gens qui ont tué leur adversaire en champ clos, dit Savaron. C'était un magistrat studieux, qui fit plusieurs ouvrages de recherches savantes sur la France, ses institutions et ses antiquités, — les *Origines de Clermont*.

L'avocat Servin, trop prolixe et trop érudit selon le temps, a de la liberté et du talent.

1611.

— Après Henri IV, une profonde satiété saisit le siècle; on se repose, et les esprits mûrissent pour Louis XIV.

— La langue n'a pas encore pris une forme régulièrement polie; elle perd de son énergie.

J. D'OLIVE et DUVAIR sentent les premiers que l'Éloquence n'est pas compatible avec un amas de citations d'auteurs divers en toutes langues, en vers et en prose.

— Il se forme peu à peu d'autres mœurs spadassines, bravaches, ni élégantes ni franches, que l'on peut étudier dans le *Baron de Fœneste*, et qui, jusqu'à Louis XIV, entravent le progrès des lettres.

BIGNON, qui avait été auteur à dix ans, publie son Traité de l'*Excellence des Rois de France*. Méthodique et érudit.

A. BILLARD écrit dix ou onze mauvaises tragédies.

— Il faut compter parmi les hommes les plus remarquables du seizième siècle D'AUBIGNÉ (Agrippa), qui se jeta dans la retraite après la mort de Henri IV, et écrivit là son *Histoire universelle*. Quant à ses *Tragiques*, il les a évidemment composés sous Catherine de Médicis, ainsi que la *Confession de Sancy* et sa tragédie de *Circé*. Esprit vif, remarquable, incisif, vigoureux.

BOURBON écrit son admirable pièce, *Diræ in Parricidam*.

— Les *Mémoires* DE LA VIEILLEVILLE, rédigés par CARLOIX, son secrétaire, peignent bien les rois, les princes, les serviteurs, ont de la fraîcheur et quelquefois une mâle vigueur de coloris, au milieu de beaucoup d'expressions gauloises et de faits controuvés.

— Tout le monde écrit; et cette foule de Mémoires ne contribue pas peu à polir le langage. Le vieux gentilhomme DE MERGEY, « qui n'était pas un grand historien ni académicien, pauvre gentilhomme champenois qui n'avait pas fait grande dépense au collége, » écrit ses Mémoires à soixante-dix ans, après n'avoir tenu que l'épée. Ils intéressent et ont de la vivacité.

C'est le temps où FRANÇOIS LE SALES prêche avec une diction si familière.

ROTROU naît; — CORNEILLE a cinq ans et s'élève à Rouen, sous les yeux de son père, avocat général normand.

TABLE DES MATIÈRES

Pages.

PRÉFACE.................................... V

NOUVEAU LIVRE SUR LA TRANSMISSION DES LIVRES ET DES MANUSCRITS AVANT ET APRÈS L'INVENTION DE L'IMPRIMERIE.   1

HISTOIRE DE LA LANGUE ET DE LA LITTÉRATURE FRANÇAISES PENDANT LE SEIZIÈME SIÈCLE.

LIVRE I.

PREMIERS ESSAIS DE RÉFORME LITTÉRAIRE.

§ Ier. — Le quinzième siècle en Italie. — Les philosophes, les poëtes, les libres penseurs...................... 35
§ II. — Influence de l'Italie sur les peuples voisins. — Roman allemand d'un pape italien...................... 55
§ III. — Caractère de la nationalité gauloise. — Esprit français au quinzième siècle........................... 58
§ IV. — Transformation du génie français................ 62
§ V. — Révolutions de la langue française............... 67
§ VI. — Goût littéraire de la nation française entre le quatorzième et le seizième siècle. — Charles d'Orléans. — Villon. — Comine.. 70
§ VII. — Recherche d'une poésie artificielle. — Bizarres es-

sais d'une élégance rustique et bourgeoise. — Crétin. — Coquillard. — Pathelin. — Gringoire................. 86
§ VIII. — Prédicateurs populaires........................ 95
§ IX. — Essai d'une poésie de cour. — Marot. — Octavien de Saint-Gelais............................. 97
§ X. — Influence des idées de réforme religieuse et de platonisme amoureux sur la langue et la littérature. — Les Amadis. — Calvin.................................. 107
§ XI. — École de satire cynique, italienne et érudite. — Rabelais... 115

LIVRE II.

PROGRÈS ET ENVAHISSEMENT DE L'ÉRUDITION DANS LA POÉSIE ET DANS LA PROSE FRANÇAISES.

§ Ier. — Fondation de l'école Italo-Gréco-Romaine. — Insurrection des poëtes savants contre l'esprit gaulois. — Ronsard.. 123
§ II. — L'école de Ronsard remporte la victoire. — Ses disciples. — Jodelle. — Baïf, etc......................... 146
§ III. — L'érudition envahit la prose française. — Amyot. — Les traducteurs.................................... 157

LIVRE III.

FIN DE LA LUTTE ENTRE L'ESPRIT NATIONAL ET L'ÉRUDITION ITALO-LATINE. — FUSION DES DIVERS ÉLÉMENTS ET RÉSULTATS DÉFINITIFS.

§ Ier. — Persistance du génie français. — Les magistrats et les orateurs. — L'Hôpital........................... 161
§ II. — Les philosophes et les publicistes. — Jean Bodin. — Les polygraphes....................................... 171
§ III. — La Saint-Barthélemy. — Michel Montaigne....... 175
§ IV. — Laboëtie. — Charron. — Les républicains du seizième siècle... 185
§ V. — Les satiriques, les humoristes, les spadassins. — Les

TABLE DES MATIÈRES. 479

Étienne. — Pourquoi de Thou écrivit en latin.......... 187
§ VI. — Exagération de l'école italo-gréco-latine. — Dubartas, poëte gascon. — Il outre les défauts de Ronsard... 195
§ VII. — Retour à l'imitation italienne. — Desportes..... 199
§ VIII. — L'esprit français triomphe dans la satire politique, érudite et philosophique. — La Ménippée.............. 202
§ IX. — Chroniqueurs et auteurs de Mémoires. — Lanoue, Brantôme, etc.. 209
§ X. — Le théâtre après Ronsard. — Garnier. — Larivey, etc. 220
§ XI. — Triomphe définitif de l'esprit français. — L'école de Ronsard est vaincue. — Prosateurs de 1610. — L'Astrée... 223
§ XII. — Malherbe et Régnier. — Commencement du dix-septième siècle. — Conclusion............................ 231

L'HISTORIEN JACQUES-AUGUSTE DE THOU.

ESSAI SUR LA VIE ET LES ŒUVRES DE JACQUES-AUGUSTE DE THOU.

§ Ier. — La Saint-Barthélemy....................... 239
§ II. — Le tournoi. — Éducation de Jacques-Auguste de Thou... 245
§ III. — Vie politique de Jacques-Auguste de Thou....... 252
§ IV. — Auguste de Thou historien de son temps. — Caractère de son ouvrage....................................... 261
§ V. — Mémoires particuliers d'Auguste de Thou. — Son appel à la postérité. — Conclusion......................... 273

DE LA RÉVOLUTION RELIGIEUSE AU SEIZIÈME SIÈCLE, ET DE LA LANGUE EN FRANCE.

DE LA RÉFORME ET DE LA LIGUE.

§ Ier. — Lutte du clergé catholique contre la royauté. — Lutte de l'esprit germanique contre l'esprit romain. —

Mélée de ces éléments hostiles. — Leur fusion et leurs résultats.. 283

§ II. — Chef du mouvement septentrional. — Luther. — Calvin. — Rôles de l'amour et de la négation dans le monde. 287

§ III. — Des biographes en général. — De la biographie dénigrante, et de la biographie eulogistique. — De la biographie analytique et des dangers qu'elle entraîne. — Des éloges et du blâme chez certains peuples. — Biographies de Luther et de Calvin........................... 291

§ IV. — Quelques mots sur la vie et le caractère de Luther. — Luther dans son ménage. — Catherine............ 298

§ V. — Quelques mots sur Calvin. — Pourquoi Calvin et non Luther est devenu guide des protestants en France.. 311

NOSTRADAMUS ET SES COMMENTATEURS.

§ Ier. — Pourquoi tout le seizième siècle croyait à l'astrologie. — Luc Gauric. — Cardan. — Nostradamus........ 317

§ II. — L'élève de Nostradamus. — Chavigny. — Commentateurs divers de Nostradamus. — Destinées de son livre au dix-septième et au dix-huitième siècle.............. 325

§ III. — Prédictions singulières qui se sont accomplies. — La crédulité est éternelle. — Le Régent................ 330

BRANTOME, PEPYS ET SUÉTONE.

§ Ier. — D'une espèce d'homme qui se représente dans tous les temps. — *L'anecdotage.* — Suétone. — Pepys...... 339

§ II. — Brantôme. — Importance de son œuvre.......... 345

DES VARIATIONS GRAMMATICALES DE LA LANGUE FRANÇAISE DEPUIS LE SEIZIÈME SIÈCLE.

§ Ier. — Que la grammaire n'a pas inspiré confiance à tout le monde. — De ses mauvaises chicanes. — De ses taquineries ridicules.. 355

TABLE DES MATIÈRES.

§ II. — Du style au dix-neuvième siècle. — Décadence des langues. — Vieux principes de notre grammaire. — Ces principes sont latins. — Le genre neutre existe-t-il en français?.. 358

§ III. — Révolutions du langage et de la grammaire depuis le seizième siècle. — De la langue au seizième siècle. — Des néologismes réparateurs. — Des néologismes destructeurs.. 364

§ IV. — Caractère propre de la langue française. — Voyelles et diphthongues mitoyennes. — Sobriété et souplesse fine de cet idiome.. 372

§ V. — Il y a plusieurs langues françaises. — Langue du seizième siècle, du dix-huitième, du dix-neuvième. — Exemples divers.. 376

§ VI. — Audaces des grands écrivains. — Racine. — Bossuet. — Finesses nées du mode analytique. — Langue du dix-septième siècle. — Changements d'acceptions........... 378

§ VII. — De quelques nuances ironiques de la langue française.. 384

§ VIII. — Des pertes et des gains de la langue depuis le seizième siècle.. 386

§ IX. — Réhabilitation des mots. — Du néologisme........ 391

§ X. — Mots exotiques passés dans la langue. — Égotiste, humeur, etc... 401

§ XI. — Quelques études philosophiques sur les acceptions de divers mots.. 406

APPENDICE.

DES VARIATIONS DE LA LANGUE FRANÇAISE PENDANT LE SEIZIÈME SIÈCLE.

§ Ier. — Des mots créés ou employés pendant le seizième siècle et que la langue française du dix-septième siècle a perdus.. 410

§ II. — Des archaïsmes antérieurs au seizième siècle, et que l'invasion de l'érudition a bannis du langage............. 417

§ III. — Des vocables empruntés à l'Italie par les hommes de guerre et les savants.................................... 422
§ IV. — Des vocables empruntés aux langues anciennes par les érudits et les poëtes.................................... 423
§ V. — Des vocables créés au seizième siècle par diverses circonstances et des changements survenus dans l'orthographe et la prononciation............................... 425

CHRONOLOGIE DE L'HISTOIRE LITTÉRAIRE ET DE L'HISTOIRE DES ARTS PENDANT LE XVIᵉ SIÈCLE.................... 431

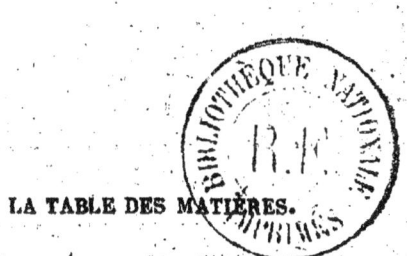

FIN DE LA TABLE DES MATIÈRES.

730-76 CORBEIL. Typ. et Stér. de CRÉTÉ FILS.

www.ingramcontent.com/pod-product-compliance
Lightning Source LLC
Chambersburg PA
CBHW050237230426

43664CB00012B/1726